全世界无产者，联合起来！

恩格斯

反杜林论

中共中央 马克思 恩格斯 著作编译局编译
列　宁　斯大林

人民出版社

编　辑　说　明

　　马克思、恩格斯和列宁的著作是马克思主义的理论原典,是学习、研究、宣传和普及马克思主义的基础文献。为了适应马克思主义中国化、时代化、大众化不断推进的形势,满足广大读者多层次的需求,我们总结了迄今为止的编译经验,考察了国内外出版的有关读物,吸收了理论界提出的宝贵建议,精选马克思、恩格斯和列宁的重要著述,编成《马列主义经典作家文库》。

　　文库辑录的文献分为三个系列:一是著作单行本,收录经典作家撰写的独立成书的重要著作;二是专题选编本,收录经典作家集中论述有关问题的短篇著作和论著节选;三是要论摘编本,辑录经典作家对有关专题的论述,按逻辑结构进行编排。

　　文库编辑工作遵循面向实践、贴近群众的原则,力求在时代特色、学术质量、编排设计方面体现新的水准。

　　本系列是《马列主义经典作家文库》的著作单行本,主要收录马克思、恩格斯和列宁的基本著作以及在各个历史时期的代表性著作,同时收入马克思、恩格斯和列宁在不同时期为这些著作撰写的序言、导言或跋。有些重点著作还增设附录,收入对理解和研究经典著作正文有重要参考价值的文献和史料。列入著作单行本系列的文献一般都是全文刊行,只有马克思恩格斯的《德意志意识形态》、马克思的经济学手稿以及列宁的《哲学笔记》等篇幅较大的著作采用节选形式。

著作单行本系列所收的文献均采用马克思、恩格斯和列宁著作最新版本的译文,以确保经典著作译文的统一性和准确性。自1995年起,由我局编译的《马克思恩格斯全集》第二版陆续问世,迄今已出版24卷;从2004年起,我们又先后编译并出版了《马克思恩格斯文集》和《马克思恩格斯选集》第三版。著作单行本系列收录的马克思恩格斯著作采用了上述最新版本的译文,对未收入上述版本的马克思恩格斯著作的译文,我们按照最新版本的编译标准进行了审核和修订;列宁著作则采用由我局编译的《列宁全集》第二版和《列宁选集》第三版修订版译文。

著作单行本系列采用统一的编辑体例。每本书正文前面均刊有《编者引言》,简要地综述相关著作的时代背景、理论观点和历史地位,帮助读者理解原著、把握要义;同时概括地介绍相关著作写作和流传情况以及中文译本的编译出版情况,供读者参考。正文后面均附有注释和人名索引,以便于读者查考和检索。

著作单行本系列的技术规格沿用《马克思恩格斯全集》第二版和《列宁全集》第二版的相关规定。在马克思、恩格斯、列宁著作的目录和正文中,凡标有星花*的标题都是编者加的;引文中的尖括号〈 〉内的文字和标点符号是马克思、恩格斯、列宁加的;未注明"编者注"的脚注,是马克思、恩格斯、列宁的原注;人名索引的条目按汉语拼音字母顺序排列。在马克思恩格斯著作中,引文里加圈点处是马克思、恩格斯加着重号的地方,目录和正文中方括号〔 〕内的文字是编者加的。在列宁著作中,凡注明"俄文版编者注"的脚注都是指《列宁全集》俄文第五版编者加的注,人名索引中的条头括号内用黑体字排印的是相关人物的真实姓名,未加黑体的则是笔名、别名、曾用名或绰号。此外,列宁著作标题下括号内的日期是编者加的;编者加的日期,公历和俄历并用时,俄历在前,公历在后。

中共中央 马克思　恩格斯 著作编译局
　　　　　列　宁　斯大林

2014年6月

目　　录

插　　图

编 者 引 言

    《反杜林论》是恩格斯为批判小资产阶级社会主义者欧根·杜林在哲学、经济学和社会主义领域宣扬的错误观点并系统阐述马克思主义基本理论而写的一部重要著作。这部著作最初以《欧根·杜林先生在科学中实行的变革》为名发表,后以《反杜林论》著称。

    在这部著作中,恩格斯通过对杜林宣扬的错误观点的批判,对马克思主义的三个组成部分——哲学、政治经济学和科学社会主义作了全面系统的阐述,揭示了这三个组成部分之间的内在联系,阐明了辩证唯物主义和反史唯物主义是科学的世界观和方法论。

    在《引论》中恩格斯论述了社会主义思想产生的社会历史条件,评述了马克思主义以前的各种社会主义流派的理论贡献和历史局限性;论述了唯物辩证法和唯物史观的形成过程,阐明了黑格尔为恢复辩证法这一最高思维形式作出的巨大贡献和黑格尔辩证法的唯心主义实质,揭示了唯物辩证法和形而上学、唯物史观和唯心史观的本质区别。恩格斯高度评价了马克思创立唯物史观和剩余价值理论的伟大功绩,指出:"这两个伟大的发现——唯物主义历史观和通过剩余价值揭开资本主义生产的秘密,都应当归功于马克思。由于这两个发现,社会主义变成了科学"(见本书第26—27页)。

在《哲学》编中恩格斯批判了杜林的唯心主义和形而上学,系统阐述了马克思主义哲学的基本原理。他通过对杜林的先验主义的揭露,科学地阐明了思维和存在的关系,指出:思维是存在的反映,原则是从自然界和人类历史中抽象出来的,"原则不是研究的出发点,而是它的最终结果","原则只有在符合自然界和历史的情况下才是正确的","这是对事物的唯一唯物主义的观点"(见本书第35页)。恩格斯利用他多年研究自然科学和自然辩证法的成果,批判了杜林在天文学、物理学、化学和生物学等领域的种种谬见,用辩证唯物主义的观点总结了19世纪自然科学的成就,阐明了辩证唯物主义的基本原理:"世界的真正的统一性在于它的物质性"(见本书第45页);"运动是物质的存在方式","运动和物质本身一样,是既不能创造也不能消灭的"(见本书第62页);"一切存在的基本形式是空间和时间"(见本书第53页)。恩格斯批驳了杜林对辩证法的攻击,指出:"辩证法不过是关于自然界、人类社会和思维的运动和发展的普遍规律的科学。"(见本书第150页)他对唯物辩证法的基本规律——矛盾规律、质量互变规律、否定的否定规律作了详细的阐述和科学的论证。

恩格斯批驳了杜林在道德和法的领域鼓吹的"永恒真理"、"终极真理",阐明了人类认识的辩证发展过程,论述了相对真理和绝对真理的辩证关系:"人的思维是至上的,同样又是不至上的,它的认识能力是无限的,同样又是有限的。按它的本性、使命、可能和历史的终极目的来说,是至上的和无限的"(见本书第91页)。人对真理的认识是"在一系列相对的谬误中实现的"(见本书第90页);"认识就其本性而言,或者对漫长的世代系列来说是相对的而且必然是逐步趋于完善的"(见本书第95页)。恩格斯还揭示了自由与必然的辩证关系,指出:"自由不在于幻想中摆脱自然规律而独立,而在于认识这些规律,从而能够有计划地使自然规律为一定的目的服务。"(见本书第120页)恩格斯还从唯物辩证法和唯物史观出发,阐明了马克思主义的道德观和平等观。他指出:没有永恒的、终极的道德教条,一切道德观念都是社会经济状况的产物,在阶级社会中,"道德始终是阶级的道德"(见本书第99页)。"只有在不仅消灭了阶级对立,而且在实际生活中也忘却了这种对立的社会发展阶段上,超越阶级对立和超越对这种对立的回忆的、真正人的道德才成为可能。"(同上)平等观念也一样,不能说它是永恒的真理,平等观念是历史的产物。恩格斯阐明了无产阶级的平等要求与资产阶级的平等要求的根本区别,指出无产阶级要求的"平等应当不仅仅是表面的,不仅仅在国家的领域中实行,它还应当是实际的,还应当在社会的、经济的领域中实行","无产阶级平等要求的实际内容都是消灭阶级的要求"(见本书第112、113页)。

在《政治经济学》编中,恩格斯批判了杜林的庸俗经济学,系统阐明了马克思的经济学理论。他论述了政治经济学的对象,指出"政治经济学,从最广的意义上说,是研究人类社会中支配物质生活资料的生产和交换的规律的科学"(见本书第155页)。政治经济学所涉及的材料是历史性的、经常变化的,因此"政治经济学本质上是一门历史的科学"(见本书第 155—156 页)。他区分了广义政治经济学和狭义经济学,并指出"经济科学的任务在于:证明现在开始显露出来的社会弊病是现存生产方式的必然结果,同时也是这一生产方式快要瓦解的征兆,并且从正在瓦解的经济运动形式内部发现未来的、能够消除这些弊病的、新的生产组织和交换组织的因素"(见本书第 158 页)。

恩格斯批判了杜林宣扬的唯心主义"暴力论"。杜林把政治关系说成"历史上的最基础的东西",把政治暴力说成"本原性的东西",认为一切经济现象都应该由暴力来解释。恩格斯认为杜林的观点是那种将重大政治历史事件看做历史发展的决定因素的唯心史观的翻版。恩格斯阐明了经济决定政治、物质生产在历史中起决定作用等唯物史观的基本原理,指出:无论私有制的产生,还是资本主义取代封建主义以及资本主义发生危机的过程,"都由纯经济的原因来说明,而根本不需要用掠夺、暴力、国家或任何政治干预来说明"(见本书第 173—174 页)。"暴力仅仅是手段,相反,经济利益才是目的。目的比用来达到目的的手段要具有大得多的'基础性'"(见本书第 170 页);"暴力仅仅保护剥削,但是并不造成剥削"(见本书第 162 页)。恩格斯还批判了杜林把暴力看做"绝对的坏事"的错误观点,指出:"暴力在历史中还起着另一种作用,革命的作用;暴力,用马克思的话说,是每一个孕育着新社会的旧社会的助产婆;它是社会运动借以为自己开辟道路并摧毁僵化的垂死的政治形式的工具"(见本书第 195 页)。

恩格斯批判了杜林的庸俗经济学的价值论,驳斥了杜林对马克思的经济学理论的歪曲和攻击,以通俗系统的形式论述了马克恩在《资本论》中阐发的劳动价值论和剩余价值理论。他高度评价了马克思创立剩余价值理论的伟大功绩，指出：这一理论"揭露了现代资本主义生产方式以及以它为基础的占有方式的机制，揭示了整个现代社会制度得以确立起来的核心"（见本书第218页）。恩格斯还阐明了剩余价值理论这一发现对于科学社会主义的意义，指出："这个问题的解决使明亮的阳光照进了经济学的各个领域，而在这些领域中，从前社会主义者也曾像资产阶级经济学家一样在深沉的黑暗中摸索。科学社会主义就是以这个问题的解决为起点，并以此为中心的。"（见本书第216页）

本编第十章《〈批判史〉论述》是马克思写的，原稿标题为《评杜林〈国民经济学批判史〉》。马克思在文中批判了杜林对经济学史的错误论述，阐述了配第、诺思、洛克、休谟等人在古典经济学产生过程中的地位和作用，还着重对经济学界视为"不可解的斯芬克斯之谜"的魁奈《经济表》作了深入的科学剖析，阐明了重农学派在政治经济学史上的理论贡献。恩格斯认为马克思对经济学史的阐述是"具有重大意义和长远意义的部分"（见本书第14页）。

在《社会主义》编中恩格斯揭露了杜林的冒牌社会主义，系统阐述了科学社会主义的基本原理。

恩格斯论述了科学社会主义的思想来源。他批驳了杜林对圣西门、傅立叶、欧文的攻击，科学地评价了三大空想社会主义者在社会主义思想史上的地位，阐述了他们对资本主义制度的辛辣抨击、对未来理想社会的美好构想，同时剖析了他们的唯心史观和历史局限性，指出："不成熟的理论，是同不成熟的资本主义生产状况、不成熟的阶级状况相适应的。解决社会问题的办法还隐藏在不发达的经济关系中，所以只能从头脑中产生出来。"（见本书第

279 页)

恩格斯阐明了科学社会主义产生的社会经济根源,指出:资产阶级摧毁了封建制度,确立了资本主义制度,使社会生产力以前所未闻的速度和规模发展;生产力的迅猛发展与资本主义生产关系发生冲突。"现代社会主义不过是这种实际冲突在思想上的反映,是它在头脑中,首先是在那个直接吃到它的苦头的阶级即工人阶级的头脑中的观念上的反映。"(见本书第 290 页)科学社会主义是"无产阶级运动的理论表现"(见本书第 307 页)。

恩格斯用唯物史观剖析了资本主义的基本矛盾,揭示了资本主义产生、发展和灭亡的规律,论证了资本主义为共产主义取代的历史必然性。他指出:社会化生产与资本主义私人占有之间的矛盾是资本主义的基本矛盾,它"包含着现代的一切冲突的萌芽"(见本书第 293 页),随着资本主义生产方式占统治地位,"社会化生产和资本主义占有的不相容性,也必然越加鲜明地表现出来";"社会化生产和资本主义占有之间的矛盾表现为无产阶级和资产阶级的对立"(见本书第 293、294 页),这一矛盾还表现为"个别工厂中生产的组织性和整个社会中生产的无政府状态之间的对立"(见本书第 296 页);资本主义基本矛盾的不断发展,必然导致经济危机的周期性爆发;经济危机的爆发迫使资产阶级在资本关系内部可能的限度内调整生产关系,如采取股份公司这种社会化形式,把有些部门变成国家财产;但是,"无论向股份公司的转变,还是向国家财产的转变,都没有消除生产力的资本属性","现代国家,不管它的形式如何,本质上都是资本主义的机器,资本家的国家,理想的总资本家"(见本书第 301 页)。恩格斯强调指出,要消除资本主义的基本矛盾,必须废除资本主义的占有方式,建立"那种以现代生产资料的本性为基础的产品占有方式:一方面由社会直接占有,作为维持和扩大生产的资料;另一方面由个人直接占有,作为生活资料和享受资料"(见本书第303页)。为此必须进行无产阶级革命,"元产阶级将取得国家政权,并且首先把生产资料变为国家财产"(同上)。

恩格斯还预言了未来共产主义社会的一些基本特征:生产的无政府状态将由生产的有计划的组织代替;商品生产将被消除,产品对生产者的统治也将随之消除;生产劳动不再是奴役人的手段,而成为解放人的手段;旧的分工将消失,人将获得全面的发展;脑力劳动和体力劳动之间、城乡之间的对立将消灭;阶级差别和对立将消失;国家将消亡,对人的统治将被对物的管理和对生产的领导所代替,等等。他还指出,只有到了共产主义社会,"人们才完全自觉地自己创造自己的历史","这是人类从必然王国进入自由王国的飞跃"(见本书第306—307页)。

恩格斯在为《反杜林论》三个德文版写的序言中说明了写作的历史背景和目的,还说明了这部著作是在马克思的支持下完成的,反映了他们的共同的观点。他说:"本书所阐述的世界观,绝大部分是由马克思确立和阐发的,而只有极小的部分是属于我的,所以,我的这种阐述不可能在他不了解的情况下进行,这在我们相互之间是不言而喻的。在付印之前,我曾把全部原稿念给他听,而且经济学那一编的第十章(《〈批判史〉论述》)就是马克思写的"(见本书第7—8页)。他在论述辩证唯物主义的自然观和历史观的创立过程时说"马克思和我,可以说是唯一把自觉的辩证法从德国唯心主义哲学中拯救出来并运用于唯物主义的自然观和历史观的人。"(见本书第9页)他还阐明了辩证唯物主义的自然观是建立在 19 世纪自然科学成就的基础上的。

《反杜林论》是德国社会民主党内思想斗争的直接产物。19 世纪 70 年代,柏林大学讲师欧根·杜林以社会主义的行家和改革家自居,宣扬庸俗唯物主义、先验主义、实证主义、庸俗经济学和小资产阶级社会主义,妄图拼凑一个包罗万象的理论体系。杜林的思想一时在德国社会民主党人中间产生很大影响,爱·伯恩施坦、约·莫斯特等都成了杜林的积极追随者,甚至奥·倍倍尔也一度受杜林的影响。杜林的著作《国民经济学和社会主义批判史》第二版(1875 年出版)和《哲学教程》(最后一册在 1875 年 2 月出版)的出版尤其助长了这种势头。在这两本书中,自命为社会主义信徒的杜林,对马克思主义进行了猛烈攻击,这促使威·李卜克内西在 1875 年 2 月 1 日和 4 月 21 日致信恩格斯,请他在《人民国家报》上反击杜林。1875 年 10 月和 1876 年 5 月,李卜克内西把该报拒绝发表的阿·恩斯和约·莫斯特吹捧杜林的文章寄给了恩格斯。

早在 1868 年初,马克思和恩格斯就因杜林在 1867 年 12 月《现代知识补充材料》杂志第 3 卷第 3 期上发表了对《资本论》第一卷的评论而开始关注他的观点。从马克思和恩格斯 1868 年 1—3 月的书信中,可以看出他们对杜林观点的批判态度。1876 年 2 月,恩格斯在《人民国家报》上发表的《德意志帝国国会中的普鲁士烧酒》一文中指名批判了杜林的言论(见《马克思恩格斯全集》中文第 2 版第 25 卷第 54 页)。鉴于杜林的思想对 1875 年 5 月成立的德国社会主义工人党造成的危害,恩格斯决定中断《自然辩证法》的写作,全力反击杜林,捍卫马克思主义这一无产阶级政党的科学世界观。

恩格斯在 1876 年 5 月 24 日给马克思的信中表示打算批判杜林的著作,马克思于 5 月 25 日回信表示坚决支持。于是恩格斯立即着手这项工作。他在 5 月 28 日给马克思的信中阐述了他的著作的总计划和性质(见本书第 394—395 页)。

恩格斯写作《反杜林论》用了两年时间,从 1876 年 5 月底开始做准备工作,到 1878 年 6 月完成。

《反杜林论》第一编写于 1876 年 9 月—1877 年 1 月。这一编以《欧根·杜林先生在哲学中实行的变革》为题,以一组论文的形式陆续发表于 1877 年 1—5 月的《前进报》。这一编还包括后来第一次出版该著单行本时拟出来作为整个三编的引论的第一章和第二章。

该书的第二编写于 1877 年 6—12 月。这一编的最后一章即论述政治经济学史的第十章是马克思写的(马克思的原稿《评杜林〈国民经济学批判史〉》收入《马克思恩格斯全集》中文第二版第 26 卷),恩格斯作了删节和修改。第二编以《欧根·杜林先生在政治经济学中实行的变革》为题发表于 1877 年 7—12 月的《前进报》学术附刊和附刊。

该书的第三编写于 1878 年上半年。这一编以《欧根·杜林先生在社会主义中实行的变革》为题发表于 1878 年 5—7 月的《前进报》附刊。

《反杜林论》的发表引起了杜林追随者的不满。1877 年 5 月27—29 日在哥达举行的党代表大会上,他们力图阻止在党的中央机关报《前进报》上发表恩格斯的这部著作。由于他们的影响和干扰,该报发表《反杜林论》时断时续。

1877 年 7 月,这部著作的第一编以《欧根·杜林先生在科学中实行的变革。一、哲学》为题在莱比锡出版了单行本。1878年7月,第二编和第三编以《欧根·杜林先生在科学中实行的变革。二、政治经济学·社会主义》为题也在莱比锡出版了单行本。1878年7月,在莱比锡出版了《反杜林论》第一版,标题为《欧根·杜林先生在科学中实行的变革。哲学·政治经济学·社会主义》。1886年该书第二版在苏黎世出版。1894年经过修订的第三版在斯图加特出版。第二版和第三版均以《欧根·杜林先生在科学中实行的变革》为标题。恩格斯为这三个版本写了序言。

恩格斯这部著作的书名讽刺性地套用了1865年在慕尼黑出版的杜林的著作《凯里在国民经济学和社会科学中实行的变革》的书名。杜林在该书中吹捧庸俗经济学家查·凯里,把凯里奉为他在政治经济学方面的导师。恩格斯在1879年11月14日给奥·倍倍尔的信中把《欧根·杜林先生在科学中实行的变革》称做《反杜林论》。后来这部著作以《反杜林论》这一书名广为流传,载入史册。

1880年,恩格斯应拉法格请求,把《反杜林论》的三章(《引论》的第一章以及第三编的第一章和第二章)改编成一本独立的通俗著作,由保·拉法格译成法文并经恩格斯本人审定出版,书名为《空想社会主义和科学社会主义》,1883年出版德文单行本时书名改为《社会主义从空想到科学的发展》。马克思称它为"科学社会主义的入门"(见《马克思恩格斯选集》第3版第3卷第743页)。

《反杜林论》在工人运动中产生了巨大的反响,有力地推进了马克思主义理论的传播。列宁认为,《反杜林论》"分析了哲学、自然科学和社会科学中最重大的问题","这是一部内容十分丰富、十分有益的书"（见《列宁选集》第 3 版修订版第 1 卷第 94 页），它同《共产党宣言》一样，是"每个觉悟工人必读的书籍"（同上，第 2 卷第 310 页）。

本书附录收入了恩格斯《〈反杜林论〉的准备材料》，这些材料有助于我们理解恩格斯在正文中阐述的理论要义。附录还收入了《马克思和恩格斯关于杜林和〈反杜林论〉的书信摘选》。这些书信一部分是马克思和恩格斯在杜林发表《资本论》第一卷书评后对杜林的评论；另一部分是在写作《反杜林论》期间，马克思和恩格斯对杜林思想和德国社会民主党内围绕该著的斗争所作的评述。

《反杜林论》第一个中译本由吴黎平翻译，1930 年上海江南书店出版；同年上海昆仑书店还出版了钱铁如翻译的《反杜林论》上册。吴黎平的译本后经译者修订多次再版。

上个世纪 60 年代初，中央编译局根据《马克思恩格斯全集》德文版第 20 卷并参照《马克思恩格斯全集》俄文版第 20 卷翻译《反杜林论》，在翻译过程中参考了吴黎平的译本。《反杜林论》的译文收入《马克思恩格斯全集》中文第一版第 20 卷（1971 年），编入《马克斯恩格斯选集》第一版第 3 卷（1972 年），并出版了单行本。1995 年中央编译局编辑出版《马克思恩格斯选集》第二版时又根据《马克思恩格斯全集》德文版第 20 卷对《反杜林论》译文重新作了校订。《马克思恩格斯选集》第二版中经过重新校订的《反杜林论》译文于 1999 年出了单行本，并附有《〈反杜林论〉的准备材料》和《马克思和恩格斯关于杜林和〈反杜林论〉的书信摘选》。2004 年起，中央编译局又根据《马克思恩格斯全集》历史考证版第 1 部分第 27 卷并参考《马克思恩格斯全集》德文版第 20 卷对《反杜林论》的译文作了审核修订,先后编入 2009 年出版的《马克思恩格斯文集》第 9 卷、2012 年出版的《马克思恩格斯选集》第三版第 3 卷、2014 年出版的《马克思恩格斯全集》中文第二版第 26 卷。本书的译文和资料选自《马克思恩格斯全集》中文第二版第 26 卷。

弗·恩格斯

反 杜 林 论

（欧根·杜林先生在科学中实行的变革）

Herrn Eugen Dühring's

Umwälzung der Wissenschaft

Von

Friedrich Engels

————

Dritte, durchgesehene und vermehrte Auflage

——◆—❦—◆——

Stuttgart

Verlag von J. H. W. Dietz

1894

《反杜林论》第 3 版的扉页

三个版本的序言

一

这部著作决不是什么"内心冲动"的结果。恰恰相反。

三年前,当杜林先生突然以社会主义的行家兼改革家身份向当代挑战[1]的时候,我在德国的友人再三向我请求,要我在当时的社会民主党中央机关报《人民国家报》[2]上对这一新的社会主义理论进行评析。他们认为,为了不在如此年轻的、不久前才最终统一起来的党内造成派别分裂和混乱局面的新的可能,这样做是完全必要的。他们比我能更好地判断德国的情况,所以我理应相信他们。此外,还可以看到,这个新改宗者受到了一部分社会主义出版物的热忱欢迎,诚然,这种热忱只是对杜林先生的善良愿望所作的表示,但同时也使人看出这一部分党的出版物的善良愿望:它们正是估计到杜林的善良愿望,才不加考虑地接受了杜林的学说。还有些人已经打算以通俗的形式在工人中散布这种学说。最后,杜林先生及其小宗派采用各种大吹大擂和阴谋的手法,迫使《人民国家报》对这种如此野心勃勃的新学说明确表态。

虽然如此,我还是过了一年才下决心放下其他工作,着手来啃这一个酸果。这是一只一上口就不得不把它啃完的果子;它不仅很酸,而且很大。这种新的社会主义理论是以某种新哲学体系的最终实际成果的形式出现的。因此,必须联系这个体系来研究这一理论,同时研究这一体系本身;必须跟着杜林先生进入一个广阔的领域,在这个领域中,他谈到了所有可能涉及的东西,而且还不止这些东西。这样就产生了一系列的论文,它们从1877年初开始陆续发表在《人民国家报》**2**的续刊——莱比锡的《前进报》**3**上,现汇集成书,献给读者。

由此可见,对象本身的性质迫使批判不得不详尽,这样的详尽是同这一对象的学术内容即同杜林著作的学术内容极不相称的。但是,批判之所以这样详尽,还可以归因于另外两种情况。一方面,这样做使我在这本书所涉及到的很不相同的领域中,有可能正面阐发我对这些在现时具有较为普遍的科学意义或实践意义的争论问题的见解。这在每一章里都可以看到,尽管这本书的目的并不是以另一个体系去同杜林先生的"体系"相对立,可是希望读者不要忽略我所提出的各种见解之间的内在联系。我现在已有充分的证据,表明我在这方面的工作不是完全没有成效的。

另一方面,"创造体系的"杜林先生在当代德国并不是个别的现象。近来,天体演化学、一般自然哲学、政治学、经济学等等的体系如雨后春笋出现在德国。最不起眼的哲学博士,甚至大学生,动辄就要创造一个完整的"体系"。正如在现代国家里假定每一个公民对于他所要表决的一切问题都具有判断能力一样,正如在经济学中假定每一个消费者对于他要买来供日用的所有商品都是真正的内行一样,现今在科学上据说也要作这样的假定。所谓科学自由①,

---

① 恩格斯在这里借用了鲁·微耳和的《现代国家中的科学自由》这一书名中的说法。——编者注

就是人们可以著书立说来谈论自己从未学过的各种东西,而且标榜这是唯一的严格科学的方法。杜林先生正是这种放肆的伪科学的最典型的代表之一,这种伪科学现在在德国到处流行,并把一切淹没在它的高超的胡说的喧嚷声中。诗歌、哲学、政治学、经济学、历史编纂学中有这种高超的胡说;讲台和论坛上有这种高超的胡说;到处都有这种高超的胡说;这种高超的胡说妄想出人头地并成为深刻思想,以别于其他民族的粗浅平庸的胡说;这种高超的胡说是德国智力工业最具特色和最大量的产品,它们价廉质劣,完全和德国其他的制品一样,只可惜它们没有和这些制品一起在费城陈列出来[4]。甚至德国的社会主义,特别是自从有了杜林先生的范例以后,近来也十分热衷于高超的胡说,造就出以"科学"自炫但对这种科学又"确实什么也没有学到"[5]的各色人物。这是一种幼稚病,它表明德国大学生开始向社会民主主义转变,而这种幼稚病是和这一转变分不开的,可是我们的工人因有非常健康的本性,一定会克服这种幼稚病。

如果在那些我最多只能以涉猎者的资格发表看法的领域里我不得不跟着杜林先生走,那么这不是我的过错。在这种情况下,我大多只是限于举出确切的、无可争辩的事实去反驳我的论敌的错误的或歪曲的论断。在法学上以及在自然科学的某些问题上,我就是这样做的。在其他情况下,涉及的是理论自然科学的一般观点,就是说,是这样一个领域,在那里,专业自然科学家也不得不越出他的专业的范围,而涉及到邻近的领域——在那里,他像微耳和先生所承认的,也和我们任何人一样只是一个"半通"[6]。在这里,人们对于表达上的些许不确切之处和笨拙之处会相互谅解,我希望也能够得到这样的谅解。

当我写完这篇序言的时候,我见到了一则由杜林先生草拟的书商的广告:杜林先生的一本新的"权威"著作《合理的物理和化学的新的基本定律》已经出版①。我深知自己在物理和化学方面的知识不够,可是我总相信,对于我的杜林先生我是很知底的。所以,甚至没有看到上述著作,就可以预言,杜林先生在这本书中提出的物理和化学的定律,在其谬误或陈腐的程度上,尽可以同他以前发现的并在我的这本书中考察过的经济学、世界模式论等等的规律相媲美;而杜林先生所设计的低温计或低温测量仪,既不是用来测量高温,也不是用来测量低温,而唯一地只是用来测量杜林先生的狂妄无知。

1878 年 6 月 11 日于伦敦

二

本书要出新版,是出乎我意料的。本书所批判的对象现在几乎已被遗忘了;这部著作不仅在 1877 年至 1878 年间分篇登载于莱比锡的《前进报》[3]上,以飨成千上万的读者,而且还汇编成单行本大量发行。我在几年前对杜林先生的评论,现在怎么还能使人发生兴趣呢?

这首先是下述情况造成的:在反社会党人法[7]颁布之后,这部著作和几乎所有当时正在流行的我的其他著作一样,立即在德意

---

① 欧·杜林《合理的物理和化学的新的基本规律》1878 年莱比锡版第 1辑。——编者注

志帝国遭到查禁。谁只要不是死抱住神圣同盟[8]各国的传统的官僚偏见不放，谁就一定会明白这种措施带来的效果：被禁的书籍两倍、三倍地畅销，这暴露了柏林的大人先生们的无能，他们颁布了禁令，却不能执行。事实上，由于帝国政府的帮忙，我的若干短篇著作发行了比我自身努力所能达到的更多的新版；我没有时间对正文作适当的修订，而大部分只好干脆任其照旧版翻印。

不过还有另一种情况。本书所批判的杜林先生的"体系"涉及非常广泛的理论领域，这使我不能不跟着他到处跑，并以自己的见解去反驳他的见解。因此消极的批判成了积极的批判；论战转变成对马克思和我所主张的辩证方法和共产主义世界观的比较连贯的阐述，而这一阐述包括了相当多的领域。我们的这一世界观，首先在马克思的《哲学的贫困》①和《共产主义宣言》②中问世，经过足足20年的潜伏阶段，到《资本论》出版以后，就越来越迅速地为日益广泛的各界人士所接受。现在，它已远远越出欧洲的范围，在一切有无产者和无畏的科学理论家的国家里，都受到了重视和拥护。因此，看来有这样的读者，他们对于这一问题的兴趣极大，他们由于对论战中所作的正面阐述感兴趣，因而愿意了解现在在许多方面已经失去对象的同杜林观点的论战。

顺便指出：本书所阐述的世界观，绝大部分是由马克思确立和阐发的，而只有极小的部分是属于我的，所以，我的这种阐述不可能在他不了解的情况下进行，这在我们相互之间是不言而喻的。在付印之前，我曾把全部原稿念给他听，而且经济学那一编的第十

---

① 见《马克思恩格斯选集》第3版第1卷。——编者注
② 即《共产党宣言》。——编者注

章(《〈批判史〉论述》)就是马克思写的,只是由于外部的原因,我才不得不很遗憾地把它稍加缩短。在各种专业上互相帮助,这早就成了我们的习惯。

现在的新版,除了一章,其余都按第一版翻印,未作修改。一方面,我没有时间作彻底的修订,尽管我很想修改某些叙述。我担负着编印马克思遗稿的责任,这比其他一切事情都远为重要。此外,我的良心也不允许我作任何修改。本书是一部论战性的著作,我觉得,既然我的对手不能作什么修改,那我这方也理应不作什么修改。我只能要求有反驳杜林先生的答辩的权利。可是杜林先生针对我的论战所写的东西,我没有看过,而且如无特殊的必要,我也不想去看;我在理论上对他的清算已告结束。况且,杜林先生后来遭到柏林大学的卑劣的、不公正的对待,我对他更应当遵守文字论战的道义准则。当然,这所大学为了这件事受到了谴责。一所大学既然可以在人所共知的情况下剥夺杜林先生的教学自由,那么如果有人要在同样的人所共知的情况下把施韦宁格先生硬塞给它,它也就不应当感到惊讶了。[9]

只有一章,我允许自己作些解释性的增补,这就是第三编第二章《理论》。这里所涉及的仅仅是我所主张的观点的一个核心问题的表述,如果我力求写得通俗些,增补得连贯些,我的论敌是不会抱怨的。而且,这里还有外部的原因。我为我的朋友拉法格把本书的三章(《引论》的第一章及第三编的第一、二两章)编成独立的小册子,以便译成法文出版;在法文版成为意大利文版和波兰文版所依据的文本之后,以《社会主义从空想到科学的发展》为名的德文版也刊行了。这本小册子在短短的几个月内就发行了三版,接着俄文的、丹麦文的译本也出现了。在所有这些版本中,只对上述的一章作了增补。不过,如果我在刊行原本的新版时,拘守原文,而不顾它后来的已经成为国际性的版本,那么这就是一种迂腐行为了。

此外,我还想作修改的,主要有两点。第一,关于人类原始史,直到 1877 年,摩尔根才给我们提供了理解这一历史的钥匙。① 而在这之后,由于我有机会在自己的《家庭、私有制和国家的起源》②(1884 年苏黎世版)一书中对这期间我所能获得的材料作了加工,所以这里只要指出这部较晚的著作就够了。

第二,关于理论自然科学的那部分,这里叙述得极其笨拙,有些地方现在本来可以表达得更清楚些,更明确些。既然我认为自己没有权利对这部分进行修订,所以我理应在这里作自我批评。

马克思和我,可以说是唯一把自觉的辩证法从德国唯心主义哲学中拯救出来并运用于唯物主义的自然观和历史观的人。可是要确立辩证的同时又是唯物主义的自然观,需要具备数学和自然科学的知识。马克思是精通数学的,可是对于自然科学,我们只能作零星的、时停时续的、片断的研究。因此,当我退出商界并移居伦敦**10**,从而有时间进行研究的时候,我尽可能地使自己在数学和自然科学方面来一次彻底的——像李比希所说的——"脱毛"**11**,八年当中,我把大部分时间用在这上面。当我不得不去探讨杜林先生的所谓自然哲学时,我正处在这一脱毛过程的中间。所以,如果我有时在这方面找不到确切的术语,如果我在理论自然科学的

---

① 参看路·亨·摩尔根《古代社会,或人类从蒙昧时代经过野蛮时代到文明时代的发展过程的研究》1877 年伦敦版。——编者注
② 见《马克思恩格斯选集》第 3 版第 4 卷。——编者注

领域中总的说来表现得相当笨拙,那么这是十分自然的。可是另一方面,我意识到当时自己还做不到确有把握,这使我谨慎起来;没有人能指出我真正违反了当时人所共知的事实,或者不正确地叙述了当时公认的理论。在这方面,只有一位未被承认的大数学家写信给马克思,抱怨我诋毁了$\sqrt{-1}$的声誉[12]。

不言而喻,我对数学和自然科学作这种概括性的叙述,是要在细节上也使自己确信那种对我来说在总的方面已没有任何怀疑的东西,这就是:在自然界里,正是那些在历史上支配着似乎是偶然事变的辩证运动规律,也在无数错综复杂的变化中发生作用;这些规律也同样地贯串于人类思维的发展史中,它们逐渐被思维着的人所意识到。这些规律最初是由黑格尔全面地、不过是以神秘的形式阐发的,而剥去它们的神秘形式,并使人们清楚地意识到它们的全部的单纯性和普遍有效性,这是我们的期求之一。显然,旧的自然哲学,无论它包含多少真正好的东西和多少可以结果实的萌芽①,是

①　恩格斯在这里加了一个注:"同卡尔·福格特之流的愚蠢的庸人一起去攻击旧的自然哲学,比评价它的历史意义要容易得多。旧的自然哲学包含许多谬见和空想,可是并不比当时经验自然科学家的非哲学理论包含得多,至于它还包含许多有见识的和合理的东西,那么自从进化论传播之后这已开始为人们所了解。例如,海克尔完全有理由承认特雷维腊努斯和奥肯的功绩[13]。奥肯在他的原浆说和原胞说中,作为生物学的公设提出的那种东西,后来真的被发现是原生质和细胞。如果特别谈到黑格尔,那么,他在许多方面远远超出他同时代的经验科学家,这些人硬把某一种力——重力、浮力、电接触力等等加在所有不能解释的现象上,以为这样就把这些现象都解释了,如果这行不通,就搬出某种未知的要素如光素、热素、电素等等。这些臆想出来的要素,现在可以说基本上已经被排除了,可是,黑格尔所反对的那种玩弄力的把戏还在可笑地耍弄着,例如1869年亥姆霍兹在因斯布鲁克的演说中(亥姆霍兹《通俗讲演集》1871年版第2册第190页)[14]。同18世纪

不能满足我们的需要的。正如本书比较详细地阐明的那样,旧的自然哲学,特别是在黑格尔的形式中,具有这样的缺陷:它不承认自然界有时间上的发展,不承认"先后",只承认"并列"。这种观点,一方面是由黑格尔体系本身造成的,这个体系认为只是"精神"才有历史的不断发展,另一方面,也是由当时自然科学的总的状况造成的。所以在这方面,黑格尔远远落后于康德,康德的星云说已经宣布了太阳系的起源,而他关于潮汐延缓地球自转的发现也已经宣布了太阳系的毁灭。[15]最后,对我来说,事情不在于把辩证法规律硬塞进自然界,而在于从自然界中找出这些规律并从自然界出发加以阐发。

不过,要从相互联系上,而且在每个单独的领域中这样做,却是一项艰巨的工作。不仅所要掌握的这个领域几乎是无穷无尽的,而且就是在这整个的领域内,自然科学本身也正处在急剧的变革过程中,以致那些即使把全部空闲时间用来干这件事的人,也很难跟踪不失。可是自从卡尔·马克思去世之后,更紧迫的义务占去了我全部的时间,所以我不得不中断我的工作。目前我只好满足于本书所作的概述,等将来有机会再把所获得的成果汇集发表,

---

法国人传下来的把牛顿神化(英国使他满载荣誉与财富)这种做法相反,黑格尔指出:开普勒(德国让他饿死)是现代天体力学的真正奠基者;牛顿的万有引力定律已经包含在开普勒的所有三个定律中,在第三定律中甚至明确地表达出来了。黑格尔在其《自然哲学》第270节和附释中(《黑格尔全集》1842年版第7卷第98、113—115页),以几个简单的公式所证明的东西,作为现代数学力学的成果重新出现在古斯塔夫·基尔霍夫的书里(基尔霍夫《数学物理学讲义》1877年莱比锡第2版第10页),而且采取了和黑格尔首先阐发的那个简单的数学模型实质上相同的模型。自然哲学家与自觉的辩证的自然科学的关系,就像空想主义者与现代共产主义的关系一样。"——编者注

或许同马克思所遗留下来的极其重要的数学手稿一齐发表。[16]

可是,理论自然科学的进步也许会使我的劳动绝大部分或者全部成为多余的。因为单是把大量积累的、纯经验的发现加以系统化的必要性,就会迫使理论自然科学发生革命,这场革命必然使最顽固的经验主义者也日益意识到自然过程的辩证性质。旧的固定不变的对立,严格的不可逾越的分界线正在日益消失。自从最后的"真正"气体也被液化以来,自从证实了物体可以被置于一种难以分辨是液态还是气态的状态以来,聚集状态就丧失了它以前的绝对性质的最后残余。[17]根据气体动力学的原理,在纯气体中,单个气体分子的运动速度的乘方,在同温时和分子量成反比,这样,热也直接进入本身直接可以计量的运动形式的系列。十年前,新发现的、伟大的运动基本规律还仅仅被概括为能量**守恒**定律,仅仅被概括为运动既不能消灭也不能创造这种表述,就是说,仅仅从量的方面加以概括,而现在,这种狭隘的、消极的表述则日益被那种关于能的**转化**的积极的表述所代替,在这里过程的质的内容第一次获得了它应有的地位,对世界之外的造物主的最后记忆也消除了。当运动(所谓能)从动能(所谓机械力)转化为电、热、位能等等,以及发生相反转化时,运动的量是不变的,这一点现在已无须再当做什么新的东西来宣扬了。这种认识,是今后对转化过程本身进行更为丰富多彩的研究的既得的基础,而转化过程是一个伟大的基本过程,对自然的全部认识都综合于对这个过程的认识。自从用进化论观点从事生物学研究以来,有机界领域内固定不变的分类界线——消失了;几乎无法分类的中间环节日益增多,更精确的研究把有机体从这一纲归到另一纲,过去几乎成为信条的那些区别标志,丧失了它们的绝对效力;我们现在知道有卵生的哺乳动物,而且,如果消息确实的话,还有用四肢行走的鸟[18]。早在许多年以前,由于细胞的发现,微耳和不得不把动物个体的统一体分解成细胞国家的联邦——这种看法与其说是自然科学的和辩证法的,不如说是进步党的[19]——,而现在,循环于高等动物体内的阿米巴状的白血球的发现,则使关于动物的(因而也是人的)个体性的概念变得复杂多了。可是,正是那些过去被认为是不可调和的和不能化解的两极对立,正是那些强制规定的分界线和纲的区别,使现代的理论自然科学带上狭隘的形而上学的性质。这些对立和区别,虽然存在于自然界中,可是只具有相对意义,相反,它们那些想象的固定性和绝对意义,只不过是由我们的反思带进自然界的——这种认识构成辩证自然观的核心。积累起来的自然科学的事实迫使人们达到上述认识;如果人们领会了辩证思维规律,进而去领会这些事实的辩证性质,就可以比较容易地达到这种认识。无论如何,自然科学现在已经发展得再也不能回避辩证综合了。可是,如果自然科学不忘记,作为它的经验的总结的结论都是一些概念,而运用这些概念的艺术不是天生的,也不是和普通的日常意识一起得来的,而是要求有真实的思维,这样的思维也有同经验自然研究一样长的经验历史——如果自然科学不忘记这些,那么,它就会使自己比较容易地经历这个过程。正是由于自然科学正在学会掌握2 500年来哲学发展的成果,它才一方面可以摆脱任何单独的、处在它之外和凌驾于它之上的自然哲学,另一方面也可以摆脱它本身的、从英国经验主义沿袭下来的、狭隘的思维方法。

1885年9月23日于伦敦

三

这一新版,除了几处无足轻重的文字上的修改,都是照前一版翻印的。只有一章,即第二编第十章《〈批判史〉论述》,我作了重要的增补,理由如下。

正如第二版序言已经提到的,这一章所有重要的部分都是马克思写的。在原定作为报刊文章的初稿上,我不得不把马克思的手稿大加删节,而恰恰在删掉的部分里,他对经济学史的独立的阐述比起对杜林主张的批判要重要得多。这些阐述恰恰又是手稿当中甚至直到现在还具有重大意义和长远意义的部分。我认为,自己有责任把马克思说明配第、诺思、洛克、休谟等人在古典经济学产生过程中所应占的地位的那些部分,尽可能完全地并逐字逐句地发表出来;而他对魁奈的《经济表》[20]所作的解释就更是如此了,这个表对整个现代经济学来说,仍然是不可解的斯芬克斯之谜。相反,凡是专门涉及杜林先生著作的地方,只要不影响上下文的联系,我都把它删掉了。

最后,我感到十分满意的是,自从第二版以来,本书所主张的观点已经深入科学界和工人阶级的公众意识,而且是在世界上一切文明国家里。

弗·恩格斯

1894 年 5 月 23 日于伦敦

引　论

一　概　论

现代社会主义,就其内容来说,首先是对现代社会中普遍存在的有财产者和无财产者之间、资产者和雇佣工人之间的阶级对立以及生产中普遍存在的无政府状态这两个方面进行考察的结果。但是,就其理论形式来说,它起初表现为 18 世纪法国伟大的启蒙学者们所提出的各种原则的进一步的、据称是更彻底的发展。①同任何新的学说一样,它必须首先从已有的思想材料出发,虽然它的根子深深扎在经济的事实中。

在法国为行将到来的革命启发过人们头脑的那些伟大人物,本身都是非常革命的。他们不承认任何外界的权威,不管这种权威是什么样的。宗教、自然观、社会、国家制度,一切都受到了最无情的批判;一切都必须在理性的法庭面前为自己的存在作辩护或者放弃存在的权利。思维着的知性成了衡量一切的唯

---

① 在《引论》的草稿中,这一段是这样写的:"**现代社会主义**,虽然实质上是由于对现存社会中有财产者和无财产者之间、工人和剥削者之间的阶级对立进行考察而产生的。但是,就其理论形式来说,起初却表现为 18 世纪法国伟大的启蒙学者们所提出的各种原则的更彻底的、进一步的发展,因为它的最初代表摩莱里和马布利也是属于启蒙学者之列的。"——编者注

一尺度。那时,如黑格尔所说的,是世界用头立地的时代。**21**最初,这句话的意思是:人的头脑以及通过头脑的思维发现的原理,要求成为人类的一切活动和社会结合的基础;后来这句话又有了更广泛的含义:同这些原理相矛盾的现实,实际上都被上下颠倒了。以往的一切社会形式和国家形式、一切传统观念,都被当做不合理性的东西扔到垃圾堆里去了;到现在为止,世界所遵循的只是一些成见;过去的一切只值得怜悯和鄙视。只是现在阳光才照射出来。从今以后,迷信、非正义、特权和压迫,必将为永恒的真理、永恒的正义、基于自然的平等和不可剥夺的人权所取代。

现在我们知道,这个理性的王国不过是资产阶级的理想化的王国;永恒的正义在资产阶级的司法中得到实现;平等归结为法律面前的资产阶级的平等;被宣布为最主要的人权之一的是资产阶级的所有权;而理性的国家、卢梭的社会契约**22**在实践中表现为,而且也只能表现为资产阶级的民主共和国。18世纪伟大的思想家们,也同他们的一切先驱者一样,没有能够超出他们自己的时代使他们受到的限制。

但是,除了封建贵族和资产阶级之间的对立,还存在着剥削者和被剥削者、游手好闲的富人和从事劳动的穷人之间的普遍的对立。正是由于这种情形,资产阶级的代表才能标榜自己不是某一特殊的阶级的代表,而是整个受苦人类的代表。不仅如此,资产阶级从它产生的时候起就背负着自己的对立物:资本家没有雇佣工人就不能存在,随着中世纪的行会师傅发展成为现代的资产者,行会帮工和行会外的短工便相应地发展成为无产者。虽然总的说来,资产阶级在同贵族斗争时有理由认为自己同时代表当时的各

1877年1月3日《前进报》上发表的《反杜林论》第一篇论文，
标题为《欧根·杜林先生在哲学中实行的变革》

个劳动阶级的利益,但是在每一个大的资产阶级运动中,都爆发过作为现代无产阶级的发展程度不同的先驱者的那个阶级的独立运动。例如,德国宗教改革和农民战争时期的托马斯·闵采尔派,英国大革命时期的平等派[23],法国大革命时期的巴贝夫。伴随着一个还没有成熟的阶级的这些革命暴动,产生了相应的理论表现;在16世纪和17世纪有理想社会制度的空想的描写[24],而在18世纪已经有了直接共产主义的理论(摩莱里和马布利)。平等的要求已经不再限于政治权利方面,它也应当扩大到个人的社会地位方面;不仅应当消灭阶级特权,而且应当消灭阶级差别本身。禁欲主义的、斯巴达式的共产主义,是这种新学说的第一个表现形式。后来出现了三个伟大的空想主义者:圣西门、傅立叶和欧文。在圣西门那里,除无产阶级的倾向外,资产阶级的倾向还有一定的影响。欧文在资本主义生产最发达的国家里,在这种生产所造成的种种对立的影响下,直接从法国唯物主义出发,系统地阐述了他的消除阶级差别的方案。

　　所有这三个人有一个共同点:他们都不是作为当时已经历史地产生的无产阶级的利益的代表出现的。他们和启蒙学者一样,并不是想解放某一个阶级,而是想解放全人类。他们和启蒙学者一样,想建立理性和永恒正义的王国;但是他们的王国和启蒙学者的王国是有天壤之别的。按照这些启蒙学者的原则建立起来的资产阶级世界也是不合理性的和非正义的,所以也应该像封建制度和一切更早的社会制度一样被抛到垃圾堆里去。真正的理性和正义至今还没有统治世界,这只是因为它们没有被人们正确地认识。所缺少的只是个别的天才人物,现在这种人物已经出现而且已经认识了真理;至于天才人物正是在现在出现,真理正是在现在被认识到,这并不是从历史发展的联系中必然产生的、不可避免的事情,而纯粹是一种侥幸的偶然现象。这种天才人物在500年前也同样可能诞生,这样他就能使人类免去500年的迷误、斗争和痛苦。

这种见解本质上是英国和法国的一切社会主义者以及包括魏特林在内的第一批德国社会主义者的见解。对所有这些人来说,社会主义是绝对真理、理性和正义的表现,只要它被发现了,它就能用自己的力量征服世界;因为绝对真理是不依赖于时间、空间和人类的历史发展的,所以,它在什么时候和什么地方被发现,那纯粹是偶然的事情。同时,绝对真理、理性和正义在每个学派的创始人那里又是各不相同的;而因为在每个学派的创始人那里,绝对真理、理性和正义的独特形式又是由他们的主观知性、他们的生活条件、他们的知识水平和思维训练水平所决定的,所以,解决各种绝对真理的这种冲突的办法就只能是它们互相磨损。由此只能得出一种折中的不伦不类的社会主义,这种社会主义实际上直到今天还统治着法国和英国大多数社会主义工人的头脑,它是由各学派创始人的比较温和的批判性言论、经济学原理和关于未来社会的观念组成的色调极为复杂的混合物,这种混合物的各个组成部分,在辩论的激流中越是磨去其锋利的棱角,就像溪流中的卵石一样,这种混合物就越容易构成。为了使社会主义变为科学,就必须首先把它置于现实的基础之上。

在此期间,同18世纪的法国哲学并列和继它之后,近代德国哲学产生了,并且在黑格尔那里完成了。它的最大的功绩,就是恢复了辩证法这一最高的思维形式。古希腊的哲学家都是天生的自发的辩证论者,他们中最博学的人物亚里士多德就已经研究了辩证思维的最主要的形式①。而近代哲学虽然也有辩证法的卓越代表(例如笛卡儿和斯宾诺莎),但是特别由于英国的影响却日益陷入所谓形而上学的思维方式;18世纪的法国人也几乎全都为这种思维方式所支配,至少在他们的专门哲学著作中是如此。可是,在本来意义的哲学之外,他们同样也能够写出辩证法的杰作;我们只要提一下狄德罗的《拉摩的侄子》**25**和卢梭的《论人间不平等的起源》②就够了。——在这里,我们就简略地谈谈这两种思维方法的实质;我们回头还要更详细地谈这个问题。

当我们通过思维来考察自然界或人类历史或我们自己的精神活动的时候,首先呈现在我们眼前的,是一幅由种种联系和相互作用无穷无尽地交织起来的画面,其中没有任何东西是不动的和不变的,而是一切都在运动、变化、生成和消逝。这种原始的、素朴的、但实质上正确的世界观是古希腊哲学的世界观,而且是由赫拉克利特最先明白地表述出来的:一切都存在而又不存在,因为一切都在**流动**,都在不断地变化,不断地生成和消逝。但是,这种观点虽然正确地把握了现象的总画面的一般性质,却不足以说明构成这幅总画面的各个细节;而我们要是不知道这些细节,就看不清总画面。为了认识这些细节,我们不得不把它们从自然的或历史的联系中抽出来,从它们的特性、它们的特殊的原因和结果等等方面来分别加以研究。这首先是自然科学和历史研究的任务;而这些

① 在《引论》的草稿中,这句话是这样写的:"古希腊的哲学家都是天生的自发的辩证论者,亚里士多德,古代世界的黑格尔,就已经研究了辩证思维的最主要的形式。"——编者注

② 让·雅·卢梭《论人间不平等的起源和原因》1755年阿姆斯特丹版。——编者注

研究部门,由于十分明显的原因,在古典时代的希腊人那里只占有从属的地位,因为他们首先必须搜集材料。精确的自然研究只是在亚历山大里亚时期[26]的希腊人那里才开始,而后来在中世纪由阿拉伯人继续发展下去;可是,真正的自然科学只是从15世纪下半叶才开始,从这时起它就获得了日益迅速的进展。把自然界分解为各个部分,把各种自然过程和自然对象分成一定的门类,对有机体的内部按其多种多样的解剖形态进行研究,这是最近400年来在认识自然界方面获得巨大进展的基本条件。但是,这种做法也给我们留下了一种习惯:把各种自然物和自然过程孤立起来,撇开宏大的总的联系去进行考察,因此,就不是从运动的状态,而是从静止的状态去考察;不是把它们看做本质上变化的东西,而是看做固定不变的东西;不是从活的状态,而是从死的状态去考察。这种考察方式被培根和洛克从自然科学中移植到哲学中以后,就造成了最近几个世纪所特有的局限性,即形而上学的思维方式。

在形而上学者看来,事物及其在思想上的反映即概念,是孤立的、应当逐个地和分别地加以考察的、固定的、僵硬的、一成不变的研究对象。他们在绝对不相容的对立中思维;他们的说法是:"是就是,不是就不是;除此以外,都是鬼话。"①在他们看来,一个事物要么存在,要么就不存在;同样,一个事物不能同时是自身又是别的东西。正和负是绝对互相排斥的;原因和结果也同样是处于僵硬的相互对立中。初看起来,这种思维方式对我们来说似乎是极为可信的,因为它是合乎所谓常识的。然而,常识在日常应用的范围内虽然是极可尊敬的东西,但它一跨入广阔的研究领域,就会碰

----

① 参看《新约全书·马太福音》第5章第37节。——编者注

到极为惊人的变故。形而上学的考察方式,虽然在相当广泛的、各依对象性质而大小不同的领域中是合理的,甚至必要的,可是它每一次迟早都要达到一个界限,一超过这个界限,它就会变成片面的、狭隘的、抽象的,并且陷入无法解决的矛盾,因为它看到一个一个的事物,忘记它们互相间的联系;看到它们的存在,忘记它们的生成和消逝;看到它们的静止,忘记它们的运动;因为它只见树木,不见森林。例如,在日常生活中,我们知道并且可以肯定地说,某一动物存在还是不存在;但是,在进行较精确的研究时,我们就发现,这有时是极其复杂的事情。这一点法学家们知道得很清楚,他们为了判定在子宫内杀死胎儿是否算是谋杀,曾绞尽脑汁去寻找一条合理的界限,结果总是徒劳。同样,要确定死亡的那一时刻也是不可能的,因为生理学证明,死亡并不是突然的、一瞬间的事情,而是一个很长的过程。同样、任何一个有机体,在每一瞬间都既是它本身,又不是它本身;在每一瞬间,它消化着外界供给的物质,并排泄出其他物质;在每一瞬间,它的机体中都有细胞在死亡,也有新的细胞在形成;经过或长或短的一段时间,这个机体的物质便完全更新了,由其他物质的原子代替了,所以,每个有机体永远是它本身,同时又是别的东西。在进行较精确的考察时,我们也发现,某种对立的两极,例如正和负,既是彼此对立的,又是彼此不可分离的,而且不管它们如何对立,它们总是互相渗透的;同样,原因和结果这两个概念,只有应用于个别场合时才有其本来的意义;可是,只要我们把这和个别的场合放到它同宇宙的总联系中来考察,这两个概念就交汇起来,融合在普遍相互作用的看法中,而在这种相互作用中,原因和结果经常交换位置;在此时或此地是结果,在彼时或彼地就成了原因,反之亦然。

　　所有这些过程和思维方法都是形而上学思维的框子所容纳不下的。相反,对辩证法来说,上述过程正好证明它的方法是正确的,因为辩证法在考察事物及其在观念上的反映时,本质上是从它们的联系、它们的联结、它们的运动、它们的产生和消逝方面去考察的。自然界是检验辩证法的试金石,而且我们必须说,现代自然科学为这种检验提供了极其丰富的、与日俱增的材料,并从而证明了,自然界的一切归根到底是辩证地而不是形而上学地发生的。可是,由于学会辩证地思维的自然科学家到现在还屈指可数,所以,现在理论自然科学中普遍存在的并使教师和学生、作者和读者同样感到绝望的那种无限混乱的状态,完全可以从已经发现的成果和传统的思维方式之间的这个冲突中得到说明。

　　因此,要精确地描绘宇宙、宇宙的发展和人类的发展,以及这种发展在人们头脑中的反映,就只有用辩证的方法,只有不断地注意生成和消逝之间、前进的变化和后退的变化之间的普遍相互作用才能做到。近代德国哲学一开始就是以这种精神进行活动的。康德一开始他的学术生涯,就把牛顿的稳定的太阳系和太阳系经过有名的第一推动后的永恒存在变成了历史的过程,即太阳和一切行星由旋转的星云团产生的过程。同时,他已经作出了这样的结论:太阳系的产生也预示着它将来的不可避免的灭亡。过了半个世纪,他的观点由拉普拉斯从数学上作出了证明;又过了半个世纪,分光镜证明了,在宇宙空间存在着凝聚程度不同的炽热的气团。[27]

　　这种近代德国哲学在黑格尔的体系中完成了,在这个体系中,黑格尔第一次——这是他的伟大功绩——把整个自然的、历史的和精神的世界描写为一个过程,即把它描写为处在不断的运动、变化、转变和发展中,并企图揭示这种运动和发展的内在联系①。从这个观点来看,人类的历史已经不再是乱七八糟的、统统应当被这时已经成熟了的哲学理性的法庭所唾弃并最好尽快被人遗忘的毫无意义的暴力行为,而是人类本身的发展过程,而思维的任务现在就是要透过一切迷乱现象探索这一过程的逐步发展的阶段,并且透过一切表面的偶然性揭示这一过程的内在规律性。

　　黑格尔没有解决这个任务,这在这里没有多大关系。他的划时代的功绩是提出了这个任务。这不是任何个人所能解决的任务。虽然黑格尔和圣西门一样是当时最博学的人物,但是他毕竟受到了限制,首先是他自己的必然有限的知识的限制,其次是他那个时代的在广度和深度方面都同样有限的知识和见解的限制。但是,除此以外还有第三种限制。黑格尔是唯心主义者,就是说,在他看来,他头脑中的思想不是现实的事物和过程的或多或少抽象的反映,相反,在他看来,事物及其发展只是在世界出现以前已经在某个地方存在着的"观念"的现实化的反映。这样,一切都被头足倒置了,世界的现实联系完全被颠倒了。所以,不论黑格尔如何正确地和天才地把握了一些个别的联系,但由于上述原因,就是在细节上也有许多东西不能不是牵强的、造作的、虚构的,一句话,被

---

①　在《引论》的草稿中,对黑格尔哲学作了如下的描述:"就哲学被看做是凌驾于其他一切科学之上的特殊科学来说,黑格尔体系是哲学的最后的最完善的形式。全部哲学都随着这个体系没落了。但是留下的是辩证的思维方式以及关于自然的、历史的和精神的世界是一个无止境地运动着和转变着的、处在不断的生成和消逝过程中的世界的观点。现在不再向哲学,而是向一切科学提出这样的要求:在自己的特殊领域内揭示这个不断的转变过程的运动规律。而这就是黑格尔哲学留给它的继承者的遗产。"——编者注

歪曲的。黑格尔的体系作为体系来说,是一次巨大的流产,但也是这类流产中的最后一次。就是说,它还包含着一个无法解决的内在矛盾:一方面,它以历史的观点作为基本前提,即把人类的历史看做一个发展过程,这个过程按其本性来说在认识上是不能由于所谓绝对真理的发现而结束的;但是另一方面,它又硬说它自己就是这种绝对真理的化身。关于自然和历史的无所不包的、最终完成的认识体系,是同辩证思维的基本规律相矛盾的;但是,这样说决不排除,相反倒包含下面一点,即对整个外部世界的有系统的认识是可以一代一代地取得巨大进展的。

一旦了解到以往的德国唯心主义是完全荒谬的,那就必然导致唯物主义,但是要注意,并不是导致18世纪的纯粹形而上学的、完全机械的唯物主义。同那种以天真的革命精神简单地抛弃以往的全部历史的做法相反,现代唯物主义把历史看做人类的发展过程,而它的任务就在于发现这个过程的运动规律。无论在18世纪的法国人那里,还是在黑格尔那里,占统治地位的自然观都认为,自然界是一个沿着狭小的圆圈循环运动的、永远不变的整体,牛顿所说的永恒的天体和林耐所说的不变的有机物种也包含在其中。同这种自然观相反,现代唯物主义概括了自然科学的新近的进步,从这些进步来看,自然界同样也有自己的时间上的历史,天体和在适宜条件下生存在天体上的有机物种都是有生有灭的;至于循环,即使能够存在,其规模也要大得无比。在这两种情况下,现代唯物主义本质上都是辩证的,而且不再需要任何凌驾于其他科学之上的哲学了。一旦对每一门科学都提出要求,要它们弄清它们自己在事物以及关于事物的知识的总联系中的地位,关于总联系的任何特殊科学就是多余的了。于是,在以往的全部哲学中仍然独立存在的，就只有关于思维及其规律的学说——形式逻辑和辩证法。其他一切都归到关于自然和历史的实证科学中去了。

　　但是，自然观的这种变革只能随着研究工作提供相应的实证的认识材料而实现，而在这期间一些在历史观上引起决定性转变的历史事实却老早就发生了。1831 年在里昂发生了第一次工人起义[28]；在 1838—1842 年，第一次全国性的工人运动，即英国宪章派的运动[29]，达到了高潮。无产阶级和资产阶级之间的阶级斗争一方面随着大工业的发展，另一方面随着资产阶级新近取得的政治统治的发展，在欧洲最先进的国家的历史中升到了重要地位。事实日益令人信服地证明，资产阶级经济学关于资本和劳动的利益一致、关于自由竞争必将带来普遍和谐和人民的普遍福利的学说完全是撒谎。① 对所有这些事实都再也不能置之不理了，同样，对作为这些事实的理论表现（虽然是极不完备的表现）的法国和英国的社会主义也不能再置之不理了。但是，旧的、还没有被排除掉的唯心主义历史观不知道任何基于物质利益的阶级斗争，而且根本不知道任何物质利益；生产和一切经济关系，在它那里只是被当做"文化史"的从属因素顺便提一下。

　　新的事实迫使人们对以往的全部历史作一番新的研究，结果发现：以往的**全部**历史，都是阶级斗争的历史[30]；这些互相斗争的社会阶级在任何时候都是生产关系和交换关系的产物，一句话，都

① 在《引论》的草稿中，接着有下面一段话："在法国，1834 年的里昂起义也宣告了无产阶级反对资产阶级的斗争。英国和法国的社会主义理论获得了历史价值，并且也必然在德国引起反响和评论，虽然在德国，生产还只是刚刚开始摆脱小规模的经营。因此，现在与其说在德国还不如说在德国人中间形成理论的社会主义，其全部材料都不得不是进口的……"——编者注

是自己时代的**经济**关系的产物;因而每一时代的社会经济结构形成现实基础,每一个历史时期的由法的设施和政治设施以及宗教的、哲学的和其他的观念形式所构成的全部上层建筑,归根到底都应由这个基础来说明。这样一来,唯心主义从它的最后的避难所即历史观中被驱逐出去了,一种唯物主义的历史观被提出来了,用人们的存在说明他们的意识,而不是像以往那样用人们的意识说明他们的存在这样一条道路已经找到了。

可是,以往的社会主义同这种唯物主义历史观是不相容的,正如法国唯物主义的自然观同辩证法和近代自然科学不相容一样。以往的社会主义固然批判了现存的资本主义生产方式及其后果,但是,它不能说明这个生产方式,因而也就不能对付这个生产方式;它只能简单地把它当做坏东西抛弃掉。但是,问题在于:一方面应当说明资本主义生产方式的历史联系和它在一定历史时期存在的必然性,从而说明它灭亡的必然性;另一方面应当揭露这种生产方式的一直还隐蔽着的内在性质,因为以往的批判主要是针对有害的后果,而不是针对事物的进程本身。这已经由于**剩余价值**的发现而完成了。已经证明,无偿劳动的占有是资本主义生产方式和通过这种生产方式对工人进行的剥削的基本形式;即使资本家按照劳动力作为商品在商品市场上所具有的全部价值来购买他的工人的劳动力,他从这种劳动力榨取的价值仍然比他对这种劳动力的支付要多;这种剩余价值归根到底构成了有产阶级手中日益增加的资本量由以积累起来的价值量。这样就说明了资本主义生产和资本生产的过程。

这两个伟大的发现——唯物主义历史观和通过剩余价值揭开资本主义生产的秘密,都应当归功于**马克思**。由于这两个发现,社会主义变成了科学,现在首先要做的是对这门科学的一切细节和联系作进一步的探讨。

当欧根·杜林先生大叫大嚷地跳上舞台,宣布他在哲学、政治经济学和社会主义中已实行了全面的变革的时候,理论上的社会主义和已经死去的哲学方面的情形大体上就是这样。

现在我们来看看,杜林先生对我们许下了什么诺言,他又是怎样履行他的诺言的。

二 杜林先生许下了什么诺言

首先与此有关的是杜林先生的下述著作:《哲学教程》①、《国民经济学和社会经济学教程》②、《国民经济学和社会主义批判史》③。我们首先感兴趣的主要是第一部著作。

就在第一页上,杜林先生宣布自己是

"一个有资格在当代代表这一力量〈哲学〉的人,而且是为了这一力量目前可以预见的发展而代表这一力量的人"。

这样,他就把自己说成是当代和"可以预见的"未来的唯一真正的哲学家。谁同他不一致,谁就违背真理。早在杜林先生以前,

---

① 欧·杜林《哲学教程——严格科学的世界观和生命形成》1875 年莱比锡版。——编者注

② 欧·杜林《国民经济学和社会经济学教程,兼论财政政策的基本问题》1876 年莱比锡修订第 2 版。——编者注

③ 欧·杜林《国民经济学和社会主义批判史》1875 年柏林修订第 2 版。——编者注

就有许多人对自己是这样**想**的，但是，除理查·瓦格纳以外，他也许是第一个大言不惭地说出这一想法的人。而且他所说的真理还是

"最后的终极的真理"。

杜林先生的哲学是

"自然体系或现实哲学……　这一体系是以这样的方式思考现实的：它排除梦幻式的和受主观主义限制的世界观的任何趋向"。

因此，这一哲学有这样的特性：它能使杜林先生超越连他自己也不否认的他个人的主观局限性。这的确是必要的，如果他真能确立最后的终极的真理的话，不过我们到现在还不了解这个奇迹怎样才能发生。

这个"本身对精神极有价值的知识的自然体系"已经"稳固地确立了存在的基本形式，而丝毫没有损害思想的深度"。它从自己的"真正批判的立足点"出发，提供了"一种现实的、从而以自然和生活的现实为目标的哲学的各个要素，这种哲学不承认任何纯属虚幻的地平线，而是要在自己的强有力地实行变革的运动中揭示外部自然和内部自然的一切地和天"；它是一种"新的思维方式"，它的结果是"完全独特的结论和观点……创造体系的思想……确立了的真理"。在这里，我们看到"一种应在全神贯注的首创精神中寻求自身力量的劳动〈不管这指的是什么〉；一种穷根究底的研究……一种根底深厚的科学……一种关于事物和人的严格科学的观念……一种全面透彻的思想劳动……一种对可由思想控制的前提和结论的创造性的制定……绝对基础性的东西"。

在经济政治的领域内，他不仅给我们提供了

"在历史和体系方面包容很广的著作"，另外，其中历史著作由于"我的具有伟大风格的历史记述"而更加出色，这些著作在经济学中促成了"创造性的

转变";

而且，他还以自己的一项完全制定好的关于未来社会的社会主义规划作结束，这个规划是

"清晰的和穷根究底的理论的实际成果"，

因而和杜林哲学一样，是没有谬误的和唯一能救世的；因为

"只有在我的《国民经济学和社会经济学教程》所描绘的那种社会主义结构里，一种真正的所有能够取代纯属虚幻的、暂时的或基于暴力的所有制"。未来必须以此为目标。

杜林先生献给杜林先生的这束颂词之花，可以很容易地增大十倍。这束花现在已经足以使读者产生某些怀疑：他们是否真的在同一个哲学家打交道，还是同……打交道，但是我们不得不请求读者在没有更详细地了解上述的深厚根底以前，暂时不要作出自己的判断。我们捧出上面的这束花也只是为了指明，我们面对的不是一位直截了当地说出自己的思想并让往后的发展来判定其价值的寻常的哲学家和社会主义者，而是一个非同寻常的人，他声称自己是和教皇一样没有谬误的，如果人们不愿意受最可恶的异端邪说的迷惑，那就只好干脆接受他的唯一能救世的学说。我们在这里所遇到的决不是充满各国社会主义文库而且近来也充满德国社会主义文库的那些著作中的一种，在这些著作中，各种各样的人力图以人间最诚恳的态度弄清种种问题，对于解决这些问题，他们也许或多或少是缺乏资料的；在这些著作中，不管存在什么样学术上和文字上的缺陷，社会主义的善良愿望总是值得赞许的。相反，杜林先生却给我们提出了由他宣布为最后的终极的真理的那些原

理,因此,这些原理以外的任何其他意见一开始就是错误的;正像他拥有独一无二的真理一样,他也拥有唯一的严格科学的研究方法,这种方法以外的一切其他方法都是不科学的。或者他是对的,那么我们面对的是一切时代最伟大的天才,第一位超人,因为他是没有谬误的人。或者他是不对的,那么不管我们作出怎样的判断,即便好心地认为他可能出于善良的愿望,这也是对杜林先生的最致命的侮辱。

一个人既然拥有最后的终极的真理和唯一严格的科学性,当然就要对其他陷入迷途的和不科学的人采取颇为蔑视的态度。因此,当杜林先生以极端轻蔑的态度谈论他的先驱者的时候,当只有被他本人破格封为伟人的少数几个人才在他的深厚根底面前得到恩赦的时候,我们就不应该感到惊奇了。

首先听听他对哲学家的意见:

"缺乏任何良好信念的莱布尼茨,一切哲学侍臣中的这个佼佼者"。

康德还被勉强容忍;康德以后就一团糟了:

出现了"紧跟其后的模仿者,也就是一个叫做费希特和一个叫做谢林的人的谬论和既轻率又无聊的蠢话……愚昧的自然哲学奇谈的古怪漫画……康德以后的怪现象",以及由"一个叫做黑格尔的人"总其成的"热昏的胡话"。此人满口"黑格尔行话",利用自己的"甚至在形式上也不科学的手法"和自己的"粗制品"来传播"黑格尔瘟疫"。

自然科学家也没有得到更好的待遇,不过只举出了达尔文的名字,所以我们只能以他为限:

"达尔文主义的半诗和变态术,连同其粗陋褊狭的理解力和迟钝的辨别力…… 据我们的意见,独特的达尔文主义——自然要把拉马克的学说从中排除——只是一种与人性对抗的昏性"。

而最倒霉的是社会主义者了。至多除了路易·勃朗这个在一切社会主义者中最微不足道的人，其余的全都是罪人，都不享有该列在杜林先生之前（或者之后）的那种荣誉。不仅从真理和科学性方面来看是这样，不，而且从品格方面来看也是这样。除了巴贝夫以及1871年的几名公社委员，其余的全都算不上"人物"。三个空想主义者被称为"社会炼金术士"。在他们当中，圣西门还算受到宽大待遇，因为只责备他"过分夸张"，并且还以同情态度指出，他深受宗教狂之害。而在谈到傅立叶的时候，杜林先生就完全忍耐不住了，因为傅立叶

"暴露了神经错乱的一切因素……过去只能到疯人院里去找的观念……最荒唐的梦幻……神经错乱的产物……　笨得无法形容的傅立叶"，这个"幼稚的头脑"，这个"白痴"甚至从来不是社会主义者；他的法伦斯泰尔[31]根本没有一点合理的社会主义，而是"按日常交往的样板构造的怪物"。

最后：

"如果谁以为这些评论〈傅立叶关于牛顿的评论〉……还不足以使他深信，在傅立叶的名字和整个傅立叶主义中只有第一个音节〈fou＝疯狂的〉道出了一点真实的东西，那么他自己也应当被列入某种白痴的范畴"。

最后，罗伯特·欧文

"有着无力而贫乏的观念……他在道德问题上的如此粗陋的思想……几句流于荒唐的老生常谈……不合理的和粗陋的看法……欧文的思想进程几乎不值得作比较郑重的批判……他的虚荣心"等等。

因此，既然杜林先生板端刻薄地以空想主义者的各自的名字来形容他们：圣西门——saint（神圣的），傅立叶——fou（疯狂的），

安凡丹——enfant（幼稚的），那么所差的就只是加上：欧文——o weh！[呜呼！]社会主义历史上一个完整的非常重要的时期，就用四个词简单地判决了，谁怀疑这一点，"他自己也应当被列入某种白痴的范畴"。

从杜林对后来的社会主义者的评论中，我们为了节省篇幅只举出有关拉萨尔和马克思的那些话：

拉萨尔："学究气的、咬文嚼字的通俗化尝试……芜杂的经院哲学……一般理论和琐碎废话的奇怪的混合……失去理智的和不成体统的黑格尔迷信……吓唬人的例子……特有的局限性……靠最无聊的琐事来自炫……我们的犹太英雄……写写小册子的人……卑劣的……人生观和世界观的内在不坚定性。"

马克思："理解力褊狭……他的著作和成就，从本身来看，即从纯理论的角度来看，对我们的领域〈社会主义批判史〉没有长远意义，而对思潮的一般历史来说最多只能看做近代宗派经院哲学中一个支脉的影响的象征……集中化和系统化的能力的薄弱……思想和文体的不成体统，语言上的下流习气……英国化的虚荣心……欺骗……混乱的观念，它们实际上只是历史幻想和逻辑幻想的杂种……迷惑人的辞令……个人的虚荣心……卑劣的手法……无礼的……舞文弄墨的笨蛋和蠢货……中国人式的博学……哲学和科学上的落后。"

如此等等，不一而足，因为这还是从杜林的玫瑰园中随手采来的一小束花。自然，我们暂且还根本不涉及这些可爱的谩骂——如果杜林先生稍稍有点教养的话，他在谩骂时就不会把**任何东西**都看做是卑劣的和无礼的——是否也是最后的终极的真理。将来，尤其是现在，我们要留神，丝毫不要怀疑这些谩骂的深厚根底，因为不然，也许我们甚至要被禁止去挑选我们所应属的白痴的范畴。我们认为我们的责任只是在于，一方面举例说明杜林先生所谓

"讲究措辞的谨慎而又真正谦虚的表达方法";

另一方面确认:在杜林先生那里,他的先驱者的一无是处,正像他自己的没有谬误一样,是肯定无疑的。如果一切确实是这样,那么,我们就得在这位一切时代最伟大的天才面前诚惶诚恐,毕恭毕敬。

第一编　哲　学

三　分类。先验主义

按照杜林先生的说法,哲学是对世界和生活的意识的最高形式的阐发,在更广的意义上说,还包括一切知识和意愿的原则。无论在哪里,只要某一系列的认识或冲动,或者某一类存在形式为人的意识所考察,这些形式的原则就应当是哲学的对象。这些原则是简单的或迄今被设想为简单的成分,这些成分可以构成各种各样的知识和意愿。同物体的化学组成一样,事物的一般状态也可以还原为基本形式和基本元素。这些终极的成分或原则,一旦被发现,就不仅对于直接知道和接触到的东西,而且对于我们不知道和接触不到的世界也都有意义。因此,哲学原则就成了科学要成为对自然界和人类生活进行解释的统一体系所需要的最后补充。除了一切存在的基本形式,哲学只有两个真正的研究对象,即自然界和人类世界。这样,在我们的材料整理上就自然而然地分成了三部分,这就是:一般的世界模式论,关于自然原则的学说,以及最后关于人的学说。在这个序列中,同时也包含某种内在的逻辑次序,因为适用于一切存在的那些形式的原则走在前面,而运用这些原则的对象性领域则按其从属次序跟在后面。

杜林先生就是这样说的,而且这里几乎完全是逐字逐句地引述的。

可见,他所谓的**原则**,就是从**思维**而不是从外部世界得来的那些形式的原则,这些原则应当被运用于自然界和人类,因而自然界和人类都应当适应这些原则。但是,思维从什么地方获得这些原则呢？从自身中吗？不，因为杜林先生自己说：纯粹观念的领域只限于逻辑模式和数学形式（而且我们将会看到，后者是错误的）。逻辑模式只能同**思维**形式有关系；但是这里所谈的只是**存在**的形式，外部世界的形式，思维永远不能从自身中，而只能从外部世界中汲取和引出这些形式。这样一来，全部关系都颠倒了：原则不是研究的出发点，而是它的最终结果；这些原则不是被应用于自然界和人类历史，而是从它们中抽象出来的；不是自然界和人类去适应原则，而是原则只有在符合自然界和历史的情况下才是正确的。这是对事物的唯一唯物主义的观点，而杜林先生的相反的观点是唯心主义的，它把事物完全头足倒置了，从思想中，从世界形成之前就久远地存在于某个地方的模式、方案或范畴中，来构造现实世界，这完全像**一个叫做黑格尔的人**的做法。

确实是这样。我们可以把黑格尔的《全书》[32]以及它的全部热昏的胡话同杜林先生的最后的终极的真理对照一下。在杜林先生那里首先是一般的世界模式论，这在黑格尔那里称为**逻辑学**。其次，他们两人把这些模式或者说逻辑范畴应用于自然界，就是自然哲学；而最后，把它们应用于人类，就是黑格尔叫做精神哲学的东西。这样，杜林这套序列的"内在的逻辑次序"就"自然而然地"引导我们回到了黑格尔的《全书》，它如此忠实地抄袭《全书》，竟使黑格尔学派的永世流浪的犹太人柏林的米希勒教授[33]感激涕零。

如果完全自然主义地把"意识"、"思维"当做某种现成的东西，当做一开始就和存在、自然界相对立的东西，那么结果总是如此。如果这样，那么意识和自然，思维和存在，思维规律和自然规律如此密切地相适应，就非常奇怪了。可是，如果进一步问：究竟什么是思维和意识，它们是从哪里来的，那么就会发现，它们都是人脑的产物，而人本身是自然界的产物，是在自己所处的环境中并且和这个环境一起发展起来的；这里不言而喻，归根到底也是自然界产物的人脑的产物，并不同自然界的其他联系相矛盾，而是相适应的。

但是，杜林先生不允许自己这样简单地对待问题。他不仅以人类的名义来思维——这本身已经是件相当了不起的事情——，而且以一切天体上的有意识的和能思维的生物的名义来思维。

其实，"如果想通过'人的'这个修饰语来排除或者哪怕只是怀疑意识和知识的基本形式的至上的意义和它们的无条件的真理权，那么这就贬低了这些基本形式"。

因此，为了使人们不致怀疑其他某个天体上二乘二等于五，杜林先生就不能把思维称做人的思维，因而只好使思维脱离唯一的真实的基础，即脱离人和自然界，而在我们看来思维是在这个基础上产生的；于是杜林先生就绝望地陷入使他以"模仿者"黑格尔的模仿者的面目出现的那种意识形态里。附带说一下，我们还要更加频繁地在其他天体上欢迎杜林先生。

不言而喻，在这样的意识形态的基础上是不可能建立任何唯物主义学说的。我们以后会看到，杜林先生不得不一再把有意识的行动方式，即直截了当地叫做上帝的东西，硬塞给自然界。**34**

此外，我们的现实哲学家把全部现实的基础从现实世界搬到思想世界，还有另一种动机。关于这种一般世界模式论、关于这种存在的形式原则的科学，正是杜林先生的哲学的基础。如果世界模式论不是从头脑中，而仅仅是**通过**头脑从现实世界中得来的，如果存在的原则是从实际存在的事物中得来的,那么为此我们所需要的就不是哲学,而是关于世界和世界中所发生的事情的实证知识;由此产生的也不是哲学,而是实证科学。但是这样一来,杜林先生的整部著作就是徒劳无益的东西了。

其次,既然这样的哲学已不再需要,那么任何体系,甚至哲学的自然体系也就不再需要了。关于自然界所有过程都处在一种系统联系中的认识,推动科学到处从个别部分和整体上去证明这种系统联系。但是,对这种联系作恰当的、毫无遗漏的、科学的陈述,对我们所处的世界体系形成清确的思想映象,这无论对我们还是对所有时代来说都是不可能的。如果在人类发展的某一时期,这种包括世界各种联系——无论是物质的联系还是精神的和历史的联系——的最终完成的体系建立起来了,那么,人的认识的领域就从此完结,而且从社会按照那个体系来安排的时候起,未来的历史的进一步发展就中断了,——这是荒唐的想法,是纯粹的胡说。这样人们就碰到一个矛盾:一方面,要毫无遗漏地从所有的联系中去认识世界体系;另一方面,无论是从人们的本性或世界体系的本性来说,这个任务是永远不能完全解决的。但是,这个矛盾不仅存在于世界和人这两个因素的本性中,而且还是所有智力进步的主要杠杆,它在人类的无限的前进发展中一天天不断得到解决,这正像某些数学课题在无穷级数或连分数中得到解答一样。事实上,世界体系的每一个思想映象,总是在客观上受到历史状况的限制,在主观上受到得出该思想映象的人的肉体状况和精神状况的限制。可是杜林先生一开始就宣布,他的思维方式是排除受主观主义限制的世界观的任何趋向的。我们在前面已经看到,杜林先生是无所不在的——在一切可能的天体上。现在我们又看到,他是无所不知的。他解决了科学的最终课题，从而封闭了一切科学走向未来的道路。

杜林先生认为，和存在的基本形式一样，全部纯数学也可以先验地，即不利用外部世界给我们提供的经验而从头脑中构思出来。

在纯数学中，知性所处理的是"它自己的自由创造物和想象物"；数和形的概念"对纯数学来说是足够的并且是由它自己创造的对象"，所以纯数学具有"不依赖于特殊经验和世界现实内容的意义"。

纯数学具有不依赖于任何个人的**特殊**经验的意义，这当然是正确的，而且这也适用于各门科学的所有已经确定的事实，甚至适用于所有的事实。磁有两极；水由氢和氧化合而成；黑格尔死了，而杜林先生还活着；——这些事实都不依赖于我的或其他个人的经验，甚至也不依赖于杜林先生的经验，如果他酣然入睡的话。但是在纯数学中知性决不是只处理自己的创造物和想象物。数和形的概念不是从其他任何地方，而是从现实世界中得来的。人们用来学习计数即做第一次算术运算的十个指头，可以是任何别的东西，但总不是知性的自由创造物。为了计数，不仅要有可以计数的对象，而且还要有一种在考察对象时撇开它们的数以外的其他一切特性的能力，而这种能力是长期的以经验为依据的历史发展的结果。和数的概念一样，形的概念也完全是从外部世界得来的，而不是在头脑中由纯思维产生出来的。必须先存在具有一定形状的物体，把这些形状加以比较，然后才能构成形的概念。纯数学是以现实世界的空间形式和数量关系，也就是说，以非常现实的材料为对象的。这种材料以极度抽象的形式出现，这只能在表面上掩盖它起源于外部世界。但是，为了对这些形式和关系能够从它们的纯粹状态来进行研究,必须使它们完全脱离自己的内容,把内容作为无关紧要的东西放在一边:这样就得到没有长宽高的点,没有厚度和宽度的线,a 和 b 与 x 和 y,常数和变数;只是在最后才得到知性自身的自由创造物和想象物,即虚数。甚至数学上各种数量的表面上的相互导出,也并不证明它们的先验的来源,而只是证明它们的合理的联系。矩形绕自己的一边旋转而得到圆柱**形**,在产生这样的观念以前,一定先研究了一些现实的矩形和圆柱形,即使它们在形状上还很不完全。和其他各门科学一样,数学是从人的**需要**中产生的,如丈量土地和测量容积,计算时间和制造器械。但是,正像在其他一切思维领域中一样,从现实世界抽象出来的规律,在一定的发展阶段上就和现实世界脱离,并且作为某种独立的东西,作为世界必须遵循的外来的规律而同现实世界相对立。社会和国家方面的情形是这样,**纯**数学也正是这样,它在以后被应**用**于世界,虽然它是从这个世界得出来的,并且只表现世界的构成形式的一部分——正是**仅仅因为这样**,它才是可以应用的。

但是杜林先生以为,他不需要任何经验的填加料,就可以从那些"按照纯粹逻辑的观点既不可能也不需要论证"的数学公理中推导出全部纯数学,然后把它应用于世界,同样,他以为,他可以先从头脑中制造出存在的基本形式、一切知识的简单的成分、哲学的公理,再从它们中推导出全部哲学或世界模式论,并把自己的这一宪法钦定赐给自然界和人类世界。可惜,自然界根本不是由 1850 年曼托伊费尔的普鲁士人[35]组成的,而人类世界也只有极其微小的一部分才是由他们组成的。

数学公理是数学不得不从逻辑学那里借用的极其贫乏的思想内容的表现。它们可以归结为以下两条:

1. 整体大于部分。这个命题纯粹是同义反复,因为部分这一从数量上来把握的观念一开始就和整体这个观念以一定的方式相联系,就是说,"部分"直接表示:数量上的"整体"是由若干数量上的"部分"组成的。这个所谓的公理明确地肯定了这一点,但我们没有因此前进一步。这一同义反复甚至在一定程度上还可以这样来**证明**:整体是由若干部分组成的东西;部分是若干合在一起才构成整体的东西;因此部分小于整体——在这里重复的空洞更强烈地显示了内容的空洞。

2. 如果两个数量等于第三个数量,那么它们彼此相等。正像黑格尔已经证明过的,这个命题是逻辑可以担保其正确性的那种推论①,因此它已经得到证明了,虽然是在纯数学之外得到证明的。其他关于相等和不相等的公理只是这个推论的合乎逻辑的扩展。

不论在数学中还是在别的领域中,这样贫乏的命题都是无济于事的。为了继续前进,我们必须引入真实的关系,来自现实物体的关系和空间形式。线、面、角、多角形、立方体、球体等等观念都是从现实中得来的,只有陷入幼稚意识形态的人,才会相信数学家的话:第一条线是由点在空间的运动产生的,第一个面是由线的运动产生的,第一个立体是由面的运动产生的,如此等等。这种说法甚至也遭到语言的反驳。一个具有三维的数学图形叫做立体,corpus solidum,就是说在拉丁文中这个词甚至是指可以触摸到的物体,所以这个名称决不是从知性的自由想象中得来的,而是从确

---

① 参看黑格尔《哲学全书纲要》第 1 部(即《小逻辑》)1840 年柏林版第 188 节;《逻辑学》1841 年柏林第 2 版第 3 编《概念论》第 1 部分第 3 章推论第四式和第 3 部分第 2 章关于定理这一节。——编者注

凿的现实中得来的。

但是,所有这些冗长的论述有什么用呢? 杜林先生在第 42 页和第 43 页①上热烈地歌颂纯数学对经验世界的独立性、它的先验性以及它对知性特有的自由创造物和想象物的研究,以后他又在第 63 页上说:

> "这就是说,人们容易忽视,那些数学的要素〈数、数量、时间、空间和几何运动〉只在形式上是观念的…… 所以绝对的数量无论它们属于哪一类,都是某种完全经验的东西。"……但是,"数学的模式能够作一种虽是脱离经验的、但仍然是充分的描述",

这种说法或多或少可以适用于**任何的**抽象,但是决不能证明后者不是从现实中抽象出来的。在世界模式论中,纯数学产生于纯思维,而在自然哲学中,纯数学是某种完全经验的东西,是来自外部世界、然后又脱离外部世界的东西。我们应该相信哪一种说法呢?

四　世界模式论

> "包罗万象的存在是唯一的。由于它是自满自足的,因而没有任何东西同它并列或在它上面。如果给它加上第二个存在,那就使它成为不是它本来那样的东西,即成为一个包容更广的整体的一部分或组成部分。当我们把自己的仿佛框子一样的统一思想扩展开来时,任何必须进入这个思想统一体的东西都不能在自身中保持两重性。但是任何东西也不能脱离这个思想统一体…… 一切思维的本质就在于把意识的要素联合为一个统一体…… 不可分割的世界概念正是通过这种综合的统一点产生的,而宇宙,就像这个词

① 本编中提到的欧·杜林著作的页码均为《哲学教程》1875 年莱比锡版的页码。——编者注

本身所表明的,被认为是万物在其中联合为一个统一体的东西。"

杜林先生就是这样说的。数学方法:

"任何问题都应当从简单的基本形式上,按照公理来解决,正如对待简单的……数学原则一样。"——

这一方法在这里首先被使用。

"包罗万象的存在是唯一的。"如果同义反复,即在**谓语**中简单地重复主语中已经说过的东西,也算是公理的话,那么我们在这里就有了一个最纯粹的公理。杜林先生在主语中告诉我们,存在包罗万象,而他在谓语中则大胆地断定:因此没有任何东西是在这一存在之外的。多么了不起的"创造体系的思想"!

真是在创造体系。我们往下读还不到六行,杜林先生就借助我们的统一思想,把存在的**唯一性**变成它的**统一性**了。因为一切思维的本质都在于把事物综合为一个统一体,所以,存在一旦被思考,就被思考为统一的东西,世界概念就成为不可分割的;又因为**被思考的**存在、**世界概念**是统一的,所以现实的存在、现实的世界也是不可分割的统一体。这样,

"只要精神—学会从存在的同种的普遍性中去把握存在,彼岸性就再没有任何位置了"。

这是一次使奥斯特利茨和耶拿、克尼格雷茨和色当[36]黯然失色的征战。在我们动员第一个公理后还不到一页,只用三言两语,就已经把所有彼岸的东西,上帝、天使军、天堂、地狱和涤罪所,连同灵魂不死,都废弃、排除、消灭了。

我们是怎样从存在的唯一性转到它的统一性的呢? 全靠我们

对它的想象。我们一旦把我们的仿佛框子一样的统一思想围绕着存在扩展开来，唯一的存在就在思想中变成统一的存在，变成思想统一体；因为**一切**思维的本质就在于把意识的要素联合为一个统一体。

最后这句话是完全错误的。第一，思维既把相互联系的要素联合为一个统一体，同样也把意识的对象分解为它们的要素。没有分析就没有综合。第二，思维，如果它不做蠢事的话，只能把这样一些意识的要素综合为一个统一体，在这些意识的要素中或者在它们的现实原型中，这个统一体**以前**就已经**存在**了。如果我把鞋刷子综合在哺乳动物的统一体中，那它决不会因此就长出乳腺来。可见，存在的统一性，或者说把存在理解为一个统一体的根据，正是需要加以证明的；当杜林先生向我们保证，他认为存在是统一的而不是什么两重性的东西的时候，他无非是向我们发表他的无足轻重的意见罢了。

如果我们要原原本本地叙述他的思想过程，那么它就是：我从存在开始。因此我思考着存在。关于存在的思想是统一的。但是思维和存在必须互相协调，互相适应，"互相一致"。因此，在现实中存在也是统一的。因此，任何"彼岸性"都是不存在的。但是，如果杜林先生这样不加掩饰地说出来，而不用上述那些极端玄妙的话来款待我们，那么他的意识形态就昭然若揭了。企图以思维和存在的同一性去证明任何思维产物的现实性，这正是一个叫做黑格尔的人所说的最荒唐的热昏的胡话之一。

即使杜林先生的全部论证都是对的，他也没有从唯灵论者那里赢得一寸阵地。唯灵论者简短地回答他说：我们也认为世界**是**单一的；只有从我们的特殊世俗的、原罪的观点来看，才有此岸和彼岸之分;全部存在就其本身说来,就是说,在上帝那里,是统一的。他们将陪着杜林先生到他所喜爱的其他天体上去,指给他看一个或几个天体,那里没有原罪,所以那里也没有此岸和彼岸的对立,世界的统一性是信仰的要求。

在这个问题上最可笑的是,杜林先生为了用存在的概念去证明上帝不存在,却运用了证明上帝存在的本体论论证法。这种论证法说:当我们思考着上帝时,我们是把他作为一切完美性的总和来思考的。但是,归入一切完美性的总和的,首先是存在,因为不存在的东西必然是不完美的。因此我们必须把存在算在上帝的完美性之内。因此上帝一定存在。——杜林先生正是这样论证的:当我们思考着存在的时候,我们是把它作为**一个**概念来思考的。综合在一个概念中的东西是统一的。因此,如果存在不是统一的,那么它就不符合它本身的概念。所以它一定是统一的。所以上帝是不存在的,如此等等。

当我们说到**存在**,并且**仅仅**说到存在的时候,统一性只能在于:我们所说的一切对象**都是存在的**、实有的。它们被综合在这种存在的统一性中,而不在任何别的统一性中;说它们**都是存在的**这个一般性论断,不仅不能赋予它们其他共同的或非共同的特性,而且暂时排除了对所有这些特性的考虑。因为只要我们离开存在是所有这些事物的共同点这一简单的基本事实,哪怕离开一毫米,这些事物的**差别**就开始出现在我们眼前。至于这些差别是否在于一些是白的,另一些是黑的,一些是有生命的,另一些是无生命的,一些是所谓此岸的,另一些是所谓彼岸的,那我们是不能根据把单纯的存在同样地加给一切事物这一点来作出判断的。

世界的统一性并不在于它的存在,尽管世界的存在是它的统一性的前提,因为世界必须先**存在**,然后才能是**统一的**。在我们的视野的范围之外,存在甚至完全是一个悬而未决的问题。世界的真正的统一性在于它的物质性,而这种物质性不是由魔术师的三两句话所证明的,而是由哲学和自然科学的长期的和持续的发展所证明的。

继续往下看。杜林先生对我们谈到的**存在**

"不是那种纯粹的存在,即自身等同的、应当没有任何特殊规定性的而且实际上仅仅是思想虚无或无思想之对应物的存在"。

但是我们很快就看到,杜林先生的世界的确是从这样一种存在开始的,这种存在没有任何内在的差别、任何运动和变化,所以事实上只是思想虚无的对应物,所以是真正的虚无。只是从这样的**存在-虚无**,才发展出现在的分化了的、变化多端的、表现为一种发展、一种**生成**的世界状态;我们只有在懂得了这一点以后,才能够甚至在这种永恒的变化下

"把握自身等同的无所不包的存在的概念"。

这样,我们现在就有了较高阶段上的存在的概念,在这里,存在的概念既有不变,又有变,既有存在,又有生成。达到这点以后,我们就发现:

"类和种,统而言之,一般和**特殊**,是最简单的区别方法,没有这种方法,就不能理解事物的状态"。

但是这些都是区别**质**的方法;看过这些以后,我们再往下看:

"和类相对立的,是量的概念,这个量是同种的,其中再没有种的区别";

这就是说,我们从**质**转到**量**,而量总是"**可测度的**"。

现在让我们把这个"一般有效模式的**透彻分析**"以及它的"真正批判的观点"同一个叫做黑格尔的人的粗制品、混乱的东西和热昏的胡话比较一下。我们看到,黑格尔的逻辑学是从**存在**开始的——像杜林先生一样;这种存在表现为一种**虚无**——也和杜林先生一样;从这种"存在-虚无"过渡到**生成**,生成的结果就是定在,即存在的较高的较充实的形式——完全和杜林先生一样。定在导致**质**,质导致**量**——完全和杜林先生一样。为了不遗漏任何要点,杜林先生利用另外一个机会对我们说:

> "人们不管一切量的渐进性,而只是通过质的飞跃从无感觉的领域进入感觉的领域,关于这种飞跃,我们……可以断言,它和同一特性的单纯的渐进有无限的差别。"

这完全是黑格尔的度量关系的关节线,在这里纯粹量的增多或减少在一定的关节点上引起**质的飞跃**,例如,把水加热或冷却,沸点和冰点就是这种关节点,在这种关节点上——在标准压力下——完成了进入新的聚集状态的飞跃,就是说,在这里量就转变为质。

我们的研究也力图穷根究底,并且发现杜林的根底深厚的基本模式的根子原来是一个叫做黑格尔的人的"热昏的胡话",即黑格尔《逻辑学》[37]的第一部分存在论的范畴,照搬纯系老黑格尔的"序列",而且对这种抄袭几乎不想作任何掩饰!

但是杜林先生并不满足于从被他百般辱骂的先驱那里剽窃完整的存在模式论,他自己在举出了上述从量到质的飞跃式转变的例子以后,竟泰然自若地谈起了马克思:

"例如，〈马克思〉引证黑格尔关于量转变为质这一混乱的模糊观念，这岂不显得多么滑稽！"

混乱的模糊观念！究竟是谁在这里转变了，究竟是谁在这里显得滑稽，杜林先生？

可见，所有这些漂亮的小玩意，不仅不是根据规定"按照公理来解决"的，而且是干脆从外面，即从黑格尔的逻辑学中搬来的。此外，整章中连内在联系的表面现象都没有，因为没有把这种内在联系也从黑格尔那里抄来，结果，一切都成为关于空间和时间、不变和变的毫无内容的玄想。

黑格尔从存在进到本质，进到辩证法。在这里他研究反思的规定，它们的内在的**对立**和矛盾，例如正和负，然后就进到**因果性**或原因和结果的关系，并以**必然性**作结束。杜林先生也没有什么不同。黑格尔叫做本质论的东西，杜林先生把它译成：存在的逻辑特性。但是这些特性首先在于"力的对抗"，在于**对立**。至于矛盾，杜林先生是根本否认的：关于这个问题，我们以后再回头来谈。然后，他就转到**因果性**，并从因果性转到**必然性**。所以，如果杜林先生这样来谈自己：

"我们不是从笼子里谈哲学'，

那么大概他是说：他是**在**笼子里谈哲学，就是说，是在黑格尔的范畴模式论的笼子里谈哲学。

五　自然哲学。时间和空间

现在我们来谈**自然哲学**。在这里杜林先生又有种种理由对自

47

己的先驱表示不满。

自然哲学"堕落到这种地步，它竟变成了混乱的、以无知为基础的伪诗词"，并且"陷入一个叫做谢林的人和诸如此类以绝对物的祭司自炫并迷惑公众的伙伴们的卖弄风骚的哲学清谈"。疲倦把我们从这些"怪物"那里援救出来，可是直到现在，它只给"动摇性"让出了位置；"至于谈到广大的公众，大家知道，在他们看来，比较大的江湖骗子的退隐，往往只是给比较小的、却比较世故的后继者提供一个机会，去用别的招牌重新端出前者的货色"。自然科学家自己对于"在囊括世界的观念的王国中漫游"不太"感兴趣"，所以在理论领域中带有纯属"漫不经心的轻率性"。

这里亟待援救，幸亏有杜林先生在。

为了正确估价以下关于世界在时间上有发展而在空间上有界限的启示，我们不得不重新回来研究"世界模式论"的几个地方。

又和黑格尔一样（《全书》第 93 节），存在被赋予无限性——黑格尔称之为**恶**无限性①，然后对这种无限性进行研究。

"可以没有矛盾地加以思考的无限性的最明显的形式，是数在数列中的无限积累…… 正如我们可以在每一个数后面加上另一个个位数而永远不会使进一步计数的可能性穷尽一样，存在的每一个状态也都有另一个状态与之连接，而无限性就在于这些状态的层出不穷。因此，这种被确切地加以思考的无限性也只有一个具有唯一方向的唯一基本形式。因为，对我们的思维来说，设想这些状态向着相反的方向积累，虽无关紧要，但这种向后倒退的无限性正好只是轻率地想象出来的东西。既然这种无限性真的要朝反方向走，那么它在它的每一个状态中，都得有一个无限数列留在自己后面。但是这样就会出现可以计数的无限数列这种不可允许的矛盾，所以假定无限性还有第二个方向，显然是荒唐的。"

---

① 参看黑格尔《哲学全书纲要》第 1 部（即《小逻辑》）1840 年柏林版（《黑格尔全集》第 6 卷）第 94 节。——编者注

从对无限性的这种看法中得出的第一个结论是,世界上的因果链条应当在某个时候有个开端:

"已经彼此连接起来的原因的无限数,是不可思议的,因为它假定数不尽的数是可以计数的"。

这样就证明有**终极原因**。

第二个结论是

"定数律:任何由独立物组成的现实的类的相同物的积累,只有作为一定的数的构成,才是可思议的"。不仅天体的现有数目在每一瞬间必然是本来就确定的,而且一切存在于世界上的、物质的最小独立部分的总数,也必然是这样。后一种必然性是说明为什么任何化合物没有原子都是不可思议的真正理由。一切现实的可分性总是具有而且必然具有有限的规定性,不然就会出现可以计数的数不尽的数这个矛盾。根据同样的理由,不仅迄今为止地球环绕太阳运行的次数必然是确定的——即使还说不出来,而且一切周期性的自然过程都必然有某个开端,而自然界相继发生的一切分化、一切多样性,都必然渊源于某种自身等同的状态。这种状态可以从来就没有矛盾地存在着,可是,如果时间本身是由各个现实的部分组成的,而不是仅仅由我们的知性借助观念上对种种可能性的安排来任意划分的,那么上述观念就被排除了。至于现实的自身有区别的时间内容,那情形就不一样了;在时间中实际地充满各种可以区分的事实这一点以及这一领域内的各种存在形式,正是由于自身的差别性,才是可以计数的。如果我们设想这样一种状态,其中没有什么变化,并且由于它的自身等同性而根本没有前后相继的差别,那么比较特殊的时间概念也就变成比较一般的存在观念。空洞持续性的积累究竟是什么意思,根本不可思议。

杜林先生就是这样说的,而且他因这些发现的重要性而自鸣得意。起初,他希望这些发现"至少不被看做微不足道的真理";可是后来我们看到:

"大家回想一下我们用来促使无限性概念及其批判具有空前影响的那些

极其简单的说法……由于现代的尖锐化和深化而变得如此简单的普遍时空观念的因素。"

我们促使！现代的深化和尖锐化！我们是谁，我们的现代是什么时候？谁使之深化和尖锐化？

"论题：世界在时间上是有开端的，在空间上也是有界限的。——证明：假定世界在时间上没有开端，那么在任何一个既定的瞬间之前有一种永恒经历过了，因而彼此相继的事物状态的无限序列便在世界上流逝了。但是，序列的无限性正好在于它永远不能由连续的综合来完成。因此，无限的、已经流逝的世界序列是不可能的，可见世界的开端是世界存在的必要条件。这是需要证明的第一点。——关于第二点，我们再假定相反的情形：世界是一个由同时存在的事物所构成的无限的既定的整体。对于不在任何直觉的某种界限内提供的量的大小，我们只有通过各个部分的综合这种方式才可以设想，而对于这种量的总和，我们只有通过完成的综合或通过单位自身的重复相加才可以设想。由此可见，为了把充满一切空间的世界设想为一个整体，必须把无限世界的各个部分的连续综合看做已经完成的，就是说，在对所有同时存在的事物逐一计数时，无限的时间必须被看做已经终止了的，但这是不可能的。由此可见，现实事物的无限聚集不能被看做一个既定的整体，因而也不能被看做同时提供出来的东西。所以，世界就其在空间的广延来说，不是无限的，而是有自己的界限的。这是〈需要证明的〉第二点。"

这些命题是逐字逐句从一本很著名的书上抄下来的，这本书在 1781 年第一次出版，书名是《纯粹理性批判》，伊曼努尔·康德著。这些命题每一个人都可以在这部著作的第一部第二编第二卷第二章第二节《纯粹理性的第一个二律背反》中读到。看来，杜林先生的光荣只在于他给康德所表述的思想安上了一个**名称**——定数律，在于发现有一个时候世界虽然已经存在，但是还没有时间。至于说到其余的一切，即在杜林先生的分析中还有些意思的一切，那就表明"我们"就是伊曼努尔·康德，而"现代"只有 95 年。的确"极其简单"！好个"空前影响"！

可是康德根本没有说上述命题已经通过他的证明最终确立了。相反,在同页的对照栏内 他提出并证明了相反的命题:世界在时间上没有开端,在空间上没有终点;康德正是在第一个命题像第二个命题一样可以得到证明这一点上,看出了二律背反,即不能解决的矛盾。"一个叫做康德的人"在这里发现了不能解决的困难,才智比较平庸的人对此或许会感到有些困惑。我们这位勇敢的、"完全独特的结论和观点"的炮制者却不是这样:他孜孜不倦地从康德的二律背反中抄下对他有用的东西,而把其余的东西抛在一边。

问题本身解决得非常简单。时间上的永恒性、空间上的无限性,本来就是,而且按照简单的词义也是:**没有一个方向是有终点的**,不论是向前或向后,向上或向下,向左或向右。这种无限性和无限序列的无限性完全不同 因为后一种无限性起初总是从一,从序列的第一项开始的。这种序列观念不能应用于我们的对象,这在我们把它应用于空间的时候就立刻显示出来了。无限序列一移到空间,就是从某一点起按一定方向延伸到无限的线。这样,空间的无限性是不是就被表达出来了,即使表达得很不贴切。恰恰相反,为了得出空间的维的概念,只需要从一点上按三个相反的方向延伸出六条线,这样一来,我们就会得到空间的六维。康德很懂得这一点,所以他只是间接地、转弯抹角地把他的数列移到世界的空间性上来。杜林先生却相反,他强迫我们接受空间的六维,随后又对那位不愿以通常的空间的三维为满足的高斯的数学神秘主义表示难以言喻的愤慨。[38]

向两个方向延伸的无限的线或无限的单位序列在运用于时间

的时候,具有某种比喻的意义。但是,如果我们把时间想象为一种从**一**数起的序列或从某一**点**延伸出去的线,那么,我们就是事先说时间是有开端的,我们把我们正好要证明的东西当做前提。我们赋予时间的无限性一种单向的、半截的性质;可是单向的、半截的无限性也是自身中的矛盾,即"没有矛盾地加以思考的无限性"的直接对立物。为了避免这一矛盾,我们只能假定,我们在对序列进行计数时所由开始的一、我们在量度线时所由出发的点,是序列中的任何一个一、线上的任何一个点,至于我们把一或点放在哪里,这对线或序列来说是无所谓的。

但是"可以计数的无限数列"的矛盾呢? 只要杜林先生向我们施展出绝招,**数出这种无限数列**,我们就能够更详细地来研究这个矛盾。等他完成了从-∞(负无限)到 0 的计算时,再来见我们吧。可是显然,不论他从哪里开始计数,总有一个无限序列留在他后面,同这个序列一起的还有他应当解决的课题。就让他把自己的无限序列 1+2+3+4……倒过来,并且试试从无限的终点再数到一;显而易见,这是一个完全不懂事理的人的尝试。不仅如此。如果杜林先生断言,已经流逝的时间的无限序列已经数出来了,那么他就是断言,时间是有开端的;因为,否则他就根本不能开始"计数"。因此,他又把他应当证明的东西当做前提塞进来了。因此,可以计数的无限序列的观念,换句话说,杜林的囊括世界的定数律,是一个形容语的矛盾[contradictio in adjecto]①,它本身就包含着矛盾,而且是**荒唐的**矛盾。

很清楚,有终点而无开端的无限性和有开端而无终点的无限

---

① 指"圆形的方"、"木制的铁"这类荒唐说法。——编者注

性,都同样是无限的。杜林先生只要有一点点辩证的洞察力就一定会知道,开端和终点正像北极和南极一样必然是互相联系的,如果略去终点,开端就正好成为终点,即序列所具有的**一个终点**,反过来也是一样。如果没有数学上运用无限序列的习惯,全部错觉都不可能有了。因为在数学上,为了达到不确定的、无限的东西,必须从确定的、有限的东西出发,所以一切数学的序列,正的或负的,都必须从一开始,否则就无从计算。但是,数学家的观念上的需要,对现实世界来说决不是强制性法律。

此外,杜林先生永远做不到没有矛盾地思考现实的无限性。无限性**是**一个矛盾,而且充满矛盾。无限纯粹是由有限组成的,这已经是矛盾,可是情况就是这样。物质世界的有限性所引起的矛盾,并不比它的无限性所引起的矛盾少,正像我们已经看到的,任何消除这些矛盾的尝试都会引起新的更糟糕的矛盾。正**因为**无限性是矛盾,所以它是无限的、在时间上和空间上无止境地展开的过程。如果矛盾消除了,那无限性就终结了。黑格尔已经完全正确地看到了这一点,所以他以应有的轻蔑态度来对待那些对这种矛盾苦思冥想的先生们。

我们再往下看。这样,时间有了开端。可是**在这个开端之前**是什么呢?是处在自身等同的、不变的状态中的世界。由于在这种状态中没有任何相继发生的变化,所以比较特殊的时间概念也变成比较一般的**存在**观念。第一,什么概念在杜林先生的脑子里变化着,这和我们毫不相干。这里所说的,不是**时间概念**,而是杜林先生决不可能这样轻易地摆脱掉的**现实的**时间。第二,无论时间概念怎样可以变为比较一般的存在观念,我们并没有因此前进一步。因为一切存在的基本形式是空间和时间,时间以外的存在像空间以外的存在一样,是非常荒诞的事情。黑格尔的"非时间上过去的存在"和晚期谢林的"不可追溯的存在"[39],同这种时间以外的存在相比还是合理的观念。因此,杜林先生非常谨慎地行事:实在说,这也许是时间,但这是实质上不能称为时间的那种时间,因为这种时间本身不是由各个现实的部分组成,而仅仅是由我们的知性任意划分的,只有在时间中实际地充满各种可以区分的事实这一点才是可以计数的,而空洞持续性的积累究竟是什么意思,根本不可思议。这种积累究竟是什么意思,在这里完全无关紧要。问题是:处于这里所假定的状态中的世界是否持续下去,是否经历时间的持续? 我们早已知道,量度这种毫无内容的持续性将一无所得,就像在虚无缥缈的空间中毫无目的和目标地量度也将一无所得一样;正因为这种做法很无聊,黑格尔才把这种无限性称为**恶无限性**。按照杜林先生的说法,时间仅仅通过变化才存在,不是变化存在于时间之中并通过时间而存在。正因为时间是和变化不同的,是离开变化而独立的,所以可以用变化来量度时间,因为在量度的时候总是需要一种与所量度的东西不同的东西。而且,不发生任何显著变化的时间,远非**不是**时间;确切地说,它是**纯粹的**、不受任何外来的混入物所影响的时间,因而是真正的时间,**作为时间的**时间。事实上,如果我们要把握完全纯粹的、排除一切外来的不相干的混入物的时间概念,那么,我们就不得不把所有在时间上同时或相继发生的各种事变当做与此无关的东西放在一旁,从而设想一种其中没有发生任何事情的时间。因此,我们这样做才不让时间概念沉没在一般的存在观念中,而是由此才得到纯粹的时间概念。

可是,所有这些矛盾和不可能性,同提出自身等同的世界原始

状态的杜林先生所陷入的混乱比较起来,还是纯粹的儿戏。如果
世界曾经处于一种绝对不发生任何变化的状态,那么,它怎么能从
这一状态转到变化呢?绝对没有变化的、而且从来就处于这种状
态的东西,不能靠它自己走出这种状态而转入运动和变化的状态。
因此,必须有一个从外部、从世界之外来的第一推动,它使世界运
动起来。可是大家知道,"第一推动"只是代表上帝的另一种说
法。杜林先生在自己的世界模式论中佯称已经干干净净地扫除了
上帝和彼岸世界,在这里他自己又把二者加以尖锐化和深化,重新
带进自然哲学。

接着,杜林先生说:

> "在数量属于存在的不变要素的地方,这种数量在它的规定性上保持不
> 变。这适用于……物质和机械力。"

附带说一下,第一句话是杜林先生的公理式和同义反复式的
大话的宝贵例子:在数量不变的地方,数量保持原样。因此,机械
力的量既已存在于世界上,就永远保持原样。就算这是对的,在哲
学上,大约早在三百年前笛卡儿已经知道这一点并且说出来了[40];
而在自然科学中,力的守恒学说二十年来到处都在流传;杜林先生
把这种学说局限于**机械力**,丝毫没有加以改进——这些事实我们
都撇开不谈。但是,当世界处在不变的状态的时候机械力在哪里
呢?对这个问题,杜林先生执拗地拒绝向我们作任何回答。

杜林先生,自身永远保持等同的机械力那时在什么地方呢?
它推动了什么呢?回答:

> "宇宙的原始状态,或者更明白地说,没有变化的、本身不包含变化的任
> 何时间上积累的物质存在的原始状态,是一个只有认为自我摧残生殖力是绝

顶聪明的行为的人才会予以否认的问题。"

因此:或者是你们不加考虑地接受我的没有变化的原始状态,或者是我,有生殖力的欧根·杜林,宣布你们是精神上的阉人。这的确可以吓唬一些人。我们已经看到关于杜林先生的生殖力的若干范例,我们可以同意暂时不答复这一文雅的谩骂,并且再问一次:但是,杜林先生,如果你乐意的话,机械力会变得怎样呢?

杜林先生立刻窘住了。

他吞吞吐吐地说,事实上,"那种原始边际状态的绝对同一,本身并不提供任何转变本原。可是我们记得,实质上,我们所熟悉的存在链条上的任何最小的新环节都有同样的情形。所以谁要想在当前的主要场合指出困难,他就应当留意,不要在不太显眼的场合放过它们。此外,还有可能插入循序渐进的中间状态,从而插入连续性的桥,以便向后倒退,直到变化过程消失。的确,纯粹从概念上讲,这种连续性无助于摆脱主要思想,可是对于我们,它是一切规律性和任何已知的转变的基本形式,因此,我们有权把它用做上述第一个平衡和它的破坏之间的中介。可是,如果我们按照现代力学中已经不引起特殊反对意见〈!〉的概念来想象所谓〈!〉不动的平衡,那么甚至根本不能说明物质怎么能够达到变化过程的。"可是除了物体力学,还有物体运动到最小粒子运动的转变,不过这个转变是怎样产生的,"对此我们直到现在还没有掌握任何一般的原则,而且,如果这些过程稍稍陷入黑暗中,那么,我们不应该因此而感到惊奇"。

这就是杜林先生所能说的一切。事实上,如果我们容忍他用这种实在可怜的拙劣的遁词和空话来搪塞,那么我们不仅应当把自我摧残生殖力看成绝顶聪明的行为,而且还应当把盲从看成绝顶聪明的行为。绝对同一自身不能进入变化,这是杜林先生承认的。也没有任何一种手段能够使绝对平衡自身转入运动。那么还有什么呢? 有三个错误的拙劣的论调:

第一,证实我们所熟悉的存在链条上的任何最小的环节向后一个环节的转变是同样困难的。——杜林先生似乎把自己的读者看成吃奶的孩子。证实存在链条上的最小环节的各个转变和联系,正是自然科学的内容。如果在这方面有些地方还有障碍,那么谁也没有想到,甚至杜林先生也没有想到,对发生的运动要从虚无来说明,而人们总是只从以前的运动的转移、变化或传递来加以说明。而在这里像他所承认的,问题在于:让运动从不动中,也就是**从虚无**中产生。

第二,我们有"连续性的桥"。的确,纯粹从概念上讲,它无助于我们摆脱困难,可是我们有权把它**用做**不动和运动之间的中介。可惜,不动的连续性就是**不运动**;所以如何借助它来产生运动,这就比以前更神秘了。无论杜林先生把他的从运动的虚无到普遍运动的转变分成多少无限小的部分,无论他给这种转变以多长的持续时间,我们还是没有从原地前进万分之一毫米。没有造物主的行动,我们无论如何不能从虚无到某物,即使这个某物小得像数学上的微分一样。因此,连续性的桥甚至不是驴桥①,它只是供杜林先生通过的桥。

第三,在现代力学适用的范围内——按照杜林先生的意见,现代力学是形成思维的最重要的杠杆之一——它完全不能说明怎样从不动转到运动。可是力学的热理论告诉我们,物体运动在一定条件下转化为分子运动(虽然在这里运动也是从另一种运动中产生的,但决不是从不动中产生的);杜林先生胆怯地暗示说,这或

① "驴桥"的德文是"Eselsbrücke",转义是供懒惰的学生抄袭月的题解书,考试时的"夹带"。——编者注

许可以在严格的静(平衡)和动(运动)之间架起一座桥。可是这些过程"稍稍陷入黑暗中"。杜林先生就让我们留在这样的黑暗中。

我们随着全部深化和尖锐化达到了这种地步:我们越来越深地陷入越来越尖锐的谬论,并且终于到达那必须到达的地方——"黑暗中"。但是这并没有太使杜林先生难为情。就在下一页,他厚颜无耻地断定,他已经

"能够直接根据物质和机械力的作用,赋予自身等同的不变状态的概念以真实内容"。

这样的人还说别人是"江湖骗子"呢!

我们尽管在"黑暗中"走入迷途,不知所措,幸而还得到一种安慰,而且的确是令人振奋的安慰:

"其他天体的居民的数学,决不能以我们的公理以外的别的公理为依据!"

六 自然哲学。天体演化学,物理学,化学

往下,我们来谈谈关于现在的世界是通过什么方式和方法产生的理论。

物质的普遍弥散状态早已是伊奥尼亚派哲学家的基本观念,可是特别从康德以来,原始星云的假设起了新的作用,在这里,引力和热辐射对各个固态天体的逐渐形成起了中介作用。当代的力学的热理论,使得有关宇宙早期状态的那些推论明确得多了。虽然如此,"气状弥散状态只有在人们能够事先比较明确地说明其中所存在的力学体系的时候,才能成为严肃的推论的出发

点。否则，不仅这个观念在事实上仍然是极端模糊的，而且原始的星云，如果进一步推论下去，也要真正变成越来越密、越来越不能穿透了……现在一切暂时还是处于一个不太好捉摸的弥散观念的混沌模糊之中"，因此，"关于这个气状的宇宙"，我们得到的"只是一种非常浮泛的概念"。

康德关于所有现在的天体都从旋转的星云团产生的学说，是从哥白尼以来天文学取得的最大进步。认为自然界在时间上没有任何历史的那种观念，第一次被动摇了。在这之前，人们都认为，各个天体从最初起就始终在同一轨道上并且保持同一状态；即使在单个天体上单个有机体会消亡，人们总认为类和种是不变的。虽然自然界明显地处在永恒的运动中，但是这一运动看起来好像是同一过程的不断重复。康德在这个完全适合于形而上学思维方式的观念上打开了第一个突破口，而且用的是很科学的方法，以致他所使用的大多数论据，直到现在还有效。当然，严格地说，康德的学说直到现在还是一个假说。但是哥白尼的宇宙体系直到今天也不过是一个假说[41]，而自从分光镜驳倒一切异议，证明星空有这种炽热的气团以来，科学界对于康德学说的反对沉默下来了。即便是杜林先生，如果没有这种星云阶段，也不能够完成他的宇宙结构，可是他为此进行了报复，他要求给他指出在这种星云状态中存在的力学体系；由于这是办不到的，他就给这种星云状态加上种种轻蔑的形容词。可惜现代科学不能把这种体系说明得使杜林先生满意。对于其他许多问题，它也同样不能回答。对于为什么蛤蟆没有尾巴这个问题，现代科学直到现在只能回答说：因为它们丧失了尾巴。如果有人愿意对这一回答表示愤怒，并且说，这一切都还处于"丧失"这样一个不太好捉摸的观念的混沌模糊之中，而且是非常浮泛的理解，那么我们是不会因为有人把道德这样地运用于自然科学而前进一步的。这种厌恶和恼怒的表示，可以用于任何时候和任何地方，正因为如此，它们在任何时候和任何地方都不中用。究竟是谁妨碍杜林先生自己去探寻原始星云的力学体系呢？

幸而我们现在知道，

康德的星云团"远不和宇宙介质的完全同一的状态相一致，或者换句话说，远不和物质的自身等同的状态相一致"。

对康德来说真正的幸运是，他对于能够从现存的天体追溯到星云球感到满足，他甚至做梦也没有想到物质的自身等同的状态！顺便指出，如果说在现代自然科学中康德的星云球被称为原始星云，那么不言而喻，这应该只是在相对意义上来理解的。它是原始星云，一方面在于它是现存的天体的起源，另一方面在于它是我们迄今所能追溯的最早的物质形式。这完全不排除下述情况，而更应当说是以下述情况为条件：物质在原始星云之前已经经过了其他形式的无限序列。

杜林先生觉察到自己在这里的优势。当我们和科学一起暂时停留在暂时的原始星云阶段的时候，杜林先生的科学的科学帮助他更远地回溯到

"宇宙介质的状态，这个状态既不能理解为现代含义上的纯粹静态的，也不能理解为动态的"，

因而是根本不能理解的。

"物质和机械力的统一，我们称之为宇宙介质，是一个可以说是逻辑上真实的公式，可以用来表明物质的自身等同的状态，即一切可以计数的发展阶段的前提。"

　　我们显然还远没有摆脱物质的自身等同的原始状态。它在这里被称为物质和机械力的统一，而这个统一又是逻辑上真实的公式，等等。所以，物质和机械力的统一一旦终止，运动就开始了。

　　这个逻辑上真实的公式无非是一种想让黑格尔的自在和自为范畴为现实哲学效劳的拙劣企图。在黑格尔那里，自在包含隐藏在某种事物、某种过程或某种概念中的尚未展开的对立所具有的原始同一性；而在自为中，这些隐藏的要素的区别和分离显现出来了，它们的抗争开始了。这样，我们应当把不动的原始状态理解为物质和机械力的统一，而把向运动的转化理解为这两者的分离和对立。我们由此得到的，不是幻想的原始状态的实在性的证明，而只是这样一点：这种状态可以归入黑格尔的自在范畴，而这一状态的同样是幻想的终止可以归入自为范畴。黑格尔来帮忙呀！

　　杜林先生说，物质是一切现实的东西的载体；因此，在物质以外不可能有任何机械力。其次，机械力是物质的一种状态。在什么都不发生的原始状态中，物质及其状态即机械力是统一的。以后，当有点什么东西开始发生的时候，这种状态显然就应当和物质有区别了。所以，我们应当容忍用来搪塞我们的这样一些神秘的词句和这样的保证：自身等同的状态既不是静态的，也不是动态的，既不处在平衡中，也不处在运动中。可是我们仍然不知道，在那种状态下，机械力在什么地方，我们如果没有外来的推动，就是说没有上帝，怎样才能从绝对的不动转到运动。

　　在杜林先生之前，唯物主义者已经谈到了物质和运动。杜林先生把运动归结为机械力这样一种所谓的运动的基本形式，这就使他不可能理解物质和运动之间的真实联系，顺便说一下，这种联系对先前的一切唯物主义者来说也是不清楚的。可是事情是十分简单的。**运动是物质的存在方式**。无论何时何地,都没有也不可能有没有运动的物质。宇宙空间中的运动,各个天体上较小的物体的机械运动,表现为热或者表现为电流或磁流的分子振动,化学的分解和化合,有机生命——宇宙中的每一个物质原子在每一瞬间都处在一种或另一种上述运动形式中,或者同时处在数种上述运动形式中。任何静止、任何平衡都只是相对的,只有对这种或那种特定的运动形式来说才是有意义的。例如,某一物体在地球上可以处于机械的平衡,即处于力学意义上的静止;这决不妨碍这一物体参加地球的运动和整个太阳系的运动,同样也不妨碍它的最小的物理粒子实现由它的温度所造成的振动,也不妨碍它的物质原子经历化学的过程。没有运动的物质和没有物质的运动一样,是不可想象的。因此,运动和物质本身一样,是既不能创造也不能消灭的;正如比较早的哲学(笛卡儿)所说的:存在于宇宙中的运动的量永远是一样的。因此,运动不能创造,只能转移。如果运动从一个物体转移到另一个物体,如果它是自己转移的,是主动的,那么就可以把它看做是被转移的、被动的运动的原因。我们把这种主动的运动叫做力,把被动的运动叫做**力的表现**。因此非常明显,力和力的表现是一样大的,因为在它们两者中,实现的是**同一**的运动。

可见,物质的没有运动的状态,是最空洞的和最荒唐的观念之一,是纯粹的"热昏的胡话"。要得出这种观念,必须把地球上某一物体所能有的相对的机械平衡想象为绝对的静止,然后再把它转移到整个宇宙。如果把普遍的运动归结为单纯的机械力,那么,这样做的确是容易的。把运动局限于单纯的机械力,还有一种好处,这就是可以把力设想为静止的、受束缚的,因而是在一瞬间不起作用的。如果像经常发生的那样,运动的转移成为一个包含各种中间环节的比较复杂的过程,那么,真正的转移就可能因为放过链条中的最后一个环节而被推迟到任何时候。例如,把枪装上弹药以后,人们自己可以掌握扣扳机射击的时刻,即由于火药燃烧而释放出来的运动实现转移的时刻。因此可以设想,在没有运动的、自身等同的状态下物质是装满了力的,看来杜林先生就是把这一情况理解为——如果他毕竟运有所理解的话——物质和机械力的统一。这种观念是荒谬的,因为它把按本性来说是相对的、因而在同一时间始终只能适用于**一部分**物质的那种状态,当做绝对的状态转移到宇宙。但是,即使我们把这一点撇开不管,困难毕竟还存在:第一,宇宙是怎样装满力的呢,因为在今天,枪是不会自动装上弹药的;第二,后来是谁的手指扣扳机呢? 我们可以任意转过来倒过去,而在杜林先生的指导下,我们总是又回到——上帝的手指。

　　我们的现实哲学家从天文学转到力学和物理学,并且叹息道,力学的热理论在被发现以来的一个世代中,本质上并没有超过罗伯特·迈尔使这一理论本身逐渐取得的成就。此外,一切都还非常昏暗不清:

　　我们应该"经常记住,与物质的运动状态同时存在的,还有静止的状况,后者是不能由机械功来计量的……　如果我们以前把自然界称为伟大的做功者,而现在严格地采用这个术语,那么,我们还应当补充说,自身等同的状态和静止的状况并不代表机械功。这样,我们又失去了从静到动的桥;如果所谓的潜热直到现在对理论来说仍然是一个障碍,那么,我们在这里也应当承认有缺陷,至少在应用于宇宙时,不要否认这种缺陷"。

　　所有这些神谕式的空话,无非又是内心有愧的流露,他明明觉得,他所说的从绝对不动中产生出运动这个问题使他陷入不能自拔的境地,可是又不好意思去求助于唯一的救主,即天和地的创造者。既然在包括热的力学在内的力学中也都不能找到从静到动、从平衡到运动的桥,那么,杜林先生为什么一定要找出从他的没有运动的状态到运动的桥呢? 这样也许他就可以幸运地摆脱困境了。

在通常的力学中,从静到动的桥是外来的推动。如果把 50 千克重的石头举到 10 米高,悬空而挂,使它处在自身等同的状态和静止的状况中,那么,除非观众是吃奶的孩子,才能对他们说,这一物体现在的位置并不代表机械功,或者说,它和原先的位置的距离不能由机械功来计量。每一个过路人都可以毫不费力地向杜林先生说明,石头不是自动升到绳子上去的,而且任何一本力学手册都可以告诉他,如果他让这块石头重新落下来,那么它在落下时所做的机械功,正和把它举高 10 米需要做的机械功一样多。甚至石头悬空而挂这一最简单的事实已经代表一种机械功,因为如果它挂得太久,绳子就会由于化学分解作用,强度不再能承受石头的重量而拉断。但是,一切机械过程都可以归结为——用杜林先生的话来说——这种简单的基本形式;还不曾有过这样的工程师,他在拥有足够的推动力时还找不到从静到动的桥。

运动应当以它的对立面即静止作为自己的量度,这对于我们的这位形而上学者来说当然是一道难题和一服苦药。这确实是一个明显的矛盾,而任何**矛盾**在杜林先生看来都是**背理**①。但是这毕竟是事实:悬挂着的石头代表机械运动的一定的量,这个机械运

---

① "矛盾"的德文是"Widerspruch","背理"的德文是"Widersinn",两个词的前缀都是"wider"(违背、反对)。——编者注

动的量可以根据石头的重量及其与地面的距离确切地计量,可以
通过各种方法——例如垂直落下,从斜面滚下,绕轴旋转——随意
加以利用;而装上了弹药的枪的情况也是这样。从辩证的观点看
来,运动可以通过它的对立面即静止表现出来,这根本不是什么困
难。从辩证的观点看来,这全部对立,正如我们已经看到的,都只
是相对的;绝对的静止、无条件的平衡是不存在的。个别的运动趋
向平衡,总的运动又破坏平衡。因此,出现静止和平衡,这是有限
制的运动的结果,不言而喻,这种运动可以用自己的结果来计量,
可以用自己的结果来表现,并且通过某种形式从自己的结果中重
新得出来。但是对问题作这样简单的说明,杜林先生是不满意的。
作为地道的形而上学者,他先在运动和平衡之间挖一条实际上并
不存在的鸿沟,然后因不能找到跨过自己挖的这条鸿沟的桥而表
示惊奇。他同样可以骑上他那匹形而上学的洛西南特去追逐康德
的"自在之物";因为归根到底隐藏在这座难以理解的桥下面的,
无非就是这种"自在之物"。

但是,力学的热理论以及对这种理论说来"仍然是一个障碍"
的受束缚的热或潜热,究竟是怎么一回事呢?

如果把处于冰点的 1 磅冰在标准气压下加热变成具有同样温
度的 1 磅水,那么,所消失的热量就足够把同 1 磅水从 0℃加热到
79.4℃,或者使 79.4 磅水的温度上升 1℃。如果把这 1 磅水加热
到沸点,即 100℃,再使它变成 100℃的蒸汽,那么,当最后一滴水
变成蒸汽的时候,所消失的几乎是 7 倍的热量,足够使 537.2 磅的
水的温度上升 1℃。[42]这种消失了的热就叫做**受束缚的热**。如果
通过冷却,蒸汽重新变成水,水重新变成冰,那么以前受束缚的同
一热量又**释放出来**,就是说,作为热被感觉到,被计量出来。在蒸

汽凝结成水,以及水结成冰的时候,热的散发正是蒸汽冷却到100℃时才逐渐变成水,以及处于冰点的一定量的水只是很慢才变成冰的原因。这都是事实。现在的问题是:热在受束缚的时候究竟是怎样的呢?

力学的热理论——按照这种学说,热就是物体的那些进行物理活动的最小粒子(分子)按照温度和聚集状态而发生的或大或小的振动,这种振动在一定条件下能够变为任何其他的运动形式——把这个问题解释为消失的热已经做了功,已经转变为功。在冰溶化时,各个分子之间的紧密的牢固的结合破坏了,并且变成松弛的并列;当沸点的水汽化时,就出现这样的状态:各个分子相互间没有任何显著的影响,而且在热的作用下,甚至往各个方向飞散。显然,物体的各个分子在气体状态下所具有的能,比在液体状态下大得多,而在液体状态下所具有的能又比在固体状态下大。可见,受束缚的热并没有消失,它只是转变了,采取了分子张力的形式。各个分子能够相互保持这种绝对的或相对的自由的条件一旦不存在,就是说,温度一旦降到最低限度即100℃或0℃以下,这种张力就松弛了,各个分子又用它们过去相互离散时所用的同样的力重新相互集结起来;于是这种力就消失了,但只是重新作为热表现出来,而且热量恰恰同它以前受束缚的时候一样大。这种解释和整个力学的热理论一样,自然是一种假说,因为直到现在谁也没有看见过分子,更不要说振动着的分子了。正因为如此,它和还很年轻的整个理论一样,肯定有不少缺点,但是它至少能够解释这个过程,而同运动既不能消灭又不能创造这一点毫不抵触,它甚至还能正确地说明热在转变时存在于什么地方。因此,潜热或受束缚的热对力学的热理论来说决不是障碍。相反,这一理论第一次提供了对上述过程的合理的解释,而能够成为障碍的,至多是物理学家继续用"受束缚的热"这个过时的和已经不恰当的用语来称呼已经变为另一种形式的分子能的热。

所以,就机械功是热的量度这一点而言,固体聚集状态、液体聚集状态和气体聚集状态这三者的自身等同状态和静止状况,的确是代表机械功的。坚硬的地壳和海水一样,在现在的聚集状态下,代表十分确定的数量的散发了的热,这种热量不言而喻是和同样确定的数量的机械力相对立的。在地球所由产生的气团变成液体聚集状态,往后再大部分变成固体聚集状态的过程中,一定数量的分子能转变成热并放射于宇宙空间。因此,杜林先生神秘地窃窃私议的所谓困难是不存在的,甚至在应用于宇宙的时候,我们固然会遇到缺点和缺陷(这归咎于我们的不完备的认识工具),但是在任何地方都不会遇到理论上不能克服的障碍。从静到动的桥在这里也是外来的推动——对处于平衡的对象发生作用的其他物体所引起的冷却和加热。我们越是深入探究杜林的这种自然哲学,越是觉得,想说明运动从不动中产生,或者想找到一座桥,使纯粹的静态、静止通过它而自行转入动态、转入运动的一切尝试,是不可能实现的。

这样,我们总算幸运比暂时摆脱了自身等同的原始状态。杜林先生转到了化学,并且趁此机会向我们指出了到目前为止现实哲学所获得的自然界的三个不变律,这就是:

1. 一般物质的量,2. 单纯的(化学的)元素的量,3. 机械力的量,都是不变的。

可见,物质既不能创造又不能消灭,物质的单纯组成部分(由于物质是由它们构成的）既不能创造又不能消灭，以及运动既不能创造又不能消灭——这些表述得根本不能令人满意的陈旧的、举世皆知的事实，就是杜林先生能够作为他的无机界自然哲学的成果提供给我们的唯一真正积极的东西。所有这些东西是我们早已知道的。不过我们所不知道的是：这是"不变律"，而且作为不变律来说，是"事物体系的模式属性"。我们又看到了前面在讲到康德时的同样的情形①：杜林先生搬出了某个尽人皆知的货色，贴上杜林的标签，而称之为："完全独特的结论和观点……创造体系的思想……根底深厚的科学"。

可是我们丝毫不必因此而感到绝望。无论根底最深厚的科学和最好的社会组织具有怎样的缺陷，有一点杜林先生是可以说得十分肯定的：

"宇宙中现有的黄金任何时候都必定是同一数量的，而且和一般物质一样，既不能增加，也不能减少。"

可惜杜林先生没有说，我们用这种"现有的黄金"可以买到些什么。

七　自然哲学。有机界

"从压力和碰撞的力学到感觉和思维的结合，存在着一个由各中间梯级构成的统一的和唯一的阶梯。"

---

① 见本书第 49—51 页。——编者注

　　凭着这样的断言，杜林先生就避开对生命的起源作稍稍进一步的说明了，虽然对一位曾经追溯宇宙的发展直至自身等同的状态并且感到在其他天体上就像在自己家里一样的思想家，是可以期望他也确切地了解这方面的情况的。此外，如果没有前面提到的黑格尔的度量关系的关节线①作为补充，杜林先生的这个断言也只有一半是对的。尽管会有种种渐进性，但是从一种运动形式转变到另一种运动形式，总是一种飞跃，一种决定性的转折。从天体力学转变到个别天体上较小物体的力学是如此，从物体力学转变到分子力学——包括本来意义上的物理学所研究的热、光、电、磁这些运动——也是如此。从分子物理学转变到原子物理学——化学，同样也是通过决定性的飞跃完成的；从普通的化学作用转变到我们称之为生命的蛋白质的化学机理，更是如此。在生命的范围内，飞跃往后就变得越来越稀少和不显著。**43**——这样又要黑格尔来纠正杜林先生了。

　　目的概念帮助杜林先生在概念上转到有机界。这又是从黑格尔那里抄来的，黑格尔在《逻辑学》中——在概念论中——借助于目的论或关于目的的学说从化学机理转到了生命。在杜林先生那里，无论往哪里看，总是碰到某种黑格尔的"粗制品"，而他却毫不难为情地拿它冒充他自己的根底深厚的科学。在这里去研究目的和手段的观念运用于有机界究竟会正确和适用到什么程度，那就走得太远了。无论如何，甚至运用黑格尔的"内在的目的"——即不是被一个有意识地行动着的第三者（如上帝的智慧）纳入自然界，而是存在于事物本身的必然性中的目的——也经常使得那些

---

①　见本书第 46 页。——编者注

缺少哲学素养的人不加思考地把自觉的和有意识的行动加给自然界。这位杜林先生在别人表现出一点点"降神术"倾向的时候表示无比的义愤,可是他本人却"明确地"断言:

"本能的感觉主要是为了获得与它们的活动密不可分的满足而被创造出来的"。

他告诉我们:

可怜的自然界"不得不经常地一再地维持对象世界的秩序",同时它要处理的还不止这样一件事:"要求自然界具有比通常所承认的更大的纤巧性"。但是自然界不仅知道它为什么创造这个或那个东西,它不仅要做家庭女仆的工作,它不仅具有纤巧性——这本身已经是主观的自觉的思维中的十分美好的东西,它也具有意志;因为,本能的附加物(本能附带地执行现实的自然机能,即喂养、繁殖等等)"我们应当视为不是直接而只是间接企求的东西"。

这样,我们就到达了一个自觉地思维和行动的自然界,因而已经站在一座不是从静到动,而是从泛神论到自然神论**44**的"桥"上。也许杜林先生想稍微从事一下"自然哲学的半诗"?

这是不可能的。关于有机界,我们的现实哲学家所能告诉我们的一切,只限于反对这种自然哲学的半诗、反对"具有轻浮的表面性和所谓科学的神秘化的江湖骗术"、反对**达尔文主义**的"诗化的特征"的斗争。

首先受到责备的是达尔文,说他把马尔萨斯的人口论**45**从经济学搬进自然科学,说他拘泥于牲畜饲养者的观念,说他用生存斗争来从事不科学的半诗,说整个达尔文主义除了从拉马克那里抄来的东西以外,只是一种与人性对抗的兽性。

达尔文从他的科学旅行中带回来这样一个见解:植物和动物的种不是固定的,而是变化的。为了在家乡进一步探索这一思想,除了动物和植物的人工培育以外,他再没有更好的观察场所了。恰恰在这方面英国是典型的国家;其他国家例如德国的成就,同英国在这方面所取得的成就远不能相比。此外,大部分成果是在最近一个世纪获得的,所以要确定事实是没有多大困难的。当时达尔文发现,这种培育工作在同种的动物和植物中人工造成的区别,比那些公认为异种的动物和植物的区别还要大些。这样,一方面,物种在一定程度上的变异性得到了证实,另一方面,具有异种特征的有机体可能有共同的祖先这一点也得到了证实。于是达尔文又研究了自然界中是否存在这样的原因:它们没有培育者的自觉意图,经过很长时间,会在活的有机体中造成类似人工培育所造成的变异。他发现这些原因就在于自然界所产生的胚胎的惊人数量和真正达到成熟的有机体的微小数量之间的不相称。而由于每一个胚胎都力争发育成长,所以就必然产生生存斗争,这种斗争不仅表现为直接的肉体搏斗或吞噬,而且甚至在植物中还表现为争取空间和阳光的斗争。很明显,在这一斗争中,凡是拥有某种尽管是微不足道的但是有利于生存斗争的个别特质的个体,都最有希望达到成熟和繁殖。这些个别特质因此就有了遗传下去的趋势,如果这些特质在同种的许多个体中发生,那么,它们还会通过累积的遗传按既定的方向加强起来;而没有这种特质的个体就比较容易在生存斗争中死去,并且逐渐消失。物种就这样通过自然选择、通过适者生存而发生变异。

杜林先生反对达尔文的这个理论,他说:正如达尔文本人所承认的,生存斗争观念的起源,应当到国民经济学上的人口理论家马尔萨斯的观点的普遍化中去寻找,所以这个理论也就具有关于人口过剩问题的马尔萨斯牧师的观点所固有的一切缺陷。——其实达尔文根本没有想到要说生存斗争观念的**起源**应当到马尔萨斯那里去寻找。他只是说:他的生存斗争理论是应用于整个动物界和植物界的马尔萨斯理论。不论达尔文由于天真地盲目地接受马尔萨斯学说而犯了多大的错误,任何人一眼就能看出:人们不需要戴上马尔萨斯的眼镜就可以看到自然界中的生存斗争,看到自然界白白地产生的无数胚胎同能够达到成熟程度的少量胚胎之间的矛盾;这种矛盾事实上绝大部分是在生存斗争中,而且有时是在极端残酷的生存斗争中解决的。正如李嘉图用来证明工资规律的马尔萨斯论据早已无声无息以后,工资规律还依旧保持自己的效力一样,生存斗争也可以没有任何马尔萨斯的解释而依旧在自然界中进行。此外,自然界中的有机体也有自己的人口规律,不过这种规律迄今几乎完全没有被研究过,而证实这种规律,一定会对物种进化的理论有决定性的意义。是谁也在这方面给了决定性的推动呢? 不是别人,正是达尔文。

杜林先生小心翼翼地避免探讨问题的这个积极的方面。不探讨这个方面,生存斗争就必然会一再遭到非难。据他说,在没有意识的植物中和在驯顺的食草动物中根本谈不上什么生存斗争:

"按照确切的意义说来,在兽类中,只有在通过抢夺和吞噬来获取食物时,才有生存斗争"。

他把生存斗争这个概念限制在这样一个狭窄的范围以后,就可以对这个被他自己限制在兽类中的概念的兽性任意发泄他的满腔愤怒了。但是这种义愤只能针对杜林先生本人发出,他正是这种被作了限制的生存斗争的唯一炮制者,所以也只能由他对此负责。因此,不是达尔文"在野兽中寻找自然界一切活动的规律和理解"，——达尔文恰恰把全部有机界包括在这个斗争中了，而是杜林先生自己制造的幻想妖怪在寻找这些东西。此外，生存斗争这个**名称**尽可以作为杜林先生的高尚义愤的牺牲品。至于这种**事实**在植物中也存在，关于这一点，每块草地、每块谷田、每片树林都可以向他证明，而且问题不在于名称，不在于叫做"生存斗争"或者叫做"生存条件的缺乏和机械作用"，而在于这一事实如何影响物种的保存或变异。关于这个问题，杜林先生始终固执地保持沉默。因此，在自然选择方面，暂时还得任其一切照旧。

但是，达尔文主义"从虚无中得出自己的变化和差异"。

当然，达尔文在说到自然选择时，并没有考虑到引起单个个体变异的**原因**，他首先说明这种个体的偏离怎样逐渐成为一个品种、变种或种的特征。在达尔文看来，问题首先与其说是在于找出这些原因——这些原因直到现在有一部分还完全不知道，有一部分也只能作最一般的陈述——，而宁可说是在于找出一种使它们的作用固定下来并获得久远意义的合理形式。达尔文在这方面夸大自己的发现的作用范围，把这一发现看做物种变异的唯一杠杆，注重个体变异普遍化的形式而忽视重复出现的个体变异的原因，这是一个缺点，是达尔文和大多数真正有所建树的人共有的缺点。此外，如果说达尔文从虚无中得出他的个体的变化，并且在这方面仅仅应用"培育者的智慧"，那么培育者也必定同样**从虚无中**得出动植物形态的不仅是想象的而且是现实的变化的。但是，对这些变化和差异究竟从何而来这一问题的研究给予推动的，又不是别人，正是达尔文。

最近，特别是通过海克尔，自然选择的观念扩大了，物种变异被看做适应和遗传相互作用的结果,在这里适应被认为是过程中引起变异的方面,遗传被认为是过程中起保存作用的方面。甚至这一点杜林先生也感到不中意。

"对自然界所赋予的或者所剥夺的生活条件的真正适应,要以受观念支配的推动力和活动为前提。否则,适应只是一种假象,而在这种情况下起作用的因果性并没有超越物理学的、化学的和植物生理学的东西的低级阶段。"

又是名称使杜林先生恼怒了。但是,无论他怎样称呼这个过程,在这里,问题只在于这样的过程是否引起有机体的种的变异?杜林先生再一次不作任何答复。

"如果某种植物在它的生长中采取它能够得到最大量阳光的途径,那么这种刺激作用只不过是物理力和化学动因的结合;如果有人在这里不是作为比喻而是根据文字本义来谈适应,那么这一定会把降神术的紊乱带到概念中去。"

这个人对别人是如此严格,而他本人竟十分确切地知道自然界是按照谁的**意志**做这件事或那件事,竟去谈论自然界的**纤巧性**,甚至还谈到自然界的**意志**!确实是降神术的紊乱,然而是在哪里?在海克尔那里呢,还是在杜林先生那里?

不仅是降神术的紊乱,而且也是逻辑上的紊乱。我们已经看到,杜林先生竭尽全力让目的这一概念在自然界中起作用:

"手段和目的之间的关系,决不是以自觉的意图为前提的。"

但是,他如此激烈反对的那种没有自觉意图、没有观念中介的适应,如果不是一种不自觉的有目的活动,又是什么呢?

因此,如果雨蛙和食叶昆虫是绿色的,沙漠中的动物是沙黄色的,两极的动物主要是雪白色的,那么它们肯定不是有意识地或按照某种观念获得这些颜色的；相反，这些颜色只能从物理力和化学动因来说明。但是总不能否认，这些动物正是由于那些颜色才能合目的地**适应**它们所生存的环境，而且正因为如此，它们才变得不易被自己的敌人发现。同样，某些植物用来捕捉和吞噬落在它们身上的昆虫的那些器官，对这种活动是适应的，甚至是合目的地适应的。因此，如果杜林先生坚持说，适应必须通过观念的中介，那么他只是用别的话来说：有目的的活动同样必须通过观念的中介，必须是有意识的、自觉的。于是，像在现实哲学中通常遇到的情况那样，我们又来到有目的地活动的造物主那里，来到上帝那里了。

"以前，这样一种解释被称为自然神论，而且是不被重视的〈据杜林先生说〉；可是现在，看来在这方面人们又往后倒退了。"

我们从适应转到遗传。根据杜林先生的意见，达尔文主义在这里也完全走上了歧途。据说达尔文断定，整个有机界起源于一个原始生物，也可以说它是一个唯一的生物的后代。似乎在达尔文看来，根本就不存在没有亲缘关系的同种自然产物的独立并存；所以在他那里一旦生殖或其他繁殖方法的线索中断，他就不得不立刻和他那追溯既往的观点一起陷入绝境。

断定达尔文认为一切现存有机体起源于一个原始生物，说得客气点，这是杜林先生"本身的自由创造物和想象物"。达尔文在《物种起源》第 6 版倒数第 2 页上说得很清楚，他认为

"一切生物都不是特殊的创造物，而是少数几种生物的直系后代"[46]。

海克尔更大大前进了，他假定：

"植物界有一个完全独立的品系，动物界则有另一个品系"，而在二者之

间，"还有若干独立的原生生物品系，它们中间的每一个品系都完全独立于上述二者而从一个独特的自生的胶液原生物形态发展出来。"(《自然创造史》第397页)**47**

杜林先生发明这个原始生物，只是为了通过把它同原始犹太人亚当对比而尽可能地加以丑化；可是对他即杜林先生来说，不幸的是他一直不知道，由于斯密斯在亚述的发现，这个原始犹太人原来是原始闪米特人，而圣经上有关创世和洪水的全部故事，都被证实是犹太人同巴比伦人、迦勒底人和亚述人所共有的古代异教徒宗教传说的一部分。

在达尔文那里，一旦亲缘关系的线索中断，他就立刻陷入绝境，这的确是对达尔文的一个严厉的但无可辩驳的指责。可惜我们的全部自然科学都应当受到这样的指责。在自然科学那里，一旦亲缘关系的线索中断，它就陷入"绝境"。直到现在，除了由生物繁殖，自然科学还不能制造出生物，甚至还不能从化学元素制造出简单的原生质或其他蛋白体。因此，关于生命的起源，自然科学到目前为止能明确地断定的只是：生命的起源必然是通过化学的途径实现的。但是，现实哲学也许能够在这里助一臂之力，因为它拥有彼此没有亲缘关系的独立并存的自然产物。这些产物是怎样产生的呢？是通过自然发生而产生的吗？但是到目前为止，甚至自然发生说的最大胆的代表也不过是主张用这种方法来产生细菌、菌类孢子以及其他非常原始的有机体，而没有提到昆虫、鱼类、鸟类和哺乳动物。如果这些同种的自然产物——当然是有机物，因为这里讲的只是有机物——相互间没有亲缘的联系，那么一旦"亲缘关系的线索中断"，它们或者它们的每个祖先就只能靠造物主的单独行动而出现于世界。于是又回到了造物主和所谓的自然神论那里。

其次,杜林先生认为,达尔文非常肤浅的地方是:

"把特性的有性组合的单纯行为当做产生这些特性的基本原则"。

这又是我们这位根底深厚的哲学家的自由创造物和想象物。相反,达尔文说得很明确:自然选择这个用语只包括变异的**保存**而不包括变异的产生(第63页)。但是,把达尔文从来没有说过的东西硬加给他,这种新的手法却能帮助我们去接受杜林的下述深刻见解:

"如果在生殖的内在模式中找出某种独立变异的原则,那么这种思想会是完全合理的,因为,把普遍发生原则和有性繁殖原则结合成一个统一体,并且从更高的观点出发,把所谓的自然发生不是看做再生产的绝对对立物,而正是看做一种生产,这是很自然的思想。"

能够写出这种胡言乱语的人,居然还有脸去责备黑格尔的"行话"!

杜林先生对自然科学依仗达尔文学说的推动而取得的巨大进展怒不可遏,他用来表示这种愤怒的令人厌烦的矛盾百出的唠叨和怨言已经够多的了。无论是达尔文还是他在自然科学家中间的追随者,都没有想到要用某种方法来缩小拉马克的伟大功绩;而且正是他们最先重新推崇他。可是我们不应该忽视,在拉马克时代,科学还远没有掌握充分的材料,还不能对物种起源的问题作出并非预先推定的即所谓预言式的回答。不过,从拉马克那时以来,在从事搜集或解剖的植物学和动物学领域内积累了大量的材料,此外还出现了在这方面具有决定性重要意义的两门崭新的科学:对植物和动物的胚胎发育的研究(胚胎学),对地球表面各个地层内所保存的有机体遗骸的研究(古生物学)。于是发现,有机体的胚胎向成熟的有机体的逐步发育同地球历史上相继出现的植物和动物的次序之间有特殊的吻合。正是这种吻合为进化论提供了最可靠的根据。但是进化论本身还很年轻,所以,毫无疑问,进一步的探讨将会大大修正现在的、包括严格达尔文主义的关于物种进化过程的观念。

但是关于有机生命的进化,现实哲学能有什么积极的东西可以告诉我们呢?

"……物种的变异性是一个可以接受的假定"。但是,"没有亲缘关系的同种自然产物的独立并存"也同样有效。

据此就应当这样认为,异种的自然产物,即变异着的物种,是一个传自另一个的,而同种的就不是这样。可是并不完全如此,因为就是对变异着的物种来说,

"亲缘关系,相反,也不过是自然界的极其次要的行为"。

这毕竟说的是亲缘关系,尽管是"次要的"。我们高兴的是,杜林先生在对亲缘关系说了那么多坏话和糊涂话之后,终于又把它从后门放进来了。对于自然选择也是如此,因为他在对生存斗争——自然选择正是通过它来实现的——发泄了全部义愤之后,突然又说:

"因此,生物的本性的更深刻的根基应该在生活条件和宇宙状况中去寻找,而达尔文所强调的自然选择只能算是次要的。"

这毕竟说的是自然选择,虽然也是次要的;这样,同自然选择一起存在的,还有生存斗争,从而也还有马尔萨斯牧师的人口过剩

论[45]！这就是一切,至于其余的,杜林先生指点我们去请教拉马克。

最后,他警告我们不要滥用变态和发育这些字眼。他说,变态是一个不明确的概念,而发育概念,只有在发育规律真正能够得到证实时才是可以允许的。我们如果用"组合"来代替这两个名词,那就会十全十美了。又是老一套:一切照旧,只要我们把名称改变一下,杜林先生就十分满意了。如果我们说小鸡在蛋内的发育,我们就会造成混乱,因为我们只能不充分地证实发育规律。但是如果我们说它的"组合",那么一切都清楚了。因此,我们今后将不再说这个小孩发育得很好,而说这个小孩组合得极好。我们得恭贺杜林先生,他不仅在高贵的自尊心方面,而且在作为未来的作曲家的资格方面都配得上和《尼贝龙根的指环》的作者平起平坐。[48]

八　自然哲学。有机界（续完）

"请考虑一下……　为了给我们的自然哲学部分提供它的一切科学前提,需要有什么样的实证知识。它的基础首先是数学的一切重大成就,其次是力学、物理学和化学的精密知识的主要论断,以及生理学、动物学和类似研究领域的所有自然科学结论。"

杜林先生如此充满信心地和坚决地表明杜林先生在数学和自然科学方面的博学。但是,从这一贫乏的部分本身看不出,而从它的更加贫乏的结论上更看不出这里隐藏着什么根底深厚的实证知识。无论如何,为了编造关于物理学和化学的杜林式的神谕,在物理学上只要知道那表明热的机械当量的方程式,在化学上只要知道一切物体分为元素和元素的化合物就够了。此外,谁能像杜林先生在第 131 页上所说的那样,说出"有引力作用的原子",那只是证明:他对于原子和分子的区别,还完全处在"黑暗之中"。大家知道,原子不是说明万有引力或其他机械的或物理的运动形式的,而只是说明化学作用的。如果去阅读关于有机界的那一章,而读到的竟是空洞的、自相矛盾的、在关键问题上神谕般毫无意义的信口胡说,一些绝对无用的最后结论,那就不禁立即会产生一种看法:杜林先生在这里谈论的是他显然不知道的东西。在读到他建议在关于生物的学说(生物学)中今后应当用组合去代替发育的时候,这种看法就令人确信无疑了。谁建议这样做,就证明他对有机体的形成一无所知。

一切有机体,除了最低级的以外,都是由细胞构成的,即由很小的、只有经过高度放大才能看得到的、内部具有细胞核的蛋白质小块构成的。通常,细胞也长有外膜,里面或多或少是液态的。最低级的细胞体是由一个细胞构成的;绝大多数生物都是多细胞的,是集合了许多细胞的复合体,这些细胞在低级有机体中还是同类型的,而在高级有机体中就具有了越来越不同的形式、类别和功能。例如在人体中,骨骼、肌肉、神经、腱、韧带、软骨、皮肤,简言之,所有的组织,不是由细胞组成就是由细胞形成的。但是一切有机的细胞体,从本身是简单的、通常没有外膜而内部具有细胞核的蛋白质小块的变形虫起一直到人,从最小的单细胞的鼓藻起一直到最高度发展的植物,它们的细胞繁殖方法都是共同的:分裂。先是细胞核在中间收缩,这种使核分成两半的收缩越来越厉害,最后这两半分开了,并且形成两个细胞核。同样的过程也在细胞本身中发生,两个核中的每一个都成为细胞质集合的中心点,这个集合体同另一个集合体联结在一起,中间收缩得越来越紧,直到最后分开,并成为两个独立的细胞而继续存在下去。动物的卵在受精以后,其胚泡经这样不断重复的细胞分裂逐步发育成为完全成熟的动物,同样,在已经长成的动物中,对消耗的组织的补充也是这样进行的。把这样的过程叫做组合,而把称这一过程为发育的意见叫做"纯粹的想象",这种话无疑地只有对这种过程一无所知的人——很难设想现在还会有这样的人——才说得出来;这里的过程恰好**只是**而且确实是不折不扣的发育,而根本不是组合!

关于杜林先生对生命的一般理解,我们以后还要来谈。他对生命的特殊的理解则如下:

> "无机界也是一个自我实现的活动的体系;但是只有在真正的分化和物质循环的中介通过起始于一个内在的点的特别管道并且按照一种可向较小形体转移的胚胎模式开始实现时,才能从比较狭窄和比较严格的意义上来谈真正的生命。"

这句话从比较狭窄和比较严格的意义上说来,是一个胡话的自我实现的活动的体系(无论这可能指的是什么),且不说它的混乱得不可救药的语法。如果只有在真正的分化开始时才开始有生命,那么我们就必须宣布海克尔的整个原生生物界是死的,而且根据对分化概念的不同理解,也许还要宣布更多的东西是死的。如果只有在这种分化可以通过一种较小的胚胎模式转移时才开始有生命,那么至少包括单细胞有机体在内的一切有机体都不是有生命的了。如果物质循环通过特别管道的中介是生命的标志,那么除去上面所讲的,我们还必须把全部高等腔肠动物(最多把水母除外),因而把各种珊瑚虫和其他植虫[49]从生物的队伍中勾销。如果认为物质循环通过起始于一个内在的点的特别管道来进行是生命的根本标志,那么我们就必须宣布一切没有心脏的或有几个心脏的动物是死的。要被宣布是死的,除了上面提到的,还要加上各种蠕虫、海星和轮虫(按赫胥黎的分类法**50**是:Annuloida 和 Annulosa),一部分甲壳动物(蟹),最后甚至还要加上一种脊椎动物,即文昌鱼(Amphioxus);再就是各种植物。

由此可见,杜林先生想从比较狭窄的和严格的意义上来说明真正的生命的标志,结果提出了四个完全互相矛盾的生命标志。其中的一个不仅把整个植物界,而且把大约半个动物界都宣判永久死亡。真的,谁也不能说,当他许下诺言要给我们提供"完全独特的结论和观点"时,他是在欺骗我们!

他在另一个地方说:

"在自然界中,从最低级的到最高级的一切组织,也都是以一个简单的类型为基础的",这种类型"即使在最不完善的植物的最次要的活动中,也完全可以从它的一般性质上看出来"。

这种论断又"完全"是胡话。人们在整个有机界里所看到的最简单的类型是细胞;它确实是最高级的组织的基础。相反,在最低级的有机体中,还有许多远远低于细胞的东西:原变形虫,没有任何分化的简单的蛋白质小块,一系列其他胶液原生物和各种管藻(Siphoneen)。它们之所以全都同高级有机体有联系,只是因为它们的基本组成部分是蛋白质,所以它们执行着蛋白质的职能,即生和死。

往下杜林先生对我们说:

"在生理学上,感觉是和某种即使很简单的神经器官的存在相联系的。因此,一切动物形态的特征是能够感觉,就是说,能够从主体方面自觉地理解自己的状态。植物和动物之间的鲜明的界限就在于完成向感觉的飞跃。这一界限不能用众所周知的过渡形态来抹去，相反，它正是由于这些外表上没有确定的或不能确定的形态才被当成逻辑上的需要。"

接着又说：

"反之，植物完全而且永远没有丝毫感觉的痕迹，甚至也没有任何感觉的素质。"

第一，黑格尔说（《自然哲学》第351节附释）：

"感觉是动物的种差，即绝对的标记。"

因此，又是黑格尔的一个"粗制品"，它经过杜林先生的生吞活剥，被提升到最后的终极的真理的高贵地位。

第二，我们在这里第一次听到植物和动物之间的过渡形态，外表上没有确定的或不能确定的形态（真是莫名其妙的话！）。这种中间形态是存在的，有些有机体我们简直没法说它们是植物还是动物，因而我们总是不能在植物和动物之间划出鲜明的界限——这使杜林先生觉得在逻辑上需要提出一个区别二者的标志，同时他又承认这个标志并不是无懈可击的！但是我们根本没有必要再回过来谈植物和动物之间的有疑问的领域了；难道那些稍被触动就会卷起叶子或合拢花瓣的敏感植物，那些食虫植物都没有丝毫感觉的痕迹，甚至也没有任何感觉的素质吗？即使是杜林先生，如果他没有"不科学的半诚"，也不能下断语。

第三，杜林先生断言，在生理学上，感觉是和某种即使很简单的神经器官的存在相联系的，这又是他的自由创造物和想象物。不仅所有的原始动物，而且丕有植虫，至少是它们中的大多数，并没有显示出神经器官的痕迹。通常只是从蠕虫开始才发现有神经器官,而杜林先生是第一个提出这些动物因为没有神经所以没有感觉这一主张的人。感觉并不必然和神经相联系,但是大概和某种至今还没有确切地弄清楚的蛋白体相联系。

此外,杜林先生的生物学知识从他无所顾忌地向达尔文提出的下述问题得到了充分的说明:

"难道动物是从植物发展出来的吗?"

只有对动物和植物都一无所知的人才会提出这样的问题。

关于一般的生命,杜林先生能告诉我们的只是:

"通过起塑造作用的模式化〈这究竟是什么玩意儿?〉而进行的新陈代谢,总是真正的生命过程独具的特性。"

这就是我们所听到的有关生命的一切,这里,在碰到"起塑造作用的模式化"时,我们又深深地陷入了毫无意义的莫名其妙的最纯粹的杜林行话。所以,如果我们想要知道什么是生命,我们就必须自己去作更进一步的考察。

近30年来,生理化学家和化学生理学家已经无数次地说过,有机体的新陈代谢是生命的最一般的和最显著的现象,而在这里杜林先生把这话干脆翻译成他自己的优雅而清晰的语句。但是,如果规定生命就是有机体的新陈代谢,这就等于规定生命就是生命;因为有机体的新陈代谢,或通过起塑造作用的模式化而进行的新陈代谢,正是本身又需要用生命来解释、需要用有机体和非有机体的区别即生物和非生物的区别来解释的说法。所以这种解释并没有使我们前进一步。

新陈代谢本身即使没有生命也可以发生。在化学中有一系列过程,这些过程只要有充分的原料供应,就能不断地重新产生它们自身的条件,而且在这里有一个确定的物体作为过程的体现者。在通过硫的燃烧制造硫酸时的情况就是这样。硫燃烧产生二氧化硫(SO_2),加上水蒸气和硝酸,二氧化硫就吸收氢和氧而变成硫酸(H_2SO_4)。这时,硝酸放出氧而还原成氧化氮,这氧化氮立刻又从空气中吸收新的氧,变成氮的高价氧化物,但是立即又把这氧放出给二氧化硫,并重新进行这样的过程,所以在理论上只要极少量的硝酸,就足够使无限数量的二氧化硫、氧和水变成硫酸。——其次,在液体通过死的有机的膜甚至通过无机的膜渗透的时候,也像在特劳白的人造细胞[51]中一样发生新陈代谢。这又一次说明,新陈代谢并没有使我们前进一步,因为用来解释生命的那种独特的新陈代谢本身又需要用生命来解释。因此,我们必须另寻出路。

生命是蛋白体的存在方式,这种存在方式本质上就在于这些蛋白体的化学成分的不断的自我更新。

在这里,蛋白体是按照现代化学的意义来理解的,现代化学把所有在构成上类似普通蛋白或者也称为蛋白质的东西都包括在蛋白体这一名称之内。这个名称是不恰当的,因为普通蛋白在一切和它相近的物质中,是起着最没有生命的、最被动的作用的,它和蛋黄一起仅仅是胚胎发育的养料。但是,当人们对蛋白体的化学构成还知之甚少的时候,这个名称总比一切其他名称好些,因为它更有概括性。

无论在什么地方,只要我们遇到生命,我们就发现生命是和某种蛋白体相联系的,而且无论在什么地方,只要我们遇到不处于分解过程中的蛋白体,我们也无例外地发现生命现象。毫无疑问,在生物体中,必然还有其他化合物会引起这些生命现象的特殊分化;对于单纯的生命,这些化合物并不是必要的,除非它们作为食物进入生物体并变成蛋白质。我们所知道的最低级的生物,只不过是简单的蛋白质小块,可是它们已经显示出所有最主要的生命现象。

但是一切生物普遍共有的这些生命现象究竟表现在什么地方呢? 首先表现在:蛋白体从自己周围摄取其他有用的物质,把它们同化,而体内其他比较老的部分则分解并且被排泄掉。其他无生命物体在自然过程中也发生变化、分解或结合,可是这样一来它们就不再是以前那样的东西了。岩石经过风化就不再是岩石;金属氧化后就变成锈。可是,在无生命物体中成为瓦解原因的东西,在蛋白质中却是**生存的基本条件**。蛋白体内各成分的这种不断转化,摄食和排泄的这种不断交替一旦停止,蛋白体本身就立即停止生存,发生分解,即**死亡**。因此,生命,蛋白体的存在方式,首先在于:蛋白体在每一瞬间既是它自身,同时又是别的东西;这种情况不是像在无生命物体那里所发生的情况那样,是由某种从外面造成的过程所引起的。相反,生命,即通过摄食和排泄来实现的新陈代谢,是一种自我完成的过程,这种过程是它的体现者——蛋白质所固有的、生来就具备的,没有这种过程,蛋白质就不能存在。由此可见,如果化学有一天能够人工制造蛋白质,那么这样的蛋白质就一定会显示出生命现象,即使这种生命现象可能还很微弱。当然,化学是否能同时为这种蛋白质发现适合的食物,这还是一个问题。

从蛋白质的主要机能——通过摄食和排泄来进行的新陈代谢中,从蛋白质所特有的可塑性中,可以导出所有其他最简单的生命要素:刺激感应性——它已经包含在蛋白质和它的养料的相互作用中;收缩性——它已经在非常低级的阶段上表现于食物的吸取中;成长的能力——它在最低级的阶段上包含通过分裂的繁殖;内在的运动——没有这种运动,养料的吸取和同化都是不可能的。

我们的生命定义当然是很不充分的,因为它远没有包括**一切**生命现象,而只是限于最一般的和最简单的生命现象。在科学上,一切定义都只有微小的价值。要想真正详尽地知道什么是生命,我们就必须探究生命的一切表现形式,从最低级的直到最高级的。可是对日常的应用来说,这样的定义是非常适用的,在有些地方简直是不能缺少的;只要我们不忘记它们的不可避免的缺点,它们也没有什么害处。

还是回到杜林先生那里云吧。如果说,他在地球上的生物学领域中遭遇有点不妙,那么,他是知道怎样自慰的,他遁入自己的星空。

"不仅感觉器官的特殊结构,而且整个客观世界,都是为了唤起快乐和痛苦而安排的。根据这一点,我们认为快乐和痛苦的对立——而且恰恰是以我们所熟悉的方式表现的——是一种普遍的对立,而且在宇宙的不同的世界中必然是由本质上一样的感情来表现……　但是这样的一致具有不小的意义,因为它是打开感觉宇宙的钥匙……　因此,对我们说来,主观的宇宙世界并不比客观的宇宙世界更陌生。对这两个领域的构造应当按一致的型式去思考,这样我们就获得一种超出单纯地球上的有效范围的意识学的入门知识。"

对一个在口袋里藏着打开感觉宇宙的钥匙的人来说,在地球上的自然科学中犯几个大错误,有什么关系呢? 算啦!

九　道德和法。永恒真理

杜林先生在整整 50 页内把陈词滥调和玄妙词句的杂拌,一句话,把纯粹的**无稽之谈**当做关于意识要素的根底深厚的科学提供给读者享受,我们决不想把这些东西的样品都陈列出来。我们只摘引这样一句话:

"谁要是只能通过语言来思维,那他就永远不懂得抽象的和纯正的思维是什么意思。"

这样说来,动物是最抽象的和最纯正的思维者,因为它们的思维从来不会被语言的强制性的干涉弄得模糊不清。的确,从杜林的思想和表达这些思想的语言中可以看出,这些思想是多么不适合于任何一种语言,而德语又是多么不适合于这些思想。

最后,第四编拯救了我们,这一编除了连篇累牍的糊涂话,至少有时还给我们提供一些有关**道德和法**的可以捉摸的东西。这一次,我们一开始就被请到别的天体上去旅行:

道德的要素必定"以协调一致的方式……重新出现于人以外的一切生物中,在这些生物中,能动的知性必须自觉地调整以本能形式表现出来的生命活动…… 不过对于这样的结论,我们是不怎么感兴趣的…… 但是除此以外,下面的想法始终是一种有益地扩展眼界的思想:我们设想,在其他天体上个体的和公共的生活必须遵循一种模式,这种模式……不能废弃或避开按知性行动的生物的一般的基本规章"。

如果说在这里例外地,不是在这一章的末尾,而是在开头就指出,杜林的真理也适用于其他一切可能的世界,那么这是有其充足理由的。如果先确定了杜林的道德观和正义观适用于一切**世界**,那就可以比较容易地把它们的适用性有益地扩展到一切**时代**。而这里谈的又不折不扣地是关于最后的终极的真理的问题。

道德的世界,"和一般知识的世界一样……有其恒久的原则和单纯的要素"，道德的原则凌驾于"历史之上和现今的民族特性的差别之上……　在发展过程中构成比较完全的道德意识和所谓良心的那些特殊真理，只要它们的最终的基础都已经被认识，就可以要求具有同数学的认识和运用相似的适用性和有效范围。真正的真理是根本不变的……　因此，把认识的正确性设想成是受时间和现实变化影响的，那完全是愚蠢"。所以严格知识的可靠性和日常认识的充足性，不容许我们在深思熟虑的情况下对知识原则的绝对适用性表示失望。"长久的怀疑本身已经是一种病态的软弱状态，而且无非是极端紊乱的表现，这种紊乱有时企图在对自身虚无的系统化意识中装出某种镇定的外表。在伦理问题上，对一般原则的否定，是同风尚和准则在地理上和历史上的多样性牢固地联在一起的，而且一承认伦理上的邪恶和罪孽的不可避免的必然性，那就要否定起协调一致作用的道德本能的庄严意义和实际效用。这种似乎不是反对个别的伪学说而是反对人类达到自觉道德的能力本身的腐蚀性怀疑，最后就流为真正的虚无，甚至实质上流为比单纯虚无主义更坏的东西……　它自炫能在它的已被推翻的伦理观念的一片混乱中很容易地起支配作用，并为无原则的随心所欲敞开一切门户。但是它大错特错了，因为，只要指出知性在谬误和真理中的不可避免的命运，就足以借助这个唯一的类比表明，自然规律可能有的缺陷并不需要排除正确的东西的实现。"

到目前为止我们静静地听了杜林先生关于最后的终极的真理、思维的至上性、认识的绝对可靠性等等所讲的这一切华丽的词句，因为这一问题只有在我们现在所到达的这一点上才能予以解决。在此以前，只需要研究现实哲学的个别论断在多大程度上具有"至上的意义"和"无条件的真理权"就够了；在这里，我们却遇到了这样一个问题：人的认识的产物究竟能否具有至上的意义和无条件的真理权，如果能有，那么是哪些产物。当我说人的认识的时候，我无意冒犯其他天体上的居民，我还没有认识他们的荣幸，我这样说只是因为动物也能够认识，虽然它们的认识决不是至上的。狗认为它的主人是它的上帝，尽管这个主人可能是最大的无赖。

人的思维是至上的吗？在我们回答"是"或"不是"以前，我们必须先研究一下：什么是人的思维。它是单个人的思维吗？不是。但是，它只是作为无数亿过去、现在和未来的人的个人思维而存在。如果我现在说，这种概括于我的观念中的所有这些人（包括未来的人）的思维是**至上的**，是能够认识现存世界的，只要人类足够长久地延续下去，只要在认识器官和认识对象中没有给这种认识规定界限，那么，我只是说了些相当陈腐而又相当无聊的空话。因为最可贵的结果就是使得我们对我们现在的认识极不信任，因为很可能我们还差不多处在人类历史的开端，而将来会纠正**我们**的错误的后代，大概比我们有可能经常以十分轻蔑的态度纠正其认识错误的前代要多得多。

杜林先生本人宣布下面这一点是一种必然性：意识，因而也包括思维和认识，都只能表现在一系列的个人中。我们能够说这些个人中的每一个人的思维具有至上性，这只是就这样一点而言的，即我们不知道有任何一种力量能够强制处在健康清醒状态的每一个人接受某种思想。但是，至于说到每一个人的思维所达到的认识的至上意义，那么我们大家都知道，它是根本谈不上的，而且根据到目前为止的一切经验看来，这些认识所包含的需要改善的东西，无例外地总是要比不需要改善的或正确的东西多得多。

换句话说，思维的至上性是在一系列非常不至上地思维着的人中实现的；拥有无条件的真理权的认识是在一系列相对的谬误中实现的；二者都只有通过人类生活的无限延续才能完全实现。

在这里，我们又遇到了在上面已经遇到过的矛盾①：一方面，

---

① 见本书第 37 页。——编者注

人的思维的性质必然被看做是绝对的,另一方面,人的思维又是在完全有限地思维着的个人中实现的。这个矛盾只有在无限的前进过程中,在至少对我们来说实际上是无止境的人类世代更迭中才能得到解决。从这个意义来说,人的思维是至上的,同样又是不至上的,它的认识能力是无限的,同样又是有限的。按它的本性、使命、可能和历史的终极目的来说,是至上的和无限的;按它的个别实现情况和每次的现实来说,又是不至上的和有限的。

永恒真理的情况也是一样。如果人类在某个时候达到了只运用永恒真理,只运用具有至上意义和无条件真理权的思维成果的地步,那么人类或许就到达了这样的一点,在那里,知识世界的无限性就现实和可能而言都穷尽了,从而就实现了数清无限数这一著名的奇迹。

然而,不正是存在着如此确凿的、以致在我们看来表示任何怀疑都等于发疯的那种真理吗?二乘二等于四,三角形三内角的和等于两个直角,巴黎在法国,人不吃饭就会饿死,等等,这些不都是这种真理吗?这不就是说,还是存在着**永恒**真理,最后的终极的真理吗?

确实是这样。我们可以按照早已知道的方法把整个认识领域分成三大部分。第一个部分包括所有研究非生物界的并且或多或少能用数学方法处理的科学,即数学、天文学、力学、物理学、化学。如果有人喜欢对极简单的事物使用大字眼,那么也可以说,这些科学**某些**成果是永恒真理,是最后的终极的真理,所以这些科学也叫做**精密**科学。然而决不是一切成果都是如此。由于变数的应用以及它的可变性被推广于无限小和无限大,一向非常循规蹈矩的数学犯了原罪；它吃了智慧果，这为它开辟了获得最大成就但也造成谬误的道路。数学上的一切东西的绝对适用性、不可争辩的确证性的童贞状态一去不复返了；争论的王国出现了，而且我们到了这样一种地步：大多数人进行微分和积分，并不是由于他们懂得他们在做什么，而是出于单纯的信任，因为直到现在得出的结果总是正确的。天文学和力学方面的情况更糟，而在物理学和化学方面，人们就像处在蜂群之中那样处在种种假说之中。情况也根本不可能不是这样。我们在物理学中研究分子的运动，在化学中研究分子的原子构成，如果光波的干扰不是一种虚构，那我们绝对没有希望在某个时候亲眼看到这些有趣的东西。最后的终极的真理在这里随着时间的推移变得非常罕见了。

地质学的情况还要糟，地质学按其性质来说主要是研究那些不但我们没有经历过而且任何人都没有经历过的过程。所以要挖掘出最后的终极的真理在这里要费很大的力气，而所得是极少的。

第二类科学是研究活的有机体的科学。在这一领域中，展现出如此错综复杂的相互关系和因果联系，以致不仅每个已经解决的问题都引起无数的新问题，而且每一个问题也多半都只能一点一点地、通过一系列常常需要花几百年时间的研究才能得到解决；此外，对各种相互联系作系统理解的需要，总是一再迫使我们在最后的终极的真理的周围造起茂密的假说之林。为了正确地确定像哺乳动物的血液循环这样简单的事实，需要经历从盖仑到马尔比基之间的多么长的一系列中间阶段！我们关于血球的形成知道得多么少！比如说为了确定某种疾病的现象和致病的原因之间的合理联系，我们今天还缺乏多少中间环节！此外还常常有像细胞的发现这样的发现，这些发现迫使我们对生物学领域中以前已经确立的一切最后的终极的真理作全面的修正,并且把它们整堆地永远抛弃掉。因此,谁想在这里确立确实是真正的不变的真理,那么他就必须满足于一些陈词滥调,如所有的人必定要死,所有的雌性哺乳动物都有乳腺等等;他甚至不能说,高等动物是靠胃和肠而不是靠头脑消化的,因为集中于头脑的神经活动对于消化是必不可少的。

但是,在第三类科学中,即在按历史顺序和现今结果来研究人的生活条件、社会关系、法的形式和国家形式及其由哲学、宗教、艺术等等组成的观念上层建筑的历史科学中,永恒真理的情况还更糟。在有机界中,我们至少是研究这样一些依次相继的过程,这些过程,就我们直接观察的领域而言,正在非常广阔的范围内相当有规律地重复着。自亚里士多德以来,有机体的种总的说来没有变化。在社会历史中情况则相反,自从我们脱离人类的原始状态即所谓石器时代以来,情况的重复是例外而不是通例;即使在某个地方发生这样的重复,也决不是在完全同样的状况下发生的。在一切文明民族那里,原始土地公有制的出现和这种所有制解体的形式就是如此。因此,我们在人类历史领域中的科学比在生物学领域中的科学还要落后得多;不仅如此,如果一旦例外地能够认识到某一时代的社会存在形式和政治存在形式的内在联系,那么这照例是发生在这些形式已经半衰退和濒于瓦解的时候。因此,在这里认识在本质上是相对的,因为它只限于了解只存在于一定时代和一定民族中的、而且按其本性来说是暂时的一定社会形式和国家形式的联系和结果。因此,谁要在这里猎取最后的终极的真理,猎取真正的、根本不变的真理,那么他是不会有什么收获的,除非是一些陈词滥调和老生常谈,例如,人一般地说不劳动就不能生

活,人直到现在总是分为统治者和被统治者,拿破仑死于 1821 年
5 月 5 日,如此等等。

但是,值得注意的是:正是在这一领域,我们最常遇到所谓永
恒真理,最后的终极的真理等等。宣布二乘二等于四,鸟有喙,或
诸如此类的东西为永恒真理的,只是这样的人,他企图从永恒真理
的存在得出结论:在人类历史的领域内也存在着永恒真理、永恒道
德、永恒正义等等,它们要求具有同数学的认识和应用相似的适用
性和有效范围。这时,我们可以准确地预料,这位人类的朋友一有
机会就向我们声明:一切以往的永恒真理的制造者或多或少都是
蠢驴和骗子,全都陷入谬误,犯了错误;但是**他们的**谬误和**他们的**
错误的存在是合乎自然规律的,并且证明真理和合乎实际的东西
掌握在**他手里**;而他这个现在刚出现的预言家在提包里带着已经
准备好的最后的终极的真理,永恒道德和永恒正义。这一切已经
出现过成百上千次,如果现在还有人竟如此轻率地认为,别人做不
到这一点,只有他才能做到,那就不能不令人感到奇怪了。但是在
这里,我们至少还遇到了这样一位预言家,他在别人否认任何个人
能提供最后的终极的真理的时候,照例总是表现出高度的义愤。
这样的否认,甚至单纯的怀疑,都是软弱状态、极端紊乱、虚无、比
单纯的虚无主义更坏的腐蚀性怀疑、一片混乱以及诸如此类的可
爱的东西。像所有的预言家那样,他也没有作批判性的科学的研
究和判断,而只是直接进行道义上的谴责。

我们本来在上面还可以举出研究人的思维规律的科学,即逻
辑学和辩证法。但是在这方面,永恒真理的情况也不见得好些。
杜林先生把本来意义的辩证法宣布为纯粹的无稽之谈,而已经写
成的和现在还在写的关于逻辑学的许多书籍充分证明,在这里播

下的最后的终极的真理也远比有些人所想的要稀少得多。

此外，我们根本不用担心我们现在所处的认识阶段和先前的一切阶段一样都不是最后的。这一阶段已经包括大量的认识材料，并且要求每一个想在任何专业内成为内行的人进行极深刻的专门研究。但是认识就其本性而言，或者对漫长的世代系列来说是相对的而且必然是逐步趋于完善的，或者就像在天体演化学、地质学和人类历史中一样，由于历史材料不足，甚至永远是有缺陷的和不完善的，而谁要以真正的、不变的、最后的终极的真理的标准来衡量认识，那么，他只是证明他自己的无知和荒谬，即使真正的动机并不像在这里那样是要求个人不犯错误。真理和谬误，正如一切在两极对立中运动的逻辑范畴一样，只是在非常有限的领域内才具有绝对的意义；这一点我们刚才已经看到了，即使是杜林先生，只要他稍微知道一点正是说明一切两极对立的不充分性的辩证法的初步知识，他也会知道的。只要我们在上面指出的狭窄的领域之外应用真理和谬误的对立，这种对立就变成相对的，因而对精确的科学的表达方式来说就是无用的；但是，如果我们企图在这一领域之外把这种对立当做绝对有效的东西来应用，那我们就会完全遭到失败；对立的两极都向自己的对立面转化，真理变成谬误，谬误变成真理。我们举著名的波义耳定律为例，根据这一定律，在温度不变的情况下，气体的体积和它所受的压力成反比。雷尼奥发现，这一定律不适合于某些情况。如果雷尼奥是一个现实哲学家，那么他就有义务宣布：波义耳定律是可变的，所以不是真正的真理，所以根本不是真理，所以是谬误。但是，如果他这样做，他就会造成一个比波义耳定律所包含的谬误更大得多的谬误；他的一小粒真理就会消失在谬误的沙丘中；这样他就会把他的本来正确的结论变为谬误，而与这一谬误相比，波义耳定律就连同附在它上面的少许谬误也可以说是真理了。但是雷尼奥是科学家，没有玩弄这样的儿戏，而是继续研究，并发现波义耳定律只是近似地正确，特别是对于可以因压力而液化的气体，当压力接近液化开始的那一点时，波义耳定律就失去了效力。所以波义耳定律只在一定的范围内才是正确的。但是在这个范围内，它是不是绝对地最终地正确的呢？没有一个物理学家会断定说是。他会说，这一定律在一定的压力和温度的范围内对一定的气体是有效的；而且即使在这种更加狭窄的范围内，他也不会排除这样的可能性，即通过未来的研究对它作更加严格的限制，或者改变它的表述方式①。可见，关于最后的终极的真理，例如在物理学上，情况就是这样。因此，真正科学的著作照例要避免使用像谬误和真理这种教条式的道德的说法，而这种说法我们在现实哲学这样的著作中到处可以碰到，这种著作想强迫我们把空空洞洞的信口胡说当做至上的思维的至上的结论来接受。

但是，天真的读者或许要问，杜林先生在什么地方清楚地说过，他的现实哲学的内容是最后的甚至是终极的真理呢？在什么

① 恩格斯在这里加了一个注："自从我写了上面这几行以来，这些话看来已经得到证实。根据门捷列夫和博古斯基运用比较精密的仪器所进行的最新的研究**52**，一切真正的气体都表现出压力和体积之间的可变关系；氢的膨胀系数在直到现在为止所应用的各种压力强度下都是正的（体积的缩小比压力的增大要慢）；对大气和其他研究过的气体来说，每一种气体都有一个压力零点，压力小于零点，此系数是正的，压力大于零点，此系数是负的。因此，到现在为止实际上还一直是可用的波义耳定律，需要一整系列特殊定律来作补充。（现在——1885年——我们也知道根本不存在任何"真正的"气体。所有的气体都可以变成液体状态。）"——编者注

地方？例如在我们在第二章部分地引证的对他自己的体系的颂歌
中①（第13页），或者在上面引证的那段话里②，他说：道德的真
理，只要它们的最终的基础都已经被认识，就可以要求具有同数学
的认识相似的适用性。而且，杜林先生难道不是断定，从他的真正
批判的观点出发，通过他的寻根究底的研究，就可以深入到这种最
终的基础，基本的模式，因而就赋予道德的真理以最后的终极性
吗？如果杜林先生既不是为自己也不是为他的时代提出这样的要
求，如果他只是想说，在渺茫的未来的某个时候能够确立最后的终
极的真理，因而，他想大致地、只是较为混乱地说些与"腐蚀性怀
疑"和"极端紊乱"相同的东西，那么，这种喧嚣是为了什么呢？这
位先生想要做什么呢？③

　　如果说，在真理和谬误的问题上我们没有什么前进，那么在善
和恶的问题上就更没有前进了。这一对立完全是在道德领域中，
也就是在属于人类历史的领域中运动，在这里播下的最后的终极
的真理恰恰是最稀少的。善恶观念从一个民族到另一个民族、从
一个时代到另一个时代变更得这样厉害，以致它们常常是互相直
接矛盾的。但是，如果有人反驳说，无论如何善不是恶，恶不是善；
如果把善恶混淆起来，那么一切道德都将完结，而每个人都将可以
为所欲为了。杜林先生的意见，只要除去一切隐晦玄妙的词句，就
是这样的。但是问题毕竟不是这样简单地解决的。如果事情真的
这样简单，那么关于善和恶就根本不会有争论了，每个人都会知道

---

① 　见本书第28页。——编者注
② 　见本书第88—89页。——编者注
③ 　参看歌德《浮士德》第1部第3场《书斋》。——编者注

什么是善,什么是恶。但是今天的情形是怎样的呢? 今天向我们宣扬的是什么样的道德呢? 首先是由过去信教时代传下来的基督教的封建的道德,这种道德主要又分成天主教的和新教的道德,其中又不乏不同分支,从耶稣会⁵³天主教的和正统新教的道德,直到松弛的启蒙的道德。和这些道德并列的,有现代资产阶级的道德,和资产阶级道德并列的,又有未来的无产阶级道德,所以仅仅在欧洲最先进国家中,过去、现在和将来就提供了三大类同时和并列地起作用的道德论。哪一种是合乎真理的呢? 如果就绝对的终极性来说,哪一种也不是;但是,现在代表着现状的变革、代表着未来的那种道德,即无产阶级道德,肯定拥有最多的能够长久保持的因素。

但是,如果我们看到,现代社会的三个阶级即封建贵族、资产阶级和无产阶级都各有自己的特殊的道德,那么我们由此只能得出这样的结论:人们自觉地或不自觉地,归根到底总是从他们阶级地位所依据的实际关系中——从他们进行生产和交换的经济关系中,获得自己的伦理观念。

但是在上述三种道德论中还是有一些对所有这三者来说都是共同的东西——这不至少就是一成不变的道德的一部分吗? ——这三种道德论代表同一历史发展的三个不同阶段,所以有共同的历史背景,正因为这样,就必然有许多共同之处。不仅如此,对同样的或差不多同样的经济发展阶段来说,道德论必然是或多或少地互相一致的。从动产的私有制发展起来的时候起,在一切存在着这种私有制的社会里,道德戒律一定是共同的:切勿偷盗^①。这

---

① 参看《旧约全书·出埃及记》第 20 章第 15 节和《旧约全书·申命记》第 5 章第 19 节。——编者注

个戒律是否因此而成为永恒的道德戒律呢？绝对不会。在偷盗动机已被消除的社会里，就是说在随着时间的推移顶多只有精神病患者才会偷盗的社会里，如果一个道德说教者想庄严地宣布一条永恒真理：切勿偷盗，那他将会遭到什么样的嘲笑啊！

因此，我们拒绝想把任何道德教条当做永恒的、终极的、从此不变的伦理规律强加给我们的一切无理要求，这种要求的借口是，道德世界也有凌驾于历史和民族差别之上的不变的原则。相反，我们断定，一切以往的道德论归根到底都是当时的社会经济状况的产物。而社会直到现在是在阶级对立中运动的，所以道德始终是阶级的道德；它或者为统治阶级的统治和利益辩护，或者当被压迫阶级变得足够强大时，代表被压迫者对这个统治的反抗和他们的未来利益。没有人怀疑，在这里，在道德方面也和人类认识的所有其他部门一样，总的说是有过进步的。但是我们还没有越出阶级的道德。只有在不仅消灭了阶级对立，而且在实际生活中也忘却了这种对立的社会发展阶段上，超越阶级对立和超越对这种对立的回忆的、真正人的道德才成为可能。现在可以去评价杜林先生的自我吹嘘了。他竟在旧的阶级社会中要求在社会革命的前夜把一种永恒的、不以时间和现实变化为转移的道德强加给未来的无阶级的社会！我们姑且假定他对这种未来社会的结构至少是有概略了解的，——这一点我们直到现在还不知道。

最后，还有一个"完全独特的"、但是并不因此不再是"穷根究底的"发现：

在恶的起源方面，"我们认为，在动物形态中存在着带着固有虚伪性的猫的类型，这一事实同人类中也存在着类似的性格形态的情形处于同一阶段……因此，恶不是什么神秘的东西，除非人们有兴趣在猫或所有食肉动物的存在中也嗅出神秘的东西来"。

恶就是猫。所以魔鬼没有犄角和马蹄,而有爪子和绿眼睛。当歌德使靡菲斯特斐勒司具有黑狗的形象①而不是黑猫的形象的时候,他犯了一个不可饶恕的错误。恶就是猫! 这是不仅适用于一切世界,而且也适用于猫②的道德!

十 道德和法。平等

我们已经不止一次地领教了杜林先生的方法。他的方法就是:把每一类认识对象分解成它们的所谓最简单的要素,把同样简单的所谓不言而喻的公理应用于这些要素,然后再进一步运用这样得出的结论。社会生活领域内的问题也

"应当从单个的、简单的基本形式上,按照公理来解决,正如对待简单的……数学基本形式一样"。

这样,数学方法在历史、道德和法方面的应用,应当在这些领域内使所获结果的真理性也具有数学的确实性,使这些结果具有真正的不变的真理的性质。

这不过是过去有人爱用的意识形态的或者也称为先验主义的方法的另一种说法,这一方法是:不是从对象本身去认识某一对象

---

① 参看歌德《浮士德》第 1 部第 2 场《城门之前》和第 3 场《书斋》。——编者注

② "适用于猫"的德文是"für die Katze",也有"毫无用处、徒劳无益"的意思。——编者注

的特性,而是从对象的概念中逻辑地推导出这些特性。首先,从对象构成对象的概念;然后颠倒过来,用对象的映象即概念去衡量对象。这时,不是概念应当和对象相适应,而是对象应当和概念相适应了。在杜林先生那里,他所能得到的最简单的要素,终极的抽象,执行着概念的职能,可是这丝毫没有改变事情的实质;这种最简单的要素,最多只带有纯粹概念的性质。所以现实哲学在这里也是纯粹的意识形态,它不是从现实本身推导出现实,而是从观念推导出现实。

当这样一位意识形态家不是从他周围的人们的现实社会关系中,而是从"社会"的概念或所谓最简单的要素中构造出道德和法的时候,可用于这种构造的材料是什么呢?显然有两种:第一,是在那些被当做基础的抽象中可能存在的现实内容的一点点残余,第二,是我们这位意识形态家从他自己的意识中再次带入的内容。而他在自己的意识中发现了什么呢?绝大部分是道德和法的观点,这些观点或多或少地是他所处的社会关系和政治关系的相应表现——肯定的或否定的,得到赞同的或遭到反对的;其次或许是从有关的文献上抄来的看法;最后,可能还有个人的狂想。我们的意识形态家可以随心所欲地耍花招,他从大门扔出去的历史现实,又从窗户进来了,而当他以为自己制定了适用于一切世界和一切时代的伦理学说和法的学说的时候,他实际上是为他那个时代的保守潮流或革命潮流制作了一幅因脱离现实基础而扭曲的、像在凹面镜上反映出来的头足倒置的画像。

于是杜林先生把社会分解为它的最简单的要素,而且在这里发现最简单的社会至少由**两个**人组成。杜林先生就按公理同这两个人打交道。而从这里很自然地得出一个道德的基本公理:

"两个人的意志,就其本身而言,是彼此完全平等的,而且一方不能一开始就向另一方提出任何肯定的要求。"因此,"道德上的正义的基本形式就被表述出来了";同样,法律上的正义的基本形式也被表述出来了,因为"为了阐发法的基本概念,我们只要有两个人的十分简单的和基本的关系就够了"。

两个人或两个人的意志就其本身而言是彼此**完全**平等的——这不仅不是公理,而且甚至是过度的夸张。首先,两个人甚至就其本身而言,在性别上可能就是不平等的,这一简单的事实立刻使我们想到:社会的最简单的要素——如果我们暂且接受这样的童稚之见——不是两个男人,而是一个男人和一个女人,他们建立了**家庭**,即以生产为目的的社会结合的最简单的和最初的形式。但是这丝毫不合杜林先生的心意。因为,一方面,必须使这两个社会奠基者尽可能地平等。另一方面,甚至杜林先生也不能从原始家庭构造出男女之间在道德上和法上的平等地位。这样,二者必居其一:或者是杜林所说的通过自身繁衍而建立起整个社会的社会分子一开始就注定要灭亡,因为两个男人是永远不能生出小孩来的;或者是我们必须设想他们是两个家长。在这种情况下,十分简单的基本模式就转成自己的反面:它不是证明人的平等,而最多只是证明家长的平等,而且因为妇女是不被理睬的,所以还证明妇女的从属地位。

在这里我们不得不给读者一个不愉快的通知:读者在今后一段颇长的时间内摆脱不了这两个了不起的人物。这两个人在社会关系的领域中起着我们现在希望不再与之打交道的其他天体上的居民以前所起的类似作用。只要有经济、政治等等的问题需要解决,这两个人就飞快地出动,而且立刻"按照公理"来解决问题。这是我们那位现实哲学家的卓越的、创造性的、创造体系的发现!

但遗憾的是,如果我们愿意尊重真理,那应当说这两个人不是杜林先生发现的。他们是整个 18 世纪所共有的。他们在 1754 年卢梭关于不平等的论著①中已经出现——附带说一下,在那里,他们按照公理证明了和杜林的论断恰恰相反的东西。他们在从亚当·斯密到李嘉图的政治经济学家那里扮演着主要角色;可是在那里他们各操不同的行业——大多是猎人和渔夫,而且互相交换自己的产品,他们至少在这方面是不平等的。此外,在整个 18 世纪,他们主要充当单纯用做说明的例子,而杜林先生的独创性只是在于,他把这种举例说明的方法提升为一切社会科学的基本方法和一切历史形态的尺度。要把"关于事物和人的严格科学的观念"变得简单些,肯定是做不到的。

为了制定基本公理——两个人以及他们的意志是彼此完全平等的,他们之间没有一方能命令另一方,我们决不能用随便什么样的两个人。这两个人应当是这样的:他们摆脱了一切现实,摆脱了地球上发生的一切民族的、经济的、政治的和宗教的关系,摆脱了一切性别的和个人的特性,以致留在这两个人身上的除了人这个光秃秃的概念以外,再没有别的什么了,于是,他们当然是"完全平等"了。因此,他们成了这一位到处搜索和揭发"降神术"活动的杜林先生所召来的两个十足的幽灵。这两个幽灵自然必须做他们的召唤者要求做的一切。正因为如此,他们的一切鬼把戏对世界上的其他人来说是完全无关紧要的。

我们再稍微往下看看杜林先生的公理论。两个意志中一方不

---

① 让·雅·卢梭《论人间不平等的起源和原因》1755 年阿姆斯特丹版。该书于 1754 年写成。——编者注

能向另一方提出任何肯定的要求。如果一方竟然这样做了，并以暴力来实现他的要求，那就产生了非正义的状态，而杜林先生就是按照这一基本模式来说明非正义、暴力、奴役，一句话，说明全部以往的应唾弃的历史的。可是卢梭早在上面提到的著作中，正是通过两个人，同样是按照公理证明了相反的东西，这就是：在 A 和 B 两个人之中，A 不能用暴力来奴役 B，只能用使 B 处于非有 A 不可的境地这一办法来奴役 B；这对于杜林先生来说的确是一个已经过分唯物主义的观点。因此，让我们以稍微不同的方式来说明这件事情。两个舟破落海的人，漂流到一个孤岛上，组成了社会。他们的意志在形式上是完全平等的，而这一点也是两个人都承认的。但是在素质上存在着巨大的不平等。A 果断而有毅力，B 优柔、懒惰和萎靡不振；A 伶俐，B 愚笨。A 照例先是通过说服，以后就按照习惯，但始终是采取自愿的形式，把自己的意志强加给 B，这要经过很长时间吗？无论自愿的形式是受到维护，还是遭到践踏，奴役依旧是奴役。甘受奴役的现象在整个中世纪都存在，在德国直到三十年战争[54]后还可以看到。普鲁士在 1806 年和 1807 年战败之后，废除了依附农制，同时还取消了仁慈的领主照顾贫病老弱的依附农的义务，当时农民曾向国王请愿，请求让他们继续处于受奴役的地位——否则在他们遭到不幸的时候谁来照顾他们呢？这样，两个人的模式既"适用"于不平等和奴役，也同样"适用"于平等和互助；而且因为我们害怕受到灭亡的惩罚而不得不承认他们是家长，所以在这里已经预先安排了世袭的奴役制。

但是，让我们暂时把这一切放在一旁。我们假定杜林先生的公理论说服了我们，而且我们热衷于两个意志的完全平等的权利、"一般人的主权"、"个人的主权"——真正壮丽的字眼，和这些字眼比起来,施蒂纳的拥有自己的所有物的"唯一者"**55**相形见绌了,虽然他在这方面也可以要求有自己的一席之地。这样,现在我们所有人都**完全平等**和独立了。是所有人吗?不,的确不是所有人。

也存在着"可以允许的隶属关系",但是它们存在的"原因不应当到两个意志本身的活动中,而应当到第三领域中去寻找,例如对儿童来说,就应当到他们的自我规定的欠缺中去寻找"。

的确如此!隶属关系的原因不应当到两个意志本身的活动中去寻找!自然不应当,因为一个意志的活动恰恰是受到阻碍的!而应当到第三领域中去寻找!那么什么是这第三领域呢?这是一个受压制的意志即一个欠缺的意志的具体规定性!我们的现实哲学家同现实脱离得如此之远,以致在他看来,对意志这个抽象的、没有内容的用语来说,意志的真实的内容、特有的规定性,已经是"第三领域"了。但是,无论如何,我们必须认定,平等是有例外的。对于自我规定欠缺的意志来说,平等是无效的。**退却之一**。

其次,

"在野兽和人混合在一个人身上的地方,人们可以以第二个具有完全的人性的人的名义提出问题:他的行为方式,是否应当像所谓只具有人性的人相互间所表现的那样呢……　所以我们关于两个在道德上不平等的人——其中一个在某种意义上带有特有的兽性——的假定,就是依照这种区别而可能在人的集团之中和之间……出现的一切关系的典型的基本形式"。

请读者自己去看看紧跟在这些窘态百出的遁词之后的那些可怜的咒骂吧,在那些咒骂里,杜林先生像一个耶稣会**53**会士那样耍花招,以便用决疑法确定具有人性的人可以多么严厉地对付具有兽性的人,多么严厉地运用不信任、计谋、严酷的甚至恐怖的以及欺骗的手段来对付后者,而且这样做还丝毫不违背不变的道德。

因此,如果两个人"在道德上不平等",那么平等也就完结了。但是这样一来就根本不值得费力去召唤两个完全平等的人,因为两个在道德上完全平等的人是根本没有的。——但是,不平等应当在于一个是具有人性的人,而另一个则带有一些兽性。而人来源于动物界这一事实已经决定人永远不能完全摆脱兽性,所以问题永远只能在于摆脱得多些或少些,在于兽性或人性的程度上的差异。把人分成截然不同的两类,分成具有人性的人和具有兽性的人,分成善人和恶人,绵羊和山羊,这样的分类,除现实哲学外,只有基督教才知道,基督教也一贯有自己的世界审判者来实行这种分类。但是在现实哲学中,世界审判者应当是谁呢?这个问题大概要照基督教的做法来处理,在那里,虔诚的羔羊对自己的世俗近邻山羊行使世界审判者的职权,而且成绩卓著。现实哲学家的教派一旦出现,在这方面一定不会比地上的虔信者逊色。然而,这对我们是无所谓的;使我们感兴趣的,是承认这样一点:由于人们之间的道德上的不平等,平等再一次化为乌有。**退却之二。**

再往下看:

"如果一个人按照真理和科学行动,而另一个人按照某种迷信或偏见行动,那么……照例一定要发生相互争执…… 一定程度的无能、粗暴或恶癖,在任何情况下总要引起冲突…… 暴力不仅仅是对付儿童和疯人的最后手段。人的整个自然集团和文明阶级的本性,能够使得对它们的由于本身荒谬而成为敌对性的愿望进行的压服,即促使这种愿望向共同联系手段的还原,成为不可避免的必要。异己的意志在这里也被认为是有平等权利的;但是由于它的危害活动和敌对活动的荒谬性,它就引起了恢复平衡的行动,如果它遭到暴力,那么它只是受到它自身的非正义的反作用而已。"

可见,不仅道德上的不平等,而且精神上的不平等也足以排除两个意志的"完全平等",并树立这样一种道德,按照这种道德,各文明掠夺国对落后民族所干的一切可耻行径,直到俄国人在突厥斯坦的暴行[56],都可以认为是正当的。1873 年夏天,当考夫曼将军下令进攻鞑靼部落的约穆德人,焚毁他们的帐篷,并且像在命令上所说的"按照真正高加索的习俗"屠杀他们的妇女和儿童时,他也断言:对约穆德人的由于本身荒谬而成为敌对性的愿望进行的压服,即促使这种愿望向共同联系手段的还原,已经成为不可避免的必要,而且他所采用的手段是最合乎目的的;谁想要达到目的,谁也就必然要采用这种手段。不过他还没有残酷到另外还去嘲弄约穆德人,说他屠杀他们是为了恢复平衡,他这样做正是承认他们的意志是有平等权利的。在这一冲突中,又是上帝的选民,所谓按照真理和科学行动的人,归根到底也就是现实哲学家,应该去决定什么是迷信、偏见、粗暴和恶癖,什么时候暴力和压服对于恢复平衡是必要的。因此,平等现在就是通过暴力恢复平衡;而第二个意志被第一个意志通过压服而认为是有平等权利的。**退却之三**,在这里,这次退却简直堕落为可耻的逃跑。

附带说一下,所谓异己的意志正是在通过暴力恢复平衡的行动中被认为是有平等权利的这句话,不过是对黑格尔学说的一种歪曲。按照黑格尔学说,刑罚是罪犯的权利:

> "刑罚被认为包含着罪犯本人的权利,在这里罪犯是被当做有理性者来尊重的。"(《法哲学》第 100 节附释)①

我们可以就此结束。没有必要继续跟着杜林先生去一点一点

---

① 黑格尔《法哲学原理,或自然法和国家学纲要》1840 年柏林第 2 版(《黑格尔全集》第 8 卷)。——编者注

地击破他如此按照公理建立起来的平等、一般人的主权等等；没有必要去观察他如何用两个男人来组成社会，而为了建立国家又使用第三个人，因为简单地说，没有这第三个人就不可能有多数的决议，而没有这样的决议，因而也就没有多数对少数的统治，也就不能有国家存在；没有必要去看他往后如何逐步转入建立他那共同社会的未来国家的那条较为平静的航路——我们将来总有一天有幸在那里拜访他。我们已经充分地看到：两个意志的完全平等，只是在这两个意志**什么愿望也没有**的时候才存在；一当它们不再是抽象的人的意志而转为现实的个人的意志，转为两个现实的人的意志的时候，平等就完结了；一方面是幼稚、疯狂、所谓的兽性、设想的迷信、硬说的偏见、假定的无能，另一方面是想象的人性、对真理和科学的洞察力；总之，两个意志以及与之相伴的智慧在质量上的任何区别，都是为那种可以一直上升到压服的不平等辩护的。既然杜林先生这样从根本上破坏了他自己的平等大厦，那我们还要求什么呢？

虽然我们关于杜林先生对平等观念的浅薄而拙劣的论述已经谈完，但是我们对平等观念本身的论述没有因此结束，这一观念特别是通过卢梭起了一种理论的作用，在大革命中和大革命之后起了一种实际的政治的作用，而今天在差不多所有国家的社会主义运动中仍然起着巨大的鼓动作用。这一观念的科学内容的确立，也将确定它对无产阶级鼓动的价值。

一切人，作为人来说，都有某些共同点，在这些共同点所及的范围内，他们是平等的，这样的观念自然是非常古老的。但是现代的平等要求与此完全不同；这种平等要求更应当是从人的这种共同特性中，从人就他们是人而言的这种平等中引申出这样的要求：

一切人,或至少是一个国家的一切公民,或一个社会的一切成员,都应当有平等的政治地位和社会地位。要从这种相对平等的原始观念中得出国家和社会中的平等权利的结论,要使这个结论甚至能够成为某种自然而然的、不言而喻的东西,必然要经过而且确实已经经过几千年。在最古老的自然形成的公社中,最多只谈得上公社成员之间的平等权利,妇女、奴隶和外地人自然不在此列。在希腊人和罗马人那里,人们的不平等的作用比任何平等要大得多。如果认为希腊人和野蛮人、自由民和奴隶、公民和被保护民、罗马的公民和罗马的臣民(该词是在广义上使用的),都可以要求平等的政治地位,那么这在古代人看来必定是发了疯。在罗马帝国时期,所有这些区别,除自由民和奴隶的区别外,都逐渐消失了;这样,至少对自由民来说产生了私人的平等,在这种平等的基础上罗马法发展起来了,它是我们所知道的以私有制为基础的法的最完备形式。但是只要自由民和奴隶之间的对立还存在,就谈不上从一般人的平等得出的法的结论,这一点我们不久前在北美合众国各蓄奴州里还可以看得到。

基督教只承认一切人的**一种**平等,即原罪的平等,这同它曾经作为奴隶和被压迫者的宗教的性质是完全适合的。此外,基督教至多还承认上帝的选民的平等,但是这种平等只是在开始时才被强调过。在新宗教的最初阶段同样可以发现财产共有的痕迹,这与其说是来源于真正的平等观念,不如说是来源于被迫害者的团结。僧侣和俗人对立的确立,很快就使这种基督教平等的萌芽也归于消失。——日耳曼人在西欧的横行,逐渐建立了空前复杂的社会的和政治的等级制度,从而在几个世纪内消除了一切平等观念,但是同时使西欧和中欧卷入了历史的运动,在那里第一次创造了一个牢固的文化区域,并在这个区域内第一次建立了一个由互相影响和互相防范的、主要是民族国家所组成的体系。这样就准备了一个基础,后来只是在这个基础上才有可能谈人的平等和人权的问题。

此外,在封建的中世纪的内部孕育了这样一个阶级,这个阶级在它进一步的发展中,注定成为现代平等要求的代表者,这就是资产阶级。资产阶级本身最初是一个封建等级,当15世纪末海上航路的伟大发现为它开辟了一个新的更加广阔的活动场所时,它使封建社会内部的主要靠手工进行的工业和产品交换发展到比较高的水平。欧洲以外的、以前只在意大利和黎凡特①之间进行的贸易,这时已经扩大到了美洲和印度,就重要性来说,很快就超过了欧洲各国之间的和每个国家内部的交换。美洲的黄金和白银在欧洲泛滥起来,它好似一种瓦解因素渗入封建社会的一切罅隙、裂缝和细孔。手工业生产不再能满足日益增长的需要;在最先进的国家的主要工业部门里,手工业生产为工场手工业代替了。

可是社会的政治结构决不是紧跟着社会经济生活条件的这种剧烈的变革立即发生相应的改变。当社会日益成为资产阶级社会的时候,国家制度仍然是封建的。大规模的贸易,特别是国际贸易,尤其是世界贸易,要求有自由的、在行动上不受限制的商品占有者,他们作为商品占有者是有平等权利的,他们根据对他们所有人来说都平等的、至少在当地是平等的权利进行交换。从手工业向工场手工业转变的前提是,有一定数量的自由工人(所谓自由,一方面是他们摆脱了行会的束缚,另一方面是他们失去了自己使

---

① 地中海东岸诸国的旧称。——编者注

用自己劳动力所必需的资料），他们可以和厂主订立契约出租他们的劳动力，因而作为缔约的一方是和厂主权利平等的。最后，一切人类劳动由于而且只是由于都是一般**人类**劳动而具有的等同性和同等意义①，在现代资产阶级经济学的价值规律中得到了自己的不自觉的，但最强烈的表现，根据这一规律，商品的价值是由其中所包含的社会必要劳动来计量的②。——但是，在经济关系要求自由和平等权利的地方，政治制度却每一步都以行会束缚和各种特权同它对抗。地方特权、差别关税以及各种各样的特别法令，不仅在贸易方面打击外国人或殖民地居民，而且还时常打击本国的各类国民；行会特权处处和时时都一再阻挡着工场手工业发展的道路。无论在哪里，道路都不是自由通行的，对资产阶级竞争者来说机会都不是平等的，而自由通行和机会平等是首要的和愈益迫切的要求。

社会的经济进步一旦把摆脱封建桎梏和通过消除封建不平等来确立权利平等的要求提上日程，这种要求就必定迅速地扩大其范围。只要为工业和商业的利益提出这一要求，就必须为广大农民要求同样的平等权利。农民遭受着从十足的农奴制开始的各种程度的奴役，他们必须把自己绝大部分的劳动时间无偿地献给仁慈的封建领主，此外，还得向领主和国家交纳无数的贡税。另一方面，也不能不要求废除封建特惠、贵族免税权以及个别等级的政治特权。由于人们不再生活在像罗马帝国那样的世界帝国中，而是

---

① 参看马克思《资本论》第 1 卷，《马克思恩格斯文集》第 5 卷第 70—75 页。——编者注

② 恩格斯在这里加了一个注："从资产阶级社会的经济条件中这样推导出现代平等观念，首先是由马克思在《资本论》中作出的。"——编者注

生活在那些相互平等地交往并且处在差不多相同的资产阶级发展阶段的独立国家所组成的体系中,所以这种要求就很自然地获得了普遍的、超出个别国家范围的性质,而自由和平等也很自然地被宣布为**人权**。这种人权的特殊资产阶级性质的典型表现是美国宪法,它最先承认了人权,同时确认了存在于美国的有色人种奴隶制:阶级特权不受法律保护,种族特权被神圣化。

可是大家知道,从资产阶级由封建时代的市民等级破茧而出的时候起,从中世纪的等级转变为现代的阶级的时候起,资产阶级就由它的影子即无产阶级不可避免地一直伴随着。同样地,资产阶级的平等要求也由无产阶级的平等要求伴随着。从消灭阶级**特权**的资产阶级要求提出的时候起,同时就出现了消灭**阶级本身**的无产阶级要求——起初采取宗教的形式,借助于原始基督教,以后就以资产阶级的平等理论本身为依据了。无产阶级抓住了资产阶级所说的话,指出:平等应当不仅仅是表面的,不仅仅在国家的领域中实行,它还应当是实际的,还应当在社会的、经济的领域中实行。尤其是从法国资产阶级自大革命开始把公民的平等提到重要地位以来,法国无产阶级就针锋相对地提出社会的、经济的平等的要求,这种平等成了法国无产阶级所特有的战斗口号。

因此,无产阶级所提出的平等要求有双重意义。或者它是对明显的社会不平等,对富人和穷人之间、主人和奴隶之间、骄奢淫逸者和饥饿者之间的对立的自发反应——特别是在初期,例如在农民战争中,情况就是这样;它作为这种自发反应,只是革命本能的表现,它在这里,而且仅仅在这里找到自己被提出的理由。或者它是从对资产阶级平等要求的反应中产生的,它从这种平等要求中吸取了或多或少正当的、可以进一步发展的要求,成了用资本家本身的主张发动工人起来反对资本家的鼓动手段;在这种情况下,它是和资产阶级平等本身共存亡的。在上述两种情况下,无产阶级平等要求的实际内容都是**消灭阶级**的要求。任何超出这个范围的平等要求,都必然要流于荒谬。我们已经举出了关于这方面的例子,当我们转到杜林先生关于未来的幻想时,我们还会发现更多的这类例子。

可见,平等的观念,无论以资产阶级的形式出现,还是以无产阶级的形式出现,本身都是一种历史的产物,这一观念的形成,需要一定的历史条件,而这种历史条件本身又以长期的以往的历史为前提。所以,这样的平等观念说它是什么都行,就不能说它是永恒的真理。如果它现在对广大公众来说——在这种或那种意义上——是不言而喻的,如果它像马克思所说的,"已经成为国民的牢固的成见"[57],那么这不是由于它具有公理式的真理性,而是由于18世纪的思想得到普遍传播和仍然合乎时宜。因此,如果杜林先生能够直截了当地让他的有名的两个男人在平等的基础上料理家务,那是由于这对国民的成见来说是十分自然的。的确,杜林先生把他的哲学叫做**自然**哲学,因为这种哲学是仅仅从那些对他来说是十分自然的东西出发的。但是为什么这些东西对他来说是自然的呢?——这一问题他当然是不会提出来的。

十一　道德和法。自由和必然

"对于政治和法律的领域,本教程中所阐述的原则是以最深入的专门研究为基础的。所以……出发点必然是:这里的问题……在于前后一贯地陈述法学和国家学领域中的成果。我最初的专门研究正好是法学,我在这上面不仅用了大学理论准备通常所需的三年时间,而且在往后审判实践的三年中,继续致力于研究,特别是旨在加深它的科学内容的研究…… 如果对私法关系和相应的法律缺陷的批判不善于像了解这门学科的优点那样了解它的一切缺点,那么,这种批判肯定也不能以同样的自信心发表出来。"

有理由这样谈到自己的人,必定一开始就取得人们对他的信任,特别是和"马克思先生以往对法所作的自己也承认是粗枝大叶的研究"比起来,就更是这样了。

因此,我们不能不感到惊奇的是,带着这样的自信心出场的对私法关系的批判,竟只限于向我们陈述:

"在科学性上,法学……前进得不远";成文的民法是非正义,因为它确认基于暴力的所有制;刑法的"自然根据"是复仇,——

在这种论断中,顶多只有"自然根据"这件神秘的外衣是新东西。国家学的成果只限于论述已知的三个男人的关系,其中一人至今还对其他两人施行暴力,而且杜林先生还在非常认真地研究首先采用暴力和实行奴役的是第二个人还是第三个人。

但是,让我们往下看看我们这位自信的法学家的最深入的专门研究和经过三年审判实践而加深的科学性吧。

关于拉萨尔,杜林先生对我们说:

他是"由于策动盗窃首饰匣未遂"而被控告的,"但是没有作出判决,因为那时还容许所谓由法院宣告无罪……这种半宣告无罪"。

这里所说的拉萨尔案件是1848年夏天在科隆陪审法庭审理的[58],那里和几乎整个莱茵省一样,通行的是法兰西刑法。仅仅对政治上的违法和犯罪才例外地实施普鲁士邦法[59],但是早在1848

年 4 月,这种例外规定又被康普豪森取消了。法兰西法根本没有像普鲁士邦法中所说的"策动"犯罪这种不确切的范畴,更不用说什么策动犯罪未遂了。法兰西法只有**教唆**犯罪,而这只有在"通过送礼、许愿、威胁、滥用威望或权力、狡猾的挑拨或该受惩罚的诡计"(刑法典**60**第 60 条)来进行时才可以判罪。埋头于普鲁士邦法的检察机关,完全和杜林先生一样,忽略了法兰西法的十分明确的规定和普鲁士邦法的含糊的不确定性之间的重大差别,对拉萨尔提出了预谋的诉讼并引人注目地失败了。因为只有对现代法兰西法领域完全无知的人,才敢断言法国的刑事诉讼可以允许普鲁士邦法所说的由法院宣告无罪,这种**半**宣告无罪;现代法兰西法在刑事诉讼中只有判罪或宣告无罪,而没有介于两者之间的判决。

这样,我们不得不说,如果杜林先生手头有过一本拿破仑法典**61**,那么,他肯定不能以同样的自信心对拉萨尔作出这种"具有伟大风格的历史记述"。因此,我们必须断定,杜林先生对于以法国大革命的社会成果为依据并把这些成果转化为法律的**唯一的**现代民法典,即现代法兰西法,是**完全无知的**。

在另外一个地方,当杜林先生批判整个大陆上按照法国典范实行的、以陪审员的多数票作出判决的那种陪审法庭的时候,我们受到这样的教导:

> "是的,甚至可以去熟悉一下那再说在历史上也不是没有先例的思想:在完美的共同体中,有反对票的判罪应当属于不可能的制度……　但是,这种严肃的和思想深刻的理解方式,正像上面已经说过的,对传统的形式看来是不适当的,因为对这种形式来说,它是太好了。"

杜林先生又一次不懂得,按照英国的普通法,即从远古以来至少是从 14 世纪以来就通行的不成文的习惯法,陪审员的一致,不仅在刑事判罪上,而且在民事诉讼的判决上都是绝对必要的。因此,这种在杜林先生看来对于当今世界来说是**太好**的严肃的和思想深刻的理解方式,早在最黑暗的中世纪就已经在英国具有了法律效力,并且从英国被推行到爱尔兰、美利坚合众国以至英国的一切殖民地,而关于这一点,最深入的专门研究竟连一个字也没有向杜林先生透露! 由此可见,以陪审员的一致来实行判决的地区,不但比通行普鲁士邦法的狭小区域大得无可比拟,而且比所有以陪审员的多数来实行判决的地区的总和还要广大。杜林先生不但对唯一的现代法即法兰西法完全无知,而且他对直到现在仍然不依赖于罗马法权威而向前发展的、传播于世界各大洲的唯一的日耳曼法,即英吉利法,也同样无知。为什么不知道呢? 杜林先生说,

因为英国式的法律思维方式"面对按古典罗马法学家的纯粹概念在德国土地上实施的那种训练,总是站不住脚的",

他接着说:

"同我们天然的语言形式相比,讲幼稚的混合语言的英语世界算得了什么呢?"

对此,我们只能用斯宾诺莎的话来回答:Ignorantia non est argumentum,无知并不是论据[62]。

从这里我们只能得出这样的结论:杜林先生的最深入的专门研究是在于他用了三年时间在理论方面钻研了民法大全[63],以后又用了三年时间在实践中钻研了高贵的普鲁士邦法。这方面的功底肯定已经十分可嘉了,也足以当一个极可尊敬的旧普鲁士地方法官或律师了。但是,如果要给一切世界和一切时代编写法哲学,那么总应当也多少知道一些像法国人、英国人和美国人这样的民

族的法的关系,这些民族在历史上所起的作用同德国盛行普鲁士邦法的那个角落完全不同。我们再往下看。

"地方法、省法和邦法杂乱地混合在一起,它们以非常随意的方式,时而作为习惯法,时而作为成文法(经常使最重要的事务具有纯粹的规章形式),按迥然不同的方向交叉起来,这种无秩序和矛盾的样本——其中个别使一般无效,而有时一般又使特殊无效——的确不适于在任何人那里……造成清楚的法的意识。"

但是,这种混乱状态存在于什么地方呢? 又是在通行普鲁士邦法的地域内,那里,在这种邦法的旁边、上面或者下面,还有省法、地方法令,有些地方还有普通法以及其他乱七八糟的东西,它们都具有各种各样的不同程度的效力,并且使一切实践的法学家发出杜林先生在这里满怀同情地一再重复的呼救声。他根本不需要离开他心爱的普鲁士,他只要到莱茵省走一趟,就可以确信,在那里 70 年来这一切都已经根本不提了,至于其他文明国家不用说了,这些国家早已消除了这类过时状态。

再往下看:

"集议机构或其他行政机构的秘密的、因而是不记名的集体决断和集体行动对个人的自然责任的掩盖,是以不太尖锐的形式表现出来的,这种集体决断和集体行动把每一个成员的个人参与隐藏起来了。"

在另一个地方又说:

"在我们目前的情况下,要是不愿意让集议机构遮盖和掩饰个人的责任,那么,这将被认为是一种惊人的和极端苛刻的要求。"

如果我们告诉杜林先生:在通行英吉利法的地区,审判员集议机构的每一个成员必须在公开开庭时单独提出自己的判决并陈述其理由;不经过选举、不公开进行审理和表决的行政集议机构,主要是**普鲁士的**制度,在大多数其他国家里是没有的,所以他的要求只有在**普鲁士**才可能被认为是惊人的和极端苛刻的,那么,对他来说,这也许是一个惊人的消息。

同样,他对教会在出生、结婚、死亡和殡葬方面的强制性干预的抱怨,就所有比较大的文明国家来说,也只适合于普鲁士,而且自从采用了户籍簿以来,甚至对普鲁士也不适合了。[64]杜林先生认为只有通过"共同社会的"未来制度才能实现的事情,俾斯麦目前甚至凭一个简单的法律就完成了。——在"对法学家在履行职务上准备不足的抱怨"中,在这种也可以扩大为对"行政官员"的抱怨中,同样唱出了一曲普鲁士特有的耶利米哀歌;甚至杜林先生一有机会就表露出来的夸张到可笑程度的对犹太人的仇恨,即使不是一种普鲁士特有的特征,也是一种易北河以东地区特有的特征。这个傲然蔑视一切偏见和迷信的现实哲学家,本身却如此深深地沉浸在个人的怪想中,以致把中世纪的迷信中流传下来的反犹太人的民族偏见叫做建立在"自然根据"之上的"自然判断",并且竟作出了这样伟大的论断:

"社会主义是能够对抗那种带有比较强烈的犹太混合物的人口状态⟨带有犹太混合物的状态! 多么自然的德语!⟩的唯一力量。"

够了。这种对渊博的法学知识的炫耀,顶多也只是以一个最普通的旧普鲁士法学家的最平常的专门知识作为根据的。杜林先生向我们彻底地陈述其结论的法学和国家学领域,是和实施普鲁士邦法的地域相"吻合"的。除了每个法学家都熟悉的、目前甚至在英国也为人们所十分熟悉的罗马法以外,他的法律知识仅仅限于普鲁士邦法这部开明宗法专制制度的法典,这部法典是用德语写的,似乎杜林先生就是从中开始识字的,这部带有道德性的注释、法律上的不确定性和不稳固性、以鞭挞作为刑讯和处罚手段的法典,还完全是属于革命以前的时代的。除此以外的东西,无论是现代的法兰西民法,还是自身发展十分独特的和整个大陆对其保障个人自由一无所知的英吉利法,在杜林先生看来都是邪恶的。这种"不承认任何纯属**虚幻**的地平线,而是要在自己的强有力地实行变革的运动中揭示外部自然和内部自然的一切地和天"的哲学,它的**真正**的地平线就是旧普鲁士东部六省[65]的疆界,至多还包括德国的其他几小块施行高贵的普鲁士邦法的地方;在这个地平线以外,它既没有揭示地也没有揭示天,既没有揭示外部自然也没有揭示内部自然,而只是揭示了对世界其他地方所发生的事情的极端无知的景象。

如果不谈所谓自由意志、人的责任能力、必然和自由的关系等问题,就不能很好地议论道德和法的问题。现实哲学对这一问题的解答,不仅有一个,而且甚至有两个。

"人们用来代替一切伪自由学说的,是这样一种关系的合乎经验的特性,在这种关系中,一方面是理性的认识,另方面是本能的冲动,双方似乎联成一个合力。动力学的这种基本事实应当从观察中取得,而且为了对尚未发生的事情进行预测,要按照性质和大小尽可能地作出一般的估计。这样,几千年来人们为之费尽心机的关于内在自由的愚蠢幻想不仅被彻底扫除,而且还被生活的实际安排所需要的某种积极的东西所代替。"

根据这种看法,自由是在于:理性的认识把人拉向右边,非理性的冲动把人拉向左边,而在这样的力的平行四边形中,真正的运动就按对角线的方向进行。这样说来,自由就是认识和冲动、知性和非知性之间的平均值,而在每一个人身上,这种自由的程度,用天文学的术语来说,可以根据经验用"人差"**66**来确定。但是在几页以后,杜林先生又说:

> "我们把道德责任建立在自由上面,但是这种自由在我们看来,只不过是按照先天的和后天的知性对自觉动机的感受。所有这样的动机,尽管会觉察到行动中可能出现对立,总是以不可回避的自然规律性起着作用;但是,当我们应用道德杠杆时,我们正是估计到了这种不可回避的强制。"

这第二个关于自由的定义随随便便地就给了第一个定义一记耳光,它又只是对黑格尔观念的极端庸俗化。黑格尔第一个正确地叙述了自由和必然之间的关系。在他看来,自由是对必然的认识。"必然只有在它没有被理解时才是盲目的。"①自由不在于幻想中摆脱自然规律而独立,而在于认识这些规律,从而能够有计划地使自然规律为一定的目的服务。这无论对外部自然的规律,或对支配人本身的肉体存在和精神存在的规律来说,都是一样的。这两类规律,我们最多只能在观念中而不能在现实中把它们互相分开。因此,意志自由只是借助于对事物的认识来作出决定的能力。因此,人对一定问题的判断越是**自由**,这个判断的内容所具有的**必然性**就越大;而犹豫不决是以不知为基础的,它看来好像是在许多不同的和相互矛盾的可能的决定中任意进行选择,但恰好由此证明它的不自由,证明它被正好应该由它支配的对象所支配。因此,自由就在于根据对自然界的必然性的认识来支配我们自己和外部自然;因此它必然是历史发展的产物。最初的、从动物界分

----

① 见黑格尔《哲学全书纲要》第 1 部(即《小逻辑》)1840 年柏林版(《黑格尔全集》第 6 卷)第 147 节附释。——编者注

离出来的人,在一切本质方面是和动物本身一样不自由的;但是文化上的每一个进步,都是迈向自由的一步。在人类历史的初期,发现了从机械运动到热的转化,即摩擦生火;在到目前为止的发展的末期,发现了从热到机械运动的转化,即蒸汽机。而尽管蒸汽机在社会领域中实现了巨大的解放性的变革——这一变革还没有完成一半——,但是毫无疑问,就世界性的解放作用而言,摩擦生火还是超过了蒸汽机,因为摩擦生火第一次使人支配了一种自然力,从而最终把人同动物界分开。蒸汽机永远不能在人类的发展中引起如此巨大的飞跃,尽管在我们看来,蒸汽机确实是所有那些以它为依靠的巨大生产力的代表,唯有借助于这些生产力,才有可能实现这样一种社会状态,在这里不再有任何阶级差别,不再有任何对个人生活资料的忧虑,并且第一次能够谈到真正的人的自由,谈到那种同已被认识的自然规律和谐一致的生活。但是,整个人类历史还多么年轻,硬说我们现在的观点具有某种绝对的意义,那是多么可笑,这一点从下述的简单的事实中就可以看到:到目前为止的全部历史,可以称为从实际发现机械运动转化为热到发现热转化为机械运动这样一段时间的历史。

当然,杜林先生对历史的看法是不同的。一般说来,历史作为谬误的历史、无知和野蛮的历史、暴力和奴役的历史,是现实哲学所厌恶的一个对象,但是具体说来,历史被分为两大段落:(1)从物质的自身等同的状态到法国革命,(2)从法国革命到杜林先生;在这里,

19世纪"在实质上还是反动的,在精神方面,它甚至比18世纪还更加这样〈!〉"。虽然如此,它已经孕育着社会主义,因而也孕育着"比法国革命的先驱们和英雄们所臆想的〈!〉更加巨大的变革的萌芽"。

现实哲学对于到目前为止的历史的蔑视，是以下述议论为理由的：

"如果想到未来的那些千年的系列，那么要靠原始记载来作历史回忆的那很少的几个千年，连同这期间的以往人类状态，是没有多大意义的……人类作为整体来说，还很年轻，如果有朝一日科学的回忆不是以千年而是以万年来计算，那么，我们的制度在精神上不成熟的幼稚状态，对于以后将被视为太古时代的我们的时代来说，将具有无可争辩的意义，不言而喻的前提。"

我们不去推敲最后一句话的真正"天然的语言形式"，我们仅仅指出下面两点：第一，这个"太古时代"在一切情况下，对一切未来的世代来说，总还是一个极有趣的历史时期，因为它建立了全部以后的更高的发展的基础，因为它以人从动物界分离出来为出发点，并且以克服将来联合起来的人们永远不会再遇到的那些困难为内容。第二，同这个太古时代相比，未来的、不再为这些困难和障碍所妨碍的历史时期，将有空前的科学、技术和社会的成果，所以，选择这个太古时代的终结作为一个时机，以便利用在我们这个十分"落后"和"退步"的世纪的精神上不成熟的幼稚状态的基础上所发现的最后的终极的真理、不变的真理和根底深厚的概念，来为这些未来的千年制定种种规范，这无论如何是非常奇怪的。人们只有成为哲学上的理查·瓦格纳（但没有瓦格纳那样的才能），才看不到：对于到目前为止的历史发展的这一切蔑视，同样非常适用于这个历史发展的所谓最后成果，即所谓现实哲学。

新的根底深厚的科学中最突出的部分之一，是关于生活的个人化和生活价值的提高那一篇。在这里，神谕式的老生常谈犹如不可遏止的涌泉从整整三章中喷流而出。可惜我们只能举出几个简短的例子。

"一切感觉的因而也是一切主观生活方式的更深刻的本质,都是以各种状态的差异为基础的……　但是对于完全的〈!〉生活来说,甚至可以直截了当地〈!〉证明,它不是固定不变的状况,而是从一种生活状态到另一种生活状态的转变,这样,生活的感情才得以提高,具有决定意义的刺激才得以发展……　近似自身等同的、可说是亭留在一贯不变的惰性状态并且好像是停留在同一平衡状态中的情况,不论其性质如何,对于验证存在是没有多大意义的……　习惯和可说是适应,使这种生活状况完全变成某种冷漠而无关紧要的、同死的状态没有特殊区别的东西。最多再加上无聊的痛苦作为一种消极的生活冲动……　在停滞的生活中,对于个人和人民来说,对存在的一切热情和一切兴趣都会熄灭。但是所有这些现象都可以从我们的差异规律中得到说明。"

简直无法相信,杜林先生以什么样的速度完成他的完全独特的结论。对同一神经的持续的刺激或者同一刺激的持续,会使任何一根神经和任何一个神经系统疲劳,所以在正常的情况下应该使神经的刺激有间断和变换——这是多年来在任何生理学手册中都可以读到的,而且是任何庸人根据自己的经验都知道的。杜林先生刚把这些老生常谈译为现实哲学的语言,刚给这种陈词滥调套上"一切感觉的更深刻的本质都是以各种状态的差异为基础的"这一神秘的形式,这种陈词滥调就已经转变为"**我们的**差异规律"了。而且,这一差异规律使得一整系列现象"完全得到说明",而这些现象又无非是变换的愉快性的具体说明和例子,它们甚至对最平凡的庸人的理解力来说也是完全不需要说明的,而且没有因援引所谓的差异规律而清楚一丝一毫。

但是"**我们的**差异规律"的深厚根底还远不止此:

"年龄期的更替以及与此相联系的生活条件的变化,为说明我们的差异原则提供了一个非常明显的例子。儿童、少年、青年和成年人对他们各自的生活感情的力量的体验,在他们所处的已经固定的状态中所得到的,要少于在一种状态向另一种状态转变时期所得到的。"

这还不够:

"如果考虑到这样一个事实,即重复已经验证的或者已经做过的事情是没有任何吸引力的,那么我们的差异规律就能得到更加广泛的应用。"

现在读者自己可以想象一下以上述那种深刻的和根底深厚的文句为出发点的神谕式的胡话了。当然,杜林先生尽可以在他这本书的结尾得意扬扬地宣告:

"差异规律对于生活价值的评价和提高无论在理论上还是在实践上都具有决定性意义!"

它对于杜林先生对自己的读者的精神价值的评价也具有同样的意义:他一定以为读者是纯粹的蠢驴或庸人。

接着,我们就得到下面这些极为实际的生活准则:

"保持旺盛的总体生活兴趣〈对于庸人和想成为庸人的人倒是一项美妙的任务!〉的手段,就在于使得整体所由构成的个别的、可说是元素般的兴趣,按照自然的时间尺度发展或相互更替。同时,对于同样的状态,也可以利用较高的和效力较持久的刺激去逐渐代替较低的和较易满足的刺激,以避免完全丧失了兴趣的空隙的产生。但是除此以外,还应当防止以任意的方式积累和强迫实现那些自然产生的或在社会存在的正常进程中产生的紧张,或者防止出现相反的扭曲,即这种紧张在最轻微的激动下就得到满足,并从而使一种有享受能力的需要的发展受到阻碍。自然旋律的保持在这里也像在其他地方一样,是均匀的和使人动心的运动的先决条件。也不应该给自己提出不能解决的任务:企求把某种状态所造成的刺激延伸到自然或环境给它划定的时间界限以外",等等。

如果老实人把一个拿最乏味的陈词滥调来故弄玄虚的学究作出的这种庄严的庸人神谕,当做他"体验生活"的准则,那他当然不会抱怨"完全丧失了兴趣的空隙"。他将不得不用他所有的时间来对各种享受作合乎准则的准备和安排,结果他甚至没有任何自由时间去享受。

我们应当体验生活,体验完全的生活。只是杜林先生禁止我们做两件事:

第一,"吸烟所造成的不洁",第二,"具有令人厌恶的或为比较精细的感觉所排斥的那些特性"的饮料和食物。

但是杜林先生在《经济学教程》中如此狂热地赞美烧酒酿造业,所以他不可能把烧酒理解为这类饮料;因此,我们不得不作出结论:他的禁令只涉及葡萄酒和啤酒。他只要再禁止肉类,就可以把现实哲学提升到古斯塔夫·司徒卢威过去非常成功地达到过的高度,即纯粹儿戏的高度。

此外,杜林先生对于酒精饮料可能会稍为宽容一些。一个自己承认还一直不能找到从静到动的桥的人,如果碰到一个可怜的家伙一时过于贪杯,因而在寻找从动到静的桥的方面同样白费了力气,那么,他肯定有一切理由以宽容的态度去进行评断。

十二　辩证法。量和质

"关于存在的基本逻辑特性的第一个命题,而且是最重要的命题,就是矛盾的排除。矛盾的东西是一个范畴,这个范畴只能归属于思想组合,而不能归属于现实。在事物中没有任何矛盾,或者换句话说,设定为真实的矛盾本身是背理的顶点…… 按相反方向互相抗衡的力的对抗,甚至是世界及其生物的存在中的一切活动的基本形式。但是,诸要素和诸个体的力的方向的这种抗衡同矛盾荒谬性的思想是远远不相符合的…… 在这里我们能感到满意的是:通常从臆想的逻辑奥秘中升起的迷雾,被真实矛盾的真正荒谬性的清晰景象驱散了;人们有时对于矛盾辩证法这个木偶——用来代替对抗的世界模式论的和雕刻得极其粗糙的木偶——的焚香顶礼,被证明是无益的了。"

这差不多就是《哲学教程》中关于辩证法所说的一切。但是在《批判史》中,矛盾辩证法,特别是和它一起的黑格尔,受到了完全不同的待遇。

"按照黑格尔的逻辑学,或确切些说,按照逻各斯学说[67],矛盾的东西决不是存在于按本性来说只能被看做主观的和自觉的思维中,而是客观地存在于事物和过程本身中,而且可以说是见诸形体的,这样,背理就不再是不可想象的思想组合,而是成为一种实际的力量。荒谬东西的现实性,是黑格尔关于逻辑和非逻辑的统一的第一项信条…… 越矛盾就越真实,或者换句话说,越荒谬就越可信,这种并非新发现的、而是从启示神学和神秘主义中抄来的箴言,是所谓辩证原则的赤裸裸的表现。"

上面所引两段话的思想内容可以归结为一个命题:矛盾=背理,因而它在现实世界中是不可能出现的。对于通常相当有常识的人来说,这个命题也许像直不能是曲、曲不能是直这一命题一样,是不言而喻的。但是微分学不顾常识的一切抗议,竟使直线和曲线在一定条件下相等,并由此达到把直线和曲线的等同看做是背理的常识所永远不能达到的成果。由于所谓矛盾辩证法在从古代希腊人起直到目前为止的哲学中所起的重大作用,甚至比杜林先生更激烈的反对者要来加以反对,也必须提出别的论据,而不能只凭一个断言和许多的谩骂。

当我们把事物看做是静止而没有生命的,各自独立、彼此并列或先后相继的时候,我们在事物中确实碰不到任何矛盾。我们在这里看到某些特性,这些特性,一部分是共同的,一部分是相异的,甚至是相互矛盾的,但是在这种情况下是分布在不同事物之中的,所以它们内部并不包含任何矛盾。如果限于这样的考察范围,我们用通常的形而上学的思维方式也就行了。但是一当我们从事物的运动、变化、生命和彼此相互作用方面去考察事物时,情形就完全不同了。在这里我们立刻陷入了矛盾。运动本身就是矛盾;甚至简单的机械的位移之所以能够实现,也只是因为物体在同一瞬间既在一个地方又在另一个地方,既在同一个地方又不在同一个地方。这种矛盾的连续产生和同时解决正好就是运动。

因此,这里我们看到的是"客观地存在于事物和过程本身中,而且可以说是见诸形体的"矛盾。但是杜林先生对此怎么说呢?他断言:

> 无论如何,直到现在"在合理的力学中不存在介乎严格的静和动之间的桥"。

现在读者终于看到,隐藏在杜林先生的这个惯用语后面的究竟是什么,这不是别的,正是:形而上学地思维的知性绝对不能从静止的思想转到运动的思想,因为上述矛盾在这里挡着它的路。对它来说,运动是完全不可理解的,因为运动是矛盾。而这个知性既然断言运动是不可理解的,它本身就违反自身的意志而承认了这种矛盾的存在,因而就是承认:有一种客观地存在于事物和过程本身中的矛盾,而且这是一种实际的力量。

既然简单的机械的位移本身已经包含着矛盾,那么物质的更高级的运动形式,特别是有机生命及其发展,就更加包含着矛盾。我们在上面已经看到①,生命首先正是在于:生物在每一瞬间是它自身,同时又是别的东西。所以,生命也是存在于物体和过程本身中的不断地自行产生并自行解决的矛盾;矛盾一停止,生命也就停止,死亡就到来。同样,我们已经看到②,在思维的领域中我们也不能避免矛盾,例如,人的内部无限的认识能力和这种认识能力仅仅在外部受限制的而且认识上也受限制的各个人身上的实际存在这二者之间的矛盾,是在至少对我们来说实际上是无穷无尽的、连绵不断的世代中解决的,是在无穷无尽的前进运动中解决的。

我们已经提到,高等数学的主要基础之一是这样一个矛盾:在一定条件下直线和曲线应当是一回事。高等数学还有另一个矛盾:在我们眼前相交的线,只要离开交点五六厘米,就应当认为是平行的、即使无限延长也不会相交的线。可是,高等数学利用这些和其他一些更加尖锐的矛盾获得了不仅是正确的、而且是初等数学所完全不能达到的成果。

但是连初等数学也充满着矛盾。例如,A 的根应当是 A 的幂,这就是矛盾,可是毕竟 $A^{\frac{1}{2}} = \sqrt{A}$。负数应当是某数的平方,这也是矛盾,因为任何一个负数自乘得出的是正的平方。因此,-1 的平方根不仅是矛盾,而且甚至是荒谬的矛盾,是真正的背理。可是 $\sqrt{-1}$ 在许多情况下毕竟是正确的数学运算的必然结果;不仅如此,如果不准用 $\sqrt{-1}$ 来运算,那么数学,无论是初等数学或高等数学,将怎么办呢?

---

① 见本书第 86 页。——编者注
② 见本书第 37、90—91 页。——编者注

数学本身由于研究变数而进入辩证法的领域,而且颇能说明问题的是,正是辩证哲学家笛卡儿使数学有了这种进步。辩证思维对形而上学思维的关系,总的说来和变数数学对常数数学的关系是一样的。这丝毫不妨碍大多数数学家只在数学领域中承认辩证法,也不妨碍他们中相当多的人完全按照旧的、有局限性的形而上学方式去进一步运用通过辩证途径得来的方法。

要对杜林先生的力的对抗和他的对抗的世界模式论作比较详细的分析,只有当他在这个问题上不是只对我们说**空话**,而是提供点别的东西的时候才有可能。可是他在说了一阵空话之后,无论在世界模式论中,或是在自然哲学中,一次也没有向我们表明这种对抗是在起作用的,这就再好没有地供认:杜林先生根本不能用这种"世界及其生物的存在中的一切活动的基本形式"得出任何肯定的东西来。既然黑格尔的"本质论"事实上已被降低为关于按照相反方向运动而不是在矛盾中运动的力的陈词滥调,那么确实最好是避免对这套老生常谈作任何运用。

马克思的《资本论》使杜林先生发泄他的反辩证法的怒气有了新的口实。

"缺乏自然的和可以理解的逻辑,这正是辩证法的一团混乱和各种观念杂乱交织的特色……　对于已经问世的那一部分不得不应用这样一个原则:就某方面说,甚至一般地说〈!〉,按照人所共知的哲学偏见,在每一个东西中可以寻找一切,而在一切中可以寻找每一个东西;按照这个混乱而错误的观念,归根到底一切都是一个东西。"

杜林先生的这种对人所共知的哲学偏见的理解,还使他能够满有把握地预言马克思的经济学哲理的"结局"是什么,也就是预言《资本论》往后几卷的内容是什么,而这些话是在他作了下述声

明之后正好过了七行讲的,这个声明是:

"可是,在〈往后的〉两卷[68]中,像常人那样地直截了当地说,究竟还应当包含些什么,实在是看不透。"

不过,杜林先生的著作在我们面前表明它们属于具有"客观地存在着,而且可以说是见诸形体的矛盾"的"事物",这已经不是第一次了。可是这丝毫不妨碍他得意扬扬地继续说下去:

"但是健康的逻辑可望战胜它的讽刺画……　妄自尊大和辩证法的神秘破烂决不能诱惑任何一个还稍微有点正常判断力的人去和这种不成体统的思想和文体……打交道。随着辩证法蠢见的最后残余的消失,这种欺骗手段……也将丧失其迷惑人的影响,谁也不再认为必须自寻烦恼,而到混乱事物的清洗过的核心已暴露出即使不是老生常谈,至多也只是平庸理论的特点的地方,去探索某种深奥的智慧……　不侮辱健康的逻辑,就完全没有可能根据逻各斯学说的准则复制〈马克思的〉一团混乱。"马克思的方法在于"为自己的信徒创造辩证法的奇迹",如此等等。

在这里我们涉及的还根本不是马克思的研究中的经济学成果是正确或不正确的问题,而只是马克思所运用的辩证方法。但是肯定无疑的是:《资本论》的大多数读者只是现在靠了杜林先生才知道他们究竟读了些什么。在这些读者当中也有杜林先生自己,他在1867年(《补充材料》第3卷第3期)还能够对该书内容作出对他那类思想家来说算是比较合理的介绍[69],还不急需一开头就把马克思的论述翻译成杜林的东西,而现在他声明非这样做不可了。虽然那时他已经犯了错误,把马克思的辩证法和黑格尔的辩证法等同起来,但是他毕竟还没有完全丧失把方法和通过方法所获得的成果区别开来的能力,还能理解:笼统地诋毁方法并不等于把成果——驳倒。

无论如何,最令人吃惊的是杜林先生宣布:从马克思的观点看来,"归根到底一切都是一个东西";所以,对马克思来说,例如资本家和雇佣工人,封建主义的、资本主义的和社会主义的生产方式,"都是一个东西"。而最后连马克思和杜林先生也"都是一个东西"。要说明怎么能做出这样简单的蠢事,只能设想:仅仅"辩证法"这个字眼就已经使杜林先生陷入一种神经错乱而无能负责的状态,以致对他来说.由于某种混乱的和错误的观念,无论他说的和做的是什么,归根到底"都是一个东西"。

在这里我们看到了杜林先生称之为

"我的具有伟大风格的历史记述"或者也称为"总括方法"的样品,"这一总括方法考虑到类和型,并且决不会硬去通过细枝末节的揭露来礼遇被一个叫做休谟的人称为学界小人的那类货色;只有这种具有崇高而尊贵的风格的方法,才和完全真理的利益相容,才在摆脱了行会的公众面前所承担的义务相容"。

这种具有伟大风格的历史记述和这种考虑到类和型的总括方法,对杜林先生实在是很方便的,因为这样一来他可以把一切确定的事实当做细枝末节忽略过去,使它们等于零,并且可以不去证明什么而只凭泛泛的空话来作出论断和简单地加以斥责。此外,这种历史记述还有一个优点,这就是它不给对方以任何实际的立足点,因而使对方几乎无法作出任何别的可能的回答,而只能同样以伟大风格和总括方法来进行论断,大讲其泛泛的空话,并且最后也把杜林先生斥责一通,一句话,正如人们所说的,一报还一报,可是这不是合乎每个人的口味的。我们应当感谢杜林先生,因为他破例地丢掉崇高而尊贵的风格,给我们至少举出两个有关马克思的不可饶恕的逻各斯学说[67]的例子。

"例如,引证黑格尔关于量转变为质这一混乱的模糊观念,从而认为预付达到一定界限时就会单单由于这种量的增加而成为资本,这岂不显得多么滑稽!"

这一论断在这种经杜林先生"清洗过的"叙述中确实显得相当离奇。因此,让我们来看看马克思的原文是怎么说的。在第313页上(《资本论》第二版),马克思从前面关于不变资本和可变资本以及关于剩余价值的研究中得出结论:"不是任何一个货币额或价值额都可以转化为资本。相反地,这种转化的前提是单个货币占有者或商品占有者手中有一定的最低限额的货币或交换价值。"①他举例说,假定在某个劳动部门里,工人为自己,就是说为生产自己的工资的价值,每天工作八小时,而其余的四小时则为资本家,为生产直接流入资本家腰包的剩余价值而劳动。这样,一个人要使每天装入腰包的剩余价值足以使他自己像他的一个工人那样生活,他就必须拥有使他能够供给两个工人以原料、劳动资料和工资的那种价值额。而因为资本主义生产的目的不是单纯维持生活,而是增加财富,所以我们那位有两个工人的人始终还不是资本家。因此,他要使自己的生活仅仅比普通工人好一倍,并把所生产的剩余价值的一半再转化为资本,他就必须有雇用八个工人的能力,就是说,拥有四倍于上述价值额的价值额。只是在作了这些说明以后,马克思才指出:"在这里,也像在自然科学上一样,证明了黑格尔在他的《逻辑学》**37**中所发现的下列规律的正确性,即单纯的量的变化到一定点时就转变为质的区别。"①而且还进一步阐明

---

① 见马克思《资本论》第1卷,《马克思恩格斯选集》第3版第2卷第197页。——编者注

和论证了下述事实：不是任何一个微小的价值额都足以转化为资本，而是每一发展时期和每一工业部门为实现这一转化都有自己的一定的最低限额。

现在让大家来赞赏崇高而尊贵的风格吧，杜林先生就是靠这一风格把那种同马克思实际所说的相反的话强加给马克思的。马克思说：只有当价值额达到虽然因条件不同而有所不同但在每一个场合都是一定的最低限量时，它才能转化为资本——这一事实是黑格尔规律的**正确性的证明**。杜林先生却硬要马克思这样说：**因为**根据黑格尔的规律，量转变为质，"所以预付达到一定的界限时……成为资本"。可见这正好说反了。

为了"完全真理的利益"和出于"在摆脱了行会的公众面前所承担的义务"而作错误引证的习惯，我们已经在杜林先生对达尔文学说的评论中领教过了。这种习惯越来越表明它是现实哲学的内在必然性，而且的确是非常"总括的方法"。更不用说的是：杜林先生进一步硬说马克思评的是任何一种"预付"，其实这里指的仅仅是用在原料、劳动资料和工资上面的预付；而杜林先生就这样硬让马克思说纯粹的胡话。然后他再厚着脸皮把他自己编造的胡话叫做**滑稽**！他制造了虚幻的达尔文，以便在后者身上证实自己的力量，在这里，他同样地制造了虚幻的马克思。真是"具有伟大风格的历史记述"！

在上面说到世界模式论时，我们已经看到①，由于黑格尔的度量关系的关节线——在这里，在量变的一定点上骤然发生质变——，杜林先生遭到了小小的不幸：他在意志薄弱的时刻自己承

---

① 见本书第46页。——编者注

认而且运用了度量关系的关节线。我们在那里举出了一个众所周知的例子——水的聚集状态变化的例子。水在标准气压下,在0℃时从液态转变为固态,在100℃时从液态转变为气态,可见,在这两个转折点上,仅仅是温度的单纯的量变就可以引起水的状态的质变。

我们还可以从自然界和人类社会中举出几百个这样的事实来证明这一规律。例如,马克思《资本论》的整个第四篇——《相对剩余价值的生产》,就在协作,分工和工场手工业,机器和大工业的领域内,谈到无数关于量变改变事物的质和质变同样也改变事物的量的情况,因此,这些情况,用杜林先生非常痛恨的字眼来说,就是量转化为质,质转化为量。例如谈到了这样的事实:许多人协作,许多力量融合为一个总的力量,用马克思的话来说,就产生"新力量"①,这种力量和它的单个力量的总和有本质的差别。

此外,马克思还在杜林先生为了完全真理的利益而正好弄颠倒了的那个地方作了如下的注释:"现代化学上应用的、最早由洛朗和热拉尔科学地阐明的分子说,正是以这个规律作基础的。"②可是这和杜林先生有什么关系呢? 他反正知道:

"正是在半科学和少许贫乏哲理竟成了扮成博学样子所必不可少的可怜工具的地方,例如在马克思先生和他的对手拉萨尔那里,恰好缺乏自然科学思维方式的极其现代的教育因素",

而在杜林先生那里,是以"力学、物理学和化学的精密知识的主要

① 见马克思《资本论》第 1 卷,《马克思恩格斯文集》第 5 卷第 379 页。——编者注
② 同上,《马克思恩格斯选集》第 3 版第 2 卷第 197 页脚注(205a)。——编者注

成就"等等为基础的。这究竟怎样，我们已经见识过了。但是为了使其他人也能作出判断，我们想更详细地考察一下马克思在注释中所举的例子。

这里所说的是碳化物的同系列，其中很多已为大家所知道，它们每一个都有自己的代数组成式。如果我们按化学上的遄例，用 C 表示碳原子，用 H 表示氢原子，用 O 表示氧原子，用 n 表示每一个化合物中所包含的碳原子的数目，那么我们就可以把这些系列中某几个系列的分子式表示如下：

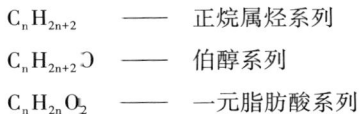

$$C_n H_{2n+2} \qquad —— \qquad 正烷属烃系列$$
$$C_n H_{2n+2}O \qquad —— \qquad 伯醇系列$$
$$C_n H_{2n}O_2 \qquad —— \qquad 一元脂肪酸系列$$

如果我们以最后一个系列为例，并依次假定 $n=1, n=2, n=3$ 等等，那么我们就得到下述的结果（除去同分异构体）：

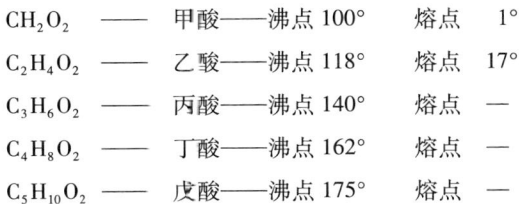

$$CH_2O_2 \qquad —— \qquad 甲酸——沸点 100° \qquad 熔点 \qquad 1°$$
$$C_2 H_4 O_2 \qquad —— \qquad 乙酸——沸点 118° \qquad 熔点 \qquad 17°$$
$$C_3 H_6 O_2 \qquad —— \qquad 丙酸——沸点 140° \qquad 熔点 \qquad ——$$
$$C_4 H_8 O_2 \qquad —— \qquad 丁酸——沸点 162° \qquad 熔点 \qquad ——$$
$$C_5 H_{10} O_2 \qquad —— \qquad 戊酸——沸点 175° \qquad 熔点 \qquad ——$$

等等，一直到 $C_{30} H_{60} O_2$ 三十烷酸，它到 80° 才熔解，而且根本没有沸点，因为它要是不分解，就根本不能气化。

因此，这里我们看到了由于元素的单纯的数量增加——而且总是按同一比例——而形成的一系列在质上不同的物体。这种情况在化合物的一切元素都按同一比例改变它们的量的地方表现得最为纯粹，例如在正烷属烃 $C_n H_{2n+2}$ 中：最低的是甲烷 CH_4，是气体;已知的最高的是十六烷 $C_{16}H_{34}$,是一种形成无色结晶的固体,在21°熔融,在278°才沸腾。在两个系列中,每一个新的项都是由于把 CH_2,即一个碳原子和两个氢原子,加进前一项的分子式而形成的,分子式的这种量的变化,每一次都引起一个质上不同的物体的形成。

但是,这几个系列仅仅是特别明显的例子;在化学中,差不多在任何地方,例如在氮的各种氧化物中,在磷或硫的各种含氧酸中,都可以看到"量转变为质",看到黑格尔的这个所谓混乱的模糊观念在事物和过程中可以说是见诸形体的,而在这里,除了杜林先生,谁也不会感到混乱和模糊。既然是马克思第一个促使人们注意到这一点,既然杜林先生读了这个提示,甚至还不知道是什么意思(否则,他肯定不会这样不加惩罚地放过这种闻所未闻的罪行),那么这就足以使人们甚至不用回顾赫赫有名的杜林的自然哲学便完全清楚:究竟是谁缺乏"自然科学思维方式的极其现代的教育因素",是马克思还是杜林先生,是谁不知道"化学的……主要成就"。

在结束时,我们还想为量转变为质找一个证人,他就是拿破仑。拿破仑描写过骑术不精、但有纪律的法国骑兵和当时无疑地最善于单兵格斗、但没有纪律的骑兵——马木留克兵之间的战斗,他写道:

"两个马木留克兵绝对能打赢三个法国兵,100 个法国兵与 100 个马木留克兵势均力敌,300 个法国兵大都能战胜 300 个马木留克兵,而 1 000 个法国兵则总能打败 1 500 个马木留克兵。"[70]

正如马克思所说的,要使交换价值额能转化为资本,就必须有一定的最低限度的交换价值额,尽管是可变化的;同样,在拿破仑看来,要使整体队形和有计划行动中所包含的纪律的力量显示出来,而且要使这种力量甚至胜过马匹较好、骑术和刀法较精、至少同样勇敢而人数较多的非正规骑兵,就必须有一定的最低限度的骑兵的数量。但是这能向杜林先生证明什么呢?拿破仑在同欧洲的斗争中没有惨败过吗?他没有遭到一个接一个的失败吗?为什么?仅仅是因为他把黑格尔的混乱的模糊观念运用于骑兵战术之中!

十三　辩证法。否定的否定

"这一历史概述〈英国资本的所谓原始积累的产生过程〉,在马克思的书中比较起来还算是最好的,如果它不但抛掉博学的拐杖,而且也抛掉辩证法的拐杖,那或许还要好些。由于缺乏较好的和较明白的方法,黑格尔的否定的否定不得不在这里执行助产婆的职能,靠它的帮助,未来便从过去的腹中产生出来。从16世纪以来通过上述方法实现的个人所有制的消灭,是第一个否定。随之而来的是第二个否定,它被称为否定的否定,因而被称为'个人所有制'的重新建立,然而是在以土地和劳动资料的公有为基础的更高形式上的重新建立。既然这种新的'个人所有制'在马克思先生那里同时也称为'社会所有制',那么这里正表现出黑格尔的更高的统一,在这种统一中,矛盾被扬弃,就是说按照这种文字游戏,矛盾既被克服又被保存……　这样,剥夺剥夺者,便是历史现实在其外部物质条件中的仿佛自动的产物……　未必有一个深思熟虑的人,会凭着否定的否定这一类黑格尔蠢话的信誉而确信土地和资本公有的必然性……　其实,马克思观念的混沌杂种,并不使这样的人感到惊奇,他知道什么东西能够同作为科学基础的黑格尔辩证法合拍,或者确切地说,知道一定会出现无稽之谈。对于不熟悉这些把戏的人,应该明确指出,在黑格尔那里,第一个否定是教义问答中的原罪概念,而第二个否定则是引向赎罪的更高统一的概念。这种从宗教领域中抄袭来的荒唐类比,当然不能为事实的逻辑提供根据……　马克思先生安心于他那既是个人的又是社会的所有制的混沌世界,却让他的信徒们自己去解这个深奥的辩证法之谜。"

杜林先生就是这样说的。

总之,马克思不依靠黑格尔的否定的否定,就无法证明社会革命的必然性,证明建立土地公有制和劳动所创造的生产资料的公有制的必然性;他在根据从宗教中抄袭来的这种荒唐类比创造自己的社会主义理论时,得出这样的结论:在未来的社会里,一种既是个人的又是社会的所有制,即黑格尔的被扬弃的矛盾的更高的统一,将占统治地位。

我们先把否定的否定撇在一边,来看看"既是个人的又是社会的所有制"。杜林先生把这叫做"混沌世界",而且他在这里令人惊奇地确实说对了。但是很遗憾,处于这个"混沌世界"之中的不是马克思,而又是杜林先生自己。他在前面由于精通黑格尔的"胡思乱想"的方法而能够毫不费力地确定尚未完成的几卷《资本论》中一定包含些什么,同样,在这里他也可以不大费力地按照黑格尔来纠正马克思,把马克思只字未提的什么所有制的更高的统一硬加给马克思。

马克思是说:"这是否定的否定。这种否定重新建立个人所有制,然而是在资本主义时代的成就的基础上,在自由劳动者的协作的基础上和他们对土地及靠劳动本身生产的生产资料的公有制上来重新建立。以自己劳动为基础的分散的个人私有制转化为资本主义私有制,同事实上已经以社会生产为基础的资本主义私有制转化为社会所有制比较起来,自然是一个长久得多、艰苦得多、困难得多的过程。"[71]他说的就是这些。可见,靠剥夺剥夺者而建立起来的状态,被称为重新建立个人所有制,然而是**在**土地和靠劳动本身生产的生产资料的社会所有制的**基础上**重新建立。对任何一个懂德语的人来说,这就是说,社会所有制涉及土地和其他生产资料,个人所有制涉及产品,也就是涉及消费品。为了使甚至六岁的儿童也能明白这一点,马克思在第 56 页设想了一个"自由人联合体,他们用公共的生产资料进行劳动,并且自觉地把他们许多个人劳动力当做一个社会劳动力来使用",也就是设想了一个按社会主义原则组织起来的联合体,还说:"这个联合体的总产品是一个社会产品。这个产品的一部分重新用做生产资料。这一部分依旧是社会的。而另一部分则作为生活资料由联合体成员消费。因此,这一部分要在他们之间进行分配。"①这些话甚至对杜林先生的黑格尔化的头脑来说,也是足够清楚的。

　　既是个人的又是社会的所有制,这个混乱的杂种,这种在黑格尔辩证法中一定会出现的无稽之谈,这个混沌世界,这个马克思让他的信徒们自己去解的深奥的辩证法之谜——这又是杜林先生的自由创造物和想象物。据称是黑格尔主义者的马克思,有责任提出一个真正的更高的统一作为否定的否定的结果,可是由于他做得不合杜林先生的口味,所以杜林先生只得又表现出崇高而尊贵的风格,并且为了完全真理的利益而把他一手炮制的东西硬加给马克思。一个完全不能正确引证、连一次例外都没有的人,自然要对别人的"中国人式的博学"表示义愤,这些人总是毫无例外地正确引证的,但是正是以此来"拙劣地掩盖自己对于每次所引证的

---

① 见马克思《资本论》第 1 卷,《马克思恩格斯选集》第 3 版第 2 卷第 126 页。——编者注

作者的全部思想的缺乏理解"。杜林先生是对的。具有伟大风格的历史记述万岁!

到目前为止,我们的出发点是假定:杜林先生的顽固的错误引证,至少是出自好意,而且,或者是基于他自己的理解上的完全无能,或者是基于具有伟大风格的历史记述所特有的、通常称做草率马虎的只凭记忆来引证的习惯。可是好像我们在这里已经达到在杜林先生那里量也转变为质的那一点。如果我们考虑到:第一,马克思书中的这个地方本身就十分清楚,而且同一书中还有其他决不可能引起任何误解的地方加以补充;第二,不论在上面提到的登载于《补充材料》的对《资本论》的批判中,还是在《批判史》第一版①所载的对该书的批判中,杜林先生都没有发现"既是个人的又是社会的所有制"这样一个怪物,而只是在这本书的第二版中,就是说在三读《资本论》的时候才发现的;在这个按照社会主义精神修订的第二版中,杜林先生才急需让马克思就未来社会组织发表尽可能荒唐的意见,以便能够针锋相对地、更加得意地提出"我在我的《教程》中从经济上和法律上加以概述的经济公社"(他也是这样做的)——如果我们考虑到这一切,那么就不得不得出一个结论:杜林先生在这里使我们几乎不得不认为,他在这里故意"有益地扩展"——对杜林先生有益的扩展——马克思的思想。

那么,否定的否定在马克思那里究竟起了什么作用呢?在第791页和以后几页上,马克思概述了前50页中所作的关于资本的所谓原始积累的经济研究和历史研究的最后结果。② 在资本主义

---

① 欧·杜林《国民经济学和社会主义批判史》1871年柏林版。——编者注
② 见马克思《资本论》第1卷第24章第7节,《马克思恩格斯选集》第3版第2卷第297—300页。——编者注

时代之前,至少在英国,存在过以劳动者自己的生产资料的私有制为基础的小生产。资本的所谓原始积累,在这里就是这些直接生产者的被剥夺,即以自己劳动为基础的私有制的解体。这种解体之所以成为可能,是因为上述的小生产只能同生产和社会的狭隘的、自然产生的界限相容,因而它发展到一定程度就产生消灭它自身的物质手段。这种消灭,即个人的分散的生产资料转化为社会的积聚的生产资料,形成资本的前史。一旦劳动者转化为无产者,他们的劳动条件转化为资本,一旦资本主义生产方式站稳脚跟,劳动的进一步社会化,土地和其他生产资料的进一步转化,从而对私有者的进一步的剥夺,都会采取新的形式。"现在要剥夺的已经不再是独立经营的劳动者,而是剥削许多工人的资本家了。这种剥夺是通过资本主义生产本身的内在规律的作用,即通过资本的积聚进行的。一个资本家打倒许多资本家。随着这种积聚或少数资本家对多数资本家的剥夺,规模不断扩大的劳动过程的协作形式日益发展,科学日益被自觉地应用于工艺方面,土地日益被有计划地共同利用,劳动资料日益转化为只能共同使用的劳动资料,一切生产资料因作为结合的、社会的劳动的共同生产资料使用而日益节省。随着那些掠夺和垄断这一转化过程的全部利益的资本巨头不断减少,贫困、压迫、奴役、退化和剥削的程度不断加深,而日益壮大的、由资本主义生产过程本身的机制所训练、联合和组织起来的工人阶级的反抗也不断增长。资本的垄断成了与这种垄断一起并在这种垄断之下繁盛起来的生产方式的桎梏。生产资料的积聚和劳动的社会化,达到了同它们的资本主义外壳不能相容的地步。这个外壳就要炸毁了。资本主义私有制的丧钟就要响了。剥夺者就要被剥夺了。"①

现在我请问读者:辩证法的一团混乱和各种观念的杂乱交织在哪里呢? 那种归根到底把一切都说成是一个东西的混乱而错误的观念在哪里呢? 为信徒创造的辩证法的奇迹在哪里呢? 辩证法的神秘破烂和根据黑格尔逻各斯学说[67]的准则复制的一团混乱——据杜林先生说,没有这些东西,马克思就不能自圆其说——在哪里呢? 马克思只是历史地证明并在这里简略地概述:正像以往小生产由于自身的发展而必然造成消灭自身,即剥夺小私有者的条件一样,现在资本主义生产方式也自己造成使自己必然走向灭亡的物质条件。这是一个历史的过程,如果说它同时又是一个辩证的过程,那么这不是马克思的罪过,尽管这对杜林先生说来可能是非常讨厌的。

马克思只是在作了自己的历史的和经济的证明之后才继续说:"资本主义的生产方式和占有方式,从而资本主义的私有制,是对个人的、以自己劳动为基础的私有制的第一个否定。对资本主义生产的否定,是它自己由于自然过程的必然性而造成的。这是否定的否定"等等(如上面引证过的)②。

因此,当马克思把这一过程称为否定的否定时,他并没有想到要以此来证明这一过程是个历史地必然的过程。相反,他在历史地证明了这一过程一部分实际上已经实现,一部分还一定会实现以后,才又指出,这是一个按一定的辩证法规律完成的过程。他说的就是这些。由此可见,如果说杜林先生断定,否定的否定不得不

---

① 见马克思《资本论》第 1 卷,参看《马克思恩格斯选集》第 3 版第 2 卷第 299 页。——编者注
② 同上,第 299—300 页。——编者注

在这里执行助产婆的职能,靠它的帮助,未来便从过去的腹中产生出来,或者他断定,马克思要求人们凭着否定的否定的信誉来确信土地和资本的公有(这种公有本身是杜林所说的"见诸形体的矛盾")的必然性,那么这些论断又都是杜林先生的纯粹的捏造。

正如人们可以把形式逻辑或初等数学狭隘地理解为单纯证明的工具一样,杜林先生把辩证法也看成这样的工具,这是对辩证法的本性根本不了解。甚至形式逻辑也首先是探寻新结果的方法,由已知进到未知的方法;辩证法也是这样,不过它高超得多;而且,因为辩证法突破了形式逻辑的狭隘界限,所以它包含着更广泛的世界观的萌芽。在数学中也存在着同样的关系。初等数学,即常数数学,是在形式逻辑的范围内运作的,至少总的说来是这样;而变数数学——其中最重要的部分是微积分——本质上不外是辩证法在数学方面的运用。在这里,单纯的证明同这一方法在新的研究领域中多方面的运用相比较,显然退居次要地位。但是高等数学中的几乎所有的证明,从微分学的最初的一些证明起,从初等数学的观点看来严格地说都是错误的。如果像在这里的情形一样,人们要用形式逻辑去证明辩证法领域中所获得的结果,那么情况也不可能是另一个样子。对于一个像杜林先生这样愚蠢的形而上学者说来,企图仅仅用辩证法向他证明什么东西,那就正像莱布尼茨和他的学生向当时的数学家证明微积分定理一样,是白费气力的。微分在这些数学家当中引起的慌乱,正像否定的否定在杜林先生那里引起的慌乱一样,此外,在否定的否定中,我们将会看到,微分也起作用。这些先生们,凡是当时还没有死去的,最后都嘟嘟哝哝地让步了,这并不是因为他们已经被说服,而是因为它所得到的结果总是正确的。杜林先生,如他自己所说的,现在才40多岁,如果他长寿——我们祝他长寿,那么他也会有同样的经历。

这个可怕的否定的否定使得杜林先生的生活充满烦恼,在杜林先生看来,它就像基督教中的亵渎圣灵罪一样,起着不可饶恕的犯罪的作用。可是它究竟是什么东西呢? 这是一个非常简单的、每日每地都在发生的过程,一旦清除了旧唯心主义哲学盖在它上面而且由杜林先生一类无可救药的形而上学者为了自身的利益继续盖在它上面的神秘破烂,它是任何一个小孩都能够理解的。我们以大麦粒为例。亿万颗大麦粒被磨碎、煮熟、酿制,然后被消费。但是,如果一颗大麦粒得到它所需要的正常的条件,落到适宜的土壤里,那么它在温度和湿度的影响下就发生特有的变化:发芽;而麦粒本身就消失了,被否定了,代替它的是从它生长起来的植物,即麦粒的否定。而这种植物的生命的正常进程是怎样的呢? 它生长,开花,结实,最后又产生大麦粒,大麦粒一成熟,植株就渐渐死去,它本身被否定了。作为这一否定的否定的结果,我们又有了原来的大麦粒,但不是一粒,而是加了10倍、20倍、30倍。谷类的种变化得极其缓慢,所以今天的大麦差不多和一百年以前的一样。如果我们以一种可培育的观赏植物为例,如大丽花或兰花,我们只要按照园艺家的技艺去处理种子和从种子长出的植物,那么我们得到的这个否定的否定的结果,不仅是更多的种子,而且是品质改良了的、能开出更美丽的花朵的种子,这个过程的每一次重复,每一次新的否定的否定都向前推进这种完善化。——像大麦粒的情形一样,这种过程也在大多数昆虫中,例如在蝴蝶中发生。蝴蝶通过卵的否定从卵中产生出来,经过各种变化而达到性的成熟,交尾并且又被否定,就是说,一旦繁殖过程完成而且雌蝴蝶产了很多卵,它们就死亡了。至于其他植物和动物,这个过程的完成并不是这样简单,它们在死亡以前,不只是一次而是多次地结子、产卵或生育后代,但是在这里,这对我们来说是无关紧要的;在这里,我们只是要说明,否定的否定**真实地发生**于有机界的两大界中。其次,全部地质学是一个被否定的否定的系列,是旧岩层不断逐层毁坏和新岩层不断沉积的系列。起初,由于液态物质冷却而产生的原始地壳,经过海洋、气象和大气化学的作用而碎裂,这些碎块一层层地沉积在海底。海底的局部隆出海面,又使这种最初的地层的一部分再次经受雨水、四季变化的温度、大气中的氧和碳酸的作用;从地心冲破地层爆发出来的、然后冷却的熔岩也经受同样的作用。这样,在几万万年间,新的地层不断地形成,而大部分又重新毁坏,又变为构成新地层的材料。但是结果是十分积极的:造成了由各种各样的化学元素混合而成的、通过力学作用变成粉末状的土壤,这就使得极其丰富的和各式各样的植物可能生长起来。

在数学上也是一样。我们试取任何一个代数值,例如a,如果我们否定它,我们就得到$-a$(负a),如果我们否定这一否定,以$-a$乘$-a$,那么我们就得到$+a^2$,就是说,得出了原来的正值,但是已经处在更高的阶段,即二次幂的阶段。至于我们可以通过正a自乘得出a^2的办法来得到同样的a^2,在这里是无关紧要的。因为这种被否定的否定如此牢固地存在于a^2中,使得a^2在任何情况下都有两个平方根,即$+a$和$-a$。要摆脱被否定的否定,摆脱平方中所包含的负根,是不可能的,这种情况,在二次方程式中已经具有极其明显的意义。——在高等分析中,即在杜林先生自己称为数学的最高运算而在普通人的语言中称为微积分的"求无限小之和的运算"中,否定的否定表现得更加明显。这些计算方式是怎样实现的呢？例如，我在某一课题中有两个变数 x 和 y，两者之中有一个变化，另一个也按照条件所规定的关系同时变化。我把 x 和 y 加以微分，就是说，我把 x 和 y 当做无限小，使得它们同任何一个无论多么小的实数比起来都趋于消失，使得 x 和 y 除了它们那种没有任何所谓物质基础的相互关系，即除了没有任何数量的数量关系，就什么也没有剩下。所以 $\frac{dy}{dx}$，即 x 和 y 的两个微分之间的关系 $= \frac{0}{0}$，可是这 $\frac{0}{0}$ 是 $\frac{y}{x}$ 的表现。我只附带指出，两个已经消失的数的这种关系，它们的消失被确定下来的一瞬间，本身就是一种矛盾；但是这种矛盾不可能妨碍我们，正像差不多二百年来它根本没有妨碍过数学一样。那么除了否定 x 和 y 之外我不是什么也没有做吗？但是，我不是像形而上学者否定它们那样来否定它们，即不再顾及它们，而是根据同条件相符合的方式否定它们。这样，我在我面前的公式或方程式中得到的不是 x 和 y，而是 x 和 y 的否定，即 dx 和 dy。现在我继续用这些公式运算，把 dx 和 dy 当做实数——虽然是服从某些特殊规律的数，并且在某一点上**我否定了否定**，就是说，我把微分式加以积分，于是又重新得到实数 x 和 y 来代替 dx 和 dy，这样，我并不是又回到出发点，而是由此解决了普通的几何学和代数学也许费尽心思也无法解决的课题。

历史方面的情形也没有两样。一切文明民族都是从土地公有制开始的。在已经越过某一原始阶段的一切民族那里，这种公有制在农业的发展进程中变成生产的桎梏。它被废除，被否定，经过了或短或长的中间阶段之后转变为私有制。但是，在土地私有制本身所导致的较高的农业发展阶段上，私有制又反过来成为生产的桎梏——目前无论小地产还是大地产方面的情况都是这样。因此就必然地产生出把私有制同样地加以否定并把它重新变为公有制的要求。但是,这一要求并不是要重新建立原始的公有制,而是要建立高级得多、发达得多的共同占有形式,这种占有形式决不会成为生产的束缚,恰恰相反,它会使生产摆脱束缚,并且会使现代的化学发现和机械发明在生产中得到充分的利用。

或者再举一个例子。古希腊罗马哲学是原始的自发的唯物主义。作为这样的唯物主义,它没有能力弄清思维对物质的关系。但是,弄清这个问题的必要性,引出了关于可以和肉体分开的灵魂的学说,然后引出了这种灵魂不死的论断,最后引出了一神教。这样,旧唯物主义就被唯心主义否定了。但是在哲学的进一步发展中,唯心主义也站不住脚了,它被现代唯物主义所否定。现代唯物主义,否定的否定,不是单纯地恢复旧唯物主义,而是把2 000年来哲学和自然科学发展的全部思想内容以及这2 000年的历史本身的全部思想内容加到旧唯物主义的持久性的基础上。这已经根本不再是哲学,而只是世界观,这种世界观不应当在某种特殊的科学的科学中,而应当在各种现实的科学中得到证实和表现出来。因此,哲学在这里被"扬弃"了,就是说,"既被克服又被保存";按其形式来说是被克服了,按其现实的内容来说是被保存了。因此,在杜林先生只看到"文字游戏"的地方,只要比较仔细地观察一下,就会发现某种现实的内容。

最后,甚至卢梭的平等说(杜林的平等说只是它的贫乏的和歪曲的复写)没有黑格尔的否定的否定来执行助产婆的职能,也不能建立起来——而这还是黑格尔诞生前差不多20年的事。①

---

① 指让·雅·卢梭的著作《论人间不平等的起源和原因》,写于1754年。下面恩格斯的几处引文见这一著作(1755年阿姆斯特丹版)第2部分第116、118、146、175—177页。——编者注

卢梭的学说远没有因此而觉得可耻,它在自己的最初的阐述中,几乎是堂而皇之地把自己的辩证起源的印记展示出来。人在自然和野蛮的状态中是平等的;由于卢梭已经把语言看做自然状态的歪曲,所以他完全有理由把同一物种范围所及的兽类的平等也加到这些兽人的身上,近来海克尔在分类中把这种兽人假定为 Alali——没有语言的原始人[72]。但是这些彼此平等的兽人有一种比其他兽类优越的特性,这就是趋于完善的能力,即往前发展的能力;而这种能力就成了不平等的原因。因此,卢梭把不平等的产生看做一种进步。但是这种进步是对抗性的,它同时又是一种退步。

“以后的〈越过原始状态的〉一切进步同样表面上是走向单个人的完善,而实际上是走向类的没落……　金属加工和农业是两种技艺,它们的发明引起了这一巨大革命〈变原始森林为耕地,但是由于财产的出现也引起了贫困和奴役〉。使人文明起来并使人类没落下去的东西,在诗人看来是金和银,在哲学家看来是铁和谷物。”

文明每前进一步,不平等也同时前进一步。随着文明而产生的社会为自己所建立的一切机构,都转变为它们原来的目的的反面。

“人民拥立国君是为了保护自己的自由,而不是为了毁灭自由,这是无可争辩的事实,而且是全部国家法的基本原则。”

但是这些国君必然成为人民的压迫者,而且他们把压迫加重到这样的地步,使得登峰造极的不平等又重新转变为自己的反面,成为平等的原因:在暴君面前人人平等,就是说大家都等于零。

“这里是不平等的顶点,是封闭一个圆圈的终点,它和我们由之出发的起点相遇:在这里一切个人都是平等的,正是因为他们什么都不是,臣民除了君主的意志以外没有别的法律。”但是暴君只有当他拥有暴力的时候才是君主,因此当人们“驱逐他的时候,他不能抱怨暴力……　暴力曾支持过他,现在暴力又推翻他;一切都按照自己的正常的自然进程进行"。

这样,不平等又重新转变为平等,但不是转变为没有语言的原始人的旧的自发的平等,而是转变为更高级的社会契约[22]的平等。压迫者被压迫。这是否定的否定。

因此,我们在卢梭那里不仅已经可以看到那种和马克思《资本论》中所遵循的完全相同的思想进程,而且还在他的详细叙述中可以看到和马克思所使用的完全相同的整整一系列辩证的说法:按本性说是对抗的、包含着矛盾的过程,一个极端向它的反面的转化,最后,作为整个过程的核心的否定的否定。因此,如果说在1754年卢梭还不能说黑格尔行话,那么,无论如何他在黑格尔诞生前16年就已经深深地被黑格尔瘟疫、矛盾辩证法、逻各斯学说[67]、神学逻辑等等所侵蚀。当杜林先生为了把卢梭的平等论庸俗化而摆弄他的两个常胜的男人的时候,他已经落在一个斜坡上,无可挽救地滑进否定的否定的怀抱。那种盛行两个男人的平等并且被描绘成理想状态的状态,在《哲学教程》第271页上被称为"原始状态"。根据第279页,这种原始状态必然为"掠夺制度"所消灭——这是第一个否定。但是,多亏现实哲学,我们现在才进到这样一步:我们废除掠夺制度,而代之以杜林先生发明的、以平等为基础的经济公社——这是否定的否定,更高阶段的平等。杜林先生亲身犯下否定的否定的滔天罪行,这确是一个有益地扩展眼界的有趣场面!

那么,否定的否定究竟是什么呢?它是自然界、历史和思维的一个极其普遍的、因而极其广泛地起作用的、重要的发展规律;这一规律,正如我们已经看到的,在动物界和植物界中,在地质学、数学、历史和哲学中起着作用；就是杜林先生自己，虽然他百般反对和抗拒，也总是不知不觉地按照自己的方式遵循这一规律。不言而喻，例如，关于大麦粒从发芽起到结了实的植株逐渐死亡的**特殊**发展过程，如果我说这是否定的否定，那么我什么也没有说。要知道积分也是否定的否定，如果我只作出这种一般性的论断，那就会肯定这样一个荒唐说法：大麦植株的生活过程就是积分，或者也可以说就是社会主义。而这正是形而上学者经常归咎于辩证法的东西。当我谈到所有这些过程，说它们是否定的否定的时候，我是用这一个运动规律来概括所有这些过程，正因为如此，我没有去注意每一个个别的特殊过程的特点。而辩证法不过是关于自然界、人类社会和思维的运动和发展的普遍规律的科学。

但是，现在有人会提出反驳，说这里所实现的否定根本不是真正的否定：如果我把大麦粒磨碎，我也就否定了大麦粒；如果我把昆虫踩死，我也就否定了昆虫；如果我把正数 a 涂掉，我也就否定了正数 a，如此等等。或者，我说玫瑰不是玫瑰，我就把玫瑰是玫瑰这句话否定了；如果我又否定这一否定，并且说玫瑰终究还是玫瑰，这样能得出什么结果来呢？——这些反驳其实就是形而上学者反对辩证法的主要论据，它们同形而上学思维的狭隘性完全合拍。在辩证法中，否定不是简单地说不，或宣布某一事物不存在，或用随便一种方法把它毁掉。斯宾诺莎早已说过：Omnis determinatio est negatio，即任何限定或规定同时就是否定。[73]再说，否定的方式在这里首先取决于过程的一般性质，其次取决于过程的特殊性质。我不仅应当否定，而且还应当再扬弃这个否定。因此，我第一次否定的时候，就必须使第二次否定能够发生或者将会发生。怎样做呢？这要依每一种情况的特殊性质而定。如果我磨碎了大麦粒,如果我踩死了昆虫,那么我虽然完成了第一个行为,却使第二个行为成为不可能了。因此,每一种事物都有它的特殊的否定方式,经过这样的否定,它同时就获得发展,每一种观念和概念也是如此。微积分中的否定不同于从负根得出正的乘方时的否定。这一点和其他一切一样,是要经过学习才能理解的。仅仅知道大麦植株和微积分属于否定的否定,既不能把大麦种好,也不能进行微分和积分,正如仅仅知道靠弦的长短粗细来定音的规律还不能演奏提琴一样。——很明显,如果把否定的否定当做儿戏,先写上a,然后又涂掉,或者先说玫瑰是玫瑰,然后又说玫瑰不是玫瑰,那么,除了做这种无聊事情的人的愚蠢以外,什么结果也得不到。可是形而上学者却要我们确信,如果我们要实现否定的否定,那么这就是恰当的方式。

因此,把我们弄得莫名其妙的不是别人,又是杜林先生,他说什么否定的否定是黑格尔发明的、从宗教领域中抄袭来的、按照原罪和赎罪的故事作出的荒唐类比。人们远在知道什么是辩证法以前,就已经辩证地思考了,正像人们远在散文这一名词出现以前,就已经用散文讲话一样。[74]否定的否定这个规律在自然界和历史中起着作用,而在它被认识以前,它也在我们头脑中不自觉地起着作用,它只是被黑格尔第一次明确地表述出来而已。如果杜林先生愿意自己悄悄地干这件事,而只是不能容忍这个名称,那么他可以找出一个更好的名称来。但是,如果他想从思维中排除这件事,那么请他先把它从自然界和历史中排除出去,并请他发明一种数学,在那里,$-a \times -a$不等于$-a^2$,而微分和积分则严禁使用,违者必究。

十四 结 论

我们现在谈完了哲学,至于《教程》里还包括的关于未来的幻想,我们以后考察杜林要在社会主义中实行的变革时还有机会来探讨。杜林先生对我们许下了什么诺言呢? 一切。他履行了哪些诺言呢? 一个也没有。"一种现实的、从而以自然和生活的现实为目标的哲学的各个要素","严格科学的世界观","创造体系的思想",以及杜林先生以傲慢的语气大肆炫耀的杜林先生的其他一切功绩,只要我们一接触,就看出是**纯粹的欺人之谈**。"已经稳固地确立了存在的基本形式,而丝毫没有损害思想的深度"的世界模式论,的确是黑格尔逻辑学的一个肤浅得无以复加的复制品,而且和黑格尔的逻辑学一样陷入这样一种迷信:这些"基本形式"或逻辑范畴,在它们应当"运用于"其中的那个世界之前和世界之外已经在某个地方神秘地存在了。自然哲学给我们提供了天体演化学,其出发点是"物质的自身等同的状态",这种状态只有借助关于物质和运动的联系的最无可救药的混乱观念才是可以想象的,此外,只有假定存在着一个唯一能帮助这种状态进入运动的、超越现实世界的、人格化的上帝,才是可以想象的。在论述有机界的时候,现实哲学先是把达尔文的生存斗争和自然选择看做"一种与人性对抗的兽性"而加以拒绝,后来又把这两者作为在自然界中起作用的因素——虽然是次要的因素——从后门放了进来。此外,现实哲学还找到机会在生物学方面证明它的无知,而自从人们不再忽视通俗科学演讲以来,即使在有教养阶层的少女中,这种无知也必须打着灯笼去找。在道德和法的领域中,现实哲学把卢梭庸俗化,同先前把黑格尔庸俗化相比,其结局并不好些;在法学方面现实哲学也表现出甚至在最平庸的旧普鲁士法学家中也很少见的无知,尽管它一再保证自己完全不是这样。"不承认任何纯属虚幻的地平线"的哲学,在沄学上却满足于和普鲁士邦法**59**的实施范围相一致的真实的地平线。这个哲学承诺要在自己的强有力地实行变革的运动中向我们揭示"外部自然和内部自然的地和天",我们一直等待着,正像我们一直在等待"最后的终极的真理"和"绝对基础性的东西"一样。这位在思维方式上"排除受主观主义限制的世界观"的任何趋向的哲学家,表明自己不仅由于他的已经被证实是极端贫乏的认识,由于他的狭隘的形而上学思维方式和他的滑稽可笑的自高自大,而且甚至由于他本人的幼稚的奇奇怪怪的想法而受到主观主义的限制。如果他不把自己对烟草、猫和犹太人的厌恶作为普遍适用的规律强加给包括犹太人在内的全人类,他就不能制造出这套现实哲学。他对别人采用的"真正批判的观点",就在于固执地把别人从来没有说过的、而是杜林先生一手炮制的东西硬加给别人。他在生活的价值和生活享乐的最好方法这类庸俗题目上所调制的施给乞丐的稀汤①,充满了庸人气味,这说明他为什么对歌德的浮士德义愤填膺。的确,歌德把不道德的浮士德而不把严肃的现实哲学家瓦格纳当做主角,这是不可饶恕的。——总而言之,现实哲学归根到底正是黑格尔所说的"德国的所谓启蒙学说的最稀薄的清汤",它的稀薄和一眼就能看透的浅薄只是由于拌入了神谕式的只言片语,才变得稠厚和混浊

---

① 参看歌德《浮士德》第 1 部第 6 场《魔女之厨》。——编者注

起来。当我们读完全书的时候,我们懂得的东西还是和以前的完全一样,而且不得不承认,"新的思维方式"、"完全独特的结论和观点"和"创造体系的思想"的确已经给我们提供了各种新的无稽之谈,可是没有一行字能够使我们学到什么东西。这个人大吹大擂叫卖自己的手艺和商品,不亚于最粗俗的市场小贩,而在他的那些大话后面却是空空如也,简直一无所有——这个人竟敢把费希特、谢林和黑格尔这样的人叫做江湖骗子,而他们当中最渺小的人和杜林先生比起来也还是巨人。确实有江湖骗子,而那是谁呢?

第二编　政治经济学

一　对象和方法

政治经济学，从最广的意义上说，是研究人类社会中支配物质生活资料的生产和交换的规律的科学。生产和交换是两种不同的职能。没有交换，生产也能进行；没有生产，交换——正因为它一开始就是产品的交换——便不能发生。这两种社会职能的每一种都处于多半是特殊的外界作用的影响之下，所以都有多半是各自的特殊的规律。但是另一方面，这两种职能在每一瞬间都互相制约，并且互相影响，以致它们可以叫做经济曲线的横坐标和纵坐标。

人们在生产和交换时所处的条件，各个国家各不相同，而在每一个国家里，各个世代又各不相同。因此，政治经济学不可能对一切国家和一切历史时代都是一样的。从弓和箭，从石刀和仅仅是例外地出现的野蛮人的交换往来，到上千马力的蒸汽机，到机械织机、铁路和英格兰银行，有一段很大的距离。火地岛的居民没有达到进行大规模生产和世界贸易的程度，也没有达到出现票据投机或交易所破产的程度。谁要想把火地岛的政治经济学和现代英国的政治经济学置于同一规律之下，那么，除了最陈腐的老生常谈以外，他显然不能揭示出任何东西。因此，政治经济学本质上是一门

历史的科学。它所涉及的是历史性的即经常变化的材料；它首先研究生产和交换的每个个别发展阶段的特殊规律，而且只有在完成这种研究以后，它才能确立为数不多的、适用于生产一般和交换一般的、完全普遍的规律。同时，不言而喻，适用于一定的生产方式和交换形式的规律，对于具有这种生产方式和交换形式的一切历史时期也是适用的。例如，随着金属货币的采用，一系列适用于借金属货币进行交换的一切国家和历史时期的规律起作用了。

　　随着历史上一定社会的生产和交换的方式和方法的产生，随着这一社会的历史前提的产生，同时也产生了产品分配的方式方法。在实行土地公有制的氏族公社或农村公社中（一切文明民族都是同这种公社一起或带着它的非常明显的残余进入历史的），相当平等地分配产品，完全是不言而喻的；如果成员之间在分配方面发生了比较大的不平等，那么，这就已经是公社开始解体的标志了。——不论是大农业还是小农业，按照所由发展的历史前提，各自都可以有十分不同的分配形式。但是很明显，大农业所决定的分配，总是和小农业所决定的分配完全不同；大农业以阶级对立为前提或者造成阶级对立——奴隶主和奴隶，地主和徭役农民，资本家和雇佣工人；而在小农业中，从事农业生产的个人之间的阶级差别决不是什么前提，相反，正是这种差别的存在标志着小农经济在开始瓦解。——在至今还完全是或主要是自然经济的国家中，金属货币的采用和推广，总是同先前的分配的或慢或快的变革相联系，这种变革使个人之间分配上的不平等，即贫富的对立，日益增长起来。——中世纪地方行会的手工业生产使大资本家和终身的雇佣工人不可能存在，而现代的大工业、今天的信用制度以及与此二者的发展相适应的交换形式，即自由竞争，则必然要使他们产生出来。

但是，随着分配上的差别的出现，也出现了**阶级差别**。社会分为享有特权的和受歧视的阶级，剥削的和被剥削的阶级，统治的和被统治的阶级，而同一氏族的各个公社自然形成的集团最初只是为了维护共同利益（例如在东方是灌溉）、为了抵御外敌而发展成的国家，从此也就同样具有了这样的职能：用暴力对付被统治阶级，维持统治阶级的生活条件和统治条件。

可是分配并不仅仅是生产和交换的消极的产物；它反过来也影响生产和交换。每一种新的生产方式或交换形式，在一开始的时候都不仅受到旧的形式以及与之相适应的政治设施的阻碍，而且也受到旧的分配方式的阻碍。新的生产方式和交换形式必须经过长期的斗争才能取得和自己相适应的分配。但是，某种生产方式和交换方式越是活跃，越是具有成长和发展的能力，分配也就越快地达到超过它的母体的阶段，达到同当时的生产方式和交换方式发生冲突的阶段。前面已经说过的古代自然形成的公社，在同外界的交往使它们内部产生财产上的差别从而发生解体以前，可以存在几千年，例如在印度人和斯拉夫人那里直到现在还是这样。现代资本主义生产则相反，它存在还不到300年，而且只是从大工业出现以来，即100年以来，才占据统治地位，而在这个短短的时期内它已经造成了分配上的对立——一方面，资本积聚于少数人手中，另一方面，一无所有的群众集中在大城市——，因此它必然要走向灭亡。

一个社会的分配总是同这个社会的物质生存条件相联系，这如此合乎事理，以致经常在人民的本能上反映出来。当一种生产方式处在自身发展的上升阶段的时候，甚至在和这种生产方式相适应的分配方式下吃了亏的那些人也会欢迎这种生产方式。大工业兴起时期的英国工人就是如此。不仅如此,当这种生产方式对于社会还是正常的时候,满意于这种分配的情绪,总的来说,会占支配的地位;那时即使发出了抗议,也只是从统治阶级自身中发出来(圣西门、傅立叶、欧文),而在被剥削的群众中恰恰得不到任何响应。只有当这种生产方式已经走完自身的没落阶段的颇大一段行程时,当它多半已经过时的时候,当它的存在条件大部分已经消失而它的后继者已经在敲门的时候——只有在这个时候,这种越来越不平等的分配,才被认为是非正义的,只有在这个时候,人们才开始从已经过时的事实出发诉诸所谓永恒正义。这种诉诸道德和法的做法,在科学上丝毫不能把我们推向前进;道义上的愤怒,无论多么入情入理,经济科学总不能把它看做证据,而只能看做象征。相反,经济科学的任务在于:证明现在开始显露出来的社会弊病是现存生产方式的必然结果,同时也是这一生产方式快要瓦解的征兆,并且从正在瓦解的经济运动形式内部发现未来的、能够消除这些弊病的、新的生产组织和交换组织的因素。愤怒出诗人①,在描写这些弊病或者抨击那些替统治阶级效劳而否认或美化这些弊病的和谐派的时候,愤怒是适得其所的,可是愤怒在每一个这样的场合下能**证明**的东西是多么少,这从下面的事实中就可以清楚地看到:到现在为止的全部历史中的**每一个**时代,都能为这种愤怒找到足够的材料。

　　政治经济学作为一门研究人类各种社会进行生产和交换并相

---

① 这一说法出自古罗马诗人尤维纳利斯《讽刺诗集》的第一首。——编者注

应地进行产品分配的条件和形式的科学——这样广义的政治经济学尚待创造。到现在为止,我们所掌握的有关经济科学的东西,几乎只限于资本主义生产方式的发生和发展:它从批判封建的生产形式和交换形式的残余开始,证明它们必然要被资本主义形式所代替,然后把资本主义生产方式和相应的交换形式的规律从肯定方面,即从促进一般的社会目的的方面来加以阐述,最后对资本主义的生产方式进行社会主义的批判,就是说,从否定方面来表述它的规律,证明这种生产方式由于它本身的发展,正在接近它使自己不可能再存在下去的境地。这一批判证明:资本主义的生产形式和交换形式日益成为生产本身所无法忍受的桎梏;这些形式所必然产生的分配方式造成了日益无法忍受的阶级状况,造成了人数越来越少但是越来越富的资本家和人数越来越多而总的说来处境越来越恶劣的一无所有的雇用工人之间的日益尖锐的对立;最后,在资本主义生产方式内部所造成的、它自己不再能驾驭的大量的生产力,正在等待着为有计划地合作而组织起来的社会去占有,以便保证,并且在越来越大的程度上保证社会全体成员都拥有生存和自由发展其才能的手段。

要使这种对资产阶级经济的批判做到全面,只知道资本主义的生产、交换和分配的形式是不够的。对于发生在这些形式之前的或者在不太发达的国家内和这些形式同时并存的那些形式,同样必须加以研究和比较,至少是概括地加以研究和比较。到目前为止,总的说来,只有马克思进行过这种研究和比较,所以,到现在为止在资产阶级以前的理论经济学方面所确立的一切,我们也差不多完全应当归功于他的研究。

虽然到 17 世纪末,狭义的政治经济学已经在一些天才的头脑里产生了,可是由重农学派[75]和亚当·斯密作了正面阐述的狭义的政治经济学,实质上是 18 世纪的产儿,它可以和同时代的伟大法国启蒙学者的成就媲美,并且也带有那个时代的一切优点和缺点。我们关于启蒙学者所说的话①,也适用于当时的经济学家。在他们看来,新的科学不是他们那个时代的关系和需要的表现,而是永恒的理性的表现,新的科学所发现的生产和交换的规律,不是这些活动的历史地规定的形式的规律,而是永恒的自然规律;它们是从人的本性中引申出来的。但是,仔细观察一下,这个人就是当时正在向资产者转变的中等市民,而他的本性就是在当时的历史地规定的关系中从事工业和贸易。

在我们从哲学方面充分地认识了我们的"批判的奠基者"杜林先生和他的方法以后,我们也就不难预言,他将怎样理解政治经济学了。在哲学上,当他不是简简单单地胡说八道的时候(像在自然哲学中那样),他的观点是对 18 世纪的观点的歪曲。在他看来,这里所涉及的不是历史的发展规律,而是自然规律,是永恒真理。道德和法这样的社会关系,不是由当时历史地存在的条件决定的,而是由著名的两个男人来决定的,两人中的一人或者压迫对方,或者不压迫对方,可惜后一种情况直到现在还从来没有出现过。因此,如果我们作出下面这样的结论大概是不会错的:杜林先生同样也会把经济学归结为各种最后的终极的真理、永恒的自然规律、同义反复的毫无内容的公理,而同时又把他所知道的经济学的全部积极的内容再从后门偷运进来;他不会从生产和交换中引申出作为社会现象的分配,而是把它交给他那赫赫有名的两个男

---

① 见本书第 15—16 页。——编者注

人去作最后的解决。由于这一切都是我们早已熟悉的把戏，所以我们在这里可以谈得简单些。

真的，在第 2 页①上杜林先生已经向我们宣称

他的经济学涉及他的哲学中"已经确立的东西"，而且"在某些重要方面，依据的是更高级的、在更高的研究领域中已被完成的真理"。

到处都是喋喋不休的自夸。到处都是杜林先生为杜林先生所确立的和完成的东西高奏凯歌。确实是完成的东西，这一点我们已经看得太多了，但是完成得像熄灭一根冒着烟的蜡烛一样②。

紧接着，我们看到了

"一切经济的最一般的自然规律"——

这就是说，我们猜来了。

可是这些自然规律要使人们正确地理解过去的历史，只有人们"用更确切的规定研究这些规律，即通过政治的隶属形式和组合形式而获得这些规律的结果。像奴隶制和雇佣依赖制这样的体制，连同它们的孪生兄弟即基于暴力的所有制，应当被看做真正政治性质的社会经济制度的形式，它们在到现在为止的世界中构成框架，经济的自然规律只有在这种框架里才能显示其作用"。

这段话是一套开场锣鼓，就像瓦格纳歌剧的主调一样，告诉我们那两个有名的男人就要出场了。但是它还包含着更多的东西，它是杜林的全书的主题。在谈到法的时候，除了把卢梭的平等论

---

① 本编中提到的杜林著作的页码，除第十章外，均为《国民经济学和社会经济学教程》1876 年莱比锡修订第 2 版的页码。——编者注
② "完成"的德文是"ausmachen"，也有"熄灭"的意思。——编者注

拙劣地翻译成社会主义语言以外①，杜林先生不能给我们提供任
何东西，而比这种翻译好得多的东西，许多年来都可以在巴黎的每
一家工人咖啡馆中听到。在这里，他把经济学家的怨言翻译成一
种并不高明些的社会主义语言，这些经济学家埋怨说，国家的干
涉、暴力的干涉歪曲了经济方面的永恒的自然规律及其作用。这
样，他就理应在社会主义者中完全陷于孤立。每一个社会主义的
工人，不论是哪一个国家的，都很清楚地知道：暴力仅仅保护剥削，
但是并不造成剥削；资本和雇佣劳动的关系才是他受剥削的基础，
这种关系是通过纯经济的途径而决不是通过暴力的途径产生的。

　　往下，我们听到，

在一切经济问题上"可以区分两种过程，即生产过程和分配过程"。此外，以
肤浅著称的让·巴·萨伊还加上了第三种过程，即消耗过程、消费过程，但是
他和他的门生在这方面都说不出什么道理。可是，交换或流通只是生产的一
个项目，使产品到达最后的和真正的消费者手中所必须经历的一切，都属于
生产。

　　杜林先生把生产和流通这两个虽然互相制约但是本质上不同
的过程混为一谈，并且泰然自若地断言，排除这种混乱只能"产生
混乱"，他这样做只不过证明，他不知道或不懂得正是流通在最近
50年来经历了巨大的发展；他书中后面说的也证实了这一点。还
不止于此。他首先把生产和交换合而为一，统称为生产，然后使分
配同生产**并列**，把它当做同第一个过程毫不相干的、完全外在的第
二个过程。可是我们已经知道，分配就其决定性的特点而言，总是
某一个社会的生产关系和交换关系以及这个社会的历史前提的必

---

① 　见本书第101—108页。——编者注

然结果，只要我们知道了这些关系和前提，我们就可以确切地推断出这个社会中占支配地位的分配方式。但是我们也知道，杜林先生如果不想背叛他在道德、法和历史的观点方面所"确立的"原则，他就必定会否认这一基本的经济事实，特别是当他需要把他的两个不可缺少的男人偷运进经济学的时候，他必定会这样做。在分配终于同生产和交换脱离了一切联系以后，这一伟大的事变就可以发生了。

但是，让我们先回顾一下在道德和法中问题是怎样展开的。在这里，杜林先生最初只是从**一个**男人说起，他说道：

> "一个人，如果被设想为单独的人，或者换句话说，被设想为同其他人没有任何联系，那么这个人是不会有什么责任的。对他来说，不存在义务，只有意愿。"

可是这个没有责任的、被设想为单独的人，如果不是天堂里的不幸的"原始犹太人亚当"——在那里他没有任何罪恶，因为他没有任何犯罪的可能——还能是别的什么人呢？但是，连这位现实哲学的亚当也是要犯原罪的。在这位亚当之旁突然出现了一个人，虽不是卷发垂垂的夏娃，也是第二个亚当。于是亚当立即有了责任，而且——破坏了这个责任。他不是把这位兄弟当做有平等权利的人拥抱于怀，而是迫使他服从自己的统治，对他进行奴役——而世界全部历史直到今天还由于这第一次犯罪所带来的后果，由于奴役别人这一原罪而受苦。因此，在杜林先生看来，这历史连三分钱也不值。

顺便说说，如果杜林先生以为把"否定的否定"称为原罪和赎罪的古老故事的翻版就足以使它受辱，那么关于**他的**同一故事的最新版本,我们该说些什么呢?(关于赎罪,用爬虫报刊[76]的话来说,我们将来还要作"详细研究"。)无论如何,我们宁愿选择古代闪米特部落的传说,根据这个传说,对于男人和女人来说是值得花费力量走出无罪状态的。让杜林先生独享用两个男人编造他的原罪故事的殊荣吧。

现在就让我们来听听,他怎样把原罪译成经济学的语言:

"关于鲁滨逊的想象,无论如何可以作为生产概念的一个合适的思维模式,他凭自己的力量孤独地对抗自然界,而不必和任何人分东西……　对于说明分配思想中的最主要之点,两个人的思维模式是同样适用的,这两个人的经济力量合在一起,他们显然应当通过某种形式互相商定他们各自的份额。为了十分严格地阐明某些最重要的分配关系,并且从胚胎状态上、从其逻辑必然性上去研究这些关系的规律,除了这种简单的二元论,的确不需要更多的东西……　在这里可以设想两个人在平等的基础上共同行动,也可以设想以完全压服一方的办法把力量合在一起,于是这一方被迫作为奴隶或单纯的工具去从事经济的劳务,而且也只是作为工具被养活着……　在平等状态同一方无足轻重、另一方全智全能并独自主动参与的状态之间,存在着一系列的中间阶段,其中充满了世界历史的形形色色的现象。在这里重要的先决条件是要对历史上的各种正义和非正义的体制有一个全面的考察"……

最后整个分配就转变为某种

"经济上的分配法"。

现在杜林先生终于又脚踏实地了。他可以同他那两个男人手挽着手向当代挑战了[1]。可是在这三个人的后面还站着一个无名氏。

"资本并没有发明剩余劳动。凡是社会上一部分人享有生产资料垄断权的地方,劳动者,无论是自由的或不自由的,都必须在维持自身生活所需的劳动时间以外,追加超额的劳动时间来为生产资料的所有者生产生活资料,不论这些所有者是雅典的贵族,伊特鲁里亚的神权政治首领,罗马的市民,诺曼的男爵,美国的奴隶主,瓦拉几亚的领主,现代的地主,还是资本家。"(马克思《资本论》第1卷第2版第227页)①

　　这样杜林先生就知道了到现在为止的一切生产形式(就它们运动于阶级对立中而言)所共有的基本剥削形式是什么,在此以后,他只要运用一下他那两个男人,就可以把现实经济学的根底深厚的基础建立起来了。他毫不迟疑地来实施这一"创造体系的思想"。超出劳动者维持自身生活所必需的劳动时间的无偿劳动,这是关键。于是,这里叫做鲁滨逊的亚当便强迫他的第二个亚当即星期五拼命做工。但是为什么星期五的工作量超过维持他自己的生活所必需的量呢?这个问题,在马克思那里也一步一步地找到解答。可是对于这两个男人说来,这太烦琐了。事情一下子就解决了:鲁滨逊"压服"星期五,迫使他"作为奴隶或工具去从事经济的劳务",把他"也只是作为工具"来养活。杜林先生用这个最新的"创造性的说法",是一举两得。第一,他省得费力去说明到现在为止的各种分配形式,它们的差别和它们的原因:它们简直全都毫无用处,它们都是以压服、暴力为依据的。关于这个问题,我们等一等再谈。第二,他这样就把全部分配理论从经济学的领域搬到道德和法的领域中,就是说,从确定的物质事实的领域搬到或多或少是不确定的意见和感觉的领域中。因此,他不再需要去研究或证明,只要随心所欲地夸夸其谈就够了,他可以要求劳动产品的分配不按照其实际原因,而按照他杜林先生所认为的合乎道德

---

① 见《马克思恩格斯选集》第3版第2卷第191页。——编者注

的和正义的方式来安排。可是杜林先生认为是正义的东西决不是不变的，所以就远不是真正的真理了，因为真正的真理在杜林先生本人看来"是根本不变的"。杜林先生在 1868 年就断定（《我的社会条陈的命运》）：

"使所有制具有日益鲜明的特点是一切高度文明所具有的倾向，现代发展的实质和前途就在于此，而不在于权利和统治范围的混乱。"

其次，他完全不能看到，

"雇佣劳动向另一种谋生形式的转变，怎样能够在某一时候符合于人类本性的规律，符合于社会机体的合乎自然必然性的构造"①。

这样，在 1868 年：私有制和雇佣劳动是合乎自然必然性的，因而是正义的；在 1876 年②：两者都成了暴力和"掠夺"的结果，因而是非正义的。而且我们不可能知道，这位如此突飞猛进的天才几年以后会认为什么东西是合乎道德的和正义的，所以无论如何，在考察财富的分配时，我们最好还是遵循现实的客观的经济规律，而不要遵循杜林先生关于正义和非正义的一时的、易变的主观想象。

如果我们确信现代劳动产品分配方式以及它造成的赤贫和豪富、饥饿和穷奢极欲尖锐对立的状况一定会发生变革，只是基于一种意识，即认为这种分配方式是非正义的，而正义总有一天一定要胜利，那就糟了，我们就得长久等待下去。梦想千年王国[77]快要来临的中世纪的神秘主义者，就已经意识到阶级对立的非正义性。

---

① 见欧·杜林《我致普鲁士内阁的社会条陈的命运》1868 年柏林版第 5
　　页。——编者注
② 指欧·杜林《国民经济学和社会经济学教程》1876 年莱比锡修订第 2
　　版。——编者注

在近代史开始的时期,在三百五十年前,托马斯·闵采尔已经向全世界大声宣布过这一点。在英国和法国的资产阶级革命中,也发出过同样的呼声,可是后来就消失了。消灭阶级对立和阶级差别这一呼声,在 1830 年以前遭到受苦劳动阶级的冷遇,现在却得到千百万人的共鸣;这一呼声随同各国大工业的发展,以相应的顺序和相应的强度,激荡一个又一个的国家;这一呼声在一个世代内就已经获得这样的威力,竟能抵抗一切为了对付它而联合起来的势力,并且在不久的将来定将取得胜利,——这是由于什么原因呢?这是因为:现代的大工业,一方面造成了无产阶级,这个阶级能够在历史上第一次不是要求消灭某个特殊的阶级组织或某种特殊的阶级特权,而是要求根本消灭阶级;这个阶级所处的地位,使他们不得不贯彻这一要求,否则就有沦为中国苦力的危险。另一方面,这个大工业造成了资产阶级这样一个享有全部生产工具和生活资料的垄断权的阶级,但是在每一个狂热投机的时期和接踵而来的每次崩溃中,都表明它已经无力继续支配那越出了它的控制力量的生产力;在这个阶级的领导下,社会就像司机无力拉开紧闭的安全阀的一辆机车一样,迅速奔向毁灭。换句话说,这是因为:现代资本主义生产方式所造成的生产力和由它创立的财富分配制度,已经和这种生产方式本身发生激烈的矛盾,而且矛盾达到了这种程度,以至于如果要避免整个现代社会毁灭,就必须使生产方式和分配方式发生一个会消除一切阶级差别的变革。现代社会主义必获胜利的信心,正是基于这个以或多或少清晰的形象和不可抗拒的必然性印入被剥削的无产者的头脑中的、可以感触到的物质事实,而不是基于某一个蛰居书斋的学者的关于正义和非正义的观念。

二　暴　力　论

"在我的体系中,一般政治对经济法的形式的关系被规定得十分肯定,同时又十分独特,为了使研究易于进行而特别把这点指出来,想必不会是多余的。政治关系的形式是历史上基础性的东西,而经济的依存不过是一种结果或特殊情形,因而总是次等的事实。有些最新的社会主义体系把完全相反的关系的一目了然的假象当做指导原则,他们以为政治的从属似乎是从经济状态中产生的。当然,这些次等的结果本身确实是存在的,而且在目前是最能使人感到的;但是本原的东西必须从直接的政治暴力中去寻找,而不是从间接的经济力量中去寻找。"

在另一个地方也是这样,在那里杜林先生

"从这样的原理出发:政治状态是经济状况的决定性的原因,相反的关系只是次等的相反结果……　只要人们把政治组合不是看做达到自己目的的出发点,而仅仅把它当做达到糊口目的的手段,那么不管这些人看来是多么激进社会主义的和革命的,他们总是包藏着一部分隐蔽的反动性"。

这就是杜林先生的理论。这一理论在这里和其他许多地方都是直截了当地提出的,可以说是颁布下来的。在厚厚的三大部书里,任何地方都没有作过证明这一理论或者反驳相反意见的哪怕一点点尝试。即使论据像乌莓子一样便宜[78],杜林先生也没有给我们拿出一个来。事情本来已经由鲁滨逊奴役星期五这一著名的原罪证明了。这是一种暴力行为,因而是一种政治行为。这种奴役构成了到现在为止的全部历史的出发点和基本事实,并给这一历史注入了非正义的原罪,以致这种奴役在往后的时期中只是有所缓和并"变为较为间接的经济依存形式";同样,直到现在还通行的全部"基于暴力的所有制"也是以这种原始奴役为基础的，——正因为如此，很显然，一切经济现象都应该由政治原因来解释，即由暴力来解释。而谁对此不满意，谁就是隐蔽的反动派。

首先应当指出，一个人只有像杜林先生那样自以为是，才能把这个毫不独特的观点看得"十分独特"。把重大政治历史事件⁷⁹看做历史上起决定作用的东西的这种观念，像历史编纂学本身一样已经很古老了，并且主要是由于这种观念的存在，保留下来的关于各国人民的发展的材料竟如此之少，而这种发展正是在这个喧嚣的舞台背后悄悄地进行的，并且起着真正的推动作用。这种观念曾支配已往的整个历史观，只是法国复辟时代的资产阶级历史编纂学①才使之发生动摇；在这里，"独特"的只是杜林先生对这一切又毫无所知。

其次，即使我们暂且认为，杜林先生关于到目前为止的全部历史可以归结为人对人的奴役的说法是正确的，那还远未弄清事情的根底。而首先发生了这样的问题：鲁滨逊为什么要奴役星期五呢？单是为了取乐吗？完全不是。相反，我们看到，星期五是"被迫作为奴隶或单纯的工具去从事经济的劳务，而且也只是作为工具被养活着"。鲁滨逊奴役星期五，只不过是要星期五为鲁滨逊的利益来劳动。但是鲁滨逊怎样能够从星期五的劳动中获得好处呢？这只是因为星期五以他的劳动所生产的生活资料，多于鲁滨逊为维持他的劳动能力而不得不给予他的东西。因此，鲁滨逊违背了杜林先生的明确的规定，把由于奴役星期五而造成的"政治组合不是看做达到自己目的的出发点，而仅仅把它当做达到糊口

---

① 指奥·梯叶里、弗·基佐、弗·米涅和阿·梯也尔。——编者注

目的的手段"，现在可以让他自己想想，他怎样去向他的主人和师长杜林交代。

这样，杜林先生为了证明暴力是"历史上基础性的东西"而特意编造的天真的例子证明：暴力仅仅是手段，相反，经济利益才是目的。目的比用来达到目的的手段要具有大得多的"基础性"，同样，在历史上，关系的经济方面也比政治方面具有大得多的基础性。因此，上述例子证明的同它所要证明的正好相反。在鲁滨逊和星期五的例子上如此，在到目前为止的一切统治和奴役的事例上也都是如此。用杜林先生的优雅词汇来说，压迫始终是"达到糊口目的的手段"（指最广义的糊口目的），但是无论何时何地，它都不是什么为"达到自己目的"而实行的政治组合。只有像杜林先生这样的人才能设想，捐税在国家中只是"次等的结果"，或者，进行统治的资产阶级和被统治的无产阶级的目前的政治组合是为了"达到自己目的"而存在，而不是为了进行统治的资产者的"糊口目的"，即为了榨取利润和积累资本而存在。

现在回过头来再谈我们的两个男人。鲁滨逊"手持利剑"把星期五变成自己的奴隶。但是鲁滨逊为了做到这一点，除利剑之外还需要别的东西。并不是每个人都能使用奴隶服役。为了能使用奴隶，必须掌握两种东西：第一，奴隶劳动所需的工具和对象；第二，维持奴隶困苦生活所需的资料。因此，先要在生产上达到一定的阶段，并在分配的不平等上达到一定的程度，奴隶制才会成为可能。奴隶劳动要成为整个社会中占统治地位的生产方式，生产、贸易和财富积聚就要有大得多的增长。在古代自然形成的土地公有的公社中，奴隶制或是根本还没有出现，或是只起极其次要的作用。在最初的农民城市罗马，情形也是如此；当罗马变成"世界城市",意大利的地产日益集中三人数不多的非常富有的所有者阶级手里的时候,农民人口才被奴隶人口所排挤。波斯战争时期,在科林斯奴隶数目达到46万,在埃吉纳岛达到47万,平均每个自由民有10个奴隶[80],为此,除"暴力"之外,还需要其他东西,即高度发展的工艺美术业和手工业以及广泛的贸易。美国的奴隶制对暴力的依赖,要比它对英国的棉纺织工业的依赖少得多;在不种植棉花的地方,或者不像边境各州那样为各植棉州蓄奴的地区,奴隶制未经使用暴力就自行消失,这仅仅是因为奴隶制不上算。

这样,杜林先生把现代的所有制叫做基于暴力的所有制,并且称它为

"这样一种统治形式,这种统治形式的基础不仅在于禁止同胞使用天然的生活资料,而且更重要得多的是在于强迫人们从事奴隶的劳役"——

他就把全部关系弄颠倒了。

要强迫人们从事任何形式的奴隶的劳役,强迫者就必须拥有劳动资料,他只有借助这些劳动资料才能使用被奴役者;而在实行奴隶制的情况下,除此以外,他还必须拥有用来维持奴隶生活所必需的生活资料。这样,在任何情况下,他都必须拥有一定的超过平均水平的财产。但是这种财产是怎样来的呢?无论如何,有一点是清楚的:虽然财产可以日掠夺而得,就是说可以建立在**暴力**基础上,但是决不是必须如此。它可以通过劳动、偷窃、经商、欺骗等办法取得。无论如何,财产必须先由劳动生产出来,然后才能被掠夺。

私有财产在历史上的出现,决不是掠夺和暴力的结果。相反,在一切文明民族的古代自然形成的公社中,私有财产已经存在了,

虽然只限于某几种对象。在这种公社的内部,最初是在同外地人进行的交换中,它就已经发展成商品的形式。公社的产品越是采取商品的形式,就是说,产品中为生产者自己消费的部分越小,为交换目的而生产的部分越大,在公社内部,原始的自发的分工被交换排挤得越多,公社各个社员的财产状况就越不平等,旧的土地公有制就被埋葬得越深,公社就越迅速地瓦解为小农的乡村。东方的专制制度以及东征西讨的游牧民族的不断更迭的统治,几千年来都对这些旧的公社无可奈何;由大工业产品的竞争引起的自然形成的家庭工业的逐渐破坏,却使公社日益瓦解。在这里,像目前在摩泽尔河地区和霍赫瓦尔德地区仍在进行的"农户公社"公有耕地的分配一样,谈不上什么暴力;农民恰恰认为,耕地公有被耕地私有取而代之,对自己是有利的。① 甚至原始贵族的形成,像在凯尔特人中、日耳曼人中和在印度旁遮普是在土地公有制的基础上发生的那样,最初也完全不是基于暴力,而是基于自愿和习惯。私有财产的形成,到处都是由于生产关系和交换关系发生变化,都是为了提高生产和促进交换——因而都是由于经济的原因。在这里,暴力没有起任何作用。显然,在掠夺者能够**占有**他人的财物以前,私有财产的制度必须是已经存在了;因此,暴力虽然可以改变占有状况,但是不能创造私有财产本身。

甚至"强迫人们从事奴隶的劳役"的最现代的形式,即雇佣劳动,我们也不能用暴力或基于暴力的所有制去说明。我们已经说过,劳动产品转化为商品,即不是为自身消费而是为交换所进行的

---

① 参看格·汉森《特里尔专区的农户公社(世代相承的协作社)》1863 年柏林版。——编者注

产品生产,对古代公社的瓦解,因而对私有制的直接或间接的普遍化,起了怎样的作用。马克思在《资本论》中再清楚不过地证明(杜林先生小心翼翼地对此甚至一字不提),商品生产达到一定的发展程度,就转变为资本主义的生产;在这个阶段上,"以商品生产和商品流通为基础的占有规律或私有权规律,通过它本身的、内在的、不可避免的辩证法转变为自己的对立物。表现为最初活动的等价物交换,已经变得仅仅在表面上是交换,因为,第一,用来交换劳动力的那部分资本本身只是不付等价物而占有的他人的劳动产品的一部分;第二,这部分资本不仅必须由它的生产者即工人来补偿,而且在补偿时还要加上新的剩余额〈余额〉…… 最初,在我们看来,所有权似乎是以自己的劳动为基础的…… 现在〈据马克思分析的结果〉,所有权对于资本家来说,表现为占有他人无酬劳动的权利,而对于工人来说,则表现为不能占有自己的产品。所有权和劳动的分离,成了似乎是一个以它们的同一性为出发点的规律的必然结果。"①换句话说,即使我们排除任何掠夺、任何暴力行为和任何欺骗的可能性,即使假定一切私有财产起初都基于占有者自己的劳动,而且在往后的全部进程中,都只是相等的价值和相等的价值进行交换,那么,在生产和交换的进一步发展中也必然要产生现代资本主义的生产方式,生产资料和生活资料必然被一个人数很少的阶级所垄断,而另一个构成人口绝大多数的阶级必然沦为一无所有的无产者,必然出现狂热生产和商业危机的周期交替,出现整个现在的生产无政府状态。全部过程都由纯经济

---

① 见马克思《资本论》第 1 卷,参看《马克思恩格斯选集》第 3 版第 2 卷第 264—265 页。——编者注

的原因来说明,而根本不需要用掠夺、暴力、国家或任何政治干预来说明。"基于暴力的所有制",在这里,原来也不过是用来掩饰对真实的事物进程毫不了解的一句大话。

历史地说,这个进程是资产阶级的发展史。如果"政治状态是经济状况的决定性的原因",那么,现代资产阶级就不应当是在反对封建制度的斗争中发展起来的,而应当是封建制度自愿生产的宠儿。任何人都知道,实际情形正好相反。资产阶级起初是一个被压迫的等级,它不得不向进行统治的封建贵族交纳贡税,它由各种各样的依附农和农奴补充自己的队伍,它在反对贵族的不断斗争中占领了一个又一个的阵地,最后,在最发达的国家中取代了贵族的统治;在法国它直接推翻了贵族,在英国它逐步地使贵族资产阶级化,并把贵族同化,作为它自己装潢门面的上层。它是怎样达到这个地步的呢? 只是通过"经济状况"的改变,而政治状态的改变则是或早或迟,或自愿或经过斗争随之发生的。资产阶级反对封建贵族的斗争是城市反对乡村、工业反对地产、货币经济反对自然经济的斗争,在这一斗争中,资产者的决定性的武器是他们的**经济上的**权力手段,这些手段由于工业(起初是手工业,后来扩展成为工场手工业)的发展和商业的扩展而不断增长起来。在这整个斗争中,政治暴力始终在贵族方面,只有一个时期是例外,那时王权利用资产阶级反对贵族,以便利用一个等级去控制另一个等级;但是,自从政治上还软弱无力的资产阶级因其经济力量的增长而开始变得危险起来的时候起,王权又和贵族联合起来,因而起初在英国随后在法国引起了资产阶级的革命。在法国,在"政治状态"还没有发生变化的时候,"经济状况"已经发展得超过它了。就政治状态来说,贵族拥有一切,资产者一无所有;可是就社会状况来说,那时资产者是国家里最重要的阶级,而贵族已经丧失了他们的全部社会职能,他们只是继续取得固定收入,以作为失去这些职能的补偿。不仅如此,资产阶级在他们的全部生产中,还受到早已被这种生产(不但被工场手工业,而且甚至被手工业)所超过的中世纪封建政治形式的钳制,受到所有那些已经成为生产的障碍和桎梏的无数行会特权以及各地和各省的关税壁垒的钳制。资产阶级的革命结束了这种状况。但是,革命不是按照杜林先生的原则,使经济状况适应政治状态(贵族和王权在长时期内正是枉费心机地企图这样做的),而是相反,把陈腐的政治废物抛开,并造成使新的“经济状况”能够存在和发展的政治状态。“经济状况”在这个与之适合的政治的和法的氛围中蓬勃地发展起来,以致资产阶级已经接近贵族在1789年所处的地位了:它不仅日益成为社会的多余,而且日益成为社会的障碍;它日益脱离生产活动,日益像旧时的贵族那样成为一个只收取固定收入的阶级;它不是用任何暴力的戏法,而是以纯经济的方法,实现了它自己的地位的变革,并造成了新的阶级,即无产阶级。此外,它决不愿意它自己的行为和活动产生这样的结果,相反,这种结果是在违背它的意志和愿望的情况下以不可抗拒的力量实现的;它拥有的生产力发展得超过了它的驾驭能力,好似以自然的必然性把整个资产阶级社会推向毁灭,或者推向变革。资产者现在求助于暴力,以挽救日趋瓦解的“经济状况”免于崩溃,他们这样做只是证明:他们陷入了杜林先生陷入的那条迷途,以为“政治状态是经济状况的决定性的原因”,他们完全和杜林先生一样想入非非,以为用“本原的东西”,用“直接的政治暴力”就能改造那些“次等的事实”,即经济状况及其不可避免的发展,用克虏伯炮和毛瑟枪就能把蒸汽机和由它推动的现代机器的经济结果,把世界贸易以及现代银行和信用的发展的经济结果从世界上消除掉。

三　暴力论(续)

让我们稍微仔细地看一看杜林先生的这个万能的"暴力"吧。鲁滨逊"手持利剑"奴役星期五。他是从什么地方得到这把利剑的呢? 就是在鲁滨逊漂流记中的幻想岛上,利剑也从来不是树上长出来的,而杜林先生对这个问题却不作任何答复。既然鲁滨逊能够获得利剑,那我们同样可以设想,星期五有朝一日将手握子弹上膛的手枪出现,那时全部"暴力"关系就颠倒过来了:星期五发号施令,而鲁滨逊则不得不做苦工。请读者原谅我们如此经常地回到关于鲁滨逊和星期五的故事上来,这个故事其实只属于儿童游戏室而不属于科学。但是我们有什么办法呢? 我们不得不老老实实地应用杜林先生的公理般的方法。如果我们经常在纯粹儿戏的范围内兜圈子,那么这不是我们的过错。总之,手枪战胜利剑,这样,即使最幼稚的公理论者也可以理解,暴力不是单纯的意志行为,它要求具备各种实现暴力的非常现实的前提,特别是**工具**,其中,较完善的战胜较不完善的;其次,这些工具必然是生产出来的,同时也可以说,较完善的暴力工具即一般所说的武器的生产者,战胜较不完善的暴力工具的生产者;一句话,暴力的胜利是以武器的生产为基础的,而武器的生产又是以整个生产为基础,因而是以"经济力量",以"经济状况",以可供暴力支配的**物质**手段为基础的。

目前,暴力是陆军和海军,而我们大家遗憾地知道,这两者需要"巨额的金钱"。但是暴力不能铸造金钱,它最多只能夺取已经铸造出来的金钱,而我们从法国的数十亿法郎[81]中同样遗憾地知道,这也没有起多大作用。因此,归根到底,金钱必须通过经济的生产才能取得;就是说,暴力还是由经济状况来决定的,经济状况给暴力提供配备和保持暴力工具的手段。但是还不仅如此。没有什么东西比陆军和海军更依赖于经济前提。装备、编成、编制、战术和战略,首先依赖于当时的生产水平和交通状况。这里起变革作用的,不是天才统帅的"知性的自由创造",而是更好的武器的发明和士兵成分的改变;天才统帅的影响最多只限于使战斗的方式适合于新的武器和新的战士。①

在14世纪初,火药从阿拉伯人那里传入西欧,像每一个小学生都知道的那样,它使整个作战方法发生了变革。但是火药和火器的采用决不是一种暴力行为,而是一种工业的,也就是经济的进步。不管工业是以生产什么东西为目的,还是以破坏什么东西为目的,工业总还是工业。火器的采用不仅对作战方法本身,而且对政治上的统治和奴役关系起了变革的作用。要获得火药和火器,就要有工业和金钱,而这两者都为市民所占有。因此,火器一开始就是城市和以城市为依靠的新兴君主政体反对封建贵族的武器。以前一直攻不破的贵族城堡的石墙抵不住市民的大炮;市民的枪弹射穿了骑士的盔甲。贵族的统治跟身披铠甲的贵族骑兵队同归

① 在《反杜林论》第二编最初时手稿中,关于以下六段文字的内容有更详尽的论述,后来恩格斯把这些论述抽出来,冠以《步兵战术及其物质基础 1700—1870年》的标题,见《马克思恩格斯全集》中文第2版第26卷第380—386页。——编者注

于尽了。随着市民等级的发展,步兵和炮兵越来越成为决定性的兵种;在炮兵的压力下,军事行业不得不增加新的纯粹工业的部门——工程部门。

火器的改善非常缓慢。火炮仍然是笨重的,枪虽经多次局部的改进,还是很粗笨。经过300多年,才出现了适合装备全体步兵的枪。只是在18世纪初,装有刺刀的燧发枪才把长矛最后从步兵的装备中排挤出去。那时的步兵是由经过严格训练的、但完全不可靠的诸侯雇佣兵组成的,他们是从社会中最堕落的分子中招募来的,只有在鞭笞之下才俯首听命,这种步兵还常常是由强迫编入军队的怀有敌意的战俘组成的;这些士兵能够应用新武器的唯一战斗形式就是线式战术,这种战术在弗里德里希二世时代达到了最完善的地步。军队的全体步兵排成三线,形成一个非常狭长而中空的四边形,只能以战斗队形为一个整体来运动;最多只准许两翼之中的一翼稍稍前进或后退。这种动转不灵的队伍,只有在十分平坦的地形上才能整齐地运动,而且只能以缓慢的步伐(每分钟75步)行进;战斗队形的变换在作战时是不可能的,步兵一进入战斗,只经一次突击,在很短的时间内就决定胜败了。

在美国独立战争[82]中,起义者的队伍曾经同这种动转不灵的线式队形作战。起义者虽然没有经过步法操练,但是他们能很好地用他们的线膛枪射击;他们为自己的切身利益而战,所以并不像雇佣兵那样临阵脱逃;他们并没有迎合英国人的愿望,同样以线式队形在开阔地上和他们对抗,而是以行动敏捷的散兵群在森林的掩护下袭击英国人。在这里,线式队形是无能为力的,被既看不见又无法接近的敌人击败。于是又发明了散兵战——由于士兵成分的改变而产生的一种新的作战方式。

美国革命所开始的事情由法国革命来完成，在军事方面也是如此。法国革命同样只能以训练很差但人数很多的兵力，以全民武装来和反法同盟的训练有素的雇佣军队相对抗。它不得不以这些兵力去保卫巴黎，即保卫一定的地区，但要做到这一点，不在投入众多兵力的野战中获得胜利是不行的。仅仅散兵战已经不够了；必须找出一种形式来使用众多兵力，这种形式就是**纵队**。这种纵队队形使训练较差的军队也能够相当有序地运动，甚至行进速度比较快（每分钟 100 步或 100 步以上）。这种队形使他们能够突破旧的线式队形的死板形式，能够在任何地形上，也就是说能够在对线式队形最不利的地形上作战，能够以任何适宜的方法去部署军队，同时能够和散兵战相配合来阻滞、牵制和疲惫列成线式队形的敌人，一直到最后用预备队的兵力在阵地的决定性地点上突破敌人的线式队形。这和新的作战方式以散兵和步兵纵队的配合为基础，以军队划分为由各兵种组成的独立的师或军为基础，它在战术和战略方面都被拿破仑发展到了完善的地步。这种作战方式之所以成为必要，首先是由于法国革命的士兵成分发生了变化。但是这种作战方式还需要两个非常重要的技术前提：第一，格里博瓦尔设计的较轻便的野炮架，它使野炮能以现在所要求的速度转移；第二，1777 年法国采用的按照猎枪仿造的弯曲的枪托（以前作为枪管的延长部分的枪托是直的），它使射手能够向某一个人瞄准而不会屡击不中。没有这些进步，使用旧式武器是不能进行散兵战的。

全民武装这种革命的制度，很快就仅仅变成一种强迫征兵制（富人可以出钱雇人代服兵役），而欧洲大陆上大多数大国都采用了这种形式的兵役制度。只有普鲁士企图通过自己的后备军制度⁸³更大规模地组成国民的防御力量。在 1830 年和 1860 年之间得到改善的、适于作战的前装线膛枪起了短期的作用以后,普鲁士又是第一个以最新式的武器,即后装线膛枪来装备全体步兵的国家。普鲁士在 1866 年的胜利①是应当归功于这两项措施的。

在普法战争中,对垒的双方军队第一次都使用后装线膛枪,而且实质上都采用旧式滑膛燧发枪时代的战斗队形。只是普鲁士人尝试采用连纵队,以图找到一种更适合于新式武器的战斗形式。但是,当 8 月 18 日普鲁士近卫军在圣普里瓦⁸⁴认真地试用连纵队时,参战最多的五个团在不到两小时内就损失了三分之一以上的兵力(176 名军官和 5 114 名士兵),从那时起,连纵队这种战斗形式也同营纵队和线式队形一样被摒弃了;以后不再有人尝试把任何密集的队伍置于敌人步枪的火力之下。在普军方面,只是以稠密的散兵群进行战斗,其实从前纵队在敌人的弹雨下就已常常自行分散为散兵群,尽管上级把这种行为看做破坏队形而加以反对。同样,在敌人步枪的射程内,**跑步**变成了唯一的运动形式。士兵又一次表现得比军官聪明;正是士兵本能地找到了在后装线膛枪的火力下至今仍然行之有效的唯一的战斗形式,而且不管长官如何反对,还是成功地坚持了这种战斗形式。

普法战争是一个转折点,这个转折点具有同以前的一切转折点完全不同的意义。第一,武器已经大大完善,难以再取得具有任何变革作用的新的进步了。既然有火炮可以在目力所及的范围内射击一营人,步枪又能在同样的范围内射击单个的人这样的目标,而装弹所花的时间又比瞄准少,那么,往后的一切改进在一定程度

① 指 1866 年的普奥战争。——编者注

上对野战是无关紧要的。因此,在这方面发展的时代实质上已经结束了。第二,这一战争迫使欧洲大陆上的一切大国在国内采用更严格的普鲁士式的后备军制度,因而加重了军事负担,而在这种重担之下,它们过不了几年就一定要陷于崩溃。军队变成了国家的主要目的,变成了目的本身:人民之所以存在,只是为了当兵和养兵。军国主义统治着并且吞噬着欧洲。但是这种军国主义本身也包含着自身毁灭的萌芽。各国之间的相互竞争,使它们一方面不得不每年在陆军、海军、火炮等方面花费更多的金钱,从而越来越加速财政的崩溃;另一方面不得不越来越严格地采用普遍义务兵役制,结果使全体人民学会使用武器;这就使人民有可能在一定时机反对军事长官而实现自己的意志。一旦人民群众——农村工人、城市工人和农民——**有了**自己的意志,这样的时机就要到来。那时,君主的军队将转变为人民的军队,机器将拒绝效劳,军国主义将由于自身发展的辩证法而灭亡。1848 年资产阶级民主主义不能做到使劳动群众具有一种内容适合于他们的阶级地位的意志,正是因为这种民主主义是**资产阶级的**,而不是无产阶级的,而这一点社会主义一定会做到。而这就意味着从**内部**炸毁军国主义并随之炸毁一切常备军。

这是我们的现代步兵史上的第一个教训。另一个教训使我们又回到杜林先生那里,这个教训是:军队的全部组织和作战方式以及与之有关的胜负,取决于**物**质的即经济的条件:取决于人和武器这两种材料,也就是取决于居民的质和量以及技术。只有像美国人这样的狩猎民族才能够发明散兵战,而他们之所以曾经是猎人,是由于纯经济的原因,正如今天由于纯经济的原因,旧有各州的同样的美国人已转变为农民、工业家、航海家和商人,他们不再在原始森林中进行散兵战,而是在投机的战场上更干练地进行散兵战,在那里他们在使用众多兵力方面也大有进展。——只有像在经济上解放了资产者,特别是解放了农民的法国革命那样的革命,才能找到人数众多的军队,同时给这种军队找到自由的运动形式,这种运动形式打破了旧的呆板的线式队形——它所保卫的专制主义在军事上的反映。我们在上面已经一一看到,一旦技术上的进步可以用于军事目的并且已经用于军事目的,它们便立刻几乎强制地,而且往往是违反指挥官的意志而引起作战方式上的改变甚至变革。此外,战争的进行对后方的和战区的生产率和交通工具依赖到多大程度,关于这个问题,现在每一个肯用功的军士都能够向杜林先生讲清楚。总之,在任何地方和任何时候,都是经济条件和经济上的权力手段帮助"暴力"取得胜利,没有它们,暴力就不成其为暴力。谁要是想依据杜林的原则从相反的观点来改革军事,那么他除了挨揍是不会有别的结果的。①

如果我们把话题从陆地转到海上,那么仅仅在最近 20 年中就发生了一个完全不同的彻底的变革。克里木战争**86**时,军舰只是两层或三层的木质舰船,装有 60 — 100 门火炮,这种舰船主要还是靠帆力航行,有一部马力很小的蒸汽机,只起辅助作用。它的主要装备有约重 50 公担②的三十二磅炮,只有少数是重 95 公担的六十八磅炮。到这次战争快结束时,出现了浮动的装甲炮台,它很

① 恩格斯在这里加了一个注:"在普鲁士总参谋部内,人们都已经清楚地知道这一点。总参谋部的上尉麦克斯·耶恩斯先生在一个学术报告中指出:'军事的基础首先就是人民的经济生活状况。'(1876 年 4 月 20 日《科隆日报》第 3 版)**85**"——编者注
② 德国 1 公担等于 50 千克。——编者注

笨重，几乎不能运动，但是对当时的火炮来说，这已经是不能损伤的奇物了。不久以后，军舰也装上了铁甲；起初还很薄，4英寸厚的装甲已经算是很重的了。但是火炮的进步很快就超过了它，装甲每加厚一次，就有新的更重的火炮轻而易举地打穿它。这样，一方面，我们现在已经有了10、12、14和24英寸厚的装甲（意大利想建造装甲厚3英尺的军舰）；另一方面，我们已经有了25、35、80甚至100吨（每吨20公担）重的线膛炮，能把300、400、1700直到2000磅的炮弹发射到前所未闻的距离之外。现在的军舰是一种巨大的装甲的螺旋推进式蒸汽舰，有8000—9000吨的排水量，有6000—8000匹马力，有旋转的炮塔，四门以至六门重炮，有装在舰首吃水线以下的突出的冲角来冲撞敌人的舰船。这种军舰是一部庞大的机器，唯有在这种军舰上，蒸汽不仅能推动它快速前进，而且还被用来掌舵、抛锚、起锚、转动炮塔、进行瞄准、装填弹药、抽水、升降小船（这些小船本身，一部分也是用蒸汽的力量推动的）等等。装甲防护能力和火炮威力之间的竞赛，还远远没有结束，以致军舰现在几乎总是不再能满足要求，在它下水之前就已经过时了。现代的军舰不仅是现代大工业的产物，同时还是现代大工业的样板，是浮在水上的工厂——的确，主要是浪费大量金钱的工厂。大工业最发达的国家差不多掌握了建造这种舰船的垄断权。土耳其的全部装甲舰、俄国的几乎全部装甲舰以及德国的大部分装甲舰，都是在英国建造的；凡是可用的装甲几乎都是在设菲尔德制造的；欧洲只有三个钢铁厂能够制造最重的火炮，两个（伍利奇和埃尔斯维克）在英国，一个（克虏伯）在德国。这里十分清楚地表明，杜林先生认为是"经济状况的决定性的原因"的"直接的政治暴力"，反而是完全受经济状况支配的；不仅海上的暴力工具即军

舰的建造,而且它的操作本身都成为现代大工业的一个部门。事情
发展成这样,谁也不会比"暴力"即国家更感到苦恼,国家现在建造
一艘军舰要花费像以前建立整整一支小舰队那样多的金钱;而且它
还不能不眼睁睁地看到,这种贵重的军舰甚至还没有下水就已经过
时,因而贬值了;国家肯定会像杜林一样,感到恼火的是:掌握"经济
状况"的人即工程师,现在在舰上竟比掌握"直接暴力"的人即舰长
重要得多。而我们却不然,我们完全没有理由在看到下述情况时感
到恼怒:在装甲和火炮之间的竞赛中,军舰建造得极为精良,以致它
造价昂贵而又不适于战争①;这种竞赛同时也在海战领域里揭示出
内在的辩证的运动规律,按照这种规律,军国主义将同任何其他历
史现象一样,由于它自身发展的结果而走向灭亡。

因此,在这里我们也非常清楚地看到,决不能说"本原的东西
必须从直接的政治暴力中去寻找,而不是从间接的经济力量中去
寻找"。恰恰相反。暴力本身的"本原的东西"是什么呢? 是经济
力量,是支配大工业这一权力手段。以现代军舰为基础的海上政
治暴力,表明它自己完全不是"直接的",而正是**借助于**经济力量,
即冶金术的高度发展、对熟练技术人员和丰富的煤矿的支配。

但是这一切有什么用呢? 在下一次海战中,请把最高的指挥
权交给杜林先生吧,让他不用鱼雷及其他技巧,而只用他的"直接
暴力"去消灭受经济状况支配的各种装甲舰队吧。

---

① 恩格斯在这里加了一个注:"大工业供给海战的最新产品自动鱼雷的
完善化,看来会造成这一结果:最小的鱼雷艇因此会比威力最大的装
甲舰厉害。"

在《反杜林论》1894 年第 3 版中,恩格斯在原注文之后又加了一句
话:"此外,请读者记住,上述文字是在 1878 年写的。"——编者注

四　暴力论(续完)

"一个非常重要的情况是:事实上,对自然界的统治,无论如何〈!〉,只是通过对人的统治才实现的〈实现统治!〉。如果事先没有奴役人们,强迫他们从事某种形式的奴隶劳役或徭役,在任何时候和任何地方大面积的地产经营都是不可能实现的。对物的经济统治的建立,是以人对人的政治、社会和经济的统治为前提的。如果不同时想到大地主对奴隶、依附农或间接不自由者的统治,怎么能想象一个大地主呢? 无论过去和现在,单个人的力量,最多再加上他的家庭成员的辅助力量,对于大规模的农业耕作来说能有什么意义呢? 在超出单个人的天然力量的规模上使用土地或者扩大对土地的经济统治,这在到目前为止的历史中之所以成为可能,只是因为在建立对土地的统治以前,或者与此同时,也建立了相应的对人的奴役。在发展的更后时期,这种奴役变得缓和了……　在高度文明的国家里,它现在的形式是或多或少由警察统治所指挥的雇佣劳动。因此,表现为大规模土地支配和〈!〉大规模土地占有的现代财富形式的实际可能性,是以这种雇佣劳动为基础的。不言而喻,分配财富的一切其他形式,也应该按类似的方式历史地加以说明;人对人的间接依附关系,现在构成经济上最发达的制度的基本特征,这种关系是不能由它本身去理解和说明的,而只有把它看做已往的直接奴役和剥夺的稍有变化的遗物才能理解和说明。"

杜林先生就是这样说的。

命题:(人)对自然界的统治,是以(人)对人的统治为前提的。

证明:**大面积的地产**的经营,在任何时候和任何地方,都是由被奴役者来进行的。

证明的证明:如果没有被奴役者,怎么能有大土地占有者呢? 因为没有被奴役者,大土地占有者及其家属只能够耕种他所占有的土地的极小一部分。

所以:为了证明人要征服自然界就必须先奴役别人,杜林先生便直截了当地把"自然界"转换为"大面积的地产",并且把这个地产——不知是谁的?——又立即转换为大地主的财产,而没有被奴役者,大地主自然是不能耕种他的土地的。

第一,"对自然界的统治"和"地产的经营"决不是一回事。对自然界的统治的规模,在工业中比在农业中大得多,直到今天,农业不但不能控制气候,还不得不受气候的控制。

第二,如果我们只限于谈大面积的地产的经营,那么,问题就在于:这个地产是属于谁的。我们在所有的文明民族的历史初期所看到的不是"大地主"——杜林先生在这里以他惯用的、被他称为"自然的辩证法"[87]的那套变戏法的手法把大地主塞了进来——,而是土地共同占有的氏族公社和农村公社。从印度到爱尔兰,大面积的地产的经营,最初正是由这种氏族公社和农村公社来进行的,同时,耕地或者以公社为单位共同耕种,或者分成小块,由公社在一定时期内分配给各个家庭去耕种,而森林和牧场继续共同使用。所有这些事情,杜林先生都毫无所知;他的全部著作都表明他完全不知道毛勒关于原始德意志马尔克制度这一整个德意志法的基础的划时代的著作[88],同时也表明他完全不知道那些主要受毛勒影响的、日益增多的其他著作,这些著作证明在所有欧洲和亚洲的文明民族中都存在过原始的土地公有,而且阐述了这种所有制的存在和解体的各种形式。杜林先生的这种无知又一次表明了他在"政治和法律的领域"中所进行的"最深刻的专门研究"的特色。杜林先生在法兰西法和英吉利法的领域中已经"自己为自己赢得他自己的全部无知"①,这种无知尽管是非常惊人的,可

---

① 见海涅《科贝斯第一》。——编者注

是他在德意志法的领域中赢得了更加惊人得多的无知。这个人对大学教授的狭隘眼界十分愤怒，而他现在在德意志法的领域中所具有的水平最多也不过是 20 年前大学教授的水平。

杜林先生断言，大面积的地产的经营需要有地主和被奴役者，这种说法纯粹是他的"自由创造物和想象物"。在整个东方，公社或国家是土地的所有者，在那里的语言中甚至没有地主这个名词，关于这一点，杜林先生尽可以向英国的法学家请教，他们曾在印度徒劳地苦苦思索"谁是土地的所有者？"这个问题，正像已去世的邦君亨利希七十二世·罗伊斯-施莱茨-格赖茨-洛本施泰因-埃伯斯多夫[89]徒劳地苦苦思索"谁是守夜者？"这个问题一样。只有土耳其人才第一次在被他们征服的东方国家推行了一种地主封建制度。希腊早在英雄时代就已经带着等级划分进入历史，这种等级划分本身显然只是我们所不知道的久远的史前时代的产物；但是就在这里，土地也主要是由独立的农民耕种的；成为例外的，是贵族和部落首领的较大的田产，而且它们很快就消失了。在意大利，土地主要是由农民垦殖的；在罗马共和国末期，大田庄即大庄园排挤小农而代之以奴隶，它们同时也以畜牧业代替了农业，而且像普林尼所已经知道的那样，使意大利趋于崩溃（latifundia Italiam perdidere）①。在中世纪，农民的耕作在整个欧洲占支配地位（特别是在开垦荒地方面），至于农民是否必须向某个封建主交纳贡赋，交纳什么，这对于目前的问题是无关紧要的。弗里斯兰、下萨克森、佛兰德和下莱茵的移民耕种了从斯拉夫人那里夺来的易北河以东的土地，他们作为自由农进行耕作，交纳很低的赋税，但他们决不

---

① 参看普林尼《博物志》第 18 卷第 35 章。——编者注

是处于"某种形式的徭役"之下。——在北美洲,绝大部分的土地是自由农的劳动开垦出来的,而南部的大地主用他们的奴隶和掠夺性的耕作制度耗尽了地力,以致在这些土地上只能生长云杉,而棉花的种植则不得不越来越往西移。在澳大利亚和新西兰,英国政府人为地制造土地贵族的一切企图都遭到了失败。总之,除了气候使欧洲人无法在当地从事农业劳动的热带和亚热带的殖民地以外,利用奴隶或徭役制农奴来征服自然界和开垦土地的大地主,纯粹是幻想的产物。相反,在古代出现大地主的地方,例如意大利,他们不是把荒地变为可耕的土地,而是把农民已经开垦的土地变为牧场,把人赶走,使整片整片的土地荒芜。只是在近代,自从比较稠密的人口抬高了地价以来,特别是自从农艺学的发展使劣等的土地也较能适于耕种以来,大地产才开始大规模地参与荒地和牧场的开垦,而这主要是通过夺取农民的公地进行的,在英国是这样,在德国也是这样。但当时不是没有对应的措施。例如大土地占有者每在英格兰开垦一英亩公地,总要在苏格兰至少把三英亩耕地变成牧羊场,最后甚至把这些耕地变成单纯的猎取大猎物的围场。

这里我们只是针对杜林先生的下述论断:大面积土地的开垦,实际上差不多就是全部耕地的开垦,"在任何时候和任何地方"都只是由大地主和被奴役者来进行的。这种论断,如我们已经看到的,是以对历史的真正空前的无知"为前提的"。因此,我们在这里既不必去研究已经完全开垦或大部分开垦了的土地,在各个时代,有多少是由奴隶(如在希腊的极盛时期)所耕种或为依附农所耕种(如中世纪以来的徭役田庄),也不必去研究大土地占有者在各个时代具有什么样的社会职能。

杜林先生在我们面前展示了这样一幅独具匠心的幻想图——在这幅图中，不知是演绎的戏法还是历史的捏造更值得赞叹——，然后就得意扬扬地高呼：

"不言而喻，分配财富的一切其他形式，也应该按类似的方式历史地加以说明！"

这样一来，他自然就用不着再多说一句话，去解释例如资本的产生。

杜林先生断言，人对人的统治是人对自然界的统治的前提。如果他一般地只想以此来表明：我们现代的整个经济状况，目前已经达到的农业和工业的发展阶段，是在阶级对立中，在统治关系和奴役关系中展开的社会历史的结果，那么他所说的不过是《共产主义宣言》①发表以来早已成为老生常谈的事情。问题恰恰是要去说明阶级和统治关系的产生，如果杜林先生对这个问题总是只用"暴力"这个词来回答，那么这并不能使我们前进一步。被统治者和被剥削者在任何时代都比统治者和剥削者多得多，所以真正的力量总是在前者的手里，仅仅这一简单的事实就足以说明整个暴力论的荒谬性。因此，问题仍然是要去说明统治关系和奴役关系。

这些关系是通过两种途径产生的。

人们最初怎样脱离动物界（就狭义而言），他们就怎样进入历史：他们还是半动物，是野蛮的，在自然力量面前还无能为力，还不认识他们自己的力量；所以他们像动物一样贫困，而且生产能力也未必比动物强。那时普遍存在着生活状况的某种平等，对于家长，

---

① 即《共产党宣言》。——编者注

也存在着社会地位的某种平等,至少没有社会阶级,这种状况在后来的文明民族的自然形成的农业公社中还继续存在着。在每个这样的公社中,一开始就存在着一定的共同利益,维护这种利益的工作,虽然是在全体的监督之下,却不能不由个别成员来担当:如解决争端;制止个别人越权;监督用水,特别是在炎热的地方;最后,在非常原始的状态下执行宗教职能。这样的职位,在任何时候的原始公社中,例如在最古的德意志的马尔克公社中可以看到,甚至在今天的印度还可以看到。不言而喻,这些职位被赋予了某种全权,这是国家权力的萌芽。生产力逐渐提高;较稠密的人口使各个公社之间在一些场合产生共同利益,在另一些场合又产生相互抵触的利益,而这些公社集合为更大的整体又引起新的分工,建立保护共同利益和防止相互抵触的利益的机构。这些机构,作为整个集体的共同利益的代表,在对每一个公社的关系上已经处于特别的、在一定情况下甚至是对立的地位,它们很快就变得更加独立了,这种情况的出现,部分地是由于职位的世袭(这种世袭在一切事情都是自发地进行的世界里差不多是自然而然地形成的),部分地是由于同别的集团的冲突的增多,使得这种机构越来越必不可少了。在这里我们没有必要来深入研究:社会职能对社会的这种独立化怎样逐渐上升为对社会的统治;起先的公仆在情况有利时怎样逐步变为主人;这种主人怎样分别成为东方的暴君或总督,希腊的部落首领,凯尔特人的族长等等;在这种转变中,这种主人在什么样的程度上终究也使用了暴力;最后,各个统治人物怎样结合成一个统治阶级。在这里,问题仅仅在于确定这样的事实:政治统治到处都是以执行某种社会职能为基础,而且政治统治只有在它执行了它的这种社会职能时才能持续下去。不管在波斯和印度兴起和衰落的专制政府有多少，每一个专制政府都十分清楚地知道它们首先是河谷灌溉的总管，在那里，没有灌溉就不可能有农业。只有文明的英国人才在印度忽视了这一点；他们听任灌溉渠道和水闸毁坏，现在，由于周期性地发生饥荒，他们才终于发现，他们忽视了唯一能使他们在印度的统治至少同他们前任的统治一样具有某种合理性的那种行动。

但是，除了这样的阶级形成过程之外，还有另一种阶级形成过程。农业家族内的自发的分工，达到一定的富裕程度时，就有可能吸收一个或几个外面的劳动力到家族里来。在旧的土地公有制已经崩溃或者至少是旧的土地共同耕作已经让位于各个家族分得地块单独耕作的那些地方，上述情形尤为常见。生产已经发展到这样一种程度：现在人的劳动力所能生产的东西超过了单纯维持劳动力所需要的数量；维持更多的劳动力的资料已经具备了；使用这些劳动力的资料也已经具备了；劳动力获得了某种**价值**。但是公社本身和公社所属的集团还不能提供多余的可供自由支配的劳动力。战争却提供了这种劳动力，而战争就像相邻几个公社集团的同时并存一样古老。先前人们不知道怎样处理战俘，因此就简单地把他们杀掉，在更早的时候甚至把他们吃掉。但是在这时已经达到的“经济状况”的水平上，战俘获得了某种价值；因此人们就让他们活下来，并且使用他们的劳动。这样，不是暴力支配经济状况，而是相反，暴力被迫为经济状况服务。**奴隶制**被发现了。奴隶制很快就在一切已经发展得超过古代公社的民族中成了占统治地位的生产形式，但是归根到底也成为它们衰落的主要原因之一。只有奴隶制才使农业和工业之间的更大规模的分工成为可能，从而使古代世界的繁荣，使希腊文化成为可能。没有奴隶制，就没有希腊国家，就没有希腊的艺术和科学；没有奴隶制，就没有罗马帝国。没有希腊文化和罗马帝国所奠定的基础，也就没有现代的欧洲。我们永远不应该忘记，我们的全部经济、政治和智力的发展，是以奴隶制既成为必要、又得到公认这种状况为前提的。在这个意义上，我们有理由说：没有古希腊罗马的奴隶制，就没有现代的社会主义。

讲一些泛泛的空话来痛骂奴隶制和其他类似的现象，对这些可耻的现象发泄高尚的义愤，这是最容易不过的事情。可惜，这样做仅仅说出了一件人所共知的事情，这就是：这种古希腊罗马的制度已经不再适合我们目前的状况和由这种状况所决定的我们的感情。但是，这种制度是怎样产生的，它为什么存在，它在历史上起了什么作用，关于这些问题，我们并没有因此而得到任何的说明。如果我们深入地研究一下这些问题，我们就不得不说——尽管听起来是多么矛盾和离奇——在当时的情况下，采用奴隶制是一个巨大的进步。人类是从野兽开始的，因此，为了摆脱野蛮状态，他们必须使用野蛮的、几乎是野兽般的手段，这毕竟是事实。古代的公社，在它们继续存在的地方，从印度到俄国，在数千年中曾经是最野蛮的国家形式即东方专制制度的基础。只是在公社瓦解的地方，各民族才靠自身的力量继续向前迈进，它们最初的经济进步就在于借助奴隶劳动来提高和进一步发展生产。有一点是清楚的：当人的劳动的生产率还非常低，除了必要生活资料只能提供很少的剩余的时候，生产力的提高、交往的扩大、国家和法的发展、艺术和科学的创立，都只有通过更大的分工才有可能，这种分工的基础是从事单纯体力劳动的群众同管理劳动、经营商业和掌管国事以及后来从事艺术和科学的少数特权分子之间的大分工。这种分工的最简单的完全自发的形式，正是奴隶制。在古代世界、特别是希腊世界的历史前提之下，进步到以阶级对立为基础的社会，这只能通过奴隶制的形式来完成。甚至对奴隶来说，这也是一种进步；成为大批奴隶来源的战俘以前都被杀掉，在更早的时候甚至被吃掉，现在至少能保全生命了。

在这里我们顺便补充一下，剥削阶级和被剥削阶级、统治阶级和被压迫阶级之间的到现在为止的一切历史对立，都可以从人的劳动的这种相对不发展的生产率中得到说明。只要实际从事劳动的居民必须占用很多时间来从事自己的必要劳动，因而没有多余的时间来从事社会的公共事务——劳动管理、国家事务、法律事务、艺术、科学等等，总是必然有一个脱离实际劳动的特殊阶级来从事这些事务；而且这个阶级为了它自己的利益，从来不会错过机会来把越来越沉重的劳动负担加到劳动群众的肩上。只有通过大工业所达到的生产力的极大提高，才有可能把劳动无例外地分配给一切社会成员，从而把每个人的劳动时间大大缩短，使一切人都有足够的自由时间来参加社会的公共事务——理论的和实际的公共事务。因此，只是在现在，任何统治阶级和剥削阶级才成为多余的，而且成为社会发展的障碍；也只是在现在，统治阶级和剥削阶级，无论拥有多少"直接的暴力"，都将被无情地消灭。

因此，既然杜林先生因为希腊文化是以奴隶制为基础而对它嗤之以鼻，那他可以用同样的理由去责备希腊人没有蒸汽机和电报。既然他断言，我们现代的雇佣奴役制只能解释为奴隶制的稍有变化和稍微缓和的遗物，而不能从它本身（即从现代社会的经济规律）去加以说明，那么这种论断，要么只是说雇佣劳动同奴隶制一样，是奴役和阶级统治的形式——这是每个小孩子都知道的——,要么就是错误的。因为根据同样的理由,我们也可以说,雇佣劳动只能被解释为缓和的吃人形式,现在到处都已经证实,吃人曾是处理战败的敌人的原始形式。

由此可以清楚地看到,对于经济的发展,暴力在历史中起着什么样的作用。第一,一切政治权力起先都是以某种经济的、社会的职能为基础的,随着社会成员由于原始公社的瓦解而变为私人生产者,因而和社会公共职能的执行者更加疏远,这种权力不断得到加强。第二,政治权力在对社会独立起来并且从公仆变为主人以后,可以朝两个方向起作用。或者它按照合乎规律的经济发展的精神和方向发生作用,在这种情况下,它和经济发展之间没有任何冲突,经济发展加快速度。或者它违反经济发展而发生作用,在这种情况下,除去少数例外,它照例总是在经济发展的压力下陷于崩溃。这少数例外就是个别的征服事件:比较野蛮的征服者杀光或者驱逐某个地方的居民,并且由于不会利用生产力而使生产力遭到破坏或衰落下去。例如在摩尔西班牙,基督徒就是这样对待摩尔人赖以从事高度发展的农业和园艺业的大部分灌溉工程的。由比较野蛮的民族进行的每一次征服,不言而喻,都阻碍了经济的发展,摧毁了大批的生产力。但是在长时期的征服中,比较野蛮的征服者,在绝大多数情况下,都不得不适应由于征服而面临的比较高的"经济状况";他们为被征服者所同化,而且多半甚至不得不采用被征服者的语言。但是,如果撇开征服的情况不谈,当某一个国家内部的国家权力同它的经济发展处于对立地位的时候——直到现在,几乎一切政治权力在一定的发展阶段上都是这样——,斗争每次总是以政治权力被推翻而告终。经济发展总是毫无例外地和无情地为自己开辟道路,最近这方面最显著的例子,就是我们已经提到过的法国大革命。如果根据杜林先生的学说，某个国家的经济状况以及与此相关的经济制度完全依赖于政治暴力，那就根本不能理解，为什么弗里德里希-威廉四世在 1848 年之后，尽管有"英勇军队"**90**，却不能把中世纪的行会制度和其他浪漫的狂念，嫁接到本国的铁路、蒸汽机以及刚刚开始发展的大工业上去；或者为什么强暴得多的俄国沙皇①不但不能偿付他的债务，而且如果不利用西欧的"经济状况"不断借债，甚至不能保持他的"暴力"。

在杜林先生看来，暴力是绝对的坏事，第一次暴力行为是原罪，他的全部叙述只是哀诉这一暴力行为怎样作为原罪玷污了到现在为止的全部历史，一切自然规律和社会规律怎样被这种恶魔力量即暴力可耻地歪曲了。但是，暴力在历史中还起着另一种作用，革命的作用；暴力，用马克思的话说，是每一个孕育着新社会的旧社会的助产婆②；它是社会运动借以为自己开辟道路并摧毁僵化的垂死的政治形式的工具——关于这些，杜林先生一个字也没有提到。他只是在叹息和呻吟中承认这样一种可能性：为了推翻进行剥削的经济，也许需要暴力，这很遗憾！因为在他看来，暴力的任何使用都会使暴力使用者道德堕落。他说这话竟不顾每一次革命的胜利带来的道德上和精神上的巨大跃进！而且这话是在德国说的，在那里，人民可能被迫进行的暴力冲突至少有一个好处，即扫除三十年战争**54**的屈辱在民族意识中造成的奴才气。而这种枯燥的、干瘪的、软弱无力的传教士的思维方式，竟要强加给历史上最革命的政党！

---

① 亚历山大二世。——编者注
② 参看马克思《资本论》第一卷，《马克思恩格斯选集》第 3 版第 2 卷第 296 页。——编者注

五 价 值 论

大约在一百年以前,在莱比锡出版了一本书,这本书到 19 世纪初已经再版了 30 多次;官方、传教士、各色各样的慈善家都在城市和农村传播、分发这本书,并且指定国民学校普遍地把它作为读本。这本书就是罗霍的《儿童之友》①。它的目的在于教育农民和手工业者的子弟懂得他们一生的使命,以及他们对社会和国家的领导应尽的义务,同时,教导他们愉快地满足于他们在人间的命运,满足于黑面包和土豆,满足于劳役、低微的工资、长辈的鞭笞以及诸如此类的好事,而所有这些都是用当时流行的启蒙方式进行的。为了这个目的,他们开导城市和农村的青年:自然界安排得多么巧妙啊,人必须通过劳动来维持生活和得到享受;农民和手工业者应该感到多么幸福啊,他们可以用艰辛的劳动去给自己的膳食增添滋味,而不像富足的酒肉之徒那样苦于消化不良、胆管阻塞和便秘,勉勉强强地吞咽最精细的美食。老罗霍认为对当时的萨克森农民子弟挺有用的那些老生常谈,现在杜林先生却在他的《教程》第 14 页和以后几页上当做最新的政治经济学的"绝对基础性的东西"提供给我们。

"人的需要本身是有其自然规律性的,并且它的增加是有限度的,只有不自然状态才能在一个时期内超越这种限度,直到由这种不自然状态产生厌

---

① 弗·埃·罗霍《儿童之友。乡村学校读本》1776 年勃兰登堡—莱比锡版。——编者注

恶、厌世、衰老，成为社会的残废，以至最后老死……纯为享乐而无其他的认真的目的的游戏，很快就使人厌倦，或者换一个说法，使人丧失一切感觉能力。因此，任何一种形式的实际的劳动，是健康人的社会的自然规律……如果欲望和需要缺少平衡力量，那么它们连儿童式的存在也难以保持，更不用说历史地逐渐上升的生活发展了。如果不经过努力而完全得到满足，那么欲望和需要很快就会枯竭，并且留下一种空虚的存在，也就是一个令人厌烦的间歇时期，这个时期一直持续到欲望和需要重新恢复时为止……因此，无论从哪方面看，欲望和情欲的满足有赖于经济障碍的克服，这是自然界的外部结构和人的内在本性的有益的基本规律"，如此等等。

可以看到，尊敬的罗霍的最庸俗的陈词滥调，在杜林先生那里庆祝了它们的100周年，而且这还被看成是为唯一真正批判的和科学的"共同社会体系""奠定更加深刻的基础"。

这样，杜林先生在奠定了基础以后，可以继续建造了。他应用数学的方法，首先照老欧几里得的先例[91]给我们提供了一系列定义。这是非常便当的，因为他在下定义时就可以把应当借助定义证明的论点部分地包含在这些定义之中了。这样，我们首先看到，

到现在为止的经济学的主要概念叫做财富，而财富，正像它直到现在真正地在世界历史上被理解的那样，像它的领域被人们所阐述的那样，是"对人和物的经济权力"。

这是双重的错误。第一，古代氏族公社和农村公社的财富决不是对人的支配。第二，就是在那些在阶级对立中运动的社会里，如果说财富包含了对人的支配，那它主要地、几乎完全地是**依靠**和**通过**对物的支配来进行对人的支配的。自从猎取奴隶和剥削奴隶成为彼此分开的行业的最初时期起，奴隶劳动的剥削者就不得不购买奴隶，就是说，只有通过对物的支配，通过对奴隶的购买价格、对奴隶的生活资料和劳动资料的支配，才能获得对人的支配。在

整个中世纪,大地产是封建贵族获得佃农和徭役农的先决条件。现在,甚至六岁的小孩也可以看出,财富对人的支配完全要借助它所掌握的物来进行。

但是,为什么杜林先生要对财富下这种错误的定义呢? 为什么他要扯断存在于直到目前的一切阶级社会中的事实上的联系呢? 为的是要把财富从经济领域拖到道德领域中去。对物的支配是好事,但是对人的支配是坏事;杜林先生既然禁止自己以对物的支配去解释对人的支配,他就可以再一次采取勇敢的步骤,立即以他心爱的暴力去解释这种支配。财富作为人的支配者就是"掠夺",于是,我们又碰到了蒲鲁东的"财产就是盗窃"这一陈腐观点①的拙劣的翻版。

这样,我们就有幸从生产和分配这两个主要的角度来看待财富了:作为对物的支配的财富,即生产财富,是好的方面;作为对人的支配的财富,即到现在为止的分配财富,是坏的方面,应该扔掉它! 用于今天的关系,那就是:资本主义的生产方式是很好的,可以继续存在,但是资本主义的分配方式完全不适用,必须废除。在写经济学的东西时,连生产和分配之间的联系都没有理解,自然就会得出这样的谬论。

在财富之后,对价值所下的定义如下:

"价值是经济物品和经济服务在交往中所具有的意义。"这种意义相当于"价格或其他任何一种等价物名称,如工资"。

换句话说:价值就是价格。或者,为了对杜林先生不做任何不

---

① 见皮·约·蒲鲁东《什么是财产? 或关于法和权力的原理的研究》1840 年巴黎版第 2 页。——编者注

公平的事情,并尽量用他自己的话来复述他的定义的荒谬,倒不如说:价值是各种价格。因为他在第 19 页上说:

"价值和以货币来表现这个价值的各种价格",

可见他自己认定,同一价值有极其不同的价格,因而也有同样多的不同的价值。如果黑格尔不是早已死去,他或许会上吊的。即使他把全部神学逻辑都用上,也造不出这样一种有多少价格就有多少不同的价值的价值。只有具备杜林先生那样的自信心的人,才能以下面这样的解释来为经济学奠定新的更加深刻的基础:在价格和价值之间,除了一个是以货币来表现,另一个不是以货币来表现以外,再没有其他任何区别了。

但是我们还是不知道什么是价值,更不知道价值是由什么决定的。所以杜林先生不得不作进一步的说明。

"一般说来,价值和以货币来表现这个价值的各种价格所依据的比较和估价的基本规律,撇开只给价值概念带来第二要素的分配不谈,首先存在于纯生产的领域中。自然条件的不同,使得创造物品的种种努力遇到或大或小的障碍,因而迫使人们付出或大或小的经济力量,这些障碍也决定……或大或小的价值";而价值是根据"自然界和各种条件对创造活动的阻力来估价的……   我们在它们〈物品〉里面所投入的我们自己的力量的多少,就是一般价值和某一特定的价值量存在的直接的决定性原因。"

如果所有这套说法还有某种意义,那么这就是:一个劳动产品的价值是由制造这个产品所必需的劳动时间来决定的,这一点,即使没有杜林先生,我们也老早就知道了。他不是简单地叙述事实,而偏要神谕式地歪曲这个事实。说一个人在任何物品里所投入的力量的多少(为了保留这种浮夸的表达法),是价值和价值量的直接的决定性原因,这完全是错误的。第一,问题在于把力量投入什么物品;第二,是怎样投入的。如果我们的某个人制造的是对于别人没有使用价值的物品,那么他的全部力量就不能造成丝毫价值;如果他坚持用手工的方法去制造一种物品,而用机器生产这种物品所花的力量只是前者的二十分之一,那么他所投入的二十分之十九的力量既没有造成一般价值,也没有造成某一特定的价值量。

其次,如果把积极地创造产品的生产劳动变换为纯粹消极地克服某种阻力的活动,那么事情就完全被歪曲了。这样一来,为了要得到一件汗衫,我们必须做以下的事:首先要克服棉花种子对播种和生长的阻力,其次要克服成熟的棉花对采摘、包装和运送等的阻力,再次要克服棉花对开包、梳理和纺的阻力,以后是克服棉纱对织的阻力,棉布对漂白和缝纫的阻力,最后是克服做好的汗衫对穿着的阻力。

所有这些幼稚的颠倒和歪曲,究竟是为了什么呢? 为了借助"阻力"从"生产价值",从这个真正的、但直到现在仅仅是想象的价值,得出为暴力所伪造的、在直到现在为止的历史中唯一适用的"分配价值"。

"除了自然界所造成的阻力……还有另一种纯社会的障碍…… 在人和自然界之间出现一种阻碍的力量,而这种力量仍旧是人。想象中的唯一的和孤立的人对自然界是自由的…… 只要我们想到第二个人,这个人手持利剑,占据通向自然界和自然资源的入口,要求某种形式的入门费,那情况就不同了。这第二个人……仿佛征收另一个人的税,所以他就是以下这种情况的原因:人们想要得到的物品的价值,会比创造或生产没有遇到这种政治障碍和社会障碍时的价值大…… 这种人为地提高的物品价值的特殊形式是极其多样的,这种提高自然要以劳动价值的相应的压低作为它的伴随物…… 因此,一开始就想把价值看做本来意义上的等价物,即同等价值的东西,或看做根据一种劳动同与其交换的另一种劳动相等的原则而形成的交换关系,这是一种幻想…… 相反,正确的价值论的特征将是:这种理论所设想的最一般的估价理由,是不会同建立在强迫分配之上的特殊的价值形态吻合的。这种特殊的价值形态随着社会制度而变更,而真正的经济价值只能是按对自然的关系来计量的生产价值,所以它只随着自然性质的和技术性质的纯粹的生产障碍而变化。"

因此,按照杜林先生的意见,一个物品的实际上存在的价值是由两部分组成的:第一,它本身所包含的劳动,第二,"手持利剑"逼出来的附加税。换句话说,目前存在的价值是一种垄断价格。如果现在一切商品,按照这种价值论,都具有这样一种垄断价格,那么只有两种情况是可能的。或者每个人作为买主重新丧失他作为卖主所获得的东西;价格虽然在名义上改变了,但是实际上——在它们的相互关系中——保持不变;一切还是照旧,而有名的分配价值只不过是假象。——或者所谓的附加税表现为一个真实的价值额,即由劳动的、创造价值的阶级所生产,但被垄断者阶级所占有的价值额,这时,这个价值额就只由无酬劳动组成;尽管有手持利剑的人,尽管有所谓的附加税和所称的分配价值,我们在这种情况下还是回到了马克思的**剩余价值**理论。

但是,我们来看看有名的"分配价值"的几个例子吧。在第135页和以后几页上写道:

"由于个人竞争而产生的价格的形态,也可以看做经济分配和相互征税的形式……试设想,某种必需的商品的储存突然大大地减少了,因此,卖方就得到了过分大的进行剥削的权力…… 特别是在不正常的情况下,当必需的商品的供应在一个比较长的时期内中断的时候,可以看到,价格是怎样猛升暴涨的",等等。除此以外,在事物的正常进程中也存在着可以任意提高价格的实际垄断,例如铁路、城市的自来水公司和灯用煤气公司等。

存在着这种垄断性的剥削现象,这是早已知道的。但是不把这种情况所造成的垄断价格看做例外和特殊情况,而恰恰把它看做现在通行的确定价值的办法的典型例子,这倒是新鲜事。生活资料的价格是怎样确定的呢? 杜林先生回答说:到一个被围困的、供应中断的城市去调查一番吧! 竞争怎样影响市场价格的确定呢? 去问垄断吧,它会告诉你们的!

此外,即使在这种垄断的情况下,也不会发现手持利剑站在垄断背后的人。相反,在被围困的城市中,手持利剑的人即司令官,如忠于职守,总是很快地取缔这种垄断,并且没收垄断者的存货,拿来平均分配。而且,只要手持利剑的人企图制造“分配价值”,就总是要招致事业的失败和金钱的损失。荷兰人因为垄断东印度贸易而使他们的垄断和贸易遭到毁灭。当年存在过的两个最强大的政府,北美革命政府和法国国民公会,企图强行规定最高价格,结果遭到惨痛的失败。俄国政府几年来都在努力提高俄国纸币的汇价,这种汇价是由于在俄国不断发行不兑现的银行券而压低的,现在它又不断地在伦敦为俄国买进票据,以图达到提高汇价的目的。它在几年之间为了实现这个心愿花费了大约 6 000 万卢布,可是现在 1 卢布还不值 2 马克,而不是 3 马克多。如果利剑具有杜林先生所赋予的经济魔力,那么,为什么没有一个政府能够长期地硬使坏货币具有好货币的“分配价值”,或者硬使纸币具有黄金的“分配价值”呢? 在世界市场上发号施令的利剑在什么地方呢?

其次,分配价值还有一种重要形式,通过这种形式,分配价值使人们可以在不付出对等劳动的情况下占有他人的劳动,这种形式就是财产的租金,即地租和资本赢利。我们现在指出这一点,只是为了能够说明,这就是我们关于有名的“分配价值”所得知的一切——是一切吗? 还不完全是一切。请听:

"尽管在生产价值和分配价值的认识方面表现出双重的观点,但是总有一些共同的东西作为基础,这就是借以形成一切价值、因而用以计量一切价值的那种对象。直接的天然的尺度是力的花费,而最简单的单位是最粗浅意义上的人力。后者归结为生存时间,而生存时间的自我维持又表现为对营养上和生活上一定数量的困难的克服。只有在支配非生产出来的物品的权力,或者更通俗地说,这些物品本身,同具有真正生产价值的劳动或物品相交换的地方,分配价值或占有价值才纯粹地或绝对地存在。在每种价值表现中,因而也在那种通过分配而不是付出对等劳动被占有的价值组成部分中,所表明和表现的相同的东西,就是人力的花费,人力……体现于……每个商品之中。"

我们对此还有什么可说的呢?如果一切商品价值都由商品中所体现的人力的花费来计量,那么,分配价值、加价、赋税的征收都到哪里去了呢?杜林先生固然告诉我们,即使非生产出来的物品,即不能有真正价值的物品,也能够获得分配价值,并同生产出来的具有价值的物品相交换。但是,他同时又说,**一切价值**,因而也包括纯粹的和绝对的分配价值,都在于其中所体现的力的花费。在这里,可惜我们没有听到,力的花费怎样体现在非生产出来的物品中。无论如何,在所有这些关于价值的乱七八糟的东西中似乎终于有一点清楚地显现出来了,这就是:分配价值,通过社会地位而强加的商品加价,借助于利剑而逼出来的税,又都是虚无;商品的价值是完全由人力的花费决定的,正如通常所说的,是由体现在它们里面的劳动决定的。可见,杜林先生所说的,除地租和几种垄断价格外,不就是被他痛骂过的李嘉图—马克思的价值理论早就远为明确而清楚地说过的见解吗?只是他说得很混乱,很模糊而已。

他说了这些,同时也说了相反的东西。马克思从李嘉图的研究出发,说道:商品的价值是由体现在商品中的社会必要的、一般人的劳动决定的,而劳动又由劳动时间的长短来计量。劳动是一切价值的尺度,但是它本身是没有价值的。杜林先生以他那笨拙的方式也提出劳动是价值尺度,以后又继续说:

> 劳动"归结为生存时间,而生存时间的自我维持又表现为对营养上和生活上一定数量的困难的克服"。

我们且不说他纯粹想要标新立异而混淆劳动时间(在这里,问题只涉及劳动时间)和生存时间(这种生存时间,直到现在还从来没有创造过或计量过价值)。我们也不说这种生存时间的"自我维持"是要造成"共同社会的"假象;从过去到将来,只要世界存在,每个人都必须这样地来维持自己的生命:他自己消费他维持生命所必需的资料。如果我们假定杜林先生是用经济学的精确的语言来作表述的,那么上面这句话不是根本没有意义,就是有这样的意义:一件商品的价值是由体现在这件商品中的劳动时间决定的,而这一劳动时间的价值是由在这个时间内维持工人生活所必需的生活资料的价值决定的。对于目前的社会来说,这就是:一件商品的价值是由包含在这件商品中的**工资**决定的。

这样我们终于接触到了杜林先生真正要说的东西。按照庸俗经济学的说法,一件商品的价值是由生产费用来决定的。

> 凯里反对这种意见,而"强调这样的真理:不是生产费用,而是再生产费用决定价值"(《批判史》第401页)。

这种生产费用或再生产费用是怎么一回事,我们以后再说;这里仅仅指出,大家都知道,它们是由工资和资本利润构成的。工资是体现在商品中的"力的花费",是生产价值。利润是资本家利用自己的垄断、利用自己手中的利剑逼出来的赋税或加价,是分配价值。这样,杜林价值论的充满矛盾的胡言乱语,终于转化为美妙和谐的明白见解了。

在亚当·斯密那里,工资决定商品价值的观点还常常和劳动时间决定价值的观点混在一起,自李嘉图以来,前一种观点就被逐出科学的经济学之外了,今天,它仅仅还流行于庸俗经济学中。正是现存资本主义社会制度的最平庸的颂扬者宣扬工资决定价值的观点,同时还把资本家的利润说成一种高级的工资、禁欲的报酬(因为资本家没有把他的资本挥霍掉)、冒险的奖赏、经营管理的报酬等等。杜林先生和他们不同的地方,只是在于他宣布利润是掠夺。换句话说,杜林先生是把他的社会主义直接建立在最坏的庸俗经济学的学说之上的。他的社会主义和这种庸俗经济学具有同样的价值。二者存亡与共。

无论如何,下面这一点是很清楚的:工人所完成的和他所花费的,正像机器所完成的和它所花费的一样,是不同的东西。工人在一个12小时的工作日内所创造的价值,同他在这个工作日为和属于这个工作日的休息时间内所消费的生活资料的价值,是没有任何共同之处的。在这些生活资料中,按照劳动生产率发展的程度,可以体现出3小时、4小时或7小时的劳动时间。如果我们假定这些生活资料的生产需要7小时的劳动,那么根据杜林先生所采用的庸俗经济学的价值论,就应当说:12小时劳动的产品具有7小时劳动的产品的价值,12小时的劳动等于7小时的劳动,或12=7。说得更明白些:一个农业工人,不论他处于什么样的社会关系之中,在一年内生产了一定数量的谷物,比如说20石小麦。他在这一年内消费了相当于15石小麦的价值。这样,20石小麦就具有了和15石的小麦一样的价值,并且这是在同一市场上,在其他方面完全相同的条件下发生的;换句话说,20 = 15。而这还叫做经济学!

人类社会脱离动物野蛮阶段以后的一切发展,都是从家庭劳动创造出的产品除了维持自身生活的需要尚有剩余的时候开始的,都是从一部分劳动可以不再用于单纯生活资料的生产,而是用于生产资料的生产的时候开始的。劳动产品超出维持劳动的费用而形成剩余,以及社会的生产基金和后备基金靠这种剩余而形成和积累,过去和现在都是一切社会的、政治的和智力的发展的基础。在迄今为止的历史中,这种基金都是一个特权阶级的财产,而政治统治权和精神主导权也和这种财产一起落到这个特权阶级的手里。即将到来的社会变革将把这种社会的生产基金和后备基金,即全部原料、生产工具和生活资料,从特权阶级的支配中夺过来,把它们转交给全社会作为公有财产,这样才真正把它们变成了社会的基金。

二者必居其一。或者:商品的价值是由生产这些商品所必需的劳动的维持费用决定的,这就是说,在今天的社会中是由工资决定的。这样,每个工人**在他的工资中**就得到了**他的劳动产品的价值**,这样,资本家阶级对雇佣工人阶级的剥削就成为不可能的事情。假定维持一个工人生活的费用在一个社会里是每天3马克。这样,根据上述庸俗经济学的理论,工人每天的产品就具有3马克的价值。现在我们假定,雇用这个工人的资本家对这一产品加上了利润,即加上1马克的税,把它卖了4马克。其他资本家也这样做。但是这样一来,工人每日的生活费就不再是3马克,而是也需要4马克。因为一切其他条件都是假定不变的,所以表现为生活资料的工资应该是不变的,所以表现为货币的工资就不得不增加,从每天 3 马克增加到 4 马克。资本家以利润形式从工人阶级身上剥夺的东西,不得不以工资的形式还给工人阶级。我们绝对没有前进一步:如果工资决定价值,那么资本家对工人的任何剥削就都是不可能的了。就连产品剩余的形成也是不可能的了,因为按照我们的假定,工人正好消费掉他们所生产的价值。而因为资本家不生产任何价值,所以甚至不能想象,资本家究竟靠什么来生活。如果生产超出消费而形成的这种剩余,这种生产基金和后备基金终究存在,而且是在资本家手中,那么就只能有一个解释:工人为维持自己的生活仅仅消费了商品的**价值**,而把商品本身留给了资本家继续使用。

或者:如果这个生产基金和后备基金确实在资本家阶级的手中,如果这种基金确实是由利润的积累而产生的(在这里,我们暂时把地租撇开),那么这种基金必然是由工人阶级向资本家阶级提供的劳动产品超过资本家阶级向工人阶级支付的工资总数形成的剩余积累而成的。但是这样一来,价值就不是由工资决定,而是由劳动量本身决定的;这样,工人阶级以劳动产品的形式向资本家阶级提供的价值量,就比他们以工资的形式从资本家阶级那里所得到的价值量大;这就表明,资本的利润像占有他人的无酬劳动产品的其他一切形式一样,只不过是马克思所发现的剩余价值的组成部分。

附带说一下,李嘉图在他的主要著作中一开始就说:

"一件商品的价值取决于生产它所必需的劳动量,而不是取决于对这种劳动所付的或高或低的报酬。"①

---

① 见大·李嘉图《政治经济学和赋税原理》1821 年伦敦第 3 版第 1页。——编者注

关于这个伟大的发现,关于这个划时代的发现,在整个《经济学教程》中一点也没有提到。在《批判史》中却用神谕式的语句否定了这一发现:

"他〈李嘉图〉没有想到:或大或小的比例(在这比例中,工资可以是对生活需要的支付凭据〈!〉)也必定……造成不同的价值关系!"

这句话,读者随便怎么想都可以,但最好是根本不去想它。

现在读者可以从杜林先生向我们提供的五种价值中选择自己最喜欢的那一种了:来自自然界的生产价值,或人的劣根性所创造的分配价值,其特点在于它是按照并非自身所包含的力的花费来计量的,或第三,由劳动时间计量的价值,或第四,由再生产费用计量的价值,或最后,由工资计量的价值。真是丰富的选择,十足的混乱,我们只好和杜林先生一起喊叫:

"价值学说是经济学体系的纯洁性的试金石!"

六　简单劳动和复合劳动

杜林先生在马克思那里发现了只有小学生才会犯的很不像样的经济学上的错误,这种错误同时还包含着危害公共安全的社会主义异端邪说。

马克思的价值论,"无非是一种普通的……学说,它认为,劳动是一切价值的原因,而劳动时间是一切价值的尺度。对所谓熟练劳动的不同价值应该怎样去思考,这个问题在这里是完全不清楚的…… 的确,我们的理论也认为,只有通过耗费的劳动时间才能计量经济物品的自然成本,从而计量经济物品的绝对价值;但是在这里,从一开始就应该认为每个人的劳动时间都是完全相等的,只是必须注意到,在熟练劳动的情况下,在一个人的个人劳动时间之外还有别人的劳动时间共同起作用……例如,以使用的工具的形式起作用。因此,事情并不像马克思先生模模糊糊地想象的那样:某个人的劳动时间本身比另一个人的劳动时间更有价值,因为其中好像凝结着更多的平均劳动时间;相反,一切劳动时间毫无例外地和在原则上(因而不必先得出一种平均的东西)都是完全等价的,只是就一个人的劳动来说,正像任何成品一样,必须注意到,在好像纯粹是自己的劳动时间的耗费中可能隐藏着多少别人的劳动时间。无论是手工生产工具,或者是手,甚至是头脑本身(如果没有别人的劳动时间,这些东西是不能获得专门的特性和劳动能力的),对理论的严格应用都是没有任何意义的。可是马克思先生在他的关于价值的议论中,总是不能摆脱熟练的劳动时间这个在背后作怪的幽灵。有教养的阶级的传统的思维方式使他在这方面不能果断行事;在有教养的阶级看来,承认推小车者的劳动时间和建筑师的劳动时间本身在经济上完全等价,好像是一件非常奇怪的事情。"

　　马克思书中引起杜林先生这样"强烈愤怒"的那段话是非常短的。马克思探讨了**商品**的价值是由什么决定的,并且作了回答:是由包含在商品中的人的劳动决定的。他接着又说,人的劳动"是每个没有任何专长的普通人的有机体平均具有的简单劳动力的耗费……　比较复杂的劳动只是自乘的或不如说多倍的简单劳动,因此,少量的复杂劳动等于多量的简单劳动。经验证明,这种简化是经常进行的。一个商品可能是最复杂的劳动的产品,但是它的价值使它与简单劳动的产品相等,因而本身只表示一定量的简单劳动。各种劳动化为当做它们的计量单位的简单劳动的不同比例,是在生产者背后由社会过程决定的,因而在他们看来,似乎是由习惯确定的"①。

---

① 见马克思《资本论》第 1 卷,《马克思恩格斯选集》第 3 版第 2 卷第 104 页。——编者注

马克思在这里所谈的,首先仅仅是关于**商品**价值的决定,即关于在一个私人生产者所组成的社会内由这些私人生产者各自独立生产出来并且拿来相互交换的物品的价值的决定。因此,这里所说的根本不是什么"绝对价值"(无论它出现在什么地方),而是在一个特定的社会形式中通行的价值。这种价值在这个特定的历史范围内表明是由体现在单个商品中的人的劳动来创造和计量的,而这种人的劳动则表明是简单劳动力的耗费。但是,并非任何劳动都只是人的简单劳动力的耗费;许多种类的劳动包含着需要耗费或多或少的辛劳、时间和金钱去获得的技巧和知识的运用。这种复合劳动同简单劳动即单纯的简单劳动力的耗费,是否在相等的时间内生产出相等的商品价值呢? 显然不是。一小时复合劳动的产品同一小时简单劳动的产品相比,是一种价值高出一倍或两倍的商品。复合劳动的产品的价值通过这种比较表现为一定量的简单劳动;但是复合劳动简化为简单劳动是在生产者背后由社会过程完成的,在这里,在阐述价值理论时,对这一过程只能加以确定,还没有予以说明。

马克思在这里确证的是今天的资本主义社会中每天在我们眼前发生的简单的事实。这一事实是这样确凿,甚至杜林先生也不敢在他的《教程》和他的经济史中加以反驳;马克思的叙述是这样简单明了,除杜林先生外,肯定不会有人感到"在这里是完全不清楚的"。正因为他自己的观点完全不清楚,他才错误地把商品价值(马克思现在研究的只是商品价值)看做只是把问题弄得更不清楚的"自然成本",甚至看做直到目前为止据我们所知在经济学中还根本没有通行过的"绝对价值"。但是,无论杜林先生把"自然成本"理解为什么,无论在他的五种价值中哪一种有幸代表"绝对价值"，有一点是肯定的：马克思根本没有提到过这些东西，而只是讨论商品价值；在《资本论》有关价值的整整一章中没有一点迹象表明，马克思是否认为他的商品价值理论也可以应用于其他社会形式，或者可以应用到什么程度。杜林先生继续说：

"因此，事情并不像马克思先生模模糊糊地想象的那样：某个人的劳动时间本身比另一个人的劳动时间更有价值，因为其中好像凝结着更多的平均劳动时间；相反，一切劳动时间毫无例外地和在原则上（因而不必先得出一种平均的东西）都是完全等价的。"

命运没有使杜林先生成为工厂主，因而他不必按照这个新规则去估定他的商品的价值，从而遭到不可避免的破产，这是他的幸运。这确实是多么幸运啊！我们在这里难道还处于工厂主的社会吗？绝对不是。杜林先生用他的自然成本和绝对价值让我们来一次跳跃，翻了一个真正的空心筋斗，从现在的剥削者的恶劣世界翻到他自己的未来的经济公社，翻到平等和正义的纯洁的太空中，所以我们在这里还不得不稍微观察一下这个新世界，虽然还为时过早。

诚然，根据杜林先生的理论，在经济公社中也只能用耗费的劳动时间来计量经济物品的价值，但是在这里，从一开始就应该认为每个人的劳动时间都是完全相等的，一切劳动时间毫无例外地和在原则上都是完全等价的，而且不必先得出一种平均的东西。现在，把这种激进的平等社会主义同马克思的模糊观念比较一下。据说，这种观念认为某个人的劳动时间本身比另一个人的劳动时间有更多的价值，因为其中凝结着更多的平均劳动时间；有教养的阶级的传统的思维方式使马克思拘泥于这种观念，在有教养的阶级看来，承认推小车者的劳动时间和建筑师的劳动时间在经济上完全等价,好像是一件非常奇怪的事情!

可惜,马克思对前面所引证的《资本论》中的那段话还作了一个简短的注释:"读者应当注意,这里指的不是工人得到的一个工作日的工资或价值,而是指工人的一个工作日对象化的商品价值。"①马克思在这里好像已经预料到杜林的这种手法,所以就反对别人把他的上述见解应用于今天社会中对复合劳动所要支付的工资。如果杜林先生不以此为满足,还把这种见解说成是马克思想用来在按社会主义原则组织起来的社会中调节生活资料的分配的基本原则,那么这种偷梁换柱的无耻行径只有在专事造谣的出版物里才可以见到。

现在我们稍微详细地考察一下等价学说。一切劳动时间,无论是推小车者的劳动时间还是建筑师的劳动时间,都是完全等价的。这样,劳动时间,从而劳动本身,都有一种价值。但是劳动是一切价值的创造者。只有劳动才赋予已发现的自然产物以一种经济学意义上的价值。价值本身只不过是对象化在某个物品中的、社会必要的人类劳动的表现。所以劳动**不能**有任何价值。谈论劳动的价值并且想确定这种价值,这等于谈论价值的价值,或者想确定重量本身的重量,而不是确定一个有重量的物体的重量。杜林先生把社会炼金术士的头衔加给像欧文、圣西门、傅立叶这样的人。但是,当他虚构劳动时间即劳动的价值时,他证明了他自己还远不如真正的炼金术士。现在让人们估量一下杜林先生把下面这个论断强加给马克思时所表现的勇敢吧!这个论断是:某个人的

---

① 见马克思《资本论》第 1 卷,《马克思恩格斯选集》第 3 版第 2 卷第 104 页脚注(15)。——编者注

劳动时间本身比另一个人的劳动时间有更多的价值,劳动时间,从而劳动,有一种价值。其实正是马克思第一次阐明了劳动**不能**有任何价值,以及为什么不能有任何价值。

对于要把人的劳动力从它作为**商品**的地位解放出来的社会主义来说,极其重要的是要认识到,劳动没有任何价值,也不能有任何价值。有了这种认识,杜林先生从自发的工人社会主义那里继承下来的、想把未来的生活资料的分配当做一种比较高的工资来调节的一切企图,就不能得逞。从这种认识产生了进一步的认识:只要分配为纯粹经济的考虑所支配,它就将由生产的利益来调节,而最能促进生产的是能使**一切**社会成员尽可能全面地发展、保持和施展自己能力的那种分配方式。诚然,对于杜林先生所继承的有教养阶级的思维方式来说,下面这种情况必然是一件非常奇怪的事情:总有一天会不再有职业的推小车者和职业的建筑师,曾经在半小时内作为建筑师发号施令的人也要推一段时间的小车,直到再需要他从事建筑师活动时为止。好一个把职业的推小车者永恒化的美好的社会主义!

如果劳动时间的等价所包含的意义,是每个劳动者在相等的时间内生产出相等的价值,而不必先得出一种平均的东西,那么这显然是错误的。即使是同一生产部门内的两个工人,他们在一个劳动小时内所生产的产品价值也总是随着劳动强度和技巧的不同而有所不同;这样的弊病——而且只有像杜林先生那样的人才会把它看成弊病——不是任何经济公社,至少不是我们这个天体上的任何经济公社所能消除的。这样一来,一切劳动的完全等价还剩下些什么呢?剩下的只不过是纯粹夸夸其谈的空话——这种空话的经济基础无非是,杜林先生没有能力把价值由劳动来决定和价值由工资来决定这两种情况加以区别,剩下的只不过是敕令,即新经济公社的基本法律:相等的劳动时间的工资应该相等! 在这方面,老一辈的法国工人共产主义者和魏特林倒是曾经为他们的工资平等说举出了更加好得多的理由。

现在怎样解决关于对复合劳动支付较高工资的全部重要问题呢? 在私人生产者的社会里,培养熟练的劳动者的费用是由私人或其家庭负担的,所以熟练的劳动力的较高的价格也首先归私人所有:熟练的奴隶卖得贵些,熟练的雇佣工人得到较高的工资。在按社会主义原则组织起来的社会里,这种费用是由社会来负担的,所以复合劳动的成果,即所创造的比较大的价值也归社会所有。工人本身没有任何额外的要求。从这里顺便获得的教益是:工人所中意的对"全部劳动所得"的要求,有时也还不是没有问题的。[92]

七 资本和剩余价值

"关于资本,马克思先生首先不是使用流行的经济学概念,即资本是已经生产出来的生产资料,而是企图创造一种更专门的、辩证的历史的观念,这种观念无异于玩弄概念和历史的变态术。他说,资本是由货币产生的;它构成一个历史阶段,这个阶段开始于 16 世纪,即开始于大概在这个时期出现的世界市场萌芽时期。显然,在对概念的这种解释中,国民经济分析的尖锐性就丧失了。在这些应该半是历史和半是逻辑的、而实际上只是历史幻想和逻辑幻想的杂种的荒谬观念中,知性的识别力连同一切诚实的概念运用全都消失了"——

在整整一页上,一直是这样喋喋不休……

"马克思关于资本概念的表述,只能在严谨的国民经济学中引起混乱……产生冒充深刻的逻辑真理的轻率见解……造成基础的薄弱"等等。

这样说来,好像马克思认为资本是在 16 世纪初由货币产生的。这就好像说,金属货币是 3 000 多年前由牲畜产生的,因为在早期牲畜和其他东西一样也承担过货币的职能。只有杜林先生才能采取这样笨拙的和歪曲的表达方式。在马克思关于商品流通过程赖以进行的各种经济形式的分析中,货币是作为最后的形式而产生的。"商品流通的这个最后产物是资本的最初的表现形式。资本在历史上起初到处是以货币形式,作为货币财产,作为商人资本和高利贷资本,与地产相对立…… 这个历史每天都在我们眼前重演。现在每一个新资本最初仍然是作为货币出现在舞台上,也就是出现在市场上——商品市场、劳动市场或货币市场上,经过一定的过程,这个货币就转化为资本。"①这又是马克思确证的一个事实。杜林先生无法驳倒这个事实,就把它加以歪曲,硬说马克思认为资本是由货币产生的!

马克思又进一步研究了货币转化为资本的过程,他首先发现,货币作为资本流通的形式,同货币作为商品的一般等价物流通的形式是相反的。简单的商品占有者为买而卖;他卖出他不需要的东西,而以所得的货币买进他需要的东西。未来的资本家一开头就买进他自己不需要的东西;他为卖而买,而且要卖得贵些,以便收回最初用于购买的货币价值,并且在货币上获得一个增长额;马克思把这种增长额叫做剩余价值。

① 见马克思《资本论》第 1 卷,《马克思恩格斯文集》第 5 卷第 171 — 172 页。——编者注

　　这种剩余价值是从什么地方来的呢？它既不能来自买者以低于商品的价值购买商品，也不能来自卖者以高于商品的价值出卖商品。因为在这两种情况下，每个人的所得和所失由于每个人都轮流地成为买者和卖者而互相抵消了。剩余价值也不能来自欺骗，因为欺骗固然能牺牲一个人而使另一个人发财致富，但是不能增加两人所拥有的总数，因而也不能增加流通的价值的总额。"一个国家的整个资本家阶级不能靠欺骗自己来发财致富。"①

　　可是我们发现，每个国家的整个资本家阶级，因卖出贵于买进，因占有剩余价值，而在我们眼前不断地发财致富。于是我们又回到了原来的问题：这种剩余价值是从什么地方来的？这个问题必须解决，而且要排除任何欺骗，排除任何暴力的任何干涉，用**纯粹经济的**方法来解决，于是问题就是：即使假定相等的价值不断地和相等的价值交换，怎样才能不断地做到贱买贵卖呢？

　　这个问题的解决是马克思著作的划时代的功绩。这个问题的解决使明亮的阳光照进了经济学的各个领域，而在这些领域中，从前社会主义者也曾像资产阶级经济学家一样在深沉的黑暗中摸索。科学社会主义就是以这个问题的解决为起点，并以此为中心的。

　　这个问题是这样解决的：应该转化为资本的货币的价值增长，不能在这种**货币**上发生，也不能起源于**购买**，因为这种货币在这里只是实现商品的价格，而这种价格，由于我们假定相交换的是相等的价值，和商品的价值是没有区别的。根据同一理由，价值的增长

－－－－－－－－－－

① 见马克思《资本论》第 1 卷，《马克思恩格斯文集》第 5 卷第 190 页。——编者注

216

也不能由商品的**出卖**产生。所以这种变化必定发生在所购买的**商品**中,但不是发生在商品的**价值**中,因为商品是按照它的价值买卖的,而是发生在商品的**使用价值**本身中,就是说,价值的变化一定是从商品的消费中产生。"要从商品的消费中取得价值,我们的货币占有者就必须幸运地……在市场上发现这样一种商品,它的使用价值本身具有成为价值源泉的独特属性,因此,它的实际消费本身就是劳动的对象化,从而是价值的创造。货币占有者在市场上找到了这样一种独特的商品,这就是劳动能力或劳动力。"①如果说,正像我们所看到的,劳动本身不能具有任何价值,那么关于**劳动力**却决不能这样说。劳动力一旦变成**商品**(它现在事实上就是商品),就获得一种价值,而这种价值"同任何其他商品的价值一样,也是由生产从而再生产这种独特物品所必要的劳动时间决定的"②,就是说,是由工人为制造维持自己能劳动的状态和延续后代所需的生活资料而必须耗费的劳动时间决定的。我们假定这种生活资料代表每天 6 小时的劳动时间。我们的未来的资本家为了经营企业而购买了劳动力,即雇用了一个工人,如果他付给这个工人的货币也代表 6 小时的劳动,那么他付给这个工人的就是他的劳动力的全部日价值。这个工人只要为这个未来的资本家劳动 6 小时,他就完全补偿了资本家的费用,即资本家所支付的劳动力的日价值。可是这样货币就不能转化为资本,就不能产生任何剩余价值。所以劳动力的购买者对于他所做的交易的性质也有完全不同的看法。只需要 6 小时的劳动就足够维持工人 24 小时的

---

① 见马克思《资本论》第 1 卷,《马克思恩格斯选集》第 3 版第 2 卷第 164 页。——编者注

② 同上,第 165 页。——编者注

生活,这一事实丝毫不妨碍工人在 24 小时中劳动 12 小时。劳动力的价值和劳动力在劳动过程中实现的价值,是两个不同的量。货币占有者支付了劳动力的日价值,所以这一天的劳动力的使用,即这一天的劳动,也就属于他了。劳动力被使用一天所**创造**的价值比它自身的日价值多一倍,这对于买者是特别幸运的,可是根据商品交换的规律,这对于卖者决不是不公平的。这样,根据我们的假设,工人每天使货币占有者**付出** 6 小时劳动的价值产品,但是他每天向货币占有者**提供** 12 小时劳动的价值产品。货币占有者赚得了这个差额——6 小时的无酬的剩余劳动,即体现 6 小时劳动的无酬的剩余产品。魔术变完了。剩余价值产生了,货币转化为资本。

由于马克思以这种方式说明了剩余价值是怎样产生的,剩余价值怎样只能在调节商品交换的规律的支配下产生,所以他就揭露了现代资本主义生产方式以及以它为基础的占有方式的机制,揭示了整个现代社会制度得以确立起来的核心。

但是,资本的这种产生有一个根本的先决条件:"货币占有者要把货币转化为资本,就必须在商品市场上找到自由的工人。这里所说的自由,具有双重意义:一方面,工人是自由人,能够把自己的劳动力当做自己的商品来支配,另一方面,他没有别的商品可以出卖,自由得一无所有,没有任何实现自己的劳动力所必需的东西。"①但是,货币占有者或商品占有者这一方同除自己的劳动力外一无所有者这另一方之间的这种关系,决不是自然史上的关系,

———————————

① 见马克思《资本论》第 1 卷,《马克思恩格斯选集》第 3 版第 2 卷第 164 页。——编者注

也不是一切历史时期所共有的关系，"它本身显然是已往历史发展的结果，……是一系列陈旧的社会生产形态灭亡的产物"①。而在 15 世纪末 16 世纪初，由于封建生产方式的崩溃，这种自由的劳动者才在历史上第一次大量地出现。但是由于这种情形，而且由于世界贸易和世界市场从那个时代起开始形成，所以就产生了一种基础，在这种基础上，现存的大量动产必然要越来越多地转化为资本，而以生产剩余价值为目的的资本主义生产方式，必然要越来越成为占绝对支配地位的生产方式。

这就是马克思的"荒谬观念"，"历史幻想和逻辑幻想的杂种"，在这些观念中，"知性的识别力连同一切诚实的概念运用全都消失了"。现在把杜林先生向我们提供的"深刻的逻辑真理"、"精确学科意义上的终极的最严格的科学性"，同这种"轻率的见解"比较一下吧。

关于资本，马克思"不是使用流行的经济学概念，即资本是已经生产出来的生产资料"；其实，他是这样说的：一定的价值额，只有在它产生剩余价值，从而**增殖价值**时，才变为资本。而杜林先生说的是什么呢？

"资本是经济的权力手段的主干，它被用来继续进行生产并形成一般劳动力成果中的份额。"

无论这话又是说得多么玄妙和没有条理，但总有一点是肯定的，就是经济的权力手段的主干可以永远继续进行生产，但是，据杜林先生本人说，它在未形成"一般劳动力成果中的份额"，即未

---

① 见马克思《资本论》第 1 卷，《马克思恩格斯文集》第 5 卷第 197 页。
　　——编者注

形成剩余价值，或至少是未形成剩余产品时，不能成为资本。所以杜林先生不仅自己犯了他谴责马克思所犯的那种罪过，即不是使用资本的流行的经济学概念，而且还对马克思进行笨拙的剽窃，这种剽窃是用浮夸的词句"拙劣地掩盖起来的"。

在第 262 页上，这一点发挥得更详细：

> "社会意义上的资本〈非社会意义上的资本，还要杜林先生去发现〉，实际上和纯粹的生产资料有特殊的区别；因为后者只具有技术的性质，并且在任何情况下都是必需的，而前者的特征则在于它那攫为己有和形成份额的社会力量。诚然，社会的资本大部分不过是具有自己的社会职能的技术性的生产资料；但是这种职能也正好是……必然要消失的。"

如果我们考虑到，正是马克思第一个强调了这样的"社会职能"，唯有借助这种职能，一定的价值额才变成资本，那么，确实"每个注意研究问题的人都应该很快地就明了，马克思关于资本概念的表述只能引起混乱"——但不像杜林先生所认为的那样，发生在严谨的国民经济学中，而是清清楚楚地仅仅发生在杜林先生本人的头脑中，杜林先生在他的《批判史》中已经忘了他在《教程》中是多么经常地应用上述这个资本概念的。

但是，杜林先生不满足于即使以"清洗过的"形式从马克思那里借用资本的定义。他还不得不跟着马克思"玩弄概念和历史的变态术"，虽然他自己很清楚，这样做，除了"荒谬观念"、"轻率的见解"、"基础的薄弱"等等以外，是什么也得不到的。资本的"社会职能"使它能够占有他人劳动的成果，而且只是因为有了这种职能，它才和纯粹的生产资料有所区别，这样的社会职能是从什么地方产生的呢？

杜林先生说，它不是基于"生产资料的本性和生产资料的技术必要性"。

因此,这种职能是历史地产生的,而杜林先生在第 252 页上向我们重复的只不过是我们已经听过十次的东西,他用早已为人所知的两个男人的冒险来说明这种职能的产生,其中的一个人在历史的开端用暴力制服另一个人,从而把自己的生产资料转化为资本。但是,杜林先生并不满足于承认一定价值额赖以变成资本的那种社会职能具有历史的开端,他还预言了这种职能的历史结局:它"也正好是必然要消失的"。但是历史地产生而又历史地消失的现象,用普通的语言来说,通常叫做"一个历史阶段"。所以不仅在马克思看来,而且在杜林先生看来,资本都是一个历史阶段,因此,我们不得不作出这样的结论:在这里我们已经置身于耶稣会[53]会士中了。即使两个人做同一件事,但终究各不相同。[93]如果马克思说,资本是一个历史阶段,那么这是荒谬的观念,是历史幻想和逻辑幻想的杂种,在这里识别力连同一切诚实的概念运用全都消失了。如果杜林先生也把资本描写成一个历史阶段,那么这就证明了国民经济分析的尖锐性和精确学科意义上的终极的最严格的科学性。

杜林先生的资本观念同马克思的资本观念的区别在哪里呢?

马克思说:"资本并没有发明剩余劳动。凡是社会上一部分人享有生产资料垄断权的地方,劳动者,无论是自由的或不自由的,都必须在维持自身生活所必需的劳动时间以外,追加超额的劳动时间来为生产资料的所有者生产生活资料。"[1]可见,剩余劳动,即超出劳动者维持自身生活所必需的时间以外的劳动,以及这种

_____

① 见马克思《资本论》第 1 卷,《马克思恩格斯选集》第 3 版第 2 卷第 191 页。——编者注

剩余劳动的产品被别人占有,即对劳动的剥削,是到目前为止一切在阶级对立中运动的社会形式的共同点。但是,只有当这种剩余劳动的产品采取了剩余价值的形式,当生产资料所有者找到了自由的工人——不受社会束缚和没有自己的财产的工人——作为剥削对象,并且为生产**商品**而剥削工人的时候,只有在这个时候,在马克思看来,生产资料才具有资本的特殊性质。而这种情形只是在 15 世纪末 16 世纪初才大规模地出现。

相反,杜林先生把"形成一般劳动力成果中的份额",即造成任何形式的剩余劳动的**任何数量**的生产资料都解释为资本。换句话说,杜林先生剽窃了马克思发现的剩余劳动,以便用它来消灭一时不合他的心意的、而同样是由马克思发现的剩余价值。这样,在杜林先生看来,不仅科林斯和雅典的市民利用奴隶经营的动产和不动产,而且罗马帝国时代的大土地占有者的财富,以及中世纪封建领主的财富,只要以某种方式为生产服务,毫无差别地都是资本。

这样,关于资本,杜林先生本人就不是使用"流行的概念,即资本是已经生产出来的生产资料",而是使用完全相反的概念,这种概念甚至包含非生产出来的生产资料,即土地和自然资源。但是,那种认为资本纯属"已经生产出来的生产资料"的观念也只是流行于庸俗经济学中。在杜林先生如此珍惜的庸俗经济学之外,"已经生产出来的生产资料"或一定的价值额之所以成为资本,那只是因为它产生了利润或利息,就是说,它以剩余价值的形式,并且又是以剩余价值的这两种特定的派生形式去占有无酬劳动的剩余产品。至于整个资产阶级经济学总是囿于这样一种看法,即认为在正常条件下用于生产或交换的任何价值额都自然而然地具有产生利润或利息的特性,这在这里是无关紧要的。在整个古典经济学中,资本和利润,或资本和利息,正像原因和结果、父亲和儿子、昨天和今天一样,彼此不能分离,并处于同样的必然的相互关系之中。只是在事物本身已经出现,在动产为了生产商品而剥削自由工人的剩余劳动,因而越来越具有资本的职能的时候,现代经济学意义上的"资本'这个名词才出现,而采用这个名词的是历史上的第一个资本家民族,即15世纪和16世纪的意大利人。如果说马克思第一个彻底分析了现代资本所特有的占有方式,如果说他使资本的概念同这个概念最后从中抽象出来并且赖以存在的历史事实协调一致,如果说马克思因此使这个经济学概念摆脱了在资产阶级古典经济学中和在以前的社会主义者那里还无法摆脱的含混不清和摇摆不定的观念,那么这正是马克思以"终极的最严格的科学性"处理问题,这种科学性杜林先生在口头上也经常讲,可是令人伤心的是我们在他的著作中却找不到。

事实上,在杜林先生那里完全是另外一回事。他先是把那种认为资本是一个历史阶段的说法斥责为"历史幻想和逻辑幻想的杂种",后来他自己又把资本说成是一个历史阶段。他不以此为满足。他还把**一切**经济的权力手段,**一切**占有"一般劳动力成果中的份额"的生产资料,因而也把一切阶级社会中的地产,都直截了当地宣布为资本;但是这丝毫不妨碍他在往后的叙述中完全按照传统的方法把地产和地租同资本和利润区别开来,而只把产生利润或利息的生产资料叫做资本,这些在他的《教程》第156页及以下几页上可以更详细地看到。杜林先生同样可以先把马、牛、驴和狗也包括在"机车"这个名词之内(因为人们也可以利用这些作为运输工具),并且责备今天的工程师,说他们把"机车"这个名词局限于现代的蒸汽机车,从而把它变成了一个历史阶段,造成了荒谬的观念、历史幻想和逻辑幻想的杂种等等;最后他又会宣布说,马、驴、牛和狗还是应该排除于"机车"这个名词之外,这个名词只能适用于蒸汽机车。——因此,我们又不得不说,恰好在杜林对资本概念的解释中,国民经济分析的一切尖锐性丧失了,识别力连同一切诚实的概念运用全都消失了;而荒谬的观念、混乱、冒充深刻的逻辑真理的轻率见解和基础的薄弱,在杜林先生那里却似繁花怒放。

但是,所有这一切都无关紧要。荣誉仍然归于杜林先生,他发现了全部以往的经济学、全部政治学和法学,一句话,全部以往的历史得以运转的轴心。这就是:

"暴力和劳动是在社会联系的形成中起作用的两个主要因素。"

这一句话里包含了以往的经济世界的全部宪法。这部宪法非常短,内容是:

第一条　劳动进行生产。

第二条　暴力进行分配。

"像常人那样地直截了当地说",杜林先生的全部经济学的智慧也就到此为止。

八　资本和剩余价值(续完)

"按照马克思先生的意见,工资仅仅代表工人为了自身能够生存而实际从事劳动的时间的报酬。为此只要比较少的钟点就够了;经常被延长的工作日的整个其余部分提供一种剩余,其中包含着我们的作者所谓的'剩余价值'，或者用通常的话来说，包含着资本赢利。除去在某个生产阶段上已经包含在劳动资料和相关原料中的工作时间，上述工作日所提供的剩余都是归资本主义企业家所有的份额。所以工作日的延长纯粹是落入资本家手中的靠压榨而取得的赢利。"

这样，在杜林先生看来，马克思所说的剩余价值无非就是人们通常所说的资本赢利或利润的东西。我们听听马克思本人是怎样说的吧。在《资本论》第 195 页，剩余价值是用放在它后面的括号里的"利息、利润、地租"①这几个词来说明的。在第 210 页，马克思举例说明 71 先令的剩余价值额怎样表现于它的各种分配形式：什一税**94**、地方税和国税 21 先令，地租 28 先令，租地农场主的利润和利息 22 先令，剩余价值总计 71 先令。② 在第 542 页，马克思指出，李嘉图的一个主要缺点是，"不是纯粹地描述剩余价值，就是说，他不是撇开它的特殊形式如利润、地租等等去进行描述"，因而把剩余价值率的各种规律同利润率的各种规律直接混为一谈；与此相反，马克思指出："以后在本书第三册中，我将说明，同一个剩余价值率可以表现为极不相同的利润率，而不同的剩余价值率在一定情况下也可以表现为同一利润率。"③在第 587 页，我们看到："生产剩余价值即直接从工人身上榨取无酬劳动并把它固定在商品上的资本家，是剩余价值的第一个占有者，但决不是剩余价值的最后所有者。以后他还必须同在整个社会生产中执行其

---

① 见马克思《资本论》第 1 卷，《马克思恩格斯文集》第 5 卷第 239 — 240
　　页脚注（22）。——编者注
② 参看马克思《资本论》第 1 卷，《马克思恩格斯文集》第 5 卷第 254 页。
　　——编者注
③ 见马克思《资本论》第 1 卷，《马克思恩格斯文集》第 5 卷第 598 页。
　　——编者注

他职能的资本家,同土地所有者等等,共同瓜分剩余价值。因此,剩余价值分为各个不同的部分。它的各部分归不同类的人所有,并具有不同的、互相独立的形式,如利润、利息、商业利润、地租等等。剩余价值的这些转化形式在第三册里才能研究。"①在其他许多地方也有同样的话。

再不能说得更清楚了。马克思一有机会就提醒读者注意,决不要把他所说的剩余价值同利润或资本赢利相混淆,后者只是剩余价值的一种派生形式,甚至常常只是剩余价值的一小部分。如果杜林先生仍旧硬说,马克思所说的剩余价值,"用通常的话来说,是资本赢利",如果肯定马克思的整本书都是以剩余价值为中心的,那么只可能有两种情况:或者是杜林对此一点也不懂,如果是这样,他对这本书的主要内容一无所知,却要加以诋毁,这就要极端厚颜无耻才行;或者是他都懂,如果是这样,他就是故意捏造。

再往下看:

"马克思先生在表述对压榨的这种见解时怀有恶毒的仇恨,这是完全可以理解的。但是,不接受马克思关于某种剩余价值的学说中所采用的理论措辞,也尽可以对以雇佣劳动为基础的经济形式的剥削性质表示更强烈的愤怒和更完全的承认。"

马克思的善意的但在理论上不正确的措辞,激起他对压榨的恶毒仇恨;那种本身属于道德的情感,由于错误的"理论措辞"而采取了不道德的表现方式,这种情感表现为不高尚的仇恨和卑下

① 见马克思《资本论》第 1 卷,《马克思恩格斯文集》第 5 卷第 651 — 652 页。——编者注

的恶毒。而杜林先生的终极的最严格的科学性却表现为一种具有相应的高尚性质的道德情感，表现为一种在形式上也是道德的而且在量上还超出恶毒仇恨的愤怒，一种更强烈的愤怒。当杜林先生这样沾沾自喜的时候，我们来看看这种更强烈的愤怒是从哪儿来的。他继续说道：

> "这就发生了问题：互相竞争的企业家怎么能够持续地按照远远高出（如上述剩余劳动时间的比例所显示的）自然生产费用的价格实现包括剩余产品在内的全部劳动产品的价值。对这个问题的解答在马克思的学说中是找不到的，理由很简单，在那里甚至不可能提出这个问题来。那里完全没有认真地谈到以雇佣劳动为基础的生产的奢侈性质，根本没有认识到带有寄生状态的社会制度是白人奴隶制的最后基础。相反，一切政治的社会的事物，总是被认为应该由经济的事物来说明。'

但是，我们从前面所引证的几段话中已经看到，马克思根本没有像杜林先生在这里所假定的那样断言，剩余产品在一切情况下都被工业资本家即它的第一个占有者平均地按照它的全部价值出卖。马克思明确地说，商业赢利也是剩余价值的一部分，而且在上述前提下，只有当工厂主把自己的产品低于商品价值卖给商人，因而让给商人一部分掠夺物时，这种情形才有可能。因此，杜林先生在这里提出这个问题，在马克思那里甚至不可能提出来。这个问题的合理提法是这样的：剩余价值是怎样转化成它的派生形式——利润、利息、商业赢利、地租等等的呢？马克思确实说过要在第三册中解决这个问题。但是，如果杜林先生等不及《资本论》第二卷[68]出版，那么他目前就应该稍微仔细地读一读第一卷。这样，除了已经引证过的几段以外，他还可以在例如第 323 页上读到，在马克思看来，资本主义生产的内在规律在资本的外部运动中作为竞争的强制规律发生作用,并且以这种形式成为单个资本家意识中的动机;所以,只有了解了资本的内在本性,才能对竞争进行科学的分析,正像只有认识了天体的实际的、但又直接感觉不到的运动的人,才能了解天体的表面上的运动一样[1];接着马克思举了一个例子说明,一定的规律,价值规律,如何在一定的情况下在竞争中表现出来并行使它的推动力。杜林先生从这里已经可以知道,在剩余价值的分配上,竞争起主要的作用,而且只要略加思考,第一卷中的这些提示事实上就足以使人们至少大致上认识剩余价值向它的派生形式的转化。

但是,对杜林先生来说,竞争正是理解的绝对障碍。他不能理解,互相竞争的企业家怎么能够持续地按照远远高出自然生产费用的价格实现包括剩余产品在内的全部劳动产品的价值。这里杜林先生又是以其惯有的"严格性"实际是轻率性来表述的。在马克思看来,剩余产品本身**根本没有任何生产费用**,它是资本家**不花一文钱**得到的一部分产品。所以,如果互相竞争的企业家要按照自然生产费用实现剩余产品的价值,那么他们就应该把它**赠送出去**。但是我们不在这种"细微的逻辑细节"上浪费时间。实际上,互相竞争的企业家不是每天都按照高出自然生产费用的价格实现劳动产品的价值吗? 根据杜林先生的意见,

自然生产费用是"劳动或力量的支出,而这归根到底又是可以用食物费用来计量的";

所以在今天的社会里,自然生产费用是实际花费于原料、劳动资料

---

[1] 参看马克思《资本论》第 1 卷,《马克思恩格斯文集》第 5 卷第 368 页。——编者注

和工资上面的费用，它们不同于"赋税"、利润以及手持利剑逼出
来的附加税。但是大家知道，在我们所生活的社会中，互相竞争的
企业家**不是**按照这种自然生产费用实现他们的商品的价值，而是
还要算上并且通常也获得所谓附加税，即利润。杜林先生以为，他
只要提出这样的问题，就可以像从前约书亚吹倒耶利哥城墙[95]一
样把马克思的整个大厦吹倒，可是这个问题对杜林先生的经济理
论来说也是存在着的。我们看看他是怎样回答这一问题的。
他说：

> "资本所有权，如果本身不同时包含着对人这一材料的间接暴力，就没有
> 任何实际意义，而且也不能实现它的价值。这种暴力的产物就是资本赢利，
> 所以赢利的大小取决于这种统治作用的范围和强度……　资本赢利是政治
> 的和社会的体制，这种体制比竞争具有更有力的作用。企业家在这方面作为
> 一个等级来行动，而每一个单个的企业家都坚守自己的阵地。一定程度的资
> 本赢利在已经占据统治地位的经济方式中是一种必然。"

可惜我们现在还不知道，互相竞争的企业家怎么能够持续地
按照高出自然生产费用的价格实现劳动产品的价值。杜林先生如
此荒唐地无视他的读者，竟用下面的话来搪塞他们：资本赢利凌驾
于竞争之上，就像普鲁士国王当年凌驾于法律之上一样。普鲁士
国王借以取得凌驾于法律之上的地位的手法，我们是知道的；资本
赢利借以使自己比竞争更有力的那种方法，正是杜林先生应该向
我们说明的，但是他执拗地拒绝向我们说明。即使像他所说的，企
业家在这方面作为一个等级来行动，而每一个单个的企业家都坚
守自己的阵地，这也不能说明任何问题。我们丝毫不能相信他的
这种话：一定数量的人只要作为一个等级来行动，他们中的每一个
单个的人因此也就坚守住自己的阵地。大家知道，中世纪的行会

师傅、1789 年的法国贵族都非常坚决地作为一个等级来行动,但是都没落了。普鲁士军队在耶拿也曾作为一个等级来行动,然而非但不能坚守住自己的阵地,反而不得不逃跑,后来甚至一部分一部分地投降了。硬说在已经占统治地位的经济方式中,一定程度的资本赢利是一种必然,这同样不能使我们满意,因为问题正是要说明**为什么**是这样。我们没有向目标接近一步,尽管杜林先生告诉我们说:

> "资本的统治是紧随土地的统治而发展起来的。一部分依附的农村劳动者转入城市,从事手工业劳动,最后变成工厂的材料。在地租之后,形成了资本赢利,作为财产租金的第二种形式。"

即使撇开这种论断的历史错误不谈,它终究也只是一种空洞的论断,只限于重复地肯定正好应该加以说明和证明的东西。所以我们只能得出一个结论,就是:杜林先生无法回答他自己提出来的问题,即相互竞争的企业家怎么能够持续地按照高出自然生产费用的价格实现劳动产品的价值,这就是说,他无法说明利润的形成。他只能简单地发布命令,说资本赢利是**暴力**的产物,这的确和杜林的社会宪法第二条完全一致,第二条说:暴力进行分配。这的确说得很漂亮;但是现在"发生了问题":暴力分配**什么**呢?必须有可分配的东西,不然,甚至最强大的暴力,不管多么想分配,也是没有什么可以分配的。互相竞争的企业家装入腰包的赢利是非常明显而实在的东西。暴力可以**夺取**它,但是不能**生产**它。如果说杜林先生执拗地拒绝向我们说明,暴力**怎样**夺取企业家的赢利,那么他对于暴力**从哪里**夺取这种赢利的问题,则总是以死一般的沉默来作为回答。在一无所有的地方,皇帝也和任何其他暴力一样,丧失了自己的权力。从虚无之中，不能产生任何东西，特别是不能产生利润。如果说，资本所有权只要本身不同时包含着对人这一材料的间接暴力，就没有任何实际意义，而且也不能实现它的价值，那么，又发生了问题：第一，资本财富是怎样获得这种暴力的——这个问题用上述两三个历史论断是绝对不能解决的；第二，这种暴力是怎样转化为资本的价值增殖，转化为利润的；第三，暴力是从哪里夺取这种利润的。

我们无论从哪方面去把握杜林的经济学，都不能前进一步。它对于所有使它厌恶的事情，对于利润、地租、饥饿工资、工人被奴役等等，只用一个词来说明：暴力，而且始终是暴力。杜林先生的"更强烈的愤怒"也就化为对暴力的愤怒。我们已经看到，第一，这样援引暴力是一种腐朽的遁词，是把问题从经济领域转移到政治领域，这种转移不能解释任何一件经济事实；第二，这种援引使暴力本身的形成没有得到说明，这是工于心计的，因为不然的话，这种援引必然要得出这样的结论：一切社会权力和一切政治权力都起源于经济的先决条件，起源于各个社会的历史地产生的生产方式和交换方式。

但是我们不妨试一下，能否从这位固执的经济学的"更深刻的基础的奠定者"那里找出其他一些有关利润的说明。我们来看看他关于工资的论述，或许能够有所得。在第158页上，他说：

> "工资是维持劳动力的报酬，并且首先只是被当做地租和资本赢利的基础来考察的。为了真正彻底弄清楚这里所存在的关系，可以设想一下最初在历史上没有工资的情况下的地租以及资本赢利，即以奴隶制或依附农制为基础的地租和资本赢利……　必须养活的是奴隶和依附农，还是雇佣工人，这

只造成负担生产费用的方式和方法的区别。在任何情况下,因利用劳动力而得到的纯收益都构成雇主的收入…… 由此可见……特别是造成一方为某种形式的财产租金和另一方为没有财产的雇佣劳动的这种主要对立,不能仅仅从一方去找,而必须同时从双方去找。"

但是,财产租金,如我们在第 188 页所看到的,是地租和资本赢利的统称。此外,在第 174 页上说:

"资本赢利的特征是占有劳动力收益的最主要的部分。如果没有以某种形式直接或间接地受人支配的劳动的相关物,就不能设想资本赢利。"

在第 183 页上又说:

工资"在一切情况下都不过是通常应保证工人能维持生活和延续后代的报酬"。

最后在第 195 页上:

"财产租金之所得,必定是工资之所失,反过来也是如此,从一般生产能力中〈!〉归于劳动的,必然是从财产收入中抽出来的。"

杜林先生使我们吃了一惊又一惊。在价值论和以后各章,直到竞争论(包括竞争论在内),就是说,从第 1 页到第 155 页,商品价格或价值分为:第一,自然生产费用或生产价值,即用于原料、劳动资料和工资的费用;第二,附加税或分配价值,这是手持利剑逼出来的落到垄断者阶级手中的赋税,这种附加税,如我们已经看到的,实际上丝毫不能改变财富的分配,因为它一手夺得,另一手不得不归还,而且就杜林先生关于它的起源和内容所作的说明看来,这种附加税是从虚无中产生的,因而也就是由虚无构成的。在接着论述收入种类的两章中,即从第 156 页到第 217 页,就再也不提附加税了。而是把每个劳动产品的价值,即每个商品的价值,分成下面两部分:第一,生产费用,其中也包括所付的工资,第二,"因利用劳动力而得到的纯收益",它构成雇主的收入。这种纯收益具有尽人皆知的、任何文饰和涂抹都掩盖不了的面目。"为了真正彻底弄清楚这里所存在的关系",读者把刚才从杜林先生那里引证的几段话和前面从马克思那里引证的关于剩余劳动、剩余产品和剩余价值的几段话比较一下,就会发现,杜林先生在这里只是按照自己的方式**直接抄袭**《资本论》。

杜林先生承认,任何形式的剩余劳动,无论是奴隶制、依附农制或雇佣劳动制的剩余劳动,都是到目前为止一切统治阶级的收入的源泉;这出自多次引证过的地方,即《资本论》第 227 页:资本并没有发明剩余劳动等等①。——构成"雇主的收入"的"纯收益",不是劳动产品超出工资部分的剩余,又是什么呢? 不管杜林先生怎样多此一举地把工资改称为报酬,他也还是认为,工资通常应保证工人能维持生活和延续后代。马克思指出,资本家从工人身上榨取的劳动多于为再生产工人消费的生活资料所必需的劳动,就是说,资本家使工人劳动的时间长于补偿支付给工人的工资的价值所需要的时间。要不是这样,怎么能"占有劳动力收益的最主要的部分"呢? 所以,超出再生产工人的生活资料所必需的时间的工作日的延长部分,即马克思所说的剩余劳动,正是隐藏在杜林先生的"劳动力的利用"后面的东西;而他的雇主的"纯收益",如果不表现为马克思的剩余产品和剩余价值,又能是什么呢? 除了表达不确切以外,杜林的"财产租金"同马克思的剩余价

① 参看马克思《资本论》第 1 卷,《马克思恩格斯选集》第 3 版第 2 卷第191 页。——编者注

值又有什么区别呢？此外,财产租金这个名词是杜林先生从洛贝尔图斯那里抄来的;洛贝尔图斯把地租和资本租金或资本赢利统称为**租金**,杜林先生只是加上了"财产"一词①。为了使人不怀疑这种剽窃行为,杜林先生就以自己的方式来概括马克思在第十五章(《资本论》第539页及以下几页)中所阐述的关于劳动力价格和剩余价值的量的变化的规律②:财产租金之所得,必定是工资之所失,反过来也是如此。这样一来,就把马克思的内容丰富的具体规律化为没有内容的同义反复,因为一定的量分为两部分,一部分不减少,另一部分就不可能增加,这是不言而喻的。这样,杜林先生就用这样一种方式把马克思的思想攫为己有,通过这种方式,马克思的阐述所确实具有的"精确学科意义上的终极的最严格的科学性"就完全丧失了。

因此,我们不能不认为,杜林先生在《批判史》中关于《资本论》所发出的引人注目的喧嚣,特别是他在涉及剩余价值的著名问题上(这个问题他还是不提为好,因为他自己都不能解答)扬起的尘土,都不过是一种军事计谋,狡猾手腕,借以掩盖他在《教程》中对马克思的粗暴剽窃。杜林先生确实有一切理由警告他的读者,不要研究"马克思先生称做资本的那个线球",要提防历史幻想和逻辑幻想的杂种、黑格尔的混乱的模糊观念和遁词等等。这

---

① 恩格斯在这里加了一个注:"甚至这个词也不是他提出来的。洛贝尔图斯说(《社会问题书简》第二封信第59页):'根据这一〈他的〉理论,租金不是靠自己的劳动,而是完全依靠某种财产获得的全部收入。'**96**"——编者注

② 参看马克思《资本论》第1卷,《马克思恩格斯文集》第5卷第594—598页。——编者注

位忠实的埃卡尔特警告德国青年提防维纳斯,但是他为了自己的需要却悄悄地把她从马克思的领地引到自己家里保护起来。我们恭贺他利用马克思的劳动力而获得的这种纯收益,恭贺他在财产租金这个名称下霸占马克思的剩余价值的行为,以独特的方式暴露了他执拗地(因为在两个版本中都这样重复)、歪曲地断定马克思把剩余价值仅仅理解为利润或资本赢利的动机。

这样,我们不得不用杜林先生的话把杜林先生的贡献描述如下:

"按照〈杜林〉先生的意见,工资仅仅代表工人为了自身能够生存而实际从事劳动的时间的报酬。为此只要比较少的钟点就够了;经常被延长的工作日的整个其余部分提供一种剩余,其中包含着我们的作者所谓的〈财产租金……〉除去某个生产阶段上已经包含在劳动资料和相关原料中的工作时间,上述工作日所提供的剩余都是归资本主义企业家所有的份额。所以工作日的延长纯粹是落入资本家手中的靠压榨而取得的赢利。〈杜林〉先生在表述对压榨的这种见解时怀有恶毒的仇恨,这是完全可以理解的……"

而不可理解的是,他怎么又会产生"更强烈的愤怒"?

九　经济的自然规律。地租

到现在为止,尽管我们抱着极大的希望,却未能发现杜林先生在经济学领域内

"有资格建立一种新的、不仅满足时代需要而且对时代具有决定意义的体系"。

但是,我们在暴力论,在价值和资本那里未能看到的东西,在

考察杜林先生提出来的"国民经济的自然规律"时,也许会非常清楚地呈现在我们眼前。因为,正像他以惯有的新奇性和尖锐性所表述的:

"高度的科学性的胜利,在于越过对好像处于静止状态的材料的单纯记述和分类,而达到生气勃勃的、窥见产生过程的洞察力。所以,对规律的认识是最完善的认识,因为它向我们指出,一个过程怎样为另一个过程所制约。"

一切经济的第一个自然规律恰恰被杜林先生发现了。

"令人惊奇的是",亚当·斯密"不仅没有把一切经济发展的最重要的因素提到第一位,而且也完全没有单独加以说明,这样,他就不自觉地把那种给现代欧洲的发展打上自己的烙印的力量贬为次要的角色"。这个"应当被提到第一位的基本规律是技术装备的规律,甚至可以说是对人的自然经济力进行武装的规律"。

杜林先生发现的这个"基本规律"如下:

第一条规律。"经济手段(自然资源和人力)的生产率因发明和发现而提高。"

我们感到惊奇。杜林先生对付我们,完全像莫里哀作品中的诙谐家对付新贵一样,他告诉这位新贵一件新鲜事,说后者说了一辈子散文,却不知道散文是什么。[74]发明和发现在一些情况下是提高了劳动生产力(但在许多情况下也不见得是这样,世界上一切专利局的大量档案废纸就是证明),这一点我们早已知道了;但是这一极为陈旧的老生常谈竟是全部经济学的基本规律——这一说明倒要归功于杜林先生。如果经济学上和哲学上的"高度的科学性的胜利",仅仅在于给随便一种陈词滥调加上一个响亮的名称,把它吹嘘为自然规律,甚至吹嘘为基本规律,那么科学的"更深刻的基础的奠定"和变革,实际上对任何人来说,甚至对柏林《人民报》⁹⁷的编辑部来说,都是可以做到的了。这样,我们就不得不"以一切严格性",以杜林先生对柏拉图的下列判决用于杜林先生自己身上:

"如果这样的东西应该被看做国民经济学的智慧,那么〈批判基础①的〉作者,就可以同任何一个一般有机会思考"——甚至仅仅是随便议论——"不言而喻的事情的人共有这样的智慧了"。

例如,如果我们说,动物吃东西,那么我们就无意中说出了一句伟大的话;因为我们只要说,吃东西是一切动物生活的基本规律,我们就对整个动物学实行了变革。

第二条规律。分工:"职业的区分和活动的划分提高了劳动生产率。"

就这句话的正确方面而言,从亚当·斯密以来,这也已经是老生常谈了;至于这句话正确到**什么程度**,这将在第三编中看到。

第三条规律。"距离和运输是阻碍和促进生产力合作的主要原因。"
第四条规律。"工业国家比农业国家具有大得无可比拟的人口容量。"
第五条规律。"在经济方面,任何事情没有物质利益都是不能完成的。"

这就是杜林先生据以建立他的新经济学的"自然规律"。他仍然忠于他在哲学中已经陈述过的方法。从最无聊的陈词滥调中抽出两三个有时甚至措辞不当的不言而喻的语句,也会构成经济学的不需要证明的公理、基本原理、自然规律。在阐述这些毫无内容的规律的内容的借口下,乘机对各种题目作一番广泛的经济学的空谈,而这些题目的**名称**在这些所谓的规律中已经出现了,如发

———————
① 欧·杜林《国民经济学批判基础》1866年柏林版。——编者注

明、分工、运输工具、人口、利益、竞争等等。给这种空谈的平淡无奇的平庸性所加的佐料不过是神谕式的大话，有时是对于各种各样琐碎事情的曲解或自以为了不起的臆想。然后，我们终于见到了地租、资本赢利和工资，由于我们在前面只研究了后两种占有形式，所以在这里，在结束时我们还要简略地研究一下杜林先生对地租的看法。

在这里，我们且不考虑杜林先生从他的先驱者凯里那里直接抄来的各种论点；我们不必同凯里打交道，也不必替李嘉图的关于地租的观点作辩护，而去反对凯里的曲解和胡说。我们只涉及杜林先生，他给地租下了一个定义，说地租是

"土地所有者本身从土地上得到的收入"。

杜林先生把他本来应当加以解释的地租这个经济学概念不假思索地翻译成法律词汇，我们并不因此比先前了解得更多一些。所以我们这位更深刻的基础的奠定者，无论愿意不愿意，都不得不作进一步的探讨。他把一处田庄租给租地农场主同把一笔资本借给企业家这两件事作了对比，但是很快就发现，这种对比同其他一些对比一样，是不妥当的。因为他说：

"如果要继续采用这种类比，那么租地农场主在偿付地租以后所余的赢利，应该相当于借别人的资本来经营的企业家在偿付利息以后所余的资本赢利。但是人们不习惯把租地农场主的赢利看做主要收入，把地租只看做余额……　下列事实就是对这一问题的不同理解的证明：在关于地租的学说中，人们没有特别指出土地所有者自己经营的情况，而且没有把佃金形式的地租和土地所有者自己经营而产生的地租之间的数额差别看得特别重要。至少人们不认为有必要去考虑把由于自己经营而得的地租这样加以分解：一部分仿佛代表土地的利息，而另一部分代表企业家的剩余的赢利。撇开租地

农场主所用的自己的资本不谈，看来应当把租地农场主的特殊赢利大部分看做一种工资。但是，要想在这个问题上作出某种断语是有疑虑的，因为这个问题根本没有这样明确地被提出来过。凡是涉及比较大的经营的场合，都很容易看到，问题不在于把租地农场主的独特的赢利看成工资。这种赢利本身正是建立在同农业劳动力的对立之上，只有使用这种劳动力才使这种收入成为可能。留在租地农场主手里的显然是一部分地租，因此，土地所有者经营时所获得的全部地租就减少了。"

关于地租的理论是经济学中带有英国特色的部分，这所以是这样，是因为只有在英国才存在着这样一种生产方式，在这种生产方式下，地租事实上也是同利润和利息分开的。大家知道，在英国是大地产和大农业占支配地位。土地所有者把自己的土地按照大田庄而且常常是非常大的田主的形式租给租地农场主，租地农场主拥有充裕的资本来经营土地，并不像我们的农民那样自己从事劳动，而是作为真正的资本主义企业家利用雇农和短工的劳动。所以在这里，我们看到了资产阶级社会的三个阶级，以及各阶级所特有的收入：土地所有者获得地租，资本家获得利润，工人获得工资。在杜林先生**看来**，应当把租地农场主的赢利看做一种工资，但是从来没有一个英国经济学家会这样想；对他们来说，要断定租地农场主的利润是它无疑是、显然是和确实是的那种东西，即资本利润，是没有任何**疑虑**的。在这里，如果有人说，租地农场主的赢利究竟是什么这个问题根本没有这样明确地被提出来过，那简直是可笑的。在英国，这个问题甚至没有提出的必要，因为问题和答复一样早已存在于事实本身之中，而且自亚当·斯密以来还从未对此产生过疑问。

杜林先生所说的土地占有者自己经营的情况，或者更确切地说，在德国大部分地区实际上发生的土地占有者通过管理人经营土地的情况,丝毫不能改变事情的实质。如果土地占有者也提供资本,而且由自己经营,那么他除了地租以外,还得到资本利润。在今天的生产方式下,这是不言而喻的,而且根本不可能是另外的样子。如果杜林先生断言,直到现在为止,人们并不认为有必要去考虑把由于自己经营而得的地租(应该叫做收入)加以分解,那么这是根本不符合实际的,最多也只能再一次证明他自己的无知。例如:

"由劳动所得的收入叫做工资;某人从使用资本而得的收入叫做利润……完全从土地得来的收入叫做地租并归土地占有者所有…… 如果这几种不同种类的收入落到不同的人手里,那是很容易加以区分的;但是,如果它们落到同一个人手里,那么它们至少在日常用语中是常常被混淆的。自己经营自己的一部分土地的土地占有者,除去经营费用,应该既获得土地占有者的地租又获得租地农场主的利润。但是,至少在习惯用语中,他往往容易把他的全部赢利叫做利润,因而混淆了地租和利润。我们的北美和西印度的种植场主大部分都是处于这种状况;他们大多数都种植自己的土地,所以我们极少听到什么种植场的地租,而常常听到的是它产生的利润…… 自己亲手种植园地的园艺业者,一身兼土地占有者、租地农场主和工人。所以,他的产品应该付给他土地占有者的地租、租地农场主的利润和工人的工资。但是所有这些通常都被称为他的劳动所得;所以在这里地租和利润就同工资相混淆了。"

这一段话出自**亚当·斯密**的著作第一卷第六章①。可见,土地占有者自己经营的情况在一百年前已经被研究过了,而在这里使杜林先生感到十分苦恼的种种疑虑和不安,仅仅是出于他自己的无知。

最后他耍了大胆的花招来摆脱困境:

___

① 见亚·斯密《国民财富的性质和原因的研究》1848 年阿伯丁—伦敦版。——编者注

租地农场主的赢利以剥削"农业劳动力"为基础,所以他的赢利显然是"一部分地租",因而那种本来应该装入土地占有者腰包的"全部地租就减少了"。

从这里我们知道了两件事情。第一,租地农场主使土地占有者的地租"减少了",所以,和人们到目前为止所设想的不同,杜林先生认为不是租地农场主把地租付给土地占有者,而是**土地占有者把地租付给租地农场主**——这确实是"完全独特的观点";第二,我们终于看到杜林先生把地租设想为什么;就是说,他把地租设想为在农业中剥削农业劳动而得到的全部剩余产品。但是,除了几个庸俗经济学家以外,在以前的经济学中这种剩余产品都被分成地租和资本利润,所以我们不能不断言,关于地租,杜林先生也"不是使用流行的概念"。

这样,在杜林先生看来,地租和资本赢利的区别,只在于前者产生于农业,而后者产生于工业或商业。杜林先生产生这种非批判的和混乱的观点是必然的。我们已经看到,他是从"真正的历史的观点"出发的,根据这一观点,对土地的支配仅仅是借助对人的支配而建立起来的。因此,只要土地是借助某种形式的奴役劳动来耕种,就会为地主产生剩余,而这种剩余正是地租,就像工业中劳动产品超出工资的剩余是资本赢利一样。

"因此很清楚,在借助某种隶属形式的劳动来经营农业的地方,地租总是随时随地大规模地存在着。"

既然把地租说成农业中得到的全部剩余产品,杜林先生面前就出现了拦路虎:一方面是英国租地农场主的利润,另一方面是由此而来的、为整个古典经济学所承认的剩余产品之分为地租和租地农场主的利润,因而也就是**纯粹的**精确的地租概念。杜林先生怎么办呢？他假装丝毫不知道农业剩余产品分为租地农场主利润和地租，也就是说丝毫不知道古典经济学的整个地租理论；好像在整个经济学中租地农场主的利润究竟是什么这个问题还根本没有"这样明确地"被提出来过；好像这里所探讨的是一种完全没有被研究过的对象，关于这个对象，似乎除假象和种种疑虑而外，人们一无所知。在讨厌的英国，农业中的剩余产品未经任何理论学派的任何干预就被无情地分为这样的组成部分：地租和资本利润。而杜林先生就从这个讨厌的国家逃到他所热爱的、行使普鲁士邦法[59]的区域。在这个区域中，盛行的是以完备的宗法形式经营自己的土地，"土地占有者把地租理解为自己那块土地上的收入"，而容克老爷们关于地租的见解甚至妄想成为对科学具有决定意义的见解，所以在这里，杜林先生还可以指望自己的关于地租和利润的混乱概念能够蒙混过关，甚至让人们相信他的最新发现：不是租地农场主把地租付给土地占有者，而是土地占有者把地租付给租地农场主。

十　《批判史》论述

最后，我们再来看一下《国民经济学批判史》，看一下杜林先生自称为"完全没有先驱者"的"这一企业"。也许我们在这里最后会遇到多次许诺的终极的和最严格的科学性。

杜林先生对于下述发现大吹大擂：

"经济学说"是一种"非常现代的现象"（第12页）。

确实，马克思在《资本论》中说："政治经济学作为一门独立的

科学,是在工场手工业时期才产生的"①;在《政治经济学批判》第 29
页上说:"古典政治经济学在英国从威廉·配第开始,到李嘉图结
束,在法国从布阿吉尔贝尔开始,到西斯蒙第结束。"②杜林先生是
沿着这条预先指给他的道路走的,但是在他看来,**高级**经济学只是
随着资产阶级科学在其古典时期结束之后所发生的可怜的流产才
开始的。因此,他有充分的权利在其引论的结尾扬扬得意地宣称:

> "这一企业,如果按其外部可以感知的特点、按其更新颖的一半内容来
> 说,是完全没有先驱者的,那么按其内部的批判的观点及其一般的立场来说,
> 它更是归我个人所有。"(第 9 页)

实际上,他尽可以从外部和内部两方面宣布自己的"企业"
(这个工业上的用语倒选得不坏)是"唯一者及其所有物"**98**。

因为历史地出现的政治经济学,事实上不外是对资本主义生产
时期的经济的科学理解,所以,与此有关的原则和定理,能在例如古
代希腊社会的著作家那里见到,只是由于一定的现象,如商品生产、
贸易、货币、生息资本等等,是两个社会共有的。就希腊人有时涉猎
这一领域来说,他们也和在其他一切领域一样,表现出同样的天才
和创见。所以他们的见解就历史地成为现代科学的理论的出发点。
现在我们来听听具有世界历史眼光的杜林先生说些什么话:

> "因此,关于古代的科学的经济理论,我们实在〈!〉没有任何积极的东西
> 可以奉告,而完全非科学的中世纪,则对此〈对此**无可奉告!**〉更是没有什么可
> 说的。然而,因为虚荣地炫耀博学外表的手法……败坏了现代科学的纯洁

---

① 见马克思《资本论》第 1 卷,《马克思恩格斯文集》第 5 卷第 422
页。——编者注
② 见马克思《政治经济学批判。第一分册》1859 年柏林版,《马克思恩格
斯全集》中文第 2 版第 31 卷第 445 页。——编者注

性,所以不能不至少举出几个例子,以资留意。"

然后杜林先生就举出批判的例子,这一批判确实连"博学外表"也没有了。

亚里士多德的论点是:

> "每种货物都有两种用途:一种是物本身所固有的,另一种则不然,例如鞋,既用来穿,又可以用来交换。两者都是鞋的用途,因为谁用鞋来交换他所需要的东西,例如货币或食物,谁就是利用了鞋。但这不是利用鞋的自然用途,因为它不是为交换而存在的。"① ——

这个论点,在杜林先生看来,"不但表达得很迂腐,学究气十足",而且那些在其中找到"使用价值和交换价值之间的区别"的人,还未免有些"滑稽",居然忘记"在最近的时期","在最进步的体系的范围内",当然是在杜林先生本人的体系的范围内,使用价值和交换价值已经永远完结了。

> "在柏拉图论国家的著作中,有人……也企图去发现国民经济分工的现代的篇章。"

这大概是指《资本论》第三版第十二章第 5 节第 369 页,可是,恰恰相反,在这一节里证明,古典古代对于分工的见解,是同现代的见解"截然相反"的。② ——柏拉图把分工描述为城市的(在希腊人看来,城市等于国家)自然基础③,对这种在当时说来是天

----

① 　亚里士多德《政治学》第 1 册第 9 章,见伊·贝克尔编《亚里士多德全集》1837 年牛津版第 10 卷第 13 页。——编者注
② 　参看马克思《资本论》第 1 卷,《马克思恩格斯文集》第 5 卷第 422—425页。——编者注
③ 　参看柏拉图《理想国》第 2 册,见《柏拉图全集》1840 年苏黎世版第 13卷。——编者注

才的描述,杜林先生却嗤之以鼻,仅此而已,而且他之所以如此,是因为柏拉图没有提到(不过希腊人色诺芬提到了①,杜林先生!)这样一些"界限",

"这些界限是当时的市场范围为了进一步划分职业并在技术上划分特殊作业而设置的——只有关于这种界限的观念,才是这样一种认识,有了这种认识才使那种通常很难称为科学的观念成为经济学上重要的真理"。

可是杜林先生曾十分藐视的罗雪尔"教授",事实上却划出了这种"界限",在这种"界限"中,分工观念第一次变成了"科学的"观念,所以他明确地宣布亚当·斯密是分工规律的发现者。② 在商品生产是占统治地位的生产方式的社会里,"市场"——也用一次杜林先生的话来说——曾经是"生意人"中间十分熟悉的"界限"。需要有比"墨守成规的知识和本能"更多的东西,才能理解:不是市场造成资本主义的分工,相反地,是以前的社会关系的瓦解以及由此产生的分工造成市场。(见《资本论》第 1 卷第 24 章第 5 节《工业资本的国内市场的形成》)③

"货币的作用,在一切时候都曾经是经济⟨!⟩思想的首要刺激。可是一个叫做亚里士多德的人关于这种作用知道些什么呢? 显然,他只知道,以货币为中介的交换代替了原始的实物交换,此外再没有什么了。"

可是,如果"一个叫做"亚里士多德的"人"竟然发现货币**流通的两种不同形式**,一种是货币执行单纯流通手段的职能,另一种是

---

① 参看色诺芬《居鲁士的教育》(恩·波波编)1821 年莱比锡版第 8 册第 2 章。——编者注

② 参看威·罗雪尔《国民经济体系》1858 年斯图加特—奥格斯堡增订第 3 版第 1 卷第 85—86 页。——编者注

③ 见《马克思恩格斯文集》第 5 卷第 854—859 页。——编者注

货币执行货币资本的职能①,那么在杜林先生看来,他只是表现了"某种道德上的嫌恶"。

如果"一个叫做"亚里士多德的"人"居然大胆地出来分析货币作为**价值尺度**的"作用",而且实际上正确地提出了这个对于货币学说有如此决定性意义的问题②,那么"一个叫做"杜林的"人"宁愿对这种不能允许的鲁莽行为完全保持沉默,这自然是出于十足的不可告人的理由。

最后的结果是:在杜林的"以资留意"的镜子的映象中,希腊古代实际上只具有"最通常的观念"(第 25 页),如果这样的"愚蠢想法"(第 19 页)毕竟还和通常的或非常的观念有共同之点的话。

至于杜林先生论重商主义[99]的一章,那么最好是读"原著",即读弗·李斯特的《国民体系》第 29 章《被学派误称为重商主义体系的工业主义体系》。杜林先生在这里又如何谨慎地避免显示出任何"博学外表",这从下面的话就可以看出来:

李斯特在第 28 章《意大利国民经济学家》里说道:

"无论在政治经济学的实际应用上还是在理论上,意大利都走在一切现代国家的前头",

然后又提到

---

① 参看亚里士多德《政治学》第 1 册第 8—10 章。并见《马克思恩格斯全集》中文第 2 版第 31 卷第 511—512、532 页和《马克思恩格斯文集》第 5 卷第 178、192 页。——编者注

② 参看亚里士多德《尼科马赫伦理学》第 5 册第 8 章,见伊·贝克尔编《亚里士多德全集》1837 年牛津版第 9 卷。——编者注

"那不勒斯的安东尼奥·塞拉在 1613 年所写的关于如何供给王国以丰富金银的著作,是意大利第一本专门的政治经济学著作"①。

杜林先生深信不疑地接受了这种说法,因而竟把塞拉的《略论》②

"当做经济学的最新前史的某种入门标牌"。

事实上,他对于《略论》的考察,只限于这种"美文学的蠢话"。不幸,事情在实际上并非如此:早在 1609 年,即在《略论》出现前四年,已经发表了托马斯·曼的《论英国与东印度的贸易》。**100** 这一著作早在第一版就具有特殊的意义,即它攻击了当时在英国作为国家政策还受到保护的原始的**货币主义**,因而代表了重商主义体系对于自身的母体系的自觉的**自我脱离**。这一著作以最初的形式就已经出了好几版,并且对立法产生了直接影响。以后经作者完全改写并在其死后于 1664 年出版的《英国得自对外贸易的财富》一书,在 100 年之内,一直是重商主义的福音书。因此,如果说重商主义具有一部划时代的著作,充当"某种入门标牌",那么这就是托马斯·曼的著作,正是因为这个缘故,这本书对杜林先生的"细心观察顺序关系的历史"来说是根本不存在的。

关于现代政治经济学的创始人**配第**,杜林先生告诉我们说,他具有

---

① 见弗·李斯特《政治经济学的国民体系》1842 年斯图加特—蒂宾根第 2 版第 1 卷第 451、456 页。——编者注

② 安·塞拉《略论以金银充分供应无贵金属矿的王国的手段。1613 年》,载于《意大利政治经济学名家文集·古代部分》1803 年米兰版第 1卷。——编者注

"相当轻率的思维方法",而且"对于概念的内部的和更精细的区别缺乏理解"…… "他具有多方面才能,知识广博,但容易从一种东西跳到另一种东西,而对任何深刻的思想不作彻底的研究"…… 他"对国民经济的论述还非常粗陋",并且他"得出幼稚的看法,把这些看法加以对照…… 有时可以使比较认真的思想家发笑"。

承蒙"比较认真的思想家"杜林先生留意到"一个叫做配第的人",这是多么崇高的谦虚态度！而杜林先生是怎样留意他的呢?

配第关于

"劳动,甚至劳动时间是价值尺度的论点,在他那里……只能见到不完整的痕迹"。

配第的这些论点,在杜林先生的书上只提到这一句话,此外就没有了。确实是不完整的痕迹。配第在他的《赋税论》(1662 年第1 版)中,对商品的价值量作了十分清楚的和正确的分析。他首先用耗费同样多的劳动来生产的贵金属和谷物具有同等价值的例子来说明价值量,这样他就为贵金属的价值下了第一个也是最后一个"理论上的"定义。而且他还明确而概括地谈到商品的价值是由**等量劳动**(equal labour)来计量的。他把自己的发现用来解决各种不同的和一部分非常复杂的问题,并且有时在各个场合和各种著作中,甚至在没有重复这个主要论点的地方,从这个主要论点作出重要的结论。但是他在自己的第一部著作中就已经说道:

"我断定,这一点〈通过等量劳动进行估价〉是平衡和衡量各个价值的基础;但是在它的上层建筑和实际应用中,我承认情况是多种多样的和错综复杂的。"①

---

① 见威·配第《赋税论》1667 年伦敦版第 25 页。——编者注

可见,配第已经意识到他的发现的重要性及其在具体应用上的困难。因此,为了达到某些具体的目的,他也试走另一条道路。

必须找出土地和劳动之间的自然的等同关系(a natural Par),使价值可以随意"在二者之一,或者更好是在这二者中"表现出来。

这个迷误本身是天才的。

杜林先生对于配第的价值论作出了经过缜密思考的评语:

"如果他自己的思考更缜密一些,那么人们就根本不可能在其他地方遇到以前已经说过的一种对立见解的痕迹";

这就是说,杜林先生"以前"除了提到"痕迹"是"不完整"的以外,并没有说过其他什么东西。这是杜林先生所特有的手法,他"以前"用一句毫无内容的话来暗示什么东西,以便"以后"要读者相信,他"以前"早就知道了事情的要点,事实上,上述作者在以前和以后都是避开了这种要点的。

我们在亚当·斯密的书中不但看到关于价值概念的各种"对立见解的痕迹",不但看到两种,而且看到三种,更确切地说,甚至四种尖锐对立的关于价值的看法,这些看法在他的书中相安无事地并存和交错着。在政治经济学的创始人那里,这是很自然的事情,因为他必然要摸索、试验、努力克服刚刚开始形成的观念的混乱状态,可是这样的事情在经过筛选来概括 150 年以上的研究(这些研究的结果,已经部分地从书本转入一般的意识中)的著作家那里出现,却是十分奇怪的。现在我们从大事情谈到小事情,正如我们在上面已经看到的,杜林先生自己同样向我们提供五种不同的价值以及同等数量的对立的见解,供任意选择。自然,"如果他自己的思考更缜密一些",他就不会花费这样多的力气来使他的读者脱离配第关于价值的十分清楚的见解而陷入极度的迷乱之中。

配第的十分圆满的、浑然一体的著作,是他的《货币略论》,这本书在他的《爱尔兰解剖》一书出版之后 10 年,即在 1682 年出版(后一本书"第一次"出版于 1672 年,而不是杜林先生从"最流行的东拼西凑的教科书"中抄下来的 1691 年)。[101]他的其他著作中所包含的重商主义见解的最后痕迹,在这里完全消失了。按内容和形式说来,这是一部篇幅不大的杰作;正因为如此,杜林先生甚至连书名都不提一下。这完全是理所当然的事情,因为一个装腔作势的好为人师的庸夫,对于最有天才的和最有创见的经济学家,只能牢骚满腹地表示自己的不满,只能埋怨:理论火花竟没有严整地作为现成的"公理"傲然挺立,而只是从对"粗杂"的实际材料的探究中,例如对租税的探究中,散乱地迸发出来。

杜林先生对待配第的真正经济学的著作的态度,也同样用来对待配第创造的"政治算术",即通常所说的统计。他对于配第所用方法的奇特,只是恶意地耸耸肩膀!如果我们想到 100 年以后甚至拉瓦锡在这一领域中还采用的奇异方法[102],如果我们想到现在的统计同配第给它极概要地规定的目的还相距很远,那么,在 200 年以后这种自鸣得意的无所不知,就只是表现为无法粉饰的愚蠢。

配第的最有意义的观念——这在杜林先生的"企业"中是绝少看到的——在杜林先生看来,只不过是零碎的想法、偶然的思想和即兴的意见,它们只是在今天,才被人通过断章取义的引用,而赋予一种它们本身根本未具有的意义,所以它们在**真正的**政治经济学史上不占有任何地位,而只在那些处于杜林先生的根底深厚的批判和"具有伟大风格的历史记述"的水平之下的现代书籍中才占有一席之地。看来杜林先生在其"企业"中所看到的读者群，只是一些盲目信从而根本不敢要求杜林先生证明自己的主张的人们。我很快就要回到这个问题上来（当谈论洛克和诺思时），但是现在我们必须先来看一看布阿吉尔贝尔和罗。

关于布阿吉尔贝尔，我们只须指出杜林先生的唯一的发现。他发现了从前没有看出的布阿吉尔贝尔和罗之间的联系。那就是，布阿吉尔贝尔断言，贵金属在商品流通中执行正常的货币职能的时候，可以被信用货币（一张纸片）所代替。① 而罗以为这些"小纸片"的任何"增加"，都是增加国家的财富。② 杜林先生由此得出结论，说布阿吉尔贝尔的"转变已经包藏着重商主义的新的形态"，换句话说，已经包藏着罗。这可由下述的话十分清楚地得到证明：

"只要赋予'单纯的小纸片'以贵金属所应起的作用，那么，重商主义的形态变化就立刻完成了。"

用同样的方法，也可以使叔父变为叔母的形态变化立刻完成。虽然杜林先生以抚慰的口吻补充说道：

"当然，布阿吉尔贝尔并没有这样的愿望。"

但是，活见鬼，他怎么可能仅仅由于认为贵金属在那种作用上可以被纸片所代替，就有这样的愿望，要以重商主义者的迷信的见

----

① 参看皮·布阿吉尔贝尔《论财富、货币和赋税的性质》第 2 章，载于《18世纪的财政经济学家》1843 年巴黎版第 396—398 页。——编者注
② 参看约翰·罗《论货币和贸易》，载于《18 世纪的财政经济学家》1843年巴黎版第 523—541 页。——编者注

解,去代替他自己对贵金属的货币作用的合理的见解呢?

可是,杜林先生还是摆出一本正经的滑稽样子,继续说道:

"但是应当承认,我们的作者在有些地方确实能够发表真正中肯的意见。"(第83页)

关于罗,杜林先生只能说出下面这样"真正中肯的意见":

"显然,罗也从来没能完全抛弃这个基础〈即"贵金属基础"〉,可是他使纸币的发行达到极端,就是说,导致整个制度的崩溃。"(第94页)

实际上,纸蝴蝶,即单纯的货币符号,在公众中飞舞,并不是为了"抛弃"贵金属基础,而是为了把贵金属从公众的钱袋诱入空虚的国库里去。**103**

在回过来谈论配第以及杜林先生让他在经济学史上所起的渺小作用的时候,我们首先听一听杜林先生关于配第的直接后继者洛克和诺思向我们说了些什么。洛克的《略论降低利息和提高货币价值》①和诺思的《贸易论》②,是在同一年即1691年出版的。

"他〈洛克〉关于利息和铸币所写的东西,没有超出重商主义占统治地位时所流行的、以国家生活的各种事件为转移的思考范围。"(第64页)

现在,这个"记述"的读者应该完全清楚了,为什么洛克的《降低利息》在18世纪后半期对法国和意大利的政治经济学产生这样重大的影响,而且是多方面的影响。

---

① 约·洛克《略论降低利息和提高货币价值的后果。(1691年)》1692年伦敦版。——编者注

② 达·诺思《贸易论:主要是关于利息、硬币的铸造和损坏、货币量的扩大问题》1691年伦敦版。——编者注

"关于利率自由,许多生意人抱着类似的〈和洛克类似的〉意见,而且随着事态的发展也产生这样的倾向,即认为限制利息是无效的。当一个叫做达德利·诺思的人能够按自由贸易的精神著述《贸易论》的时候,一定已经有很多东西似乎在流传,使得反对限制利息的理论不致成为某种奇闻。"(第64页)

这样,洛克为了发表利息自由的理论和说些并非"奇闻"的东西,只须采纳同时代的某些"生意人"的思想,或把当时很多"似乎在流传"的东西接过来就够了!但实际上,1662年配第已在《赋税论》中把利息,即我们叫做高利贷的货币租金(rent of money which we call usury)同土地的和房屋的租金(rent of land and houses)相对比,并且向那些想用法律来压低货币租金(自然不是地租)的地主解释,制定违反自然法的虚文民法是徒劳无益的(the vanity and fruitlessness of making civil positive law against the law of nature)①。所以配第在其《货币略论》(1682年)一书②中宣布,用法律来调节利息,和调节贵金属的输出或汇率一样,都是蠢事。在同一著作中,他还对于货币价值的提高(例如,为了使半先令具有一先令的名义,就用一盎司银铸造出两倍数量的先令)说出了永远具有权威意义的见解。

关于最后一点,洛克和若思差不多只是照抄配第。关于利息,洛克从配第把货币的利息和地租相提并论这一点出发,而诺思则更进一步把利息作为资本的租金(rent of stock)和地租相对立,把资本家和地主相对立③。但是,洛克只是有条件地接受配第所要

---

① 参看威·配第《赋税论》1667年伦敦版第29页。——编者注

② 威·配第《货币略论。致哈利法克斯侯爵。1682年》1760年伦敦版。——编者注

③ 参看达·诺思《贸易论》1691年伦敦版第4页。——编者注

求的利息自由，而诺思则无条件地加以接受。

杜林先生——他自己还是"更加微妙的"意义上的严厉的重商主义者——自恃高明，用一句评语把达德利·诺思的《贸易论》打发过去，说它是"按自由贸易的精神"写的。这和有人在谈到哈维的时候，说他是按照血液循环论的"精神"写作一样。诺思的著作——抛开它的其他功绩不谈——是关于自由贸易（国内的和国外的贸易往来）学说的古典的、始终一贯的论述，在1691年这确是"某种奇闻"！

此外，杜林先生告诉我们，

诺思是一个"商人"，而且是一个坏家伙，他的著作"不可能博得任何赞许"。

当时正是保护关税制度在英国获得最终胜利的时候，这样的著作怎能得到身居主导地位的混蛋们的"赞许"！可是这并不妨碍这部著作立刻发生理论上的影响，这一影响，在随后不久于英国出版的（其中一部分还是在17世纪出版的）一系列经济学著作中，都可以看到。

洛克和诺思的例子向我们提供了证明：配第在政治经济学的几乎一切领域中所作的最初的勇敢尝试，是如何——为他的英国的后继者所接受并且作了进一步的研究的。这一过程在1691年到1752年这段时期的踪迹，就是对于最肤浅的观察者说来，也是十分明显的，因为这一时期比较重要的经济学著作，无论赞成或者反对配第，总是从配第出发的。因此，这个充满有创见的思想家的时期，对研究政治经济学的逐渐产生来说是最重要的时期。"具有伟大风格的历史记述"认为马克思在《资本论》中如此重视配第以及那一时期的其他著作家，是犯了不可饶恕的罪过，而这个"历史记述"则干脆把他们从历史上一笔勾销。这个"历史记述"从洛克、诺思、布阿吉尔贝尔和罗直接跳到重农学派[75]，然后在政治经济学的真正殿堂的入口，出现了大卫·休谟。请杜林先生允许我们来恢复年代的顺序，把休谟放在重农学派的前面。

休谟的经济学《论丛》出版于1752年①。在《论货币》、《论贸易差额》、《论商业》这一组论文中，休谟一步一步地，往往甚至在一些古怪的想法上都跟着杰科布·范德林特的《货币万能》（1734年伦敦版）一书走。尽管杜林先生不知道这位范德林特，可是在18世纪末，就是说在亚当·斯密以后的时代的英国经济学著作中，都还一直提到他。

像范德林特一样，休谟也把货币看成单纯的价值符号；他差不多是逐字逐句照抄范德林特（这一点很重要，因为他本来还可以从其他许多著作中去抄袭价值符号理论）关于贸易差额为什么不能总是有损或有利于某国的意见；像范德林特一样，他也教导说，贸易差额的平衡是按各个国家的不同的经济状况而自然地建立的；像范德林特一样，他也提倡自由贸易，不过没有那么勇敢和彻底；像范德林特一样，他也提出，需要是生产的推动力，不过是以更浅薄的形式提出的；他跟随范德林特，也误认为银行货币和一切国家有价证券影响商品的价格；他和范德林特同样反对信用货币；像范德林特一样，他也以为商品价格取决于劳动价格，也就是取决于工资；他甚至抄袭范德林特的关于货币贮藏会压低商品价格这种古怪的意见，如此等等。

---

① 指大·休谟《政治论丛》1752年爱丁堡版。马克思所用的版本是大·休谟《对若干问题的论述》（两卷集）1779年都柏林版，《政治论丛》是该两卷集第1卷的第2部分。——编者注

　　杜林先生早已神谕式地诉说有人误解了休谟的货币论,他特别咄咄逼人地提到了马克思,说他除了误解休谟以外,还在《资本论》中违反禁令,谈到了休谟同范德林特和约·马西的秘密联系①;关于马西,后面还要谈到。

　　关于这种误解,情况是这样的。根据休谟的确实的货币论,货币只是价值符号,所以在其他条件不变时,商品的价格按流通中的货币量的增加的比例而提高,按流通中的货币量的减少的比例而降低,对于这个货币论,杜林先生无论如何努力;即使是使用他特有的明快的叙述方法,也只能重复他的先驱者的错误见解。可是休谟在提出上述理论之后,对自己提出这样的异议(孟德斯鸠从同样的前提出发,已经提出过这种异议②):

　　"毫无疑问",自从美洲的金银矿发现以来,"除了这些矿主的工业以外,欧洲各国的工业"也都有了发展,这种发展的"原因之一,也是由于金银的增加"。

　　对这种现象,他解释道:

　　"虽然商品价格的昂贵是金银增加的必然结果,可是这种昂贵并不紧跟着这种增加而来,而是需要一些时间,直到货币流通到全国并使各界人民都感觉到它的影响的时候。"在这一期间,它对于工业和商业起着良好的影响。

　　在这个论述的最后,休谟还向我们说明了为什么会有这种影响,虽然他的说明比他的许多先驱者和同时代人要片面得多:

---

① 参看马克思《资本论》第 1 卷,《马克思恩格斯文集》第 5 卷第 146、588 页。——编者注
② 参看沙·孟德斯鸠《论法的精神》1769 年伦敦版。——编者注

"要观察货币通过整个社会的运动，是很容易的；在观察时我们将看到，货币在提高劳动价格以前，一定会鼓舞每个人的勤勉心。"①

换句话说，休谟在这里是描写贵金属价值发生的革命所造成的影响，即它们贬值的影响，也就是贵金属作为**价值尺度**发生的革命所造成的影响。他正确地发现，在商品价格只是逐渐平衡的状况下，这种贬值只在最后才"提高劳动价格"，即一般所说的提高工资；所以它是在牺牲工人的情况下来增加商人和工业家的利润（在他看来，这是理所当然的事情），并这样"鼓舞勤勉心"。可是他没有提出真正科学的问题：贵金属的供给的增加，在其价值不变的情况下，是否影响和怎样影响商品的价格；他把"贵金属的"**任何**"增加"都和它的贬值混为一谈。因此，休谟所做的，正是马克思说他做了的那些事（《政治经济学批判》第141页）②。我们在下面还要简单地谈到这一点，可是首先来看看休谟的论文《论利息》。

休谟明确反对洛克的论据，即利息不是由现有货币量来调节，而是由利润率来调节，以及他关于决定利息率高低的原因的其他说明——所有这些，都可以在1750年，即休谟的论文发表前两年出版的《论决定自然利息率的原因。对威廉·配第爵士和洛克先生关于这个问题的见解的考察》一书中找到，这本书在论述方面要精确得多，较少卖弄聪明。这本书的作者是约·马西，他是一个多方面的著作家，拥有很多读者，这从当时英国的著作中可以看出

① 见大·休谟《对若干问题的论述》1779年都柏林版第1卷第303—304页。——编者注
② 参看马克思《政治经济学批判。第一分册》1859年柏林版，《马克思恩格斯全集》中文第2版第31卷第555—556页。——编者注

来。亚当·斯密对于利息率的说明,接近马西甚于接近休谟。马西和休谟两个人对于在他们学说中占有一定地位的"利润"的本性,什么都不知道,什么也没有说到。

杜林先生教导我们:

"人们在评价休谟时,大都总是带着很大的偏见来对待他,并且把他所完全没有的观念加到他的身上。"

杜林先生本人就不止一次地给我们提供了这种"对待"的明显例证。

例如,休谟在论利息一文中开始就说:

"某一民族的繁荣状态的最可靠的标志是利息率低,这是有道理的,虽然我认为,产生这种现象的原因,和人们通常所想的有些不同。"①

这样,休谟在第一句话中就引证了利息率低是某一民族的繁荣状态的最可靠的标志的看法,这在他那个时候已经是陈腐的老生常谈了。而且事实上,这一"观念",自柴尔德以来,经过了整整100 年,已经流行于世。然而

"在〈休谟〉关于利息率的看法中,应当主要地强调这一观念:利息率是状态〈什么状态?〉的真正的晴雨表,而晴雨表的低度数则是某一民族的繁荣的几乎不会出错的标志。"(第130 页)

说这些话的那个"有偏见"的、陷于窘境的"人"是谁呢?不是别人,正是杜林先生。

而且,我们的批判的历史编纂学家对于下面这一点表示出自己的

_____

① 见大·休谟《对若干问题的论述》1779 年都柏林版第 1 卷第 313 页。——编者注

天真的惊讶:休谟在发挥了某种出色的观念之后"甚至没有自称是这种观念的创立者"。这样的事情在杜林先生身上是不会发生的。

我们已经看到,休谟是如何把贵金属的任何增加,同引起它们贬值、引起它们自身的价值发生革命,即商品的价值尺度发生革命的那种增加,混为一谈的。这种混淆对休谟来说是不可避免的,因为他完全不了解贵金属作为**价值尺度**的职能。他不可能了解这种职能,因为他丝毫不懂得价值本身。"价值"一词,在他的论丛中,也许只在一个地方出现过,在那里,他想纠正洛克关于贵金属具有的"只是想象的价值"的错误见解,而结果越纠正越糟,竟认为贵金属具有的"主要是虚构的价值"。①

他在这个问题上不仅远不如配第,而且远不如他同时代的一些英国人。他仍然用老一套办法赞扬**"商人"**是生产的第一盘发条,这个观点早已被配第所抛弃,所以他在这一点上也表现得同样"落后"。至于杜林先生要人相信休谟在其论丛中所研究的是"主要的经济关系",那么只要把亚当·斯密所援引的康替龙的著作(该著作和休谟的论丛都是1752年出版,但那时作者已经死去多年了)**104**比较一下,人们就会惊异地看到休谟的经济学著作的范围是多么狭窄。正如前面所说②,尽管杜林先生给休谟以特许证,

① 见大·休谟《对若干问题的论述》1779年都柏林版第1卷第314页。——编者注
② "正如前面所说"是指从"可是,为什么休谟……"开始到"……如此顽强地闭口不谈的忌妒心,才能到现在为止仍然忽视这样一位经济学泰斗的价值"为止的两段话(见本书第262页)。这两段话在第一版和第二版中是接在"大卫·休谟"的后面(见本书第255页第3行)。恩格斯在为第三版变动正文的顺序时,保留了"正如前面所说"这几个字,未作相应的修改。——编者注

休谟在政治经济学领域中也还是一位值得尊重的人物,但是在这里,他不能被认为是有创见的研究者,更不是什么划时代的人物。他的经济学论丛之所以能影响当时的知识界,不仅是因为卓越的表达方法,而且更多地还是因为他的论丛对当时繁荣起来的工商业作了进步的和乐观的赞扬,换句话说,也就是对当时英国迅速发展的资本主义社会作了进步的和乐观的赞扬,因而他的论丛自然要博得资本主义社会的"赞许"。在这里只要作一个提示就够了。每个人都知道,正是在休谟的时代,英国的人民群众是多么激烈地反对间接税制度,这种制度是臭名昭著的罗伯特·沃尔波尔为了有计划地减轻土地所有者和一切富人的负担而实行的。可是休谟在他的《论租税》这篇论文中,不指名地同自己的念念不忘的权威范德林特——间接税的最猛烈的反对者,土地课税的最坚决的拥护者——进行辩论:

"如果工人不能在不提高劳动价格的情况下靠更加勤勉和节俭来交纳消费税,那么它们〈消费税〉实际上必定是很重的,是很不合理的。"①

我们以为是罗伯特·沃尔波尔本人在这里说话,特别是再联系论"公债"一文中所说的一段话,更觉得是这样;在那里,关于向国债债权人课税的困难是这样说的:

"他们收入的减少,是不能由消费税或关税的一个单纯的项目的外表来遮掩的。"②

————————————

① 见大·休谟《对若干问题的论述》1779 年都柏林版第 1 卷第 367 页。——编者注
② 同上,第 379 页。——编者注

休谟对于资产阶级赢利的羡慕，决不是纯粹柏拉图式的，对于一个苏格兰人来说也不可能指望他会有别的态度。他出身贫穷，可是后来却达到每年 1 000 英镑的巨额进款，因为这里不是说的配第，所以杜林先生就对这一事实作了如下的周到实用的表达：

> "因为他善于经营私人经济，所以他以很少的资财做本钱，就达到不必为迎合任何人而写作的地位。"

杜林先生关于休谟还说道：

> "他从未对党派、君主或大学的影响作过丝毫的让步"，

虽然确实还不知道休谟是否同一个叫做"瓦盖纳"的人有过文字上的共事关系[105]，可是我们知道，他是对**教会与国家**颂扬备至的辉格党[106]寡头统治的热烈拥护者，为了酬谢他的这些功劳，他最初被授予巴黎使馆秘书的职位，后来被授予位置重要得多、收入高得多的副国务大臣的官职。

施洛塞尔老头说：

> "在政治方面，休谟曾经是而且一直是具有保守思想和强烈的君主主义思想的人。因此，他受到当时的教会制度的拥护者的攻击，没有像吉本受到的那样猛烈。"①

平民出身的"粗野"的科贝特说：

> "这位自私的休谟，这位历史的伪造者"，曾骂英国僧侣是肥胖的、不结婚的、没有家庭的、乞讨为生的人，"但是他从来没有家庭或者妻子，他本人是一

---

① 见弗·克·施洛塞尔《供德国人民阅读的世界通史》1855 年美因河畔法兰克福版第 17 卷第 76 页。——编者注

个大胖子,在很大程度上靠社会的钱财来养活,却从来没有做过任何真正有益于社会的事情。"[1]

杜林先生说:

休谟"在对待人生的实际态度上,在基本方面要比一个叫做康德的人高明得多"。

可是,为什么休谟在《批判史》中被捧得这样高呢? 只不过是因为这位"认真的和缜密的思想家"荣幸地扮演了 18 世纪的杜林。一个叫做休谟的人可以证明

"整个科学部门〈经济学〉的创造是更有见识的哲学的事情",

同样,休谟的先驱作用也极好地显示了这整个科学部门将保证会由一位非凡的人物在最近的将来完成。这位人物把仅是"更有见识的哲学"改造为绝对光辉的现实哲学,这位人物也和休谟一样,把

"狭义的哲学的研究同国民经济的科学研究联系起来……到现在为止,这在德国是没有先例的"。

于是,我们看到,作为经济学家无论如何还是值得尊重的休谟,被吹嘘成第一流的经济学泰斗;而只有到现在为止对杜林先生的"划时代"的成就还如此顽强地闭口不谈的忌妒心,才能到现在为止仍然忽视这样一位经济学泰斗的价值。

————

大家知道,**重农**学派[75]在**魁奈**的《**经济表**》[20]中给我们留下了

---

[1]　见威·科贝特《英格兰和爱尔兰的新教"改革"史》1868 年都柏林—伦敦版第 58、68 页。——编者注

一个谜,为解开这个谜,经济学的以前的批评家和历史编纂学家绞尽脑汁而毫无结果。这个表本来应该清楚地表明重农学派对一国总财富的生产和流通的观念,可是它对后世的经济学家仍然是一团模糊。在这里,杜林先生也要给我们以终极的启示。他说:

> 只有"首先准确地研究魁奈所持有的主导概念,才能确定关于生产和分配的关系的这一经济图表对魁奈本人具有什么意义"。因为到现在为止对这些概念人们总是带着"摇摆的不确定性"来说明,甚至亚当·斯密也"不能认识它们的本质特征",所以上述研究就更加需要了。

杜林先生现在要永远结束这种传统的"轻率的记述"。可是他用整整五页的篇幅来愚弄读者,在这五页上,使用各种夸张言辞,不断重复,有意搅乱,都不过是为了掩盖一个令人不快的事实,即关于魁奈的"主导概念",杜林先生所能告诉我们的,未必多于他不断警告读者去反对的那些"最流行的东拼西凑的教科书"。这个引论上的"一个最可怀疑的方面"是:甚至在这里,到现在为止对我们来说只知其名的《经济表》,也已经偶然地被杜林先生嗅到,但接着就消失在各种各样的"反思"中,例如,消失在对"耗费和成果的区别"的反思中。如果说这种区别"不能在魁奈的观念中现成地找到",那么一旦杜林先生从他的冗长的引论上的"耗费"转到异常短命的"成果"上来,即对《经济表》本身的说明上来,他倒会给我们提供一个关于这种区别的光辉范例,现在让我们引证他认为围绕魁奈的经济表应该告诉我们的一切,而且**是逐字逐句引证这一切**。

在"耗费"上,杜林先生说道:

> "他〈魁奈〉认为,收入〈杜林先生刚才说过纯产品〉应当被作为货币价值来理解和对待,这是不言而喻的事情…… 他立刻把自己的思考〈!〉和货币价值联系起来,他假定货币价值是第一手出卖全部农产品的结果。用这种方

法〈!〉,他就在《经济表》的项目中运用数十亿的数目〈即货币价值〉。"

这样,我们第三次知道:魁奈在其经济表中,运用的是"农产品"的"货币价值",其中包含"纯产品"或"纯收入"的货币价值。往下,我们在本文中读到:

"如果魁奈采用真正自然的观察方法,如果他不仅放弃对于贵金属和货币量的考虑,而且还放弃对于货币价值的考虑…… 但是他只计算价值额,而且一开始就把纯产品想象〈!〉为货币价值。"

这样我们就第四次和第五次知道:在《经济表》中只有货币价值!

"由于他〈魁奈〉扣除了开支,并且主要是想着〈!〉〈不是传统的,然而是更加轻率的记述〉那种作为地租而为土地所有者得到的价值,他得到了它〈纯产品〉。"

到此还是毫无进展,不过现在开始了:

"可是〈这个"可是"是一颗珍珠!〉另一方面,纯产品作为自然对象进入流通中,它因此变成……维持……所谓不结果实的阶级的一个要素。在这里,立刻〈!〉可以看到一种混乱,这种混乱之所以产生,是因为思想进程在一种情况下为货币价值所决定,而在另一种情况下则为事物本身所决定。"

一般说来,**任何**商品流通看来都免不了这样的"混乱",即商品同时作为"自然对象"和"货币价值"进入商品流通。可是我们还是围绕"货币价值"转圈子,因为

"魁奈要避免国民经济收入的双重计算"。

请杜林先生允许我们指出:在魁奈自己写的《经济表分析》①

---

① 弗·魁奈《经济表分析》,载于《重农学派》1846 年巴黎版第 1 部。——编者注

中，在经济表图式的后面，各类产品作为"自然对象"出现，而在前面，在经济表本身内出现的则是它们的货币价值。魁奈以后甚至让他的助手、修道院院长勃多，把自然对象和它的货币价值**并列**在表上。①

在如此"耗费"之后终于有了"成果"。听一听就会感到吃惊：

"只要问一下：在国民经济的循环中，作为地租而被占有的纯产品，究竟成了什么，不连贯性〈考虑到魁奈赋予土地所有者的作用〉就立刻显露出来了。这里，对重农学派的思想方式和对经济表来说，只可能是一种趋于神秘主义的混乱和任性。"

结果好，就一切都好。这样，杜林先生不知道"在经济的循环〈经济表中所显示的〉中，作为地租而被占有的纯产品，究竟成了什么"。经济表对于杜林来说，是一个"化圆为方问题"。他自己承认，他不懂得重农学派的 ABC。在兜了各种圈子、说了各种空话、进行纵横跳跃、耍了滑稽把戏、加进插话、离题发挥、一再重复、令人迷惑不解的语无伦次之后——而这一切只是准备让我们去听取关于"经济表对魁奈本人具有什么意义"的有力说明——，在经过所有这一切之后，杜林先生终于羞愧地承认，**他自己也不知道！**

他既然摆脱了这个痛苦的秘密，这个在他驰骋重农学派国度时骑在他背上的贺拉斯式的黑暗的烦恼②，我们的这位"认真的和缜密的思想家"，又精神抖擞地大吹大擂：

"魁奈在其本来相当简单〈！〉的表中到处所画的、要用来表明纯产品的流

---

① 参看尼·勃多《经济表说明》，载于《重农学派》1846 年巴黎版第 2 部第 822—867 页。——编者注
② 参看贺拉斯《颂歌》第 3 册第 1 篇。——编者注

通的线〈总共是六条！〉”，使人们有理由考虑，在“这些奇异的相交的线中”，是否隐藏着某种数学的幻想；使我们想到魁奈是在研究化圆为方问题，等等。

因为杜林先生自己承认，尽管这些线很简单，他还是不懂，所以他就不得不以他惯用的手法去**怀疑**它们。现在他可以放心大胆地给予这个讨厌的经济表以致命的打击了：

“由于我们从这个最可怀疑的方面考察了纯产品”等等。

就是说，他自己不得不承认，他丝毫也不了解《经济表》以及其中的纯产品所起的“作用”——杜林先生就把这称为“纯产品的最可怀疑的方面”！这是多么绝望的滑稽！

但是，为了使我们的读者不至于像那些从杜林先生的“第一手”材料去吸取经济知识的人所必然遭遇的那样，对于魁奈的经济表一无所知，我们作以下的简短说明：

大家知道，重农学派把社会分成三个阶级：（一）生产阶级，即真正从事农业的阶级，租地农场主和农业工人；他们之所以被称为生产阶级，是因为他们的劳动提供剩余——地租。（二）占有这种剩余的阶级，包括土地占有者和依附于他们的家仆，君主以及所有由国家付给薪俸的官吏，最后还有以什一税[94]占有者这一特殊身份出现的教会。为简便起见，我们以后把第一个阶级简称为“租地农场主”，把第二个阶级简称为“土地所有者”。（三）从事工商业的或 sterile（不结果实的）阶级，他们之所以被称为不结果实的，是因为从重农学派的观点看来，他们在生产阶级供给他们的原料中所加上的价值，只是等于他们在生产阶级供给他们的生活资料上消费掉的价值。魁奈的《经济表》就是要通过图解来清楚地说明：一个国家（实际上就是法国）每年的总产品，怎样在这三个阶级之间流通,怎样为每年的再生产服务。

经济表的第一个前提,是租佃制度以及与之并存的大农业(在魁奈那个时代的意义上)到处被采用,而且,对于魁奈说来,其标本地区是诺曼底、皮卡第、法兰西岛和法国其他一些省份。所以,租地农场主作为农业的真正领导者,在《经济表》上代表整个生产的(从事农业的)阶级,付给土地所有者以货币租金。全体租地农场主共计拥有创业资本或总财产100亿利弗尔,其中五分之一,即20亿,是每年应被补偿的经营资本,这种计算又是以上述各省经营最好的租地农场为标准的。

另外的前提是:(一)为简单起见,采用固定价格和简单再生产;(二)在一个阶级内部发生的任何流通都排除在外,而只考虑阶级与阶级之间的流通;(三)在生产年度内阶级与阶级间所进行的一切买卖,都合算成一个总数。最后应该记住,在魁奈那个时代,在法国,而且或多或少地在整个欧洲,农民家庭自身的家庭工业供给了极大部分非食品类的必需品,所以在这里,它作为农业的当然附属物被当做前提了。

经济表的出发点是总收成,是土地上每年所生产的总产品(因此,这种总产品列在表的最上端),或一个国家(在这里就是法国)的“总的再生产”。这个总产品的价值量,是根据通商各国的农产品的平均价格计算的。价值量等于50亿利弗尔,这个数额依据当时可能的统计估算,大致表示法国全部农产品的货币价值。正是这种情形,而不是别种情形,才使魁奈在经济表中“运用数十亿的数目”,即运用50亿的数目,而不是5个图尔利弗尔[107]。

这样,价值50亿的全部总产品掌握在生产阶级的手中,也就是说,首先是掌握在租地农场主的手中,这些租地农场主每年花费

20亿经营资本(与100亿创业资本相适应)来生产全部总产品。为了补偿经营资本,因而也为了维持一切直接从事农业的人的生活所需要的农产品、生活资料、原料等等,是以实物形式从总收成中拿出来的,并且花费在新的农业生产上。因为,正如前面所说,固定价格和既定规模的简单再生产是作为前提的,所以总收成中预先拿出去的部分的货币价值,等于20亿利弗尔。因此,这一部分没有进入一般的流通,因为正如已经指出的,任何在每一个阶级**内部**进行的而不是在不同阶级之间进行的流通,都没有列入表内。

除开补偿经营资本的数额以外,在总产品中还有30亿的剩余,其中20亿是生活资料,10亿是原料。可是租地农场主不得不付给土地所有者的地租,只占了这个剩余的三分之二,即20亿。为什么只有这20亿被列在"纯产品"或"纯收入"的项目下,马上就会看到。

农业的"总的再生产"的价值为50亿,其中30亿进入一般的流通;可是除这个农业的"总的再生产"以外,当经济表上所描写的运动开始**以前**,租地农场主手中还握有全国的"储金",即20亿现金。这些储金的情况如下:

因为经济表的出发点是总收成,所以这个出发点同时也就成为一个经济年度例如1758年的终点,在终点之后,开始了新的经济年度。在1759年这个新的经济年度中,总产品中预定进入流通的那一部分,经过一定次数的支付即买卖,分配在其他两个阶级中间。但是,这些前后相接的、分散的、延长到整年的运动,被归并为(这无论如何是经济表所必需的)几种各具特征的行为,其中每一种行为都一下子就包含整整的一年。这样,在1758年末,租地农场主阶级在1757年以地租形式付给土地占有者的货币,又重新流回这个阶级的手中了（至于怎样进行，经济表本身就说明了），就是说 20 亿数额又重新流回来了，于是租地农场主阶级在 1759 年又可以把这个数额投入流通。因为这个数额，正如魁奈所指出的，大大超过一个国家（法国）的全部流通所实际需要的数额（由于支付是不断以零星数额重复进行的），所以租地农场主手中的 20 亿利弗尔就代表国内流通的货币总额。

收取地租的土地所有者阶级，最初起了付款收取者的作用，这种情况现在偶尔还可以见到。按照魁奈的前提，真正的土地所有者只得到 20 亿地租的七分之四，七分之二归政府，七分之一归什一税的收取者。在魁奈那个时代，教会是法国最大的土地所有者，而且除了这笔收入以外，它还从其他的一切地产上征收什一税。

"不结果实的"阶级在整年内所支付的经营资本（年预付），是价值 10 亿的原料，而且只是原料，因为工具、机器等等算是这一阶级本身的制造品。但是，这些制造品在这一阶级本身的工业生产中所起的多种作用，以及只在这一阶级内部进行的商品流通和货币流通，在经济表中都没有涉及。不结果实的阶级在把原料转化为工业品时所花费的劳动的报酬，等于它的生活资料的价值，这些生活资料，一部分是直接从生产阶级获得的，另一部分是间接地经过土地所有者而获得的。虽然不结果实的阶级本身分为资本家和雇佣工人，可是根据魁奈的基本观点，它作为整个阶级是被生产阶级和土地所有者雇用的。工业的全部生产，从而它的全部流通（这种流通分布于收获以后的一年中），也归并成为一个总数。因此，前提是：当表内所描写的运动开始的时候，不结果实的阶级每年的商品生产完全掌握在它自己的手中，所以它的全部经营资本或价值 10 亿的原料，转化为价值 20 亿的商品，其中一半是这个转变时期中所消费的生活资料的价格。在这里或许可以提出这样的异议:不结果实的阶级为了自己的家庭需要也消费工业品;如果它自己的全部产品都通过流通而转归其他阶级,那么它自己所消费的工业品列到哪里去呢?对于这个问题,我们得到了如下的回答:不结果实的阶级不但自己消费自己的商品的一部分,而且还企图尽可能多地保留一部分商品。因此,它把投入流通的商品卖得比实际价值要高,它必须这样做,因为我们是把它的生产的全部价值算在这些商品上面的。但是,这种情形不会在表上引起任何变化,因为其他两个阶级只有付出不结果实的阶级的全部生产的价值,才能取得这些工业品。

这样,我们现在就知道经济表所描述的运动开始时三个不同阶级的经济状况。

生产阶级在以实物补偿自己的经营资本以后,还拥有30亿的全部农产品和20亿的货币。土地所有者阶级开始出现时还只是拥有向生产阶级要求20亿地租的权力。不结果实的阶级拥有20亿的工业品。仅仅在这三个阶级之中的两个阶级之间进行的流通,重农学派称为不完全的流通,而在所有三个阶级之间进行的流通,则称为完全的流通。

现在来谈《经济表》[20]本身。

第一种(不完全的)**流通**:租地农场主付给土地所有者20亿货币,作为归于他们的地租,并且没有回报。土地所有者用其中的10亿向租地农场主购买生活资料,所以租地农场主为支付地租所花费的货币,有一半又流回到自己的手中。

魁奈在他的《经济表分析》中没有再谈到获得地租的七分之二的国家和获得地租的七分之一的教会,因为二者的社会作用是

270

大家都知道的。关于真正的土地所有者,他却说,他们的费用,其中也包括他们的全部仆从人员的费用,至少极大部分是不结果实的费用,只有用来"维护和改良土地以及扩大耕种"的很小的一部分,才是例外。可是依据"自然法",他们的真正职能正是在于"尽心管理并出资维护他们的世袭财产"①,或者像后来所解释的,在于 avances foncières,即支出一笔费用,以准备土地并给租地农场配备一切设施,这笔费用使租地农场主可以把其全部资本只用在真正的耕种事业上。

第二种(完全的)**流通**:土地所有者用他们手中余下的 10 亿货币向不结果实的阶级购买工业品,而不结果实的阶级又用这样得到的 10 亿货币向租地农场主购买生活资料。

第三种(不完全的)**流通**:租地农场主用 10 亿货币向不结果实的阶级购买相应货币价值的工业品;其中很大一部分是农业工具和农业所必需的其他生产资料。不结果实的阶级又把同量的货币送还给租地农场主,来购买价值 10 亿的原料以补偿自己的经营资本。这样,租地农场主用以交付地租的 20 亿货币,又重新回到他们的手中,运动于是完成了。这样,"在国民经济的循环中,作为地租而被占有的纯产品,究竟成了什么"这个大谜,也就解开了。

我们在前面已经看到,在过程开始的时候,生产阶级手中握有 30 亿的剩余。其中只有 20 亿作为纯产品以地租的形式付给土地所有者。剩余中的另外 10 亿,成为租地农场主整个创业资本的利息,对 100 亿来说,就是 10% 的利息。这种利息,他们——请注

① 见《重农学派》1846 年巴黎版第 1 部第 68 页。——编者注

271

意——不是从流通中得来的；它以实物形式存在于他们的手中，他们只是经过流通把它转变为同等价值的工业品，才把它实现的。

没有这一利息，租地农场主，即农业的主要当事人，就不会把创业资本投到农业上。在重农学派看来，租地农场主对于这一部分代表利息的农业**剩余收入**的占有，即使从这一观点来看，也和租地农场主阶级本身一样，都是再生产的必要条件，因此，这个组成部分不能放在国民"纯产品"或"纯收入"的范畴中；因为"纯产品"或"纯收入"的特征，正是在于它可以不考虑国民再生产的直接需要而被消费。但是这 10 亿基金，根据魁奈的说法，大部分是用做一年中必要的修缮和创业资本的部分更新，其次，用做防止意外事故的后备基金，最后，在可能范围内，用来增加创业资本和经营资本，以及改良土壤，扩大耕种。

整个过程确实是"相当简单的"。投入流通的有：租地农场主拿来交租的 20 亿货币，以及 30 亿的产品，其中三分之二是生活资料，三分之一是原料；不结果实的阶级的 20 亿的工业品。在价值20 亿的生活资料中，一半为土地所有者及其仆从人员所消费，另一半为不结果实的阶级所消费，用来支付他们的劳动。价值 10 亿的原料补偿不结果实的阶级的经营资本。在流通中的价值 20 亿的工业品内，一半为土地所有者所得，另一半为租地农场主所得，对于租地农场主说来，这一部分工业品只是他们创业资本的利息的转化形式，这种利息是他们从农业再生产上直接得来的。租地农场主交付地租而投入流通的货币，通过出卖自己的产品又回到他自己的手中，这样，在下一个经济年度，同样的循环又可以重新进行了。

现在让读者来赞赏杜林先生的"真正批判的"、比起"传统的轻率的记述"如此无限优越的说明吧!他接连五次神秘地告诫我们说,魁奈在其《经济表》中仅仅运用货币价值(而且这是不真实的)是多么令人可疑;在这以后,他终于得出这样的结论:

只要问一下,"在国民经济的循环中,作为地租而被占有的纯产品,究竟成了什么",那么"对经济表来说,只可能是一种趋于神秘主义的混乱和任性"。

我们已经看到,经济表这种对于以流通为中介的年度再生产过程所作的简单的、在当时说来是天才的说明,非常准确地回答了这种纯产品在国民经济的循环中究竟成了什么这一问题。因此,"神秘主义"以及"混乱和任性",又只是杜林先生才独自拥有的,是他的重农学派研究的"最可怀疑的方面"和唯一的"纯产品"。

杜林先生对于重农学派的历史影响的认识,是和他对于他们的理论的认识完全一样的。他教导我们说:

"到杜尔哥,法国重农学派在实际上和理论上都告终了。"**108**

但是,米拉波按其经济学观点来说实质上是重农学派,他在1789年的制宪议会**109**上是第一个经济学权威,这次制宪议会在其经济改革上把很大一部分的重农学派原理从理论变成了实际,特别是对土地占有者"没有回报"而占有的纯产品即地租还征收了重税,而这一切对于"一个叫做杜林的人"是不存在的。

杜林先生大笔一挥,便把1691年到1752年这一时期勾销了,也就把休谟的一切先驱者勾销了,同样,又大笔一挥,把休谟和亚当·斯密之间的詹姆斯·斯图亚特爵士勾销了。后者的大作①,

———————————

① 指詹·斯图亚特《政治经济学原理研究》(两卷集)1767年伦敦版。
　　——编者注

撇开其历史重要性不谈,经久地丰富了政治经济学的领域;关于这部著作,我们在杜林先生的"企业"内,没有看到片语只字。可是,对于斯图亚特,杜林先生却把自己的词典中最恶毒的谩骂的言辞都搬出来了,而且还说在亚当·斯密时期,斯图亚特是"**一位教授**"。可惜,这种怀疑完全是凭空而生的。实际上,斯图亚特是苏格兰的大土地占有者,他因有参加斯图亚特阴谋的嫌疑,而被逐出英国。他长期在大陆居住,并且游历大陆各地,所以熟悉各国的经济状况。

总而言之,根据《批判史》,以前一切经济学家之所以具有价值,只是由于他们可以充当杜林先生的"具有决定意义的"、奠定更深刻基础的工作的"萌芽",或者由于他们的不中用,可以更好地衬托杜林先生的奠基工作。可是在经济学中还存在着一些英雄,他们不仅是"奠定更深刻基础"的工作的"萌芽",而且还提供了一些"定理",使杜林先生的奠基工作——像杜林先生在自然哲学中所提示的那样——不必由此"发展",而只要直接加以"组合"就成了。这样的英雄中,有"无可比拟的卓越的大人物"**李斯特**,他为了德国工厂主的利益,把一个叫做费里埃的人和其他人的"较微弱"的重商主义学说[99]吹嘘成为"较有力"的词句;其次是**凯里**,他的下述言论暴露了他的智慧的本质:

"李嘉图的体系是一个制造纷争的体系……其结果是挑动阶级之间的仇恨……他的著作是那些企图用平分土地、战争和掠夺的手段来攫取政权的蛊惑者们的手册"①;

———————————

① 见亨·查·凯里《过去、现在和将来》1848 年费城版第 74 — 75 页。
　　——编者注

最后,在这些英雄中还有伦敦酉蒂区的糊涂人**麦克劳德**。

因此,凡是想在现在或最近的将来研究政治经济学史的人,与其依靠杜林先生的"具有伟大风格的历史记述",还不如去熟悉"最流行的东拼西凑的教科书"的"白水似的作品"、"老生常谈"和"施给乞丐的稀汤"①,这样做也许可靠得多。

————

我们分析了杜林的政治经济学的"自造的体系",最终得到了什么结果呢? 只有这样一个事实:在一切豪言壮语和更加伟大的诺言之后,我们也像在"哲学"上一样受了骗。从价值论这块"经济学体系的纯洁性的试金石"得出的结果是:杜林先生把价值理解为五种完全不同的、彼此直接矛盾的东西,所以最多也只是他自己不知道自己想要的是什么。如此大吹大擂地来宣告的"一切经济的自然规律",原来全都是众所周知的老生常谈,而且往往是理解得极差的、最糟糕的老生常谈。自造的体系关于经济事实向我们提供的唯一解释是:这些事实是"暴力"的结果,这是几千年来一切国家的庸人在遭遇到一切不幸时聊以自慰的词句,在读了这些以后,我们丝毫没有比未读以前知道得多一些。杜林先生不去研究这种暴力的起源和作用,而只叫我们感恩戴德地安于"暴力"这个**字眼**,把它当做一切经济现象的终极原因和最后说明。在他被迫进一步说明资本主义对劳动的剥削时,他最先把这一剥削笼统地说成是以课税和加价为基础,在这里他完全窃取了蒲鲁东的"预征税"(prélèvement)观点②,以后又用马克思关于剩余劳动、剩

————

① 参看歌德《浮士德》第 1 部第 6 场《魔女之厨》。——编者注
② 参看皮·约·蒲鲁东《什么是财产?》1840 年巴黎版。——编者注

余产品和剩余价值的理论来具体地解释这种剥削。这样,他一口气把二者都抄袭下来,并做到了把两个完全矛盾的观点巧妙地调和起来。他在哲学上觉得对黑格尔骂得不够,但同时又不断剽窃黑格尔的思想并把它庸俗化,同样,他在《批判史》上对马克思的最放肆毁谤,也只是为了遮掩这一事实:在《教程》中关于资本和劳动的一切稍微合理的东西,同样是对马克思的庸俗化了的剽窃。在《教程》中,作者把"大土地占有者"放在文明民族的历史的开端,而对于真正是全部历史出发点的氏族公社和农村公社的土地公有制则一无所知——这种在今天看来几乎是难以理解的无知,几乎又被《批判史》中以"历史眼光的广博远大"自诩的无知所超越,关于这种无知,我们在上面只举出几个惊人的例子。一句话:最初为自我吹嘘、大吹大擂、许下一个胜似一个的诺言付出了巨大的"耗费",而后来的"成果"却等于零。

第三编　社会主义

一　历　史

我们在《引论》里①已经看到,为革命做了准备的 18 世纪的法国哲学家们,如何求助于理性,把理性当做一切现存事物的唯一的裁判者。他们认为,应当建立理性的国家、理性的社会,应当无情地铲除一切同永恒理性相矛盾的东西。我们也已经看到,这个永恒的理性实际上不这是恰好那时正在发展成为资产者的中等市民的理想化的知性而已。因此,当法国革命把这个理性的社会和这个理性的国家实现了的时候,新制度就表明,不论它较之旧制度如何合理,却决不是绝对合乎理性的。理性的国家完全破产了。卢梭的社会契约22在恐怖时代111获得了实现,对自己的政治能力丧失了信心的资产阶级,为了摆脱恐怖时代,起初求助于腐败的督政府112,最后则托庇于拿破仑的专制统治。早先许诺的永久和平变成了一场无休止的掠夺战争。理性的社会的遭遇也并不更好一些。富有和贫穷的对立并没有化为普遍的幸福,反而由于调和这种对立的行会特权和其他特权的废除,由于缓和这种对立的教会慈善设施的取消而更加尖锐化了;工业在资本主义基础上的迅速

---

① 恩格斯在这里加了一个注:"参看《哲学》第一章110。"——编者注

发展,使劳动群众的贫穷和困苦成了社会的生存条件。犯罪现象一年比一年增多。如果说以前在光天化日之下肆无忌惮地干出来的封建罪恶虽然没有消灭,但终究已经暂时被迫收敛了,那么,以前只是暗中偷着干的资产阶级罪恶却更加猖獗了。商业日益变成欺诈。革命的箴言"博爱"①化为竞争中的蓄意刁难和忌妒。贿赂代替了暴力压迫,金钱代替刀剑成了社会权力的第一杠杆。初夜权从封建领主手中转到了资产阶级工厂主的手中。卖淫增加到了前所未闻的程度。婚姻本身和以前一样仍然是法律承认的卖淫的形式,是卖淫的官方的外衣,并且还以大量的通奸作为补充。总之,同启蒙学者的华美诺言比起来,由"理性的胜利"建立起来的社会制度和政治制度竟是一幅令人极度失望的讽刺画。那时只是还缺少指明这种失望的人,而这种人随着新世纪的到来就出现了。1802 年出版了圣西门的《日内瓦书信》②;1808 年出版了傅立叶的第一部著作③,虽然他的理论基础在 1799 年就已经奠定了;1800 年 1 月 1 日,罗伯特·欧文担负了新拉纳克**113**的管理工作。

　　但是,在这个时候,资本主义生产方式以及随之而来的资产阶级和无产阶级之间的对立还没有得到充分发展。在英国刚刚兴起的大工业,在法国还不为人所知。但是,一方面,只有大工业才能发展那些使生产方式的变革成为绝对必要的冲突——不仅是大工

---

① 指 18 世纪末法国资产阶级革命的口号"自由、平等、博爱"。——编者注

② 昂·圣西门《一个日内瓦居民给当代人的信》1803 年巴黎版。——编者注

③ 沙·傅立叶《关于四种运动和普遍命运的理论》1808 年莱比锡版。——编者注

业所产生的各个阶级之间的冲突,而且是它所产生的生产力和交换形式本身之间的冲突;另一方面,大工业又正是通过这些巨大的生产力来发展解决这些冲突的手段。因此如果说,在1800年前后,新的社会制度所产生的冲突还只是开始形成,那么,解决这些冲突的手段就更是这样了。虽然巴黎的无财产的群众在恐怖时代曾有一瞬间夺得了统治权,但是他们只是以此证明了,他们的统治在当时的条件下是不可能的。在当时刚刚作为新阶级的胚胎从这些无财产的群众中分离出来的无产阶级,还完全无力采取独立的政治行动,它表现为一个无力帮助自己,最多只能从外面、从上面取得帮助的受压迫的受苦的等级。

这种历史情况也决定了社会主义创始人的观点。不成熟的理论,是同不成熟的资本主义生产状况、不成熟的阶级状况相适应的。解决社会问题的办法还隐藏在不发达的经济关系中,所以只能从头脑中产生出来。社会所表现出来的只是弊病,消除这些弊病是思维着的理性的任务。于是,就需要发明一套新的更完善的社会制度,并且通过宣传,可能时通过典型示范,从外面强加于社会。这种新的社会制度是一开始就注定要成为空想的,它越是制定得详尽周密,就越是要陷入纯粹的幻想。

这一点已经弄清,我们不再花费时间去谈论现在已经完全属于过去的这一方面了。让杜林之流的著作界的小贩们去一本正经地挑剔这些现在只能使人发笑的幻想吧!让他们去宣扬自己的清醒的思维方式优越于这种"疯狂的念头"吧!使我们感到高兴的,倒是处处突破幻想的外壳而显露出来的天才的思想萌芽和天才的思想,而这些却是那班庸人所看不见的。

圣西门在《日内瓦书信》中已经提出这样一个论点:

"人人应当劳动"。

在同一部著作中他已经指出,恐怖统治是无财产的群众的统治。他向他们高声说道:

"看吧,当你们的伙伴统治法国的时候,那里发生了什么事情? 他们造成了饥荒!"①

但是,认识到法国革命是贵族、资产阶级和无财产者之间的阶级斗争,这在 1802 年是极为天才的发现。在 1816 年,圣西门宣布政治是关于生产的科学,并且预言政治将完全溶化在经济中。[114]如果说经济状况是政治制度的基础这样的认识在这里仅仅以萌芽状态表现出来,那么对人的政治统治应当变成对物的管理和对生产过程的领导这种思想,即最近纷纷议论的废除国家的思想,已经明白地表达出来了。同样比他的同时代人高明的是:在 1814 年联军刚刚开进巴黎以后,接着又在 1815 年百日战争期间,他声明,法国和英国的同盟,其次这两个国家和德国的同盟,是欧洲的繁荣和和平的唯一保障。[115]在 1815 年向法国人鼓吹去和滑铁卢会战[116]的胜利者建立同盟,这比起向德国的教授们宣布进行一场舌战[9],当然是需要有更多一点勇气的。

如果说我们在圣西门那里发现了天才的远大眼光,由于他有这种眼光,后来的社会主义者的几乎所有并非严格意义上的经济学思想都以萌芽状态包含在他的思想中,那么,我们在傅立叶那里就看到了他对现存社会制度所作的具有真正法国人的风趣的、但

---

① 见昂·圣西门《一个日内瓦居民给当代人的信》,引自尼·古·于巴《圣西门。他的生平和著述》1857 年巴黎版第 135 页。——编者注

并不因此就显得不深刻的批判。傅立叶抓住了资产阶级所说的话，抓住了他们的革命前的狂热预言者和革命后得到利益的奉承者所说的话。他无情地揭露资产阶级世界在物质上和道德上的贫困，他不仅拿这种贫困同启蒙学者关于只应由理性统治的社会、关于能给所有的人以幸福的文明、关于人类无限完善化的能力的诱人的诺言作对比，而且也拿这种贫困同当时的资产阶级意识形态家的华丽的词句作对比；他指出，同最响亮的词句相对应的到处都是最可怜的现实，他辛辣地嘲讽这种词句的无可挽救的破产。傅立叶不仅是批评家，他的永远开朗的性格还使他成为一个讽刺家，而且是自古以来最伟大的讽刺家之一。他以巧妙而诙谐的笔调描绘了随着革命的低落而盛行起来的投机欺诈和当时法国商业中普遍的小商贩习气。他更巧妙地批判了两性关系的资产阶级形式和妇女在资产阶级社会中的地位。他第一个表述了这样的思想：在任何社会中，妇女解放的程度是衡量普遍解放的天然尺度。**117**但是，傅立叶最了不起的地方表现在他对社会历史的看法上。他把社会历史到目前为止的全部历程分为四个发展阶段：蒙昧、野蛮、宗法和文明。最后一个阶段就相当于现在所谓的资产阶级社会，他指出：

> "这种文明制度使野蛮时代每一个以简单方式犯下的罪恶，都采取了复杂的、暧昧的、两面的、虚伪的存在形式"；①

文明时代是在"恶性循环"中运动②，是在它不断地重新制造出来

---

①　见沙·傅立叶《关于普遍统一的理论》1841 年巴黎第 2 版第 3 卷第 62 页。——编者注

②　参看沙·傅立叶《经济的和协作的新世界》1848 年巴黎第 3 版第 27—46 页。——编者注

而又无法克服的矛盾中运动,因此,它所达到的结果总是同它希望达到或者佯言希望达到的相反。所以,比如说,

"在文明时代,**贫困是由过剩本身产生的。**"①

我们看到,傅立叶是和他的同时代人黑格尔一样熟练地掌握了辩证法的。他反对关于人类无限完善化的能力的空谈,而同样辩证地断言,每个历史阶段都有它的上升时期,但是也有它的下降时期②,而且他还把这种考察方法运用于整个人类的未来。正如康德把地球将来会走向灭亡的思想引入自然科学一样,傅立叶把人类将来会走向灭亡的思想引入历史研究。

当革命的风暴横扫整个法国的时候,英国正在进行一场比较平静,但是并不因此就显得缺乏力量的变革。蒸汽和新的工具机把工场手工业变成了现代的大工业,从而使资产阶级社会的整个基础发生了革命。工场手工业时代的迟缓的发展进程转变成了生产中的真正的狂飙时期。社会越来越迅速地分化为大资本家和一无所有的无产者,现在处于他们二者之间的,已经不是以前的稳定的中间等级,而是不稳定的手工业者和小商人群众,他们过着动荡不定的生活,是人口中最流动的部分。新的生产方式还处在上升时期的最初阶段;它还是正常的、在当时条件下唯一可能的生产方式。但是就在那时,它已经产生了明显的社会弊病:无家可归的人挤在大城市的贫民窟里;一切传统的血缘关系、宗法从属关系、家

---

① 见沙·傅立叶《经济的和协作的新世界》1848 年巴黎第 3 版第 35 页。——编者注
② 参看沙·傅立叶《关于四种运动和普遍命运的理论》1846 年巴黎第 3 版第 33—37 页。——编者注

庭关系都解体了;劳动时间,特别是女工和童工的劳动时间延长到可怕的程度;突然被抛到全新的环境中的劳动阶级大批地堕落了。这时有一个 29 岁的厂主作为改革家出现了,这个人具有像孩子一样单纯的高尚的性格,同时又是一个少有的天生的领导者。罗伯特·欧文接受了唯物主义启蒙学者的学说:人的性格是先天组织和人在自己的一生中,特别是在发育时期所处的环境这两个方面的产物。社会地位和欧文相同的大多数人都认为,工业革命只是便于浑水摸鱼和大发横财的一片混乱。欧文则认为,工业革命是运用他的心爱的理论并把混乱化为秩序的好机会。当他在曼彻斯特领导一个有 500 多工人的工厂的时候,就试行了这个理论,并且获得了成效。从 1800 年到 1829 年间,他按照同样的精神以股东兼经理的身份管理了苏格兰的新拉纳克大棉纺厂,只是在行动上更加自由,而且获得了使他名闻全欧的成效。新拉纳克的人口逐渐增加到 2 500 人,这些人的成分原来是极其复杂的,而且多半是极其堕落的分子,可是欧文把这个地方变成了一个完善的模范移民区,在这里,酗酒、警察、刑事法官、诉讼、贫困救济和慈善事业都绝迹了。而他之所以能做到这点,只是由于他使人生活在比较合乎人的尊严的环境中,特别是让成长中的一代受到精心的教育。他发明了并且第一次在这里创办了幼儿园。孩子们满一周岁以后就进幼儿园;他们在那里生活得非常愉快,父母几乎领不回去。欧文的竞争者迫使工人每天劳动 13 — 14 小时,而在新拉纳克工人只劳动 10 小时半。当棉纺织业危机使工厂不得不停工四个月的时候,歇工的工人还继续领取全部工资。虽然如此,这个企业的价值还是增加了一倍多,而且直到最后一直给企业主们带来丰厚的利润。

欧文对这一切并不感到满足。他给他的工人创造的生活条件，在他看来还远不是合乎人的尊严的；他说，

"这些人都是我的奴隶"；

他给他们安排的比较良好的环境，还远不足以使人的性格和智慧得到全面的合理的发展，更不用说允许进行自由的生命活动了。

"可是，这 2 500 人中从事劳动的那一部分人给社会生产的实际财富，在不到半个世纪前还需要 60 万人才能生产出来。我问自己：这 2 500 人所消费的财富和以前 60 万人本来应当消费的财富之间的差额到哪里去了呢？"

答案是明白的。这个差额是落到企业所有者的手里去了，他们除了领取 5%的创业资本利息以外，还得到 30 万英镑（600 万马克）以上的利润。新拉纳克尚且如此，英国其他一切工厂就更不用说了。

"没有这些由机器创造的新财富，就不能进行推翻拿破仑和保持贵族的社会原则的战争。而这种新的力量是劳动阶级创造的。"①

因此，果实也应当属于劳动阶级。在欧文看来，到目前为止仅仅使个别人发财而使群众受奴役的新的强大的生产力，提供了改造社会的基础，它作为大家的共同财产只应当为大家的共同福利服务。

欧文的共产主义就是通过这种纯粹商业的方式，作为所谓商业计算的果实产生出来的。它始终都保持着这种面向实际的性质。例如，在 1823 年，欧文提出了通过共产主义移民区消除爱尔

---

① 以上三处引文引自罗·欧文《人类头脑和实践中的革命，或将来由非理性到理性的过渡》1849 年伦敦版。——编者注

兰贫困的办法,并附上了关于筹建费用、年度开支和预计收入的详细计算。① 而在他的关于未来的最终计划中,对各种技术上的细节,都作了非常内行的规划,以致他的社会改革的方法一旦被采纳,则各种细节的安排甚至从专家的眼光看来也很少有什么可以挑剔的。

转向共产主义是欧文一生中的转折点。当他还只是一个慈善家的时候,他所获得的只是财富、赞扬、尊敬和荣誉。他是欧洲最有名望的人物。不仅社会地位和他相同的人,而且连达官显贵、王公大人们都点头倾听他的讲话。可是,当他提出他的共产主义理论时,情况就完全变了。在他看来,阻碍社会改革的首先有三大障碍:私有制、宗教和现在的婚姻形式。他知道,他向这些障碍进攻,等待他的将是什么:官方社会的普遍排斥,他的整个社会地位的丧失。但是,他并没有却步,他不顾一切地向这些障碍进攻,而他所预料的事情果然发生了。他被逐出了官方社会,报刊对他实行沉默抵制,他由于以全部财产在美洲进行的共产主义试验失败而变得一贫如洗,于是他就直接转向工人阶级,在工人阶级中又进行了30 年的活动。当时英国的有利于工人的一切社会运动、一切实际进步,都是和欧文的名字联在一起的。例如,经过他五年的努力,在 1819 年通过了限制工厂中妇女和儿童劳动的第一个法律。[118]他主持了英国工会的第一次代表大会,在这次大会上,全国各工会联合成一个工会大联盟。[119]同时,作为向完全共产主义的社会制度过渡的措施,一方面他组织了合作社(消费合作社和生产合作

① 参看罗·欧文《关于在都柏林举行的几次公众集会的报告。3 月 18 日、4 月 12—19 日和 5 月 3 日》1823 年都柏林版。——编者注

社),这些合作社从这时起至少已经在实践上证明,无论商人或厂主都决不是不可缺少的人物;另一方面他组织了劳动市场[120],即借助以劳动小时为单位的劳动券来交换劳动产品的机构;这种机构必然要遭到失败,但是充分预示了晚得多的蒲鲁东的交换银行[121],而它和后者不同的是,它并没有被说成是医治一切社会弊病的万灵药方,而只是被描写为激进得多的社会改造的第一步。

这些就是至上的杜林先生从他的"最后的终极的真理"的高度以轻蔑的态度鄙视的人,关于这种轻蔑的态度我们已经在引论中举出了几个例子。这种轻蔑态度从某一方面看来,也不是没有自身的充分理由的:它本质上是来源于对三个空想主义者的著作的真正惊人的无知。例如关于圣西门,他说:

"他的基本思想本质上是中肯的,而且除去一些片面性以外,在今天还能给真正的创造以指导性的推动。"

但是,尽管杜林先生好像真有圣西门的几部著作在手边,我们在有关的 27 页中去寻找圣西门的"基本思想",却像以前寻找魁奈的经济表"对魁奈本人具有什么意义"一样,是白费力气的,最后,我们不得不满足于下面的空话:

"想象和博爱的热情……以及属于后者的夸张的幻想,支配着圣西门的全部思想!"

在傅立叶的著作中,杜林先生只知道并且只注意那些描绘得像小说中的情节一样的关于未来的幻想,而这对于确证杜林先生无限地优越于傅立叶,要比研究傅立叶怎样"企图附带地批判现实状态"确实"重要得多"。附带地!其实,在傅立叶的著作中,几乎每一页都放射出对备受称颂的文明造成的贫困所作的讽刺和批判的火花。这正像说杜林先生仅仅"附带地"宣布杜林先生是一切时代最伟大的思想家一样。至于论述罗伯特·欧文的12页，那么杜林先生在这里应用的资料绝对没有别的，而只有庸人萨金特写的蹩脚的传记①，这位先生同样不知道欧文的最重要的著作，即关于婚姻和共产主义制度的著作②。因此，杜林先生才能大胆地断言，在欧文那里"不能假定有明确的共产主义"。当然，如果杜林先生手头哪怕仅仅有过欧文的《新道德世界书》，那么他就可以看到，这本书不仅主张实行有平等的劳动义务和平等的取得产品的权利（正如欧文经常补充说明的，平等是按年龄的大小来说的）的最明确的共产主义，而且还提出了为未来共产主义公社所作的带有平面图、正面图和鸟瞰图的详尽的房屋设计。但是，如果像杜林先生一样，把"对于社会主义思想界的代表者的原著的直接研究"局限于只看看标题或最多还看看少数著作中的**提要**，那么确实只会作出这种愚蠢的和纯粹杜撰的断语。欧文不仅宣传了"明确的共产主义"，而且还在汉普郡的"和谐大厦"[122]这一移民区实行了为期五年（30年代末40年代初）的共产主义，那里的共产主义就其明确性来说是没有什么可挑剔的。我自己就认识几个以前参加了这种共产主义典型试验的人。但是，关于这一切以及1836—1850年间欧文的活动，萨金特毫无所知，所以杜林先生的"更加深刻的历史记述'也就陷入了漆黑一团的无知之中。杜林

---

① 指威·卢·萨金特《罗伯特·欧文和他的社会哲学》1860年伦敦版。
　　——编者注
② 指罗·欧文《新道德世界的婚姻制度》（1838年利兹版）、《新道德世界书》（1836—1844年伦敦版）和《人类头脑和实践中的革命》（1849年伦敦版）。——编者注

先生把欧文称为"一个在各方面都过分博爱的真正怪物"。但是，当这位杜林先生向我们讲授他连标题和提要几乎都没有看过的那些书籍的内容时，我们千万可别说他是"一个在各方面都过分无知的真正怪物"，因为这出自**我们**之口就叫做"谩骂"。

我们已经看到，空想主义者之所以是空想主义者，正是因为在资本主义生产还很不发达的时代，他们只能是这样。他们不得不从头脑中构想出新社会的要素，因为这些要素在旧社会本身中还没有普遍地明显地表现出来；他们只能求助于理性来构想自己的新建筑的基本特征，因为他们还不能求助于同时代的历史。但是，如果说在他们出现以后差不多80年的今天，杜林先生登上舞台，要从他的至上的头脑中，从他的孕育着"最后真理"的理性中，构想出一个新的社会制度的"标准"体系，而不是根据现有的历史地发展起来的材料，不是作为这些材料的必然结果来阐述这个体系，那么，到处嗅出模仿者的杜林先生本人则只不过是空想主义者的模仿者，最新的空想主义者。他把伟大的空想主义者称为"社会炼金术士"。就算是这样吧，炼金术在当时还是必要的。但是从那时以来，大工业已经把潜伏在资本主义生产方式中的矛盾发展为如此明显的对立，以致这种生产方式的日益迫近的崩溃可说是用手就可以触摸到了；只有采用同生产力的现在的发展程度相适应的新的生产方式，新的生产力本身才能保存并进一步发展；由以往的生产方式所造成的并在日益尖锐的对立中不断再生产的两个阶级之间的斗争，遍及一切文明国家并且日益剧烈；而且人们也已经了解这种历史的联系，了解由于这种联系而成为必然的社会改造的条件，了解同样由这种联系所决定的这种改造的基本特征。如果说杜林先生现在不是根据现有的经济材料，而是从自己至上的脑袋中硬造出一种新的空想的社会制度,那么,他就不仅仅是在从事简单的"社会炼金术"了。他的行为倒像是这样一种人,这种人在现代化学的各种规律被发现和确立以后,还想恢复旧的炼金术,并想利用原子量、分子式、原子价、晶体学、光谱分析,其唯一的目的是要发现——**哲人之石**。

二　理　论

唯物主义历史观从下述原理出发:生产以及随生产而来的产品交换是一切社会制度的基础;在每个历史地出现的社会中,产品分配以及和它相伴随的社会之划分为阶级或等级,是由生产什么、怎样生产以及怎样交换产品来决定的。所以,一切社会变迁和政治变革的终极原因,不应当到人们的头脑中,到人们对永恒的真理和正义的日益增进的认识中去寻找,而应当到生产方式和交换方式的变更中去寻找;不应当到有关时代的**哲学**中去寻找,而应当到有关时代的**经济**中去寻找。对现存社会制度的不合理性和不公平、对"理性化为无稽,幸福变成苦痛"①的日益觉醒的认识,只是一种征兆,表示在生产方法和交换形式中已经不知不觉地发生了变化,适合于早先的经济条件的社会制度已经不再同这些变化相适应了。同时这还说明,用来消除已经发现的弊病的手段,也必然以或多或少发展了的形式存在于已经发生变化的生产关系本身中。这些手段不应当从头脑中**发明出来**,而应当通过头脑从生产

---

① 　见歌德《浮士德》第 1 部第 4 场《书斋》。——编者注

的现成物质事实中**发现出来**。

那么,照此看来,现代社会主义是怎么回事呢?

现在大家几乎都承认,现存的社会制度是由现在的统治阶级即资产阶级创立的。资产阶级所固有的生产方式(从马克思以来称为资本主义生产方式),是同封建制度的地方特权、等级特权以及相互的人身束缚不相容的;资产阶级摧毁了封建制度,并且在它的废墟上建立了资产阶级的社会制度,建立了自由竞争、自由迁徙、商品占有者平等的王国,以及其他一切资产阶级的美妙东西。资本主义生产方式现在可以自由发展了。自从蒸汽和新的工具机把旧的工场手工业变成大工业以后,在资产阶级领导下造成的生产力,就以前所未闻的速度和前所未闻的规模发展起来了。但是,正如从前工场手工业以及在它影响下进一步发展了的手工业同封建的行会桎梏发生冲突一样,大工业得到比较充分的发展时就同资本主义生产方式对它的种种限制发生冲突了。新的生产力已经超过了这种生产力的资产阶级利用形式;生产力和生产方式之间的这种冲突,并不是像人的原罪和神的正义的冲突那样产生于人的头脑中,而是存在于事实中,客观地、在我们之外,甚至不依赖于引起这种冲突的那些人的意志或行动而存在着。现代社会主义不过是这种实际冲突在思想上的反映,是它在头脑中,首先是在那个直接吃到它的苦头的阶级即工人阶级的头脑中的观念上的反映。

那么,这种冲突表现在哪里呢?

在资本主义生产出现之前,即在中世纪,普遍地存在着以劳动者私人占有生产资料为基础的小生产:小农的即自由农或依附农的农业和城市的手工业。劳动资料——土地、农具、作坊、手工工具——都是个人的劳动资料,只供个人使用,因而必然是小的、简陋的、有限的。但是,正因为如此,它们也照例是属于生产者自己的。把这些分散的小的生产资料加以集中和扩大,把它们变成现代的强有力的生产杠杆,这正是资本主义生产方式及其承担者即资产阶级的历史作用。资产阶级怎样从15世纪起经过简单协作、工场手工业和大工业这三个阶段历史地实现了这种作用,马克思在《资本论》第四篇①中已经作了详尽的阐述。但是,正如马克思在那里所证明的,资产阶级要是不把这些有限的生产资料从个人的生产资料变为**社会化的**即只能由**一批人共同使用**的生产资料,就不能把它们变成强大的生产力。纺纱机、机械织机和蒸汽锤代替了纺车、手工织机和手工锻锤;需要成百上千的人进行协作的工厂代替了小作坊。同生产资料一样,生产本身也从一系列的个人行动变成了一系列的社会行动,而产品也从个人的产品变成了社会的产品。现在工厂所出产的纱、布、金属制品,都是许多工人的共同产品,都必须顺次经过他们的手,然后才变为成品。他们当中没有一个人能够说:这是我做的,这是**我的**产品。

但是,在自发的社会内部分工成了生产的基本形式的地方,这种分工就使产品具有**商品**的形式,而商品的相互交换,即买和卖,使个体生产者有可能满足自己的各式各样的需要。中世纪的情况就是这样。例如,农民把农产品卖给手工业者,从他们那里买得手工业品。在这种个体生产者即商品生产者的社会中,渗入了一种新的生产方式。它在整个社会中占支配地位的自发的**无计划**的分工中间,确立了在个别工厂里的有组织的**有计划**的分工;在**个体生**

---

①　指马克思《资本论》第1卷第4篇,见《马克思恩格斯文集》第5卷第363—580页。——编者注

产旁边出现了**社会化**生产。两者的产品在同一市场上出卖,因而价格至少大体相等。但是,有计划的组织要比自发的分工有力量;采用社会化劳动的工厂里所制造的产品,要比分散的小生产者所制造的便宜。个体生产在一个又一个的部门中遭到失败,社会化生产使全部旧的生产方式发生革命。但是它的这种革命性质并不为人所认识,结果它反而被用来当做提高和促进商品生产的手段。它的产生,是同商品生产和商品交换的一定的已经存在的杠杆即商人资本、手工业、雇佣劳动直接联系着的。由于它本身是作为商品生产的一种新形式出现的,所以商品生产的占有形式对它也保持着全部效力。

在中世纪得到发展的那种商品生产中,劳动产品应当属于谁的问题根本不可能发生。当时个体生产者通常都用自己所有的、往往是自己生产的原料,用自己的劳动资料,用自己或家属的手工劳动来制造产品。这样的产品根本用不着他去占有,它自然是属于他的。因此,产品的所有权是以**自己的劳动**为基础的。即使利用过别人的帮助,这种帮助通常也是次要的,而且往往除工资以外还得到别的报酬:行会的学徒和帮工与其说是为了吃饭和挣钱而劳动,不如说是为了自己学成手艺当师傅而劳动。后来生产资料开始集中在大的作坊和手工工场中,开始变为真正社会化的生产资料。但是,这些社会化的生产资料和产品还像从前一样仍被当做个人的生产资料和产品来处理。从前,劳动资料的占有者占有产品,因为这些产品通常是他自己的产品,别人的辅助劳动是一种例外;而现在,劳动资料的占有者还继续占有产品,虽然这些产品已经不是**他的**产品,而完全是**别人劳动**的产品了。这样,现在按社会化方式生产的产品已经不归那些真正使用生产资料和真正生产这些产品的人占有，而是归**资本家**占有。生产资料和生产实质上已经社会化了。但是，它们仍然服从于这样一种占有形式，这种占有形式是以个体的私人生产为前提，因而在这种形式下每个人都占有自己的产品并把这个产品拿到市场上去出卖。生产方式虽然已经消灭了这一占有形式的前提，但是它仍然服从于这一占有形式①。赋予新的生产方式以资本主义性质的这一矛盾，**已经包含着现代的一切冲突的萌芽**。新的生产方式越是在一切有决定意义的生产部门和一切在经济上起决定作用的国家里占统治地位，并从而把个体生产排挤到无足轻重的残余地位，**社会化生产和资本主义占有的不相容性**，**也必然越加鲜明地表现出来**。

如上所述，最初的资本家就已经遇到了现成的雇佣劳动形式。但是，那时雇佣劳动是一种例外，一种副业，一种辅助办法，一种暂时措施。不时出去打短工的农业劳动者，都有自己的几亩土地，不得已时单靠这些土地也能生活。行会条例是要使今天的帮工明天成为师傅。但是，生产资料一旦变为社会化的生产资料并集中在资本家手中，情形就改变了。个体小生产者的生产资料和产品变得越来越没有价值；他们除了受雇于资本家就没有别的出路。雇佣劳动以前是一种例外和辅助办法，现在成了整个生产的通例和基本形式；以前是一种副业，现在成了工人的唯一职业。暂时的雇

---

① 恩格斯在这里加了一个注："这里无须解释，虽然占有**形式**还是原来那样，可是占有的**性质**由于上述过程而经历的革命，并不亚于生产所经历的革命。我占有我自己的产品还是占有别人的产品，这自然是两种很不相同的占有。顺便提一下：包含着整个资本主义生产方式的萌芽的雇佣劳动是很古老的；它个别地和分散地同奴隶制度并存了几百年。但是，只有在历史前提已经具备时，这一萌芽才能发展成为资本主义生产方式。"——编者注

佣劳动者变成了终身的雇佣劳动者。此外,由于同时发生了封建制度的崩溃,封建主扈从人员被解散,农民被逐出自己的家园等等,终身的雇佣劳动者大量增加了。集中在资本家手中的生产资料和除了自己的劳动力以外一无所有的生产者彻底分离了。**社会化生产和资本主义占有之间的矛盾表现为无产阶级和资产阶级的对立。**

我们已经看到,资本主义生产方式渗入了商品生产者即通过自己产品的交换来实现社会联系的个体生产者的社会。但是,每个以商品生产为基础的社会都有一个特点:这里的生产者丧失了对他们自己的社会关系的控制。每个人都用自己偶然拥有的生产资料并为自己的个人的交换需要而各自进行生产。谁也不知道,他的那种商品在市场上会出现多少,究竟需要多少;谁也不知道,他的个人产品是否真正为人所需要,是否能收回它的成本,到底是否能卖出去。社会生产的无政府状态占统治地位。但是,商品生产同任何其他生产形式一样,有其特殊的、固有的、和它分不开的规律;这些规律不顾无政府状态、在无政府状态中、通过无政府状态而为自己开辟道路。这些规律在社会联系的唯一继续存在的形式即交换中表现出来,并且作为竞争的强制规律对各个生产者发生作用。所以,这些规律起初连这些生产者也不知道,只是由于长期的经验才逐渐被他们发现。所以,这些规律是在不经过生产者并且同生产者对立的情况下,作为他们的生产形式的盲目起作用的自然规律而为自己开辟道路。产品支配着生产者。

在中世纪的社会里,特别是在最初几世纪,生产基本上是为了供自己消费。它主要只是满足生产者及其家属的需要。在那些有人身依附关系的地方,例如在农村中,生产还满足封建主的需要。因此,在这里没有交换,产品也不具有商品的性质。农民家庭差不多生产了自己所需要的一切:食物、用具和衣服。只有当他们在满足自己的需要并向封建主交纳实物贡赋以后还能生产更多的东西时,他们才开始生产商品;这和投入社会交换即拿去出卖的多余产品就成了商品。诚然,城市手工业者一开始就必然为交换而生产。但是,他们也自己生产自己所需要的大部分东西;他们有园圃和小块土地;他们在公共森林中放牧牲畜,并且从这些森林中取得木材和燃料;妇女纺麻,纺羊毛等等。以交换为目的的生产,即商品生产,还只是在形成中。因此,交换是有限的,市场是狭小的,生产方式是稳定的,地方和外界是隔绝的,地方内部是统一的;农村中有马尔克①,城市中有行会。

但是,随着商品生产的扩展,特别是随着资本主义生产方式的出现,以前潜伏着的商品生产规律也就越来越公开、越来越有力地发挥作用了。旧日的束缚已经松弛,旧日的壁障已经突破,生产者日益变为独立的、分散的商品生产者了。社会生产的无政府状态已经表现出来,并且越来越走向极端。但是,资本主义生产方式用来加剧社会生产中的这种无政府状态的主要工具正是无政府状态的直接对立物:每一单个生产企业中的生产作为社会化生产所具有的日益加强的组织性。资本主义生产方式利用这一杠杆结束了旧日的和平的稳定状态。它在哪一个工业部门被采用,就不容许任何旧的生产方法在那里和它并存。它在哪里控制了手工业,就

---

① 参看恩格斯《马尔克》,《马克思恩格斯全集》中文第 2 版第 25 卷。
　——编者注

把那里的旧的手工业消灭掉。劳动场地变成了战场。伟大的地理发现以及随之而来的殖民地的开拓使销售市场扩大了许多倍,并且加速了手工业向工场手工业的转化。斗争不仅爆发于地方的各个生产者之间;地方性的斗争又发展为全国性的,发展为 17 世纪和 18 世纪的商业战争[123]。最后,大工业和世界市场的形成使这个斗争成为普遍的,同时使它具有了空前的剧烈性。在资本家和资本家之间,在工业部门和工业部门之间以及国家和国家之间,生死存亡都取决于天然的或人为的生产条件的优劣。失败者被无情地淘汰掉。这是从自然界加倍疯狂地搬到社会中来的达尔文的个体生存斗争。动物的自然状态竟表现为人类发展的顶点。社会化生产和资本主义占有之间的矛盾表现为**个别工厂中生产的组织性和整个社会中生产的无政府状态之间的对立。**

　　资本主义生产方式在它生而具有的矛盾的这两种表现形式中运动着,它毫无出路地处在早已为傅立叶所发现的"恶性循环"中。诚然,傅立叶在他那个时代还不能看到:这种循环在逐渐缩小;更确切地说,运动沿螺线行进,并且必然像行星的运动一样,由于同中心相碰撞而告终。社会的生产无政府状态的推动力使大多数人日益变为无产者,而无产者群众又将最终结束生产的无政府状态。社会的生产无政府状态的推动力,使大工业中的机器无止境地改进的可能性变成一种迫使每个工业资本家在遭受毁灭的威胁下不断改进自己的机器的强制性命令。但是,机器的改进就造成人的劳动的过剩。如果说机器的采用和增加意味着成百万的手工劳动者为少数机器劳动者所排挤,那么,机器的改进就意味着越来越多的机器劳动者本身受到排挤,而归根到底就意味着造成一批超过资本雇工的平均需要的、可供支配的雇佣劳动者,一支真正的产业后备军(我早在 1845 年就这样称呼他们①);这支后备军在工业开足马力工作的时期可供随意支配,而由于随后必然到来的崩溃又被抛到街头;这支后备军任何时候都是工人阶级在自己同资本进行生存斗争中的绊脚石,是把工资抑制在合乎资本家需要的低水平上的调节器。这样一来,机器,用马克思的话来说,就成了资本用来对付工人阶级的最强有力的武器,劳动资料不断地夺走工人手中的生活资料,工人自己的产品变成了奴役工人的工具。② 于是,劳动资料的节约,一开始就同时成为对劳动力的最无情的浪费和对劳动发挥作用的正常条件的剥夺③;机器这一缩短劳动时间的最有力的手段,变成了使工人及其家属一生的时间转化为可以随意用来增殖资本的劳动时间的最可靠的手段;于是,一部分人的过度劳动成了另一部分人失业的前提,而在全世界追逐新消费者的大工业,却在国内把群众的消费限制到忍饥挨饿这样一个最低水平,从而破坏了自己的国内市场。"使相对过剩人口或产业后备军同资本积累的规模和能力始终保持平衡的规律把工人钉在资本上,比赫斐斯塔司的楔子把普罗米修斯钉在岩石上钉得还要牢。这一规律制约着同资本积累相适应的贫困积累。因此,在一极是财富的积累,同时在另一极,即在把自己的产品作为资本来生产的阶级方面,是贫困、劳动折磨、受奴役、无知、粗野和

---

① 恩格斯在这里加了一个注:"《英国工人阶级状况》第 109 页。"参看《马克思恩格斯全集》中文第 1 版第 2 卷第 369 页。——编者注
② 参看马克思《资本论》第一卷,《马克思恩格斯文集》第 5 卷第 501、560页。——编者注
③ 同上,第 532 页。——编者注

道德堕落的积累。"（马克思《资本论》第671页）①而期待资本主义生产方式有另一种产品分配，那就等于要求电池的电极和电池相联时不使水分解，不在阳极放出氧和在阴极放出氢。

我们已经看到，现代机器的已经达到极高程度的改进的可能性，怎样由于社会中的生产无政府状态而变成一种迫使各个工业资本家不断改进自己的机器、不断提高机器的生产能力的强制性命令。对资本家来说，扩大自己的生产规模的单纯的实际可能性也变成了同样的强制性命令。大工业的巨大的扩张力——气体的膨胀力同它相比简直是儿戏——现在在我们面前表现为不顾任何反作用力而在质量上和数量上进行扩张的**需要**。这种反作用力是由大工业产品的消费、销路、市场形成的。但是，市场向广度和深度扩张的能力首先是受完全不同的、力量弱得多的规律支配的。市场的扩张赶不上生产的扩张。冲突成为不可避免的了，而且，因为它在把资本主义生产方式本身炸毁以前不能使矛盾得到解决，所以它就成为周期性的了。资本主义生产造成了新的"恶性循环"。

事实上，自从1825年第一次普遍危机爆发以来，整个工商业世界，一切文明民族及其野蛮程度不同的附属地中的生产和交换，差不多每隔十年就要出轨一次。交易停顿，市场盈溢，产品大量滞销积压，银根奇紧，信用停止，工厂停工，工人群众因为他们生产的生活资料过多而缺乏生活资料，破产相继发生，拍卖纷至沓来。停滞状态持续几年，生产力和产品被大量浪费和破坏，直到最后，大批积压的商品以或多或少压低了的价格卖出，生产和交换又逐渐

---

① 参看马克思《资本论》第1卷，《马克思恩格斯选集》第3版第2卷第289—290页。——编者注

恢复运转。步伐逐渐加快,慢步转成快步,工业快步转成跑步,跑步又转成工业、商业、信用和投机事业的真正障碍赛马中的狂奔,最后,经过几次拼命的跳跃重新陷入崩溃的深渊。如此反复不已。从 1825 年以来,这种情况我们已经历了整整五次,目前(1877 年)正经历着第六次。这些危机的性质表现得这样明显,以致傅立叶在把第一次危机称为 crise pléthorique[多血症危机],即由过剩引起的危机时,就中肯地说明了所有这几次危机的实质。①

在危机中,社会化生产和资本主义占有之间的矛盾剧烈地爆发出来。商品流通暂时停顿下来;流通手段即货币成为流通的障碍;商品生产和商品流通的一切规律都颠倒过来了。经济的冲突达到了顶点:**生产方式起来反对交换方式,生产力起来反对已经被它超过的生产方式。**

工厂内部的生产的社会化组织,已经发展到同存在于它之旁并凌驾于它之上的社会中的生产无政府状态不能相容的地步。资本家自己也由于资本的猛烈积聚而感觉到这一事实,这种积聚是在危机期间通过许多大资本家和更多的小资本家的破产实现的。资本主义生产方式的全部机制在它自己创造的生产力的压力下失灵了。它已经不能把这大批生产资料全部变成资本;生产资料闲置起来,因此,产业后备军也不得不闲置起来。生产资料、生活资料、可供支配的工人——生产和一般财富的一切因素,都过剩了。但是,"过剩成了贫困和匮乏的源泉"(傅立叶),因为正是这种过剩阻碍生产资料和生活资料变为资本。因为在资本主义社会里,

---

①　参看沙·傅立叶《经济状和协作的新世界》1848 年巴黎第 3 版第 32 页。——编者注

生产资料要不先变为资本,变为剥削人的劳动力的工具,就不能发挥作用。生产资料和生活资料的资本属性的必然性,像幽灵一样横在这些资料和工人之间。唯独这个必然性阻碍着生产的物的杠杆和人的杠杆的结合;唯独它不允许生产资料发挥作用,不允许工人劳动和生活。因此,一方面,资本主义生产方式暴露出它没有能力继续驾驭这种生产力。另一方面,这种生产力本身以日益增长的威力要求消除这种矛盾,要求摆脱它作为资本的那种属性,要求**在事实上承认它作为社会生产力的那种性质**。

　　猛烈增长着的生产力对它的资本属性的这种反作用力,要求承认生产力的社会本性的这种日益增长的压力,迫使资本家阶级本身在资本关系内部可能的限度内,越来越把生产力当做社会生产力看待。无论是信用无限膨胀的工业高涨时期,还是由大资本主义企业的破产造成的崩溃本身,都使大量生产资料不得不采取像我们在各种股份公司中所遇见的那种社会化形式。某些生产资料和交通手段一开始规模就很大,它们,例如铁路,排斥任何其他的资本主义经营形式。在一定的发展阶段上,这种形式也嫌不够了:资本主义社会的正式代表——国家不得不①承担起对它们的

————————

① 恩格斯在这里加了一个注:"我说'**不得不**',因为只有在生产资料或交通手段**真正**发展到不适于由股份公司来管理,因而国有化**在经济上**已成为不可避免的情况下,国有化——即使是由目前的国家实行的——才意味着经济上的进步,才意味着达到了一个新的为社会本身占有一切生产力做准备的阶段。但是最近,自从俾斯麦致力于国有化以来,出现了一种冒牌的社会主义,它有时甚至堕落为某些奴才气,无条件地把**任何一种**国有化,甚至俾斯麦的国有化,都说成社会主义的。显然,如果烟草国营是社会主义的,那么拿破仑和梅特涅也应该算入社会主义创始人之列了。比利时国家出于纯粹日常的政治和财政方面的考虑而自己修建国家的铁路干线,俾斯麦并非考虑经济上的必要,而

管理。这种转化为国家财产的必要性首先表现在大规模的交通机构,即邮政、电报和铁路方面。

如果说危机暴露出资产阶级没有能力继续驾驭现代生产力,那么,大的生产机构和交通机构向股份公司和国家财产的转变就表明资产阶级在这方面是多余的。资本家的全部社会职能现在由领工薪的职员来执行了。资本家除了拿红利、剪息票、在各种资本家相互争夺彼此的资本的交易所中进行投机以外,再也没有任何其他的社会活动了。资本主义生产方式起初排挤工人,现在却在排挤资本家了,完全像对待工人那样把他们赶到过剩人口中去,虽然暂时还没有把他们赶到产业后备军中去。

但是,无论向股份公司的转变,还是向国家财产的转变,都没有消除生产力的资本属性。在股份公司的场合,这一点是十分明显的。而现代国家也只是资产阶级社会为了维护资本主义生产方式的一般外部条件使之不受工人和个别资本家的侵犯而建立的组织。现代国家,不管它的形式如何,本质上都是资本主义的机器,资本家的国家,理想的总资本家。它越是把更多的生产力据为己有,就越是成为真正的总资本家,越是剥削更多的公民。工人仍然是雇佣劳动者,无产者。资本关系并没有被消灭,反而被推到了顶点。但是在顶点上是要发生变革的。生产力归国家所有不是冲突

只是为了使铁路能够更好地适用于战时,只是为了把铁路官员训练成政府的投票家畜,主要是为了取得一种不依赖于议会决定的新的收入来源而把普鲁士的铁路干线收归国有,这无论如何不是社会主义的步骤,既不是直接的,也不是间接的,既不是自觉的,也不是不自觉的。否则,皇家海外贸易公司[124]、皇家陶瓷厂,甚至陆军被服厂,也都是社会主义的设施了。"——编者注

的解决,但是这里包含着解决冲突的形式上的手段,解决冲突的线索。

这种解决只能是在事实上承认现代生产力的社会本性,因而也就是使生产、占有和交换的方式同生产资料的社会性质相适应。而要实现这一点,只有由社会公开地和直接地占有已经发展到除了适于社会管理之外不适于任何其他管理的生产力。现在,生产资料和产品的社会性质反过来反对生产者本身,周期性地突破生产方式和交换方式,并且只是作为盲目起作用的自然规律强制性地和破坏性地为自己开辟道路,而随着社会占有生产力,这种社会性质就将为生产者完全自觉地运用,并且从造成混乱和周期性崩溃的原因变为生产本身的最有力的杠杆。

社会力量完全像自然力一样,在我们还没有认识和考虑到它们的时候,起着盲目的、强制的和破坏的作用。但是,一旦我们认识了它们,理解了它们的活动、方向和作用,那么,要使它们越来越服从我们的意志并利用它们来达到我们的目的,就完全取决于我们了。这一点特别适用于今天的强大的生产力。只要我们固执地拒绝理解这种生产力的本性和性质(而资本主义生产方式及其辩护士正是抗拒这种理解的),它就总是像上面所详细叙述的那样,起违反我们、反对我们的作用,把我们置于它的统治之下。但是,它的本性一旦被理解,它就会在联合起来的生产者手中从魔鬼似的统治者变成顺从的奴仆。这里的区别正像雷电中的电的破坏力同电报机和弧光灯的被驯服的电之间的区别一样,正像火灾同供人使用的火之间的区别一样。当人们按照今天的生产力终于被认识了的本性来对待这种生产力的时候,社会的生产无政府状态就让位于按照社会总体和每个成员的需要对生产进行的社会的有计划的调节。那时,资本主义的占有方式,即产品起初奴役生产者而后又奴役占有者的占有方式,就让位于那种以现代生产资料的本性为基础的产品占有方式:一方面由社会直接占有,作为维持和扩大生产的资料;另一方面由个人直接占有,作为生活资料和享受资料。

资本主义生产方式日益把大多数居民变为无产者,从而就造成一种在死亡的威胁下不得不去完成这个变革的力量。这种生产方式日益迫使人们把大规模的社会化的生产资料变为国家财产,因此它本身就指明完成这个变革的道路。**无产阶级将取得国家政权,并且首先把生产资料变为国家财产**。但是这样一来,它就消灭了作为无产阶级的自身,消灭了一切阶级差别和阶级对立,也消灭了作为国家的国家。到目前为止在阶级对立中运动着的社会,都需要有国家,即需要一个剥削阶级的组织,以便维护这个社会的外部生产条件,特别是用暴力把被剥削阶级控制在当时的生产方式所决定的那些压迫条件下(奴隶制、农奴制或依附农制、雇佣劳动制)。国家是整个社会的正式代表,是社会在一个有形的组织中的集中表现,但是,说国家是这样的,这仅仅是说,它是当时独自代表整个社会的那个阶级的国家:在古代是占有奴隶的公民的国家,在中世纪是封建贵族的国家,在我们的时代是资产阶级的国家。当国家终于真正成为整个社会的代表时,它就使自己成为多余的了。当不再有需要加以镇压的社会阶级的时候,当阶级统治和根源于至今的生产无政府状态的个体生存斗争已被消除,而由此二者产生的冲突和极端行动也随着被消除了的时候,就不再有什么需要镇压了,也就不再需要国家这种特殊的镇压力量了。国家真正作为整个社会的代表所采取的第一个行动,即以社会的名义占有生产资料,同时也是它作为国家所采取的最后一个独立行动。那时,国家政权对社会关系的干预在各个领域中将先后成为多余的事情而自行停止下来。那时,对人的统治将由对物的管理和对生产过程的领导所代替。国家不是"被废除"的,**它是自行消亡的**。应当以此来衡量"自由的人民国家"[125]这个用语,这个用语在鼓动的意义上暂时有存在的理由,但归根到底是没有科学根据的;同时也应当以此来衡量所谓无政府主义者提出的在一天之内废除国家的要求。

自从资本主义生产方式在历史上出现以来,由社会占有全部生产资料,常常作为未来的理想隐隐约约地浮现在个别人物和整个整个派别的头脑中。但是,这种占有只有在实现它的物质条件已经具备的时候,才能成为可能,才能成为历史的必然性。正如其他一切社会进步一样,这种占有之所以能够实现,并不是由于人们认识到阶级的存在同正义、平等等等相矛盾,也不是仅仅由于人们希望废除这些阶级,而是由于具备了一定的新的经济条件。社会分裂为剥削阶级和被剥削阶级、统治阶级和被压迫阶级,是以前生产不大发展的必然结果。只要社会总劳动所提供的产品除了满足社会全体成员最起码的生活需要以外只有少量剩余,就是说,只要劳动还占去社会大多数成员的全部或几乎全部时间,这个社会就必然划分为阶级。在这被迫专门从事劳动的大多数人之旁,形成了一个脱离直接生产劳动的阶级,它掌管社会的共同事务:劳动管理、国家事务、司法、科学、艺术等等。因此,分工的规律就是阶级划分的基础。但是,这并不妨碍阶级的这种划分曾经通过暴力和掠夺、欺诈和蒙骗来实现,这也不妨碍统治阶级一旦掌握政权就牺牲劳动阶级来巩固自己的统治,并把对社会的领导变成对群众的剥削。

但是,如果说阶级的划分根据上面所说具有某种历史的理由,那也只是对一定的时期、一定的社会条件才是这样。这种划分是以生产的不足为基础的,它将被现代生产力的充分发展所消灭。的确,社会阶级的消灭是以这样一个历史发展阶段为前提的,在这个阶段上,不仅某个特定的统治阶级的存在,而且任何统治阶级的存在,从而阶级差别本身的存在,都将成为时代错乱,成为过时现象。所以,社会阶级的消灭是以生产高度发展的阶段为前提的,在这个阶段上,某一特殊的社会阶级对生产资料和产品的占有,从而对政治统治、教育垄断和精神领导地位的占有,不仅成为多余的,而且在经济上、政治上和精神上成为发展的障碍。这个阶段现在已经达到了。资产阶级的政治和精神的破产甚至对他们自己来说也未必是一种秘密了,而他们的经济破产则有规律地每十年重复一次。在每次危机中,社会在它自己的而又无法加以利用的生产力和产品的重压下奄奄一息,面对着生产者没有什么可以消费是因为缺乏消费者这种荒谬的矛盾而束手无策。生产资料的扩张力撑破了资本主义生产方式所加给它的桎梏。把生产资料从这种桎梏下解放出来,是生产力不断地加速发展的唯一先决条件,因而也是生产本身实际上无限增长的唯一先决条件。但是还不止于此。生产资料由社会占有,不仅会消除生产的现存的人为障碍,而且还会消除生产力和产品的有形的浪费和破坏,这种浪费和破坏在目前是生产的无法摆脱的伴侣,并且在危机时期达到顶点。此外,这种占有还由于消除了现在的统治阶级及其政治代表的穷奢极欲的挥霍而为全社会节省出大量的生产资料和产品。通过社会化生产,不仅可能保证一切社会成员有富足的和一天比一天充裕的物质生活,而且还可能保证他们的体力和智力获得充分的自由的发展和运用,这种可能性现在第一次出现了,但它**确实是出现了**①。

一旦社会占有了生产资料,商品生产就将被消除,而产品对生产者的统治也将随之消除。社会生产内部的无政府状态将为有计划的自觉的组织所代替。个体生存斗争停止了。于是,人在一定意义上才最终地脱离了动物界,从动物的生存条件进入真正人的生存条件。人们周围的、至今统治着人们的生活条件,现在受人们的支配和控制,人们第一次成为自然界的自觉的和真正的主人,因为他们已经成为自身的社会结合的主人了。人们自己的社会行动的规律,这些一直作为异己的、支配着人们的自然规律而同人们相对立的规律,那时就将被人们熟练地运用,因而将听从人们的支配。人们自身的社会结合一直是作为自然界和历史强加于他们的东西而同他们相对立的,现在则变成他们自己的自由行动了。至今一直统治着历史的客观的异己的力量,现在处于人们自己的控制之下了。只是从这时起,人们才完全自觉地自己创造自己的历史;只是从这时起,由人们使之起作用的社会原因才大部分并且越来越多地达到他们所预期的结果。这是人类从必然王国进入自由

————————

① 恩格斯在这里加了一个注:"有几个数字可以使人们对现代生产资料即使在资本主义压制下仍然具有的巨大扩张力有个大体的概念。根据吉芬的最新统计**126**,大不列颠和爱尔兰的全部财富约计如下:

　　1814 年……22 亿英镑＝440 亿马克

　　1865 年……61 亿英镑＝1 220 亿马克

　　1875 年……85 亿英镑＝1 700 亿马克

　　至于在危机中生产资料和产品被破坏的情况,根据 1878 年 2 月 21 日在柏林举行的德国工业家第二次代表大会所作的统计,在最近一次崩溃中,单是**德国制铁工业**所遭受的全部损失就达 45 500 万马克。"——编者注

王国的飞跃。

完成这一解放世界的事业,是现代无产阶级的历史使命。深入考察这一事业的历史条件以及这一事业的性质本身,从而使负有使命完成这一事业的今天受压迫的阶级认识到自己的行动的条件和性质,这就是无产阶级运动的理论表现即科学社会主义的任务。

三　生　产

看了上述的一切以后,读者得知上一章中对社会主义基本特征的论述根本不合杜林先生的胃口,是不会感到奇怪的。相反,杜林先生一定会把这种论述扔到堆放一切废弃物的深坑中去,扔到"历史幻想和逻辑幻想的杂种"、"荒谬的观念"、"混乱的模糊观念"等等那一堆东西中去。在他看来,社会主义根本不是历史发展的必然产物,更不是粗糙物质的、单纯为了喂饱肚子的现代经济条件的产物。他的货色要好得多。他的社会主义是最后的终极的真理;

它是"社会的自然体系",它植根于"普遍的公平原则"之中,

如果说他不得不留意以前的罪恶历史所造成的既存状况,以便加以改善,那么这宁可看做是纯粹的公平原则的不幸。杜林先生创造自己的社会主义,正如创造其他一切一样,是通过他的著名的两个男人进行的。这两个傀儡不是像过去那样扮演主人和奴隶的角色,这次变换了角色,这两个傀儡上演了一出表现权利平等的

戏——于是杜林的社会主义的基础就奠定了。

因此,不言而喻,在杜林先生看来,周期性的工业危机,决不具有像我们认为它们应该具有的那样的历史意义。

在他看来,危机不过是对"常态"的偶然偏离,最多不过是为"更有规则的秩序的发展"提供一个理由。用生产过剩解释危机的这一"通常的方法",决不能满足他对问题的"更确切的理解"。诚然,对"特殊领域中的特殊危机"来说,这样的解释方法"也许是可行的"。例如,"适于大量销售的著作,突然宣布可以自由翻印,于是它们就充斥于书籍市场"。

诚然,杜林先生尽可以高枕无忧:他的不朽的著作是永远不会引起这样的世界不幸的。

但是,对巨大的危机来说,"储存和销售之间的鸿沟最后竟大得如此惊人",这不是因为生产过剩,而是"因为人民消费的落后…… 因为人为地造成的消费不足…… 因为人民需求〈!〉在它的自然增长过程中遇到的障碍"。

而他还为他的这种危机理论幸运地找到了一个信徒呢。

但是,遗憾的是,群众的消费不足,他们的消费仅仅限于维持生活和延续后代所必需的东西,这并不是什么新的现象。自从有了剥削阶级和被剥削阶级以来,这种现象就存在着。即使在群众的状况特别好的历史时期,例如在 15 世纪的英国,群众的消费仍然是不足的。他们远没有能支配自己的全部年产品来用于消费。因此,如果说消费不足是数千年来的经常的历史现象,而由生产过剩所引起的、爆发于危机中的普遍的商品滞销,只是最近 50 年来才变得明显,那么,只有具备杜林先生的庸俗经济学的全部浅薄见解,才能够不是去用生产过剩这种**新的**现象,而是用存在了几千年的消费不足这一老现象来解释新的冲突。这就像在数学上不从变数发生了变化这一事实,而从常数没有发生变化这一事实去解释一个常数和一个变数之间的关系的变化一样。群众的消费不足，是一切建立在剥削基础上的社会形式的一个必然条件，因而也是资本主义社会形式的一个必然条件；但是，只有资本主义的生产形式才造成危机。因此，群众的消费不足，也是危机的一个先决条件，而且在危机中起着一种早已被承认的作用；但是，群众的消费不足既没有向我们说明过去不存在危机的原因，也没有向我们说明现时存在危机的原因。

杜林先生关于世界市场的观念是非常奇特的。我们已经看到，他怎样以真正德国著作家的身份力图用想象的莱比锡书籍市场上的危机来说明真正的工业上的特殊危机，用杯水风暴来说明海上风暴。他进一步地想象，

目前的企业家的生产不得不"主要地在有产阶级自身的圈子里寻找它的销路"，

这并不妨碍他在仅仅 16 页后就按人所共知的做法把制铁工业和棉纺织工业看做是具有决定意义的现代工业，而正是这两个生产部门的产品，只有极其微小的一部分在有产阶级的圈子里被消费，它们比其他任何产品都更多地为群众所消费。在他那里，不管我们怎么看，能见到的都只不过是空洞的矛盾百出的胡说。我们就举棉纺织工业中的一个例子吧。在一个比较小的城市奥尔德姆——这是分布在曼彻斯特周围、经营棉纺织工业、各拥有 5 万—10 万人口的十几个城市之一——仅在这一个城市里，从 1872 年到 1875 年的四年当中，单单纺 32 支纱的纱锭，就从 250 万增加到 500 万，就是说，在英国一个中等城市纺一种纱的纱锭数就达到了整个德国（包括阿尔萨斯）的棉纺织工业所拥有的纱锭总数。如

果注意到,在英格兰和苏格兰棉纺织工业的其他部门和地区也获得了差不多同样规模的发展,那么只有蛮不讲理的人才会用英国群众的消费不足,而不用英国棉纺织厂主的生产过剩,来解释目前棉纱和棉布的普遍滞销。①

够了。同那些对经济学无知到竟把莱比锡的普通书籍市场当做现代工业意义上的市场的人,是没有什么可以争论的。所以,我们只是指出,关于危机,杜林先生在以后的论述中仅仅能够告诉我们说:

> 这只不过是"过度紧张和松弛之间的一场寻常的游戏",过度的投机"不仅仅是由于私人企业的无计划的积累而引起的",而且"个别企业家的急躁和个人考虑不周,也应该算做造成供给过剩的原因"。

那么"造成"急躁和个人考虑不周的"原因"又是什么呢? 正是资本主义生产的这种无计划性,这种无计划性表现在私人企业的无计划的积累上。把经济事实变成道德非难,并认为这样做就是发现了新的原因,这也正是过度的"急躁"。

关于危机的问题,我们就此结束。在上一章中,我们指出了危机从资本主义生产方式产生的不可避免性以及它作为这一生产方式本身的危机、作为社会变革的强制手段的意义,因此,我们就不必多费口舌来批驳杜林先生对这个问题的浅薄之见了。现在我们来看看他的积极的创造,看看他的"社会的自然体系"。

这一建立在"普遍的公平原则"之上、因而对讨厌的物质事实

---

① 恩格斯在这里加了一个注:"用消费不足来解释危机,起源于西斯蒙第,在他那里,这种解释还有一定的意义。洛贝尔图斯从西斯蒙第那里借用了这种解释,而杜林先生又以他惯有的肤浅方式从洛贝尔图斯那里把它抄袭过来。"——编者注

不屑一顾的体系,是由经济公社的联邦组成的,在各个经济公社之间存在着

"根据一定的法律和行政规范规定的迁徙自由和接受新社员的必要性"。

经济公社本身首先是

"具有人类历史意义的广泛的模式",远远地超越例如一个叫做马克思的人的"陷入迷途的不彻底性"。它是"人们的共同体,这些人由支配一个区域的土地和一批生产企业的公共权利相互联合起来,共同活动,共同分配收入"。公共权利是"对自然界和生产设备的纯粹公共的关系意义上的……对物的权利"。

这究竟是什么意思,让未来的经济公社的法学家去伤脑筋吧,我们在这方面不打算作任何的尝试。我们只是得知,

这种公共权利和"工人社团的团体所有制"决不是一回事,后者似乎不排除相互竞争,甚至不排除雇工剥削。

然后他顺便说道:

在马克思那里也可以看到的"公共所有制"的观念,"至少是不清楚的和可疑的,因为这个关于未来的观念总是具有这样的外貌,好像它只是指工人团体的团体所有制"。

这又是杜林先生所惯用的许多偷梁换柱的"卑鄙手法"之一,"对于这些手法的庸俗的特性〈像他自己所说的〉只有无耻这个粗俗的词才完全适用";这是凭空捏造的假话,正和杜林先生的另一个虚构一样,这个虚构是:"公共所有制",在马克思看来,是"既是个人的又是社会的所有制"。

无论如何有一点看来是清楚的:某一经济公社对自己的劳动

资料的公共的权利,至少对任何其他经济公社,以至于对社会和国家来说,是排他性的所有权。

但是,这一权利不应该使自己"和外界……相隔绝,因为在各个经济公社之间存在着根据一定的法律和行政规范规定的迁徙自由和接受新社员的必要性……就好像……现在人们从属于某一政治组织和参与村镇的经济事务一样"。

因此,将出现富裕的和贫穷的经济公社,它们之间的平衡是通过居民脱离贫穷的公社挤入富裕的公社的方法来实现的。因此,杜林先生虽然想通过全国性的商业组织来消除各个公社之间在产品上的竞争,但是他却听任生产者方面的竞争安然存在下去。物被置于竞争之外,而人仍旧要服从于竞争。

但是,我们由此还远不清楚什么是"公共的权利"。两页之后,杜林先生向我们宣布:

商业公社扩展得"首先像政治社会领域一样地广大,这个领域的成员联合成一个统一的权利主体,并且由于这种身份而支配着整个土地、住宅和生产设备"。

可见,具有支配权的终究不是个别公社,而是整个民族。"公共权利"、"对物的权利"、"对自然界的公共的关系"等等,不仅"至少是不清楚的和可疑的",而且简直就是自相矛盾的。这种权利实际上——至少当每一单个经济公社同样是权利主体的时候——是"既是个人的又是社会的所有制",因此,这后一个"模糊的杂种",又只有在杜林先生本人那里才会遇到。

无论如何,经济公社是为了生产来支配自己的劳动资料的。这种生产是怎样进行的呢?根据我们在杜林先生那里所看到的一切来判断,这种生产是完全依照从前的样式进行的,只是公社代替了资本家而已。顶多我们还看到,只是现在每个人才能自由地选择职业并具有同等的劳动义务。

到目前为止的一切生产的基本形式是分工,一方面是社会内部的分工,另一方面是每一单个生产机构内部的分工。杜林的"共同社会"是怎样看待分工的呢?

第一次社会大分工是城市和乡村的分离。

照杜林先生的说法,这个对抗"按事物的本性来说是不可避免的"。但是,"如果以为农业和工业之间的鸿沟……是不可能填平的,这倒是值得怀疑的。实际上,它们之间已经存在着一定程度的连续过渡,这种连续过渡在将来还可望大大加强"。现在侵入农业和农村经济中的,已经有两种工业:"第一是酿酒业,第二是甜菜制糖业…… 酒精生产具有这样大的意义,以致容易被人估计过低,而不会被人估计过高"。如果由于"某些发现使工业的范围更加扩大,使生产经营必须在农村中进行,并且直接同原料的生产挂钩",那么城市和乡村之间的对立就可以因此减弱,而"文明发展的最广泛的基础就可以获得"。但是,"同样的事情也许还可以由别种方法产生。除技术上的必需外,社会需要的问题将越来越多地被提出,当社会需要成为人类活动的组合的标准时,就不能再忽视田间作业和技术加工之间的有系统的紧密结合所带来的好处了"。

而在经济公社中正好存在着社会需要这个问题,这样,公社不会急于充分利用上述的农业和工业联合的好处吗? 关于经济公社在这个问题上所采取的立场,杜林先生不会不用他所喜爱的冗长文字把他的"更确切的理解"告诉我们吧? 如果读者相信他会这样做,那就要受骗。上面那些贫乏的、吞吞吐吐的、在施行普鲁士邦法[59]的酿酒区和制糖区内又流传开来的老生常谈,就是杜林先生关于现在和将来的城市和乡村的对立所能告诉我们的一切。

让我们来详细地谈谈分工吧。在这里,杜林先生已经多少"确切些"了。他谈到

"应该专门从事一种活动的人"。如果说到建立一个新的生产部门,"那么问题只是在于:能否把致力于生产某一种物品的一定数量的人,连同他们所需要的消费〈!〉,可以说一起创造出来"。在共同社会中,任何一个生产部门,都"不需要许多居民"。在共同社会中,也会有"根据生活方式而区分的"人的"经济变种"。

这样,在生产的范围内,一切都差不多是照旧不变的。的确,在到目前为止的社会中,总是"错误的分工"占支配地位;但是,这种错误的分工表现在哪里,它在经济公社中将被什么所代替,关于这些问题,我们只听到下面的话:

"至于分工本身的问题,我们在上面已经说过,只要注意到各种不同的自然状况的事实和个人的能力,就可以说是解决了。"

除能力外,还有个人的爱好在起作用:

"促使人们去从事需要有更多的能力和更多的训练的那些活动的刺激,将完全基于对有关行业的爱好,以及对从事恰恰是这一种事物而不是别种事物〈从事一种事物!〉的乐趣。"

但是,这样一来在共同社会中就将引起竞争,而且

"生产本身引起了某种兴趣,而把生产仅仅看做获利手段的呆板的经营,将不再是各种社会状态的占支配地位的特征"。

在生产自发地发展起来的一切社会中(今天的社会也属于这样的社会),不是生产者支配生产资料,而是生产资料支配生产者。在这样的社会中,每一种新的生产杠杆都必然地转变为生产资料奴役生产者的新手段。这首先是大工业建立以前的最强有力

的生产杠杆——分工的特点。第一次大分工，即城市和乡村的分离，立即使农村居民陷于数千年的愚昧状况，使城市居民受到各自的专门手艺的奴役。它破坏了农村居民的精神发展的基础和城市居民的肉体发展的基础。如果说农民占有土地，城市居民占有手艺，那么，土地也同样占有农民，手艺也同样占有手工业者。由于劳动被分割，人也被分割了。为了训练某种单一的活动，其他一切肉体的和精神的能力都成了牺牲品。人的这种畸形发展和分工齐头并进，分工在工场手工业中达到了最高的发展。工场手工业把一种手艺分成各种局部操作，把每种操作分给各个工人，作为终身的职业，从而使他们一生束缚于一定的局部职能和一定的工具。"工场手工业把工人变成畸形物，它压抑工人的多种多样的生产志趣和生产才能，人为地培植工人片面的技巧……　个体本身也被分割开来，转化为某种局部劳动的自动的工具"（马克思）①，这种自动工具在许多情况下只有通过工人的肉体的和精神的真正的畸形发展才达到完善的程度。大工业的机器使工人从一台机器下降为机器的单纯附属物。"过去是终生专门使用一种局部工具，现在是终生专门服侍一台局部机器。滥用机器的目的是要使工人自己从小就转化为局部机器的一部分"（马克思）②，不仅是工人，而且直接或间接剥削工人的阶级，也都因分工而被自己用来从事活动的工具所奴役；精神空虚的资产者为他自己的资本和利润欲所奴役；法学家为他的僵化的法律观念所奴役，这种观念作为独立的力量支配着他；一切"有教养的等级"都为各式各样的地方局限

---

① 　见马克思《资本论》第 1 卷，《马克思恩格斯文集》第 5 卷第 417 页。
　　——编者注
② 　同上，《马克思恩格斯选集》第 3 版第 2 卷第 226 页。——编者注

性和片面性所奴役,为他们自己的肉体上和精神上的短视所奴役,为他们的由于接受专门教育和终身从事一个专业而造成的畸形发展所奴役,——哪怕这种专业纯属无所事事,情况也是这样。

　　空想主义者已经充分地了解分工所造成的结果,了解一方面是工人的畸形发展,另一方面是劳动活动本身的畸形发展,这种劳动活动局限于单调地机械地终身重复同一的动作。欧文和傅立叶都要求消灭城市和乡村之间的对立,作为消灭整个旧的分工的第一个基本条件。他们两人都主张人口应该分成1 600—3 000人的许多集团,分布于全国;每个集团居住在他们那个地区中央的一个巨大的宫殿中,共同管理家务。虽然傅立叶在有些地方也提到城市,但是这些城市本身又只是由四个到五个这种相互毗连的宫殿组成的。根据这两个空想主义者的意见,每个社会成员都既从事农业,又从事工业;在傅立叶看来,手艺和工场手工业在工业中起着主要的作用,而在欧文看来,大工业已经起着主要的作用,而且认为在家务劳动中也应该应用蒸汽力和机器。但是,无论是在农业还是在工业中,他们两人都要求每个人尽可能多地调换工种,并且要求相应地训练青年从事尽可能全面的技术活动。在他们两人看来,人应当通过全面的实践活动获得全面的发展;劳动应当重新获得它由于分工而丧失的那种吸引力,这首先是通过经常调换工种和相应地使从事每一种劳动的"活动时间"(用傅立叶的话说)①不过长的办法来实现。他们两人都远远地超出了杜林先生所承袭的剥削阶级的思维方式。这种思维方式认为,城市和乡村的对立按事物的本性来说是不可避免的;它拘泥于这样的狭隘观

————————

① 参看沙·傅立叶《经济的和协作的新世界》第2、5、6章。——编者注

念,即似乎一定数量的"人"无论如何必然注定要从事**某一种**物品的生产;它要使根据生活方式而区分的人的"经济变种"永世长存,这些人据说对从事恰恰是这一种事物而不是别种事物感到乐趣,就是说,他们落到了竟然**乐于**自身被奴役和片面发展的地步。即使同"白痴"傅立叶的最狂妄的幻想所包含的基本思想相比较,即使同"粗陋、无力而贫乏"的欧文的最贫乏的观念相比较,还完全被分工奴役着的杜林先生也是一个妄自尊大的侏儒。

当社会成为全部生产资料的主人,可以在社会范围内有计划地利用这些生产资料的时候,社会就消灭了迄今为止的人自己的生产资料对人的奴役。不言而喻,要不是每一个人都得到解放,社会也不能得到解放。因此,旧的生产方式必须彻底变革,特别是旧的分工必须消灭。代替它们的应该是这样的生产组织:在这样的组织中,一方面,任何个人都不能把自己在生产劳动这个人类生存的必要条件中所应承担的部分推给别人;另一方面,生产劳动给每一个人提供全面发展和表现自己的全部能力即体能和智能的机会,这样,生产劳动就不再是奴役人的手段,而成了解放人的手段,因此,生产劳动就从一种负担变成一种快乐。

现在,这已不再是什么幻想,不再是什么虔诚的愿望了。在生产力发展的当前情况下,只要有随着生产力的社会化这个事实本身而出现的生产的提高,只要消除资本主义生产方式所造成的障碍和破坏、产品和生产资料的浪费,就足以在普遍参加劳动的情况下使劳动时间减少到从现在的观念看来非常少的程度。

同样,消灭旧的分工,也不是只有靠牺牲劳动生产率才能实现的一种要求。相反,消灭旧的分工已经被大工业变为生产本身的条件。"机器生产不需要像工场手工业那样,使同一些工人始终从事同一种职能,从而把这种分工固定下来。因为工厂的全部运动不是从工人出发,而是从机器出发,所以不断更换人员也不会使劳动过程中断……　最后,年轻人很快就可以学会使用机器,因此也就没有必要专门培养一种特殊的工人成为机器工人。"①但是,机器的资本主义应用方式不得不继续实行旧的分工及其僵死的专业化,虽然这些在技术上已经成为多余的了,于是机器本身就起来反对这种时代错乱。大工业的技术基础是革命的。"现代工业通过机器、化学过程和其他方法,使工人的职能和劳动过程的社会结合不断地随着生产的技术基础发生变革。这样,它也同样不断地使社会内部的分工发生革命,不断地把大量资本和大批工人从一个生产部门投到另一个生产部门。因此,大工业的本性决定了劳动的变换、职能的更动和工人的全面流动性……　我们已经看到,这个绝对的矛盾……怎样通过工人阶级的不断牺牲、劳动力的无限度的浪费和社会无政府状态造成的灾难而放纵地表现出来。这是消极的方面。但是,如果说劳动的变换现在只是作为不可克服的自然规律并且带着自然规律在任何地方遇到障碍时都有的那种盲目破坏作用而为自己开辟道路,那么,大工业又通过它的灾难本身使下面这一点成为生死攸关的问题:承认劳动的变换,从而承认工人尽可能多方面的发展是社会生产的普遍规律,并且使各种关系适应于这个规律的正常实现。大工业还使下面这一点成为生死攸关的问题:用适应于不断变动的劳动需求而可以随意支配的人,来代替那些适应于资本的不断变动的剥削需要而处于后备状态

---

① 见马克思《资本论》第 1 卷,《马克思恩格斯选集》第 3 版第 2 卷第 225—226 页。——编者注

的、可供支配的、大量的贫穷工人人口；用那种把不同社会职能当做互相交替的活动方式的全面发展的个人，来代替只是承担一种社会局部职能的局部个人。"（马克思《资本论》）①

大工业使我们学会，为了技术上的目的，把几乎到处都可以造成的分子运动转变为物体运动，这样大工业在很大程度上使工业生产摆脱了地方的局限性。水力是受地方局限的，蒸汽力却是自由的。如果说水力必然存在于乡村，那么蒸汽力却决不是必然存在于城市。只有蒸汽力的资本主义应用才使它主要集中于城市，并把工厂乡村转变为工厂城市。但是这样一来，蒸汽力的资本主义应用就同时破坏了自己的运行条件。蒸汽机的第一需要和大工业中差不多一切生产部门的主要需要，就是比较干净的水。但是工厂城市把所有的水都变成臭气熏天的污水。因此，虽然向城市集中是资本主义生产的基本条件，但是每个工业资本家又总是力图离开资本主义生产所必然造成的大城市，而迁移到农村地区去经营。关于这一过程，可以在兰开夏郡和约克郡的纺织工业地区详细加以研究；在那些地方，资本主义大工业不断地从城市迁往农村，因而不断地造成新的大城市。在金属加工工业地区也有类似的情形，在那里，一部分另外的原因造成同样的结果。

要消灭这种新的恶性循环，要消灭这个不断重新产生的现代工业的矛盾，又只有消灭现代工业的资本主义性质才有可能。只有按照一个统一的大的计划协调地配置自己的生产力的社会，才能使工业在全国分布得最适合于它自身的发展和其他生产要素的

---

① 见马克思《资本论》第 1 卷，《马克思恩格斯选集》第 3 版第 2 卷第 231—232 页。——编者注

保持或发展。

因此,城市和乡村的对立的消灭不仅是可能的,而且已经成为工业生产本身的直接需要,同样也已经成为农业生产和公共卫生事业的需要。只有通过城市和乡村的融合,现在的空气、水和土地的污染才能排除,只有通过这种融合,才能使目前城市中病弱群众的粪便不致引起疾病,而被用做植物的肥料。

资本主义的工业已经相对地摆脱了它本身所需原料的产地的地方局限性。纺织工业所加工的原料大部分是进口的。西班牙的铁矿石在英国和德国加工;西班牙和南美的铜矿石在英国加工。每个煤矿区都把燃料远销本地区以外的逐年扩大的工业地区。在欧洲的整个沿海地区,蒸汽机用英国的煤,有的地方用德国和比利时的煤来发动。摆脱了资本主义生产的局限性的社会可以更大踏步地前进。这个社会造就全面发展的一代生产者,他们懂得整个工业生产的科学基础,而且每一个人对生产部门的整个系列从头到尾都有实际体验,所以这样的社会将创造新的生产力,这种生产力会绰绰有余地抵偿从比较远的地方运输原料或燃料所花费的劳动。

因此,从大工业在全国的尽可能均衡的分布是消灭城市和乡村分离的条件这方面来说,消灭城市和乡村的分离也不是什么空想。的确,文明在大城市中给我们留下了一种需要花费许多时间和力量才能消除的遗产。但是这种遗产必须被消除而且必将被消除,即使这是一个长期的过程。无论普鲁士民族的德意志帝国可能遭受怎样的命运,俾斯麦总可以骄傲地进入坟墓了,因为他的夙愿——大城市的毁灭,肯定是会实现的。**127**

现在可以好好看看杜林先生的下述的幼稚观念:无须从根本

上变革旧的生产方式,首先无须废除旧的分工,社会就可以占有全部生产资料;只要"注意到……自然状况和个人的能力",就一切都解决了。而在这里,整批的人却依旧为生产**某一种**物品所奴役,整批的"居民"依旧被要求就业于一个生产部门,而人类却依旧分成一定数目的不同的畸形发展的"经济变种",就像现在的"推小车者"和"建筑师"一样。社会应该成为全部生产资料的主人,同时让每一个人依旧做自己的生产资料的奴隶,而仅仅有选择**哪一种**生产资料的权利。同样可以好好看看,杜林先生怎样把城市和乡村的分离看做"按事物的本性来说是不可避免的",并且只能在烧酒酿造业和甜菜制糖业这两个具有普鲁士特有的结合方式的部门中发现一点小小的缓和剂;他怎样使工业在全国的分布取决于将来的某些发现以及取决于生产直接靠近原料开采的**必要性**——这些原料,现在已被用于离开原产地越来越远的地方了!——他在结束时又怎样力图用下面的保证来给自己留下退路:社会需要终究要使农业和工业结合起来,即使这样做**违反**经济上的考虑,就是说,似乎这样做会造成经济上的牺牲!

诚然,要看到那些将消除旧的分工以及城市和乡村的分离、将使全部生产发生变革的革命因素已经以萌芽的形式包含在现代大工业的生产条件中,要看到这些因素在其发展中受到现今的资本主义生产方式的阻碍,就必须把视野放宽些,稍稍超出普鲁士邦法[59]的适用地区,因为在那里,烧酒和甜菜糖是主要的工业产品,而商业危机竟可以根据书籍市场的状况来研究。为此,必须从大工业的历史中,从它目前的现实状况中,特别是从那个成为大工业发源地并唯一地使大工业获得典型发展的国家中,去了解真正的大工业;这样就不会想到要把现代科学社会主义浅薄化,并把它降低为杜林先生的**普鲁士特有的社会主义**。

四　分　配

我们在前面已经看到①,杜林的经济学归结为这样一个命题:资本主义的**生产**方式很好,可以继续存在,但是资本主义的**分配**方式很坏,一定得消失。现在我们看出,杜林先生的"共同社会"不过是这一命题在幻想中的实现。事实表明:杜林先生对资本主义社会的生产方式(就其本身来说)几乎根本没有提出任何异议,他要保持旧的分工的一切基本方面,所以对他的经济公社内部的生产,也差不多连一个字都说不出来。的确,生产是同确凿事实打交道的一个领域,所以在这个领域内,"合理的幻想"只能给自己的自由心灵提供极小的飞翔空间,因为出丑的危险太大了。分配就不同了,据杜林先生的意见,分配是和生产根本没有联系的,在他看来,分配不是由生产来决定,而是由纯粹的意志行为来决定的,——分配是他的"社会炼金术"的再合适不过的用武之地了。

在经济公社和包括许多经济公社的商业公社里,平等的消费权利是和平等的生产义务相适应的。在这里,"一种劳动……按照平等估价的原则和别种劳动相交换……　贡献和报酬在这里是真正相等的劳动量"。而且,这种"人力的相等,不管个别人的贡献是多些还是少些,或者甚至偶然丝毫没有",都是有效的;因为"任何行动,只要它花费时间和力量,都可以看做劳动消耗",——因此,玩九柱戏和散步也在此列。但是,因为集体是一切生产资料从而也是一切产品的占有者,所以这种交换不发生在个别人之间,而是一方

---

①　见本书第 198 页。——编者注

面发生在每个经济公社和它的各个社员之间,另一方面发生在各个经济公社和商业公社之间。"特别是各个经济公社,将在它们本身的范围内,用完全有计划的销售去代替小商业。"批发商业也同样被组织起来:"所以,自由经济社会的体系……仍旧是一个巨大的交换组织,它的活动,是通过贵金属提供的基础进行的。我们的模式和一切模糊的观念——甚至现在流行的社会主义观念的最合理的形式也还没有脱离这种模糊观念——的不同之处,就在于对这个基本特性的绝对必要性有所认识。"

为了进行这种交换,经济公社作为社会产品的最先占有者,必须根据平均生产费用"给每类物品规定一个统一的价格"。"现在所谓生产成本……对价值和价格的意义,〈在共同社会里〉将由……对所需劳动量的估计来实现。根据每个人在经济上也具有平等权利的原则,这种估计最终可以归结为对参加劳动的人数的考虑,这种估计将产生既跟生产的自然关系又跟社会的价值增殖权利相适应的价格比例。贵金属的生产,仍然像现在一样,是规定货币价值的决定因素……　由此可见,在经过变更的社会制度中,对于价值以及产品借以进行交换的比例来说,决定原则和尺度不但没有丧失,反而第一次恰如其分地得到了。"

著名的"绝对价值"终于实现了。

但是另一方面,公社一定也会使各个人有能力向公社购买已经生产出来的物品,因为它每日、每周或每月付给每个社员以一定数目的货币,作为他的工作报酬——这个数目对于一切人来说都应该是一样的。"所以,从共同社会的观点看来,说工资应该消失或者说工资应该成为经济收入的唯一形式,这是没有什么分别的。"但是,同等的工资和同等的价格,"即使不造成质量上的消费平等,也造成数量上的消费平等",这样一来,"普遍的公平原则"就在经济上实现了。

至于这种未来的工资额如何规定,杜林先生仅仅告诉我们:

在这里也和在其他一切情况下一样,"等量劳动和等量劳动"相交换。所以劳动六小时,就应该得到同样体现六个劳动小时的货币量。

但是,决不能把"普遍的公平原则"和那种粗陋的平均主义混湆起来,后者激起资产者极其愤怒地反对一切共产主义,特别是反对自发的工人共产主义。这一公平原则远不是像外表看起来那样不能通融。

"经济上的权利要求的原则平等,并不排除对公平所要求的东西再自愿地附加上特别赞许和尊敬的表示……　当社会通过适当地增添消费来表彰摆在较高位置的工种时,社会只是表示对自己的尊敬。"

当杜林先生把鸽子的纯洁和蛇的智慧①融合起来,并如此令人感动地惦念未来杜林们的消费的适当增添时,杜林先生也是在表示对自己的尊敬。

这样,资本主义的分配方式就最终地被清除了。因为

"在这样的情况下即使假定谁真正拥有私人资料的剩余,那么他也不能为这些剩余找到任何资本式的应用。一个人或一群人如果为了生产向他取得这些剩余,那他们只能以交换或购买的方式向他取得,但是决不会向他支付利息或利润。"所以,"和平等原则相适应的遗产"是可以允许的。它是不能避免的,因为"某种遗产总是家庭原则的必然伴侣"。继承权也"不能引起巨大财富的积累,因为在这里财产形成……再也不能以创造生产资料和完全过食利生活为目的了"。

这样,经济公社似乎是顺利地建成了。我们现在来看看这种公社是怎样经营的。

我们假定,杜林先生的一切假设都完全实现了;因而我们假定,经济公社因每个社员每天劳动六小时,而付给他们以同样体现六劳动小时的货币量,比如说 12 马克。同样,我们假定,价格确切地与价值相符合,就是说,根据我们的前提,它仅仅包含原料费、机

---

① 参看《新约全书·马太福音》第 10 章第 16 节。——编者注

器损耗、劳动资料的消耗和所付的工资。一个拥有 100 个从事劳动的成员的经济公社,每天生产价值为 1 200 马克的商品,一年以300 个工作日计算,生产 36 万马克的商品,公社以同样的数目付给它的成员,每个成员都可以随意处置他一天得到的 12 马克,或一年得到的 3 600 马克。在一年之末,甚至在一百年之末,这个公社并没有比开始时富裕一些。在这个时期内,如果公社不愿动用它的生产资料的基金,那么,它甚至无法适当地增添杜林先生的消费。积累完全被遗忘了。更糟糕的是:因为积累是社会的必需,而货币的保存是积累的方便形式,所以经济公社的组织就直接要求它的成员去进行私人积累,从而破坏公社自身。

怎样避免经济公社的本性的这一矛盾呢? 公社只能求助于杜林先生所得意的"课税",即加价,把它的年产品卖 48 万马克,而不是卖 36 万马克。但是,因为其他一切经济公社也处在同样的情况下,所以都不得不采取同样的做法,这样,每一公社在和别的公社进行交换时都不得不偿付和自己额外所得相等的"课税",结果"贡税"还是完全落在它自己的成员身上。

或者,公社把这件事情处理得更简单:每个成员劳动六小时,公社付给他少于六小时劳动的产品,比如说四个劳动小时的产品,就是说,一天不是付 12 马克,而只付 8 马克,但是让商品的价格保持原来的水平。在这种情况下,公社就直接地公开地做了它在前一情况下隐蔽地转弯抹角地企图做的事情:它按纯粹资本主义的方式付给社员以低于社员所生产的物品的价值,而社员只能从公社买得的那些商品却要按照全部价值来计算,这样它就造成每年总计 12 万马克的马克思所说的剩余价值。所以经济公社要能获得后备基金,就只有暴露自己实行的是最广阔的共产主义基础上的"高贵的"实物工资制①。

这样,二者必居其一:或者是经济公社以"等量劳动和等量劳动"相交换,在这种情况下,能够积累基金来维持和扩大生产的,就不是公社,而是私人。或者是它要建立这种基金,在这种情况下,它就不能以"等量劳动和等量劳动"相交换。

经济公社中的交换的内容就是这样。交换的形式怎么样呢?交换是以金属货币为中介的,杜林先生颇以这种改良所具有的"人类历史意义"自傲。但是在公社和它的成员之间的交易中,这种货币决不是货币,决不执行货币的职能。它成为纯粹的劳动券,用马克思的话来说,它只证明"生产者个人参与共同劳动的份额,以及他个人在供消费的那部分共同产品中应得的份额",在这一职能中,它也"同戏票一样,不是'货币'"。② 因此,它可以为任何凭证所代替,例如魏特林就以"交易簿"来代替,在这个账簿中,在一边记下劳动小时,在另一边记下为此而领得的享受资料。**128** 一句话,在经济公社和它的社员之间的交易中,货币只是起欧文的"劳动小时货币"的作用,这是杜林先生非常傲慢地蔑视的"狂想",但是他自己又不得不把它应用于自己的未来经济之中。标明所完成的"生产义务"和从而获得的"消费权利"的尺度的凭证,无论是一张废纸、一种筹码,或者是一块金币,这对**这个**目的来说是完全一样的。但是对其他目的来说就不然了,这一点以后就会

---

① 恩格斯在这里加了一个注:"实物工资制(truck system)是英国人的说法,在德国也为人所熟知,在这种制度下,工厂主自己开设店铺,强迫工人在这些店铺中购买商品。"——编者注

② 参看马克思《资本论》第 1 卷,《马克思恩格斯选集》第 3 版第 2 卷第 133 页脚注(50)。——编者注

看到。

　　这样，如果说，在经济公社和它的成员之间的交易中，金属货币已经不执行货币的职能，而是执行变相的劳动券的职能，那么在各个经济公社之间的交换中，它就更不执行货币的职能了。在这里，在杜林先生的前提下，金属货币完全是多余的。实际上，这里只要有簿记就足够了，在实现等量劳动的产品同等量劳动的产品的交换时，如果簿记以自然的劳动尺度——时间，即以劳动小时为单位来计算，这就比预先把劳动小时转换为货币简单得多。实际上，交换是纯粹的实物交换；全部余额可以很容易地和简单地用转到其他公社账上的办法来结清。但是，如果某一公社真的对其他公社有了亏空，那么所有"宇宙间的黄金"，无论它们怎样"天然就是货币"，都不能使这个公社（如果它不愿意由于欠债而隶属于其他公社）避免这样的命运，即用增加自己的劳动的方法来补偿这种亏空。此外，请读者经常记住，我们在这里决不是设计未来的大厦。我们只是采用杜林先生的假设，并且从中作出不可避免的结论。

　　因此，无论是在经济公社和它的成员之间的交换中，还是在各个公社之间的交换中，"天然就是货币"的黄金都不能实现它的这种天然的本性。尽管如此，杜林先生却硬叫它在"共同社会"中也执行货币的职能。因此，我们不得不为这种货币职能寻找别的活动舞台。而这样的舞台是存在着的。虽然杜林先生给每个人以"等量消费"的权利，但是他不能强迫任何人这样做。相反地，他感到骄傲的是，在他的世界中，每个人都可以任意处置自己的货币。因此，他无法阻止下面这样的事情发生：一些人积蓄起一小部分货币，而另一些人靠所得的工资不够维持生活。他甚至使这种事情成为不可避免的,因为他明确地承认家庭的共同财产的继承权,从而就进一步产生父母养育儿女的义务。而这样一来,等量消费就有了一个巨大的裂缝。单身汉用他一天 8 马克或 12 马克的工资可以过得舒适而愉快,可是家有八个未成年小孩的鳏夫用这么多工资却只能凄惨度日。另一方面,公社不加任何考虑地接受货币的支付,于是就提供一种可能,不通过自己的劳动而通过其他途径去获得这些货币。金钱没有臭味[129]。公社不知道它是从哪里来的。但是,这样就造成了使以前只起劳动券作用的金属货币开始执行真正货币职能的全部条件。现在,一方面出现了贮藏货币的机会和动机,另一方面出现了借债的机会和动机。货币需要者向货币贮藏者借债。借得的货币作为支付生活资料的费用为公社所接受,从而又成为目前社会中那样的货币,即人类劳动的社会体现、劳动的现实尺度、一般的流通手段。世界上的一切"法律和行政规范"对它都无能为力,就像对乘法表或水的化合成分无能为力一样。因为货币贮藏者能够迫使货币需要者支付利息,所以高利贷也和这种执行货币职能的金属货币一起恢复起来了。

直到现在,我们只是考察了在杜林的经济公社所管辖的领域内保存金属货币这件事的影响。但是在这一领域以外,其余的罪恶世界此时还是一切都照老样子进行。在世界市场上,金银仍然是**世界货币**、一般的购买手段和支付手段、财富的绝对的社会体现。由于贵金属的这种特性,在经济公社的单个社员面前,出现了贮藏货币、发财致富和放高利贷的新的动机,即对公社和在公社范围以外自由地、独立地行动,并在世界市场上使积累的个人财富增殖的动机。高利贷者变成借助流通手段来做生意的商人,变成银行家,变成流通手段和世界货币的支配者,因而变成生产的支配者和生产资料的支配者,虽然这些生产资料在许多年内名义上还是经济公社和商业公社的财产。因此,变成了银行家的货币贮藏者和高利贷者也就是经济公社和商业公社本身的主人。杜林先生的"共同社会",实际上是和其他社会主义者的"模糊观念"根本不同的。如果它真的能拼凑起来并维持下去,那么,它的唯一目的就是重新产生金融巨头,它将在金融巨头的控制下并为他们的钱袋勇敢地竭尽全力地工作。它的唯一可以获救的道路,也许就在于货币贮藏者宁愿借助他们的世界货币尽快地逃离公社。

在德国人对早先的社会主义普遍缺乏了解的情况下,一个天真烂漫的青年,可能会提出这样的问题:例如欧文的劳动券是否也会引起类似的滥用呢?虽然在这里我们没有必要来阐述这种劳动券的含义,但是,为了把杜林的"包罗万象的模式论"和欧文的"粗糙、无力和贫乏的观念"作一比较,我们还是可以指出下面几点:第一,要使欧文的劳动券被这样地滥用,就要假定它已变成真正的货币,而杜林先生是以真正的货币为前提,可是却想禁止它执行单纯劳动券以外的其他职能。在欧文那里,是假定发生了真正的滥用,而在杜林这里,是内在的、不以人的意志为转移的货币本性为自己开辟道路:货币对抗着杜林先生由于自己不懂货币的本性而要强加给它的那种滥用,去实现它本身所固有的正确的应用。第二,在欧文那里,劳动券只是运到社会资源的完全公有和自由利用的一个过渡形式,此外,顶多还是一个使共产主义易于为英国公众接受的手段。所以,如果某种滥用迫使欧文的社会废除劳动券,那么这个社会就是向它所追求的目的前进一步,进入一个更完善的发展阶段。相反,杜林的经济公社一废除货币,它就立刻消灭了自己的"人类历史意义",消除了自己的最特出的妙处,不再成其为杜林的经济公社,而下降为模糊观念,而杜林先生为了使它从这种模糊观念中摆脱出来,曾花费了多少艰苦的劳动去从事合理幻想啊。①

杜林的经济公社遭遇到的所有这些奇怪的迷误和混乱是从什么地方产生的呢? 不过是从存在于杜林先生头脑中的对价值和货币的概念的模糊观念中产生的,这种模糊观念最后竟驱使他企图去发现劳动的价值。但是,因为杜林先生决没有在德国垄断这种模糊观念,相反,他还有许多竞争者,所以我们"愿意暂时耐着性子来清理"他在这里造成的"乱线球"。

经济学所知道的唯一的价值就是商品的价值。什么是商品? 商品是在一个或多或少互相分离的私人生产者的社会中所生产的产品,就是说,首先是私人产品。但是,只有这些私人产品不是为自己的消费,而是为他人的消费,即为社会的消费而生产时,它们才成为商品;它们通过交换进入社会的消费。这样,私人生产者就相互处于社会联系之中,组成一个社会。因此,他们的产品虽然是每一单个人的私人产品,同时也是社会的产品(但这不是有意的而且似乎是违背他们意愿的)。那么这些私人产品的社会性质表现在什么地方呢? 显然表现在两种特性上:第一,它们都满足人的某种需要,不仅对生产者自己,而且也对别人具有使用价值;第二,它们虽然是各种极不相同的私人劳动的产品,但同时也是人类劳

---

① 恩格斯在这里加了一个注:"附带说一下,杜林先生完全不明白劳动券在欧文的共产主义社会中所起的作用。他是从萨金特的书上知道这种劳动券的,在那里它们只是出现在自然要遭到失败的劳动交换市场**120**里,这种交换市场试图以直接交换劳动的办法从现存的社会转变到共产主义社会。"——编者注

动的产品,是一般人类劳动的产品。因为它们对别人也有使用价值,所以它们都可以进入交换;因为在它们里面都包含着一般人类劳动,即人类劳动力的简单耗费,所以它们可以在交换中按照各自所包含的这种劳动的量相互比较,被认为相等或不相等。在不变的社会条件下,两个相同的私人产品可能包含不等量的私人劳动,但总是只包含着等量的一般人类劳动。一个不熟练的铁匠打五个马掌所用的时间,另一个熟练的铁匠却能打十个。但是,社会并不把一个人的偶然的不熟练性当做价值,它只承认当时具有正常的平均熟练程度的劳动为一般人类劳动。因此,第一个铁匠的五个马掌中的一个,在交换中并不比第二个铁匠在相等的劳动时间内所打的十个马掌中的一个具有更多的价值。私人劳动,只有在它是社会必要劳动的时候,才包含着一般人类劳动。

这样,当我说某一商品具有一定的价值的时候,那我就是说:(1)它是一个对社会有用的产品;(2)它是由私人为了私人的打算生产出来的;(3)它虽然是私人劳动的产品,但同时又是社会劳动的产品(这一点似乎是生产者所不知道的或者似乎是违背他们意愿的),而且是以社会方法即通过交换来确定的一定量社会劳动的产品;(4)我表现这个数量,不是用劳动本身,也不是用若干劳动小时,而是用**另外一个商品**。因此,如果我说,这只表和这块布价值相等,这两件物品中每一件的价值都等于 50 马克,那么我就是说:在这只表、这块布和这些货币中,包含着等量的社会劳动。因此,我确认,它们所代表的社会劳动时间是以社会的方式计量的,而且被看做是相等的。但是这种计量,不像通常用劳动小时或工作日等等来计量劳动时间那样,是直接的、绝对的,而是迂回地以交换为中介来进行的,是相对的。因此,即使这一确定数量的劳动时间,我也不能用劳动小时表现出来,因为我仍然不知道劳动小时的数目,而同样只能迂回地相对地通过另外一个代表等量的社会劳动时间的商品把它表现出来。一只表的价值和一块布的价值相等。

但是,当商品生产和商品交换迫使建筑在它们之上的社会采取这种迂回途径的时候,它们同时也迫使这个社会尽可能地缩短这条途径。它们从一般的平常商品中选出一种权威性的商品,其他一切商品的价值都可以永久由这种商品来表现,这种商品被当做社会劳动的直接体现,因而能够直接地无条件地同一切商品相交换,这种商品就是货币。货币已经以萌芽状态包含在价值概念中,它只是发展了的价值。但是,当商品价值在商品本身面前独立化为货币时,在生产商品和交换商品的社会中就出现了一个新的因素,一个具有新的社会职能和社会影响的因素。我们暂且只确认这一事实,而不作详细的探讨。

商品生产的经济学,决不是考察我们仅仅相对认识的因素的唯一科学。在物理学上,我们也不知道,在一定的压力和温度之下,一定体积的气体包含着多少个气体分子。但是我们知道,在波义耳定律有效的范围内,在相同的压力和温度下,一定体积的一种气体和同一体积的任何他种气体包含着同样多的分子。所以,对不同的压力和温度条件下的不同的气体的各个不同的体积,我们可以根据它们的分子容量来加以比较;例如我们以 0℃ 和 760 毫米压力下的 1 升气体为单位,用这个单位去测量上述的分子容量。——在化学上,我们也不知道各个元素的绝对原子量。但是,因为我们知道它们的相互的比例,所以我们相对地知道它们的原子量。商品生产和商品生产的经济学根据各个商品的相对劳动量来比较各个商品,因而使它所不知道的、包含于各个商品中的劳动量获得一个相对表现,同样,化学根据各个元素的原子量来比较各个元素,把一个元素的原子量表现为另一个元素(硫、氧、氢)的原子量的倍数或分数,因而使它所不知道的原子量的大小获得一个相对表现。商品生产把黄金提升为绝对商品,提升为其他商品的一般等价物,提升为一切价值的尺度,同样,化学把氢的原子量当做一,并把其他一切元素的原子量还原为氢,使之表现为氢原子量的倍数,因而把氢提升为化学上的货币商品。

但是,商品生产决不是社会生产的唯一形式。在古代印度的公社里,在南方斯拉夫人的家庭公社里,产品都没有转变为商品。公社成员直接为生产而结合成社会,劳动是按照习惯和需要来分配的,产品只要是供消费的,也是如此。直接的社会生产以及直接的分配排除一切商品交换,因而也排除产品向商品的转化(至少在公社内部),这样也就排除产品向**价值**的转化。

社会一旦占有生产资料并且以直接社会化的形式把它们应用于生产,每一个人的劳动,无论其特殊的有用性质是如何的不同,从一开始就直接成为社会劳动。那时,一个产品中所包含的社会劳动量,可以不必首先采用迂回的途径加以确定;日常的经验就直接显示出这个产品平均需要多少数量的社会劳动。社会可以简单地计算出:在一台蒸汽机中,在100升的最近收获的小麦中,在100平方米的一定质量的棉布中,包含着多少劳动小时。因此,到那时,它就不会想到还继续用相对的、不断波动的、不充分的、以前出于无奈而不得不采用的尺度来表现产品中包含的现在已直接地和绝对地知道的劳动量,就是说,用第三种产品来表现这个量,而是会用它们的自然的、最恰当的、绝对的尺度——**时间**来表现这些劳动量。同样,化学一旦能够以最恰当的尺度,即以实际重量,以 10^{12} 分之一或 10^{24} 分之一克,来绝对地表现原子量,它也就不会想到再通过迂回的途径,用氢原子来相对地表现各种元素的原子量了。因此,在上述前提下,社会也不会赋予产品以价值。生产 100 平方米的布,比如说需要 1 000 劳动小时,社会就不会用间接的和无意义的方法来表现这一简单的事实,说这 100 平方米的布具有 1 000 劳动小时的**价值**。诚然,就在这种情况下,社会也必须知道,每一种消费品的生产需要多少劳动。它必须按照生产资料来安排生产计划,这里特别是劳动力也要考虑在内。各种消费品的效用(它们被相互衡量并和制造它们所必需的劳动量相比较)最后决定这一计划。人们可以非常简单地处理这一切,而不需要著名的"价值"插手其间。①

价值概念是商品生产的经济条件的最一般的、因而也是最广泛的表现。因此,在价值概念中,不仅包含了货币的萌芽,而且还包含了商品生产和商品交换的一切进一步发展了的形式的萌芽。价值是私人产品中所包含的社会劳动的表现,在这里已经存在着社会劳动和同一产品中所包含的私人劳动这二者之间出现差别的可能性。这样,如果一个私人生产者在社会的生产方式不断进步的时候,仍用旧的方式进行生产,那么他会深切地感到这一差别。当某类商品的全体私人生产者生产的商品超过社会所需要的数量

---

① 恩格斯在这里加了一个注:"上面所说的在决定生产问题时对效用和劳动支出的衡量,正是政治经济学的价值概念在共产主义社会中所能余留的全部东西,这一点我在 1844 年已经说过了(《德法年鉴》第 95 页)**130**。但是,可以看到,这一见解的科学论证,只是由于马克思的《资本论》才成为可能。"——编者注

的时候,也会发生同样的现象。一个商品的价值只能用另一个商品来表现并且只有在和另一个商品交换时才能实现,在这里包含着这样一种可能:或者是交换根本不能成立,或者是交换虽然成立却实现不了商品的真实的价值。最后,如果在市场上出现了特殊的商品——劳动力,那么,劳动力的价值也和其他任何商品的价值一样,是按照生产它的社会必要劳动时间决定的。因此,在产品的价值形式中,已经包含着整个资本主义生产形式、资本家和雇佣工人的对立、产业后备军和危机的萌芽。企图用制造"真正的价值"的办法来废除资本主义的生产形式,这等于企图用制造"真正的"教皇的办法来废除天主教,或者等于用彻底实现某种最全面地表现生产者受自身产品奴役的经济范畴的办法,来建立生产者最终支配自身产品的社会。

如果生产商品的社会把商品本身所固有的价值形式进一步发展为货币形式,那么还隐藏在价值中的各种萌芽就显露出来了。最先的和最重要的结果是商品形式的普遍化。甚至以前直接为自己消费而生产出来的物品,也被货币强加上商品的形式而卷入交换之中。于是商品形式和货币就侵入那些为生产而直接结合成社会的共同体内部的经济生活中,它们逐一破坏这个共同体的各种纽带,把它分解为一群群私人生产者。最初,正如在印度所看到的,货币使个人的耕种代替了共同的耕种;后来,货币以耕地的最终分割取消了还实行定期重分办法的耕地公有制(例如在摩泽尔流域的农户公社中,在俄国公社中也开始出现);最后,货币促成了余留下来的公共的森林和牧场的分配。无论促进这一过程的还有什么其他基于生产发展的原因,货币始终是这些原因借以对共同体发生作用的最有力的手段。如果杜林的经济公社能实现的话,货币也必将以同样的自然必然性,不顾一切"法律和行政规范"而使它解体。

我们在上面(《经济学》第六章)已经看到,谈论劳动的价值,这是自相矛盾。因为在一定的社会关系下,劳动不仅生产产品,而且也生产价值,而这种价值是由劳动来计量的,所以它不能有特殊的价值,正像重本身不能有特殊的重量,热不能有特殊的温度一样。但是,胡乱思考"真正价值"的一切社会糊涂虫的显著特征,就在于他们想象,在目前的社会中,工人没有获得他的劳动的全部"价值",而社会主义的使命就是要矫正这种情况。为此,首先就要探索什么是劳动的价值;这些人企图不用劳动的最恰当的尺度即时间,而用劳动的产品来衡量劳动,这样就发现了劳动的价值。根据这种观点,工人应当获得"全部劳动所得";不仅劳动产品,而且劳动本身都应当可以直接和产品相交换,一个劳动小时和另一个劳动小时的产品相交换。但是,在这里立即产生了一个十分"可疑的"困难。**全部产品**被分掉。社会的最重要的进步职能即积累被剥夺,并且被个人所掌握和支配。个人可以随意处置自己的"所得",在最好的情况下,社会的贫富程度仍然是和以前一样。这样,这些人把过去积累的生产资料集中于社会手中,只是为了使未来积累的一切生产资料重新分散于个人的手中。这些人是给自己的前提一记耳光,达到了纯粹荒唐的地步。

根据这种观点,流动的劳动,即能动的劳动力,应当和劳动产品相交换。于是它和应当与之交换的产品一样,也是商品。于是这种劳动力的价值就决不会根据它的产品来决定,而是根据它里面所体现的社会劳动,即根据目前的工资规律来决定。

但是,这正好是这种观点认为不应当有的情形。根据这种观点,流动的劳动,即劳动力,是应当可以和它的全部产品相交换的。这就是说,它应当不和它的**价值**相交换,而和它的**使用价值**相交换;价值规律应当适用于其他一切商品,但是对于劳动力,它是应该被废除的。隐藏在"劳动的价值"背后的,正是这种自己消灭自己的混乱观念。

"劳动和劳动根据平等估价的原则相交换"——这句话如果还有某种意义的话——就是说,等量社会劳动的产品可以相互交换,这也就是价值规律,正是商品生产的基本规律,也就是商品生产的最高形式即资本主义生产的基本规律。在目前的社会中,它以各种经济规律在私人生产者的社会里唯一能为自己开辟道路的那种方式为自己开辟道路,即作为存在于事物和关系中的、不以生产者的愿望或活动为转移的、盲目地起作用的自然规律为自己开辟道路。杜林先生把这一规律提升为他的经济公社的基本规律,并且要求公社完全自觉地实施这个规律,这样,他就使现存社会的基本规律成为他的幻想社会的基本规律。他要现存的社会,但不要它的弊病。他和蒲鲁东完全在同一个基地上进行活动。像蒲鲁东一样,他想消除由于商品生产向资本主义生产的发展而产生的弊病,办法是利用商品生产的基本规律去反对这些弊病,而这些弊病正是由这一规律的作用产生的。像蒲鲁东一样,他想以幻想的结果来消灭价值规律的现实结果。

我们现代的唐·吉诃德,无论怎样傲慢地骑上他的高贵的洛西南特——"普遍的公平原则",在他的威武的桑乔·潘萨——阿伯拉罕·恩斯的跟随下,来作骑士的远征以夺取曼布里诺的头盔——"劳动的价值",我们还是担忧,非常担忧,他除了大家知道的理发用的旧铜盆以外,什么也拿不到家里去。[131]

五　国家,家庭,教育

在前两章里,我们也许可以说大体上概括了杜林先生的"新的共同社会结构"的全部经济内容。还要提一下的顶多是,"历史眼光的普遍远大"丝毫没有妨碍他去关心自己的特殊利益,至于我们已经知道的适当地增添消费就更不用说了。由于旧的分工继续存在于共同社会中,所以经济公社除了考虑到建筑师和推小车者,还要考虑到职业著作家,而且还发生了那时怎样处理著作权的问题。这个问题比其他任何问题都使杜林先生更加劳神。无论在什么地方,例如在提到路易·勃朗和蒲鲁东的时候,著作权总是把读者缠住不放,他终于在《教程》[①]中以整整九页的篇幅不厌其详地讲述著作权,并用神秘的"劳动报酬"的形式(但没有说这里是否适当地增添消费)把它平安地引进共同社会的海港。如果就跳蚤在社会的自然体系中的地位问题写上一章,是同样恰当的,并且无论如何不会乏味的。

关于未来的国家制度,《哲学教程》作了详细的规定。在这方面,卢梭虽然是杜林先生的"唯一重要的先驱者",但他奠定的基础不够深刻;他的更加深刻的后继者从根本上补救了这一点,办法是把卢梭的东西最大限度地稀释,并加上用同样方式调制成的黑格尔法哲学废弃物的稀汤。"个人的主权"构成杜林的未来国家

---

① 指欧·杜林《国民经济学和社会经济学教程》1876 年莱比锡修订第 2 版。——编者注

的基础；它在多数人的统治下不应当被压制，而应当在这里真正达到全盛状态。这是怎样发生的呢？非常简单。

"如果假定人和人之间在一切方面都有协定，如果这些契约以相互帮助来反对不正当的侵害为目的，那么这时维护权利的力量就只会加强，而仅仅从众人对个人或多数对少数的优势中就引申不出某种权利。"

现实哲学戏法的活力就这样轻而易举地越过最不容易通过的障碍，而如果读者认为，他听了这些以后并没有比以前更聪明一些，那么杜林先生就这样回答他：不能这样轻易地对待这件事，因为

"在理解集体意志的作用时，最微小的错误都会毁灭个人的主权，而这种主权正是唯一能从中引申出各种现实权利的东西"。

杜林先生在嘲弄他的读者时，正是以读者似乎理应受到的对待来对待读者。他甚至还能做得更无礼些；现实哲学的学生们看来没有注意到这一点。

个人的主权主要是在于

"单独的个人被迫绝对地服从国家"，但是这种强迫只有在"真正地为自然的正义服务"时才是正当的。为此目的，将有"立法和司法"，但是它们"必须在集体的掌握之中"；其次还要有防卫的联合，它表现于"军队里面或者负责内部安全的执行机关里面的共同行动'，

所以也将有军队、警察、宪兵。杜林先生确实已经不止一次地表明自己是一个勇敢的普鲁士人；在这里，他证明自己和那些典型的普鲁士人出身相同，这些普鲁士人，用已故的罗霍大臣的话来说，"心中都有自己的宪兵"。但是这些未来的宪兵将不像现在的反动宪警那样危险。无论这些宪兵怎样侵犯有主权的个人，个人总

是有**一种**安慰：

　　"个人视各自的情况从自由社会方面遇到的正义或非正义,决不会比自然状态所带来的更坏些!"

　　于是,杜林先生再一次用他那无法避免的著作权绊住我们以后,向我们保证,在他的未来世界中将有一种"不言而喻是完全自由的和普遍的律师制"。

　　"现在设想的自由社会"变得越来越混杂了。建筑师、推小车者、著作家、宪兵,还有律师!这个"坚固的和批判的思想王国"酷似各种宗教的各种天国,在那里,信徒在大彻大悟中总是能重新找到使他的人间生活带有甜蜜色彩的那种东西。杜林先生正是属于"人人都能够按照自己的方式升入天堂"**132**的国家。我们还需要什么呢?

　　我们需要什么,在这里是无关紧要的。问题在于,杜林先生需要什么。杜林先生不同于弗里德里希二世的地方是,在杜林先生的未来国家中,决不是人人都能够按照自己的方式升入天堂的。在这个未来国家的宪法上写着:

　　"在自由的社会里,不可能有任何膜拜;因为每个社会成员都克服了幼稚的原始的想象:以为在自然界背后或自然界之上有一种可以用牺牲或祈祷去感动的存在物。""所以,正确理解的共同社会体系……必须除去宗教魔术的一切道具,因此也必须除去膜拜的一切基本组成部分。"

　　宗教被禁止了。

　　但是,一切宗教都不过是支配着人们日常生活的外部力量在人们头脑中的幻想的反映,在这种反映中,人间的力量采取了超人间的力量的形式。在历史的初期,首先是自然力量获得了这样的反映,而在进一步的发展中,在不同的民族那里又经历了极为不同和极为复杂的人格化。根据比较神话学,这一最初的过程,至少就印欧语系各民族来看,可以一直追溯到它的起源——印度的吠陀[133],以后又在印度人、波斯人、希腊人、罗马人、日耳曼人中间,而且就材料所及的范围而言,又可以在凯尔特人、立陶宛人和斯拉夫人中间得到详尽的证明。但是除自然力量外,不久社会力量也起了作用,这种力量和自然力量本身一样,对人来说是异己的,最初也是不能解释的,它以同样的表面上的自然必然性支配着人。最初仅仅反映自然界的神秘力量的幻想的形象,现在又获得了社会的属性,成为历史力量的代表①。在更进一步的发展阶段上,许多神的全部自然属性和社会属性都转移到**一个**万能的神身上,而这个神本身又只是抽象的人的反映。这样就产生了一神教,从历史上说它是后期希腊庸俗哲学的最后产物,并在犹太的独一无二的民族神雅赫维身上得到了体现。在这个适宜的、方便的和普遍适用的形式中,宗教可以作为人们对支配着他们的异己的自然力量和社会力量的这种关系的直接形式即感情上的形式而继续存在,只要人们还处在这种力量的支配之下。但是,我们已经不止一次地看到,在目前的资产阶级社会中,人们就像受某种异己力量的支配一样,受自己所创造的经济关系、自己所生产的生产资料的支

----

①　恩格斯在这里加了一个注:"神的形象后来具有的这种两重性,是比较神话学(它片面地以为神只是自然力量的反映)所忽略的、使神话学以后陷入混乱的原因之一。这样,在若干日耳曼部落里,战神,按古斯堪的纳维亚语,称为提尔,按古高地德语,称为齐奥,这就相当于希腊语里的宙斯,拉丁语里的"丘必特"(替代"迪斯必特");在其他日耳曼部落里,埃尔、埃奥尔相当于希腊语的亚力司、拉丁语的玛尔斯。"——编者注

配。因此,宗教反映活动的事实基础就继续存在,而且宗教反映本身也同这种基础一起继续存在。即使资产阶级经济学对这种异己力量的支配作用的因果关系有一定的认识,事情并不因此而有丝毫改变。资产阶级经济学既不能制止整个危机,又不能使各个资本家避免损失、负债和破产,或者使各个工人避免失业和贫困。现在还是这样:谋事在人,成事在神(即资本主义生产方式的异己力量的支配作用)。仅仅有认识,即使这种认识比资产阶级经济学的认识更进一步和更深刻,也不足以使社会力量服从于社会的支配。为此首先需要有某种社会的**行动**。当这种行动完成的时候,当社会通过占有和有计划地使用全部生产资料而使自己和一切社会成员摆脱奴役状态的时候(现在,人们正被这些由他们自己所生产的、但作为不可抗拒的异己力量而同自己相对立的生产资料所奴役),当谋事在人,成事也在人的时候,现在还在宗教中反映出来的最后的异己力量才会消失,因而宗教反映本身也就随着消失。理由很简单,因为那时再没有什么东西可以反映了。

可是杜林先生不能静待宗教这样自然地死亡。他干得更加彻底。他比俾斯麦本人有过之无不及;他颁布了更严厉的五月法令[134],不仅反对天主教,而且也反对一切宗教;他唆使他的未来的宪兵进攻宗教,从而帮助它殉道和延长生命期。无论我们向什么地方看,总是看到普鲁士特有的社会主义。

在杜林先生这样顺当地把宗教消灭以后,

"只依靠自身和自然界的、成熟到认识自己的集体力量的人,就可以勇敢地踏上事物进程和他自己的本质为他开辟的一切道路"。

现在我们改变一下话题,看看那依靠自身的人在杜林先生的领导下,能够勇敢地踏上什么样的"事物进程"。

人借以依靠自身的第一个事物进程就是他诞生的进程。以后,

在自然的未成年期,他始终处在"儿童的自然教养者"即母亲的保护之下。"这个时期,正如古代罗马法所说的,可以延长到青春期,大约到14岁。"只有当比较大的未受教育的少年不十分尊敬母亲的威严的时候,父亲的协助,特别是社会教育措施才来消除这种缺点。如果具有这种"无可争辩的真正的父亲身份"的父亲确实存在,那么儿童在到达青春期后,就处在"父亲的自然监护"之下,否则,公社就指定监护人。

杜林先生以前曾设想,不必改造生产本身,人们就能以社会的生产方式去代替资本主义的生产方式,现在,他在这里想象,人们可以把现代的资产阶级家庭同它的整个经济基础分隔开来,而不会由此改变家庭的全部形式。这个家庭形式,在他看来是这样的不可改变,以致他甚至把"古代罗马法"(即使它具有某种"完美的"形式)当做家庭永远奉行的标准,并且设想家庭只是"继承遗产"的单位,即拥有财产的单位。在这个问题上,空想主义者比杜林先生高明得多。在空想主义者看来,随着人们自由结合成社会和私人家务劳动转为公共事业,青年教育的社会化,从而家庭成员间真正自由的相互关系,也就直接产生了。此外,马克思已经证明(《资本论》第515页及以下几页),"由于大工业使妇女、男女少年和儿童在家庭范围以外,在社会地组织起来的生产过程中起着决定性的作用,它也就为家庭和**两性关系**的更高级的形式创造了新的经济基础"①。

杜林先生说:

---

① 见马克思《资本论》第1卷,《马克思恩格斯选集》第3版第2卷第233页。——编者注

"每一个社会改良幻想家,自然事先备有和他的新的社会生活相适应的教育学。"

用这个观点来衡量,杜林先生是社会改良幻想家中的"真正的怪物"。他对未来学校的关注,至少不亚于他对著作权的关注,这可真了不起。他不但为整个"可以预见到的未来",而且还为过渡时期详尽地制订中小学计划和大学计划。不过,现在让我们只考察一下,在最后的终极的共同社会中,将要向青年男女传授些什么东西。

普通的国民学校,把"凡是本身和在原则上能够引起人们兴趣的东西",从而特别是把"涉及世界观和人生观的一切科学的基础和主要结论"教给学生。所以这种学校首先要教数学,而且要把从简单的计数和加法起直到积分为止的一切原理性概念和方法"全部教完"。

但是,这并不是说,在这种学校里要真正去做微积分。相反,不如说在这种学校里,将教授综合数学的崭新的要素,这些要素包含普通的初等数学以及高等数学的萌芽。虽然杜林先生自己断定,这种未来学校的"教科书的内容""在他心目中大致有了一个梗概"。但是可惜直到现在,他还不能发现这种"综合数学的要素";而他不能做的事情,"实际上也应该有待于新社会制度的自由的和强化了的力量来做"。

但是,如果说未来数学的葡萄眼下还是非常酸的,那么,未来的天文学、力学和物理学就会困难少一些,并将成为

"全部学校教育的核心",至于"植物学和动物学,尽管有各种各样的理论,通常主要采用记述的方式"……不如说是"一种轻松的谈话资料"。

在《哲学教程》第417页上就是这样说的。杜林先生直到如

今还只知道主要是记述式的植物学和动物学。包括有机界的比较解剖学、胚胎学和古生物学在内的整个有机形态学,杜林先生甚至连名称都不知道。当生物学领域内崭新的科学几乎成打地在他背后兴起的时候,他的幼稚的情感还总是从拉夫的《自然史儿童读本》①中去获取"自然科学思维方式的非常现代的教育因素",并且把有机界的这部宪法也强加给整个"可以预见到的未来"。在这里,正像他习惯做的那样,化学又被完全忘记了。

至于美学方面的教育,杜林先生不得不一切重新做起。从前的诗对此都不适用。在一切宗教都被禁止的地方,学校里自然不能容忍从前的诗人惯用的"神话式的或其他宗教式的描写手法"。"例如歌德非常喜爱的诗的神秘主义",也是为人嫌弃的。这样,杜林先生自己不得不下定决心,向我们提供诗的杰作,这些作品"符合于某种同知性相称的幻想的更高要求",并描述出"显示世界之完美"的真正理想。但愿他别踌躇。经济公社只有以那种和知性相称的亚历山大诗体的急进步伐前进,才能起征服世界的作用。

至于语文学,正在成长的未来公民大可不必为此伤脑筋。

"死的语言完全被摒弃……但是活的外国语将……仍然是次要的东西。"只有在各民族之间的交往扩展或为人民群众本身的运动的地方,外国语才能按照需要,以容易的方式,为每一个人所接受。"真正有教益的语言教育",将从某种一般语法中找到,特别是从"本族语言的质料和形式"中找到。

在杜林先生看来,现代人的民族狭隘性还是过于世界化了。

①　格·拉夫《自然史儿童读本。供城市和乡村学校使用》1778年格丁根版。——编者注

他还想消灭在目前的世界上至少有可能使人超越狭隘的民族观点的两种杠杆,一个是至少为各民族中受过古典教育的人展现一个共同的广阔视野的古代语言知识,一个是可以使各国人民相互了解并熟悉本国以外所发生的事情的现代语言知识。相反,他认为应该把本族语言的语法读得烂熟。但是,要了解"本族语言的质料和形式",就必须追溯本族语言的形成和它的逐步发展,如果一不考察它自身的已经消亡的形式,二不考察同源的各种活的和死的语言,那么这种追溯是不可能的。而如果进行这种考察,我们就再次进入了明确划定的禁区。杜林先生既然把整个现代的历史语法从他的教育计划中勾掉,那么在他的语言教学上就只剩下一种老式的、完全按照旧的古典语文学仿造的技术语法了,这种语法由于缺乏历史的基础而带有自己的全部的诡辩性和任意性。对旧的语文学的憎恨,使他把旧的语文学的最坏的产品奉为"真正有教益的语言教育的中心"。显然,我们与之打交道的这位语言学家,从来没有听说过近60年来这样有力地和这样成功地发展起来的全部历史语言学,所以他不是到博普、格林和狄茨那里,而是到已故的海泽和贝克尔那里去寻求语言教育的"非常现代的教育因素"。

但是正在成长的未来公民有了这一切还远不能"依靠自身"。为此还要奠定更深刻的基础,借助于对

"最后的哲学基础的领会"。但是自从杜林先生在这里扫清了道路以后,"这种深化……就不再是一项巨大的任务了"。其实,"如果从存在的一般模式论所夸耀的少量严密知识中清除掉错误的烦琐的装饰品,如果决定处处只承认〈杜林先生〉所证明的现实是有意义的",那么初级哲学也将为未来的青年所完全了解。"大家回想一下我们用来促使无限性概念及其批判具有空前影响的那些极其简单的说法",就"完全不能想象,为什么由于现代的深化和尖锐

化而变得如此简单的普遍时空观念的因素,不能最终地转入基本知识的行列……〈杜林先生的〉根底最深的思想,在新社会的普遍教育体系中不应当起次要的作用。"相反,物质的自身等同状态以及可以计数的数不尽的数负有使命,使人"不仅站稳脚跟,而且还从自身了解到,他已经把所谓绝对的东西踩在他的脚下了"。

可见,未来的国民学校只不过是稍微"完美"一些的普鲁士中等学校,在那种学校里,希腊文和拉丁文被更为纯粹些和实用些的数学,特别是被现实哲学的诸要素所代替,而德语教学又倒退到已故的贝克尔时代,就是说差不多退到四五年级的程度。事实上,"完全不能想象",为什么杜林先生的那些在他所涉及的一切领域中现在都已被我们证实是十足小学生的"知识",或者确切地说,这些"知识"经过事先彻底"清洗"以后留下来的东西,不能全部"最终地转入基本知识的行列",因为杜林先生的知识实际上从来没有脱离过这一行列。杜林先生自然也会略有所闻,在社会主义社会中,劳动将和教育相结合,从而既使多方面的技术训练也使科学教育的实践基础得到保障;因此,这一点也被他照例用于共同社会。但是,正像我们所看到的,旧的分工在杜林的未来的生产中基本上原封不动地保存下来,所以学校中的这种技术教育就脱离了以后的任何实际运用,失去了对生产本身的任何意义;它只有一个教学上的用途:可以代替体育。关于体育,我们这位根底深厚的变革家是什么也不愿意知道的。因此,他也只能告诉我们几句话,例如:

"青年人和老年人都按照工作这个词的最严格的意义工作。"

这种空泛的无内容的清谈,同《资本论》第508—515页上所说的一比,真是可怜到了极点,在那里马克思发挥了这样的见解:

"正如我们在罗伯特·欧文那里可以详细看到的那样,从工厂制度中萌发出了未来教育的幼芽,未来教育对所有已满一定年龄的儿童来说,就是生产劳动同智育和体育相结合,它不仅是提高社会生产的一种方法,而且是造就全面发展的人的唯一方法。"①

我们不再谈未来大学的问题了,在这种大学里,现实哲学将构成一切知识的核心,并且除医学院外,法学院也十分兴旺;我们也不再谈"专科技术学校"了,关于这种学校我们仅仅知道,它们只开"两三门课程"。我们假定,年轻的未来公民在读完了学校全部课程以后终于能"依靠自身",以致能够去物色妻子。在这里杜林先生给他开辟的是什么样的事物进程呢?

"鉴于繁殖对各种素质的保持、淘汰、混合以至新质的培育具有重要意义,人的东西或非人的东西的最后根源大部分必须在性的结合和选择之中去寻找,此外,还必须在促进或阻止一定生育结果的考虑中去寻找。对在这个领域中盛行的粗野和愚昧所进行的审判,实际上必须留给以后的时代去做。但是,哪怕在偏见的压力下,至少从一开始就必须弄明白:对自然或对人的周密考虑来说是好的或者差的生育质量,无疑比数量重要得多。的确,在一切时代和一切法律状态下,畸形人都招致毁灭;但是这个从正常人到不再像人的畸形人的梯子是有许多梯级的……　如果劣等人的产生得到了预防,那么这件事实显然是有益的。"

在另一个地方也说:

"未出生者有权要求尽可能好的组合,这对哲学的观察来说是不难理解的……　怀孕,至少还有生育,提供一种机会,使得在这方面可以采用预防的或者在例外情况下采用选择的办法。"

---

① 见马克思《资本论》第 1 卷,《马克思恩格斯选集》第 3 版第 2 卷第 230 页。——编者注

再往下:

"当人们负担起较少艺术性的、从而对千百万人的命运远为重大的任务的时候,就是说,当用血和肉完成人的创造的时候,用大理石把人理想化的希腊艺术,就再也不能保持它以前的历史意义了。这种艺术不是纯石头的艺术,它的美学和对死的形象的直观无关"等等。

我们的正在成长的未来公民感到十分诧异。结婚同纯石头的艺术无关,也同对死的形象的直观无关,这些即使没有杜林先生,他也肯定会知道的;但是杜林先生曾经向他许诺过:他可以踏上事物进程和他自己的本质为他开辟的一切道路,以求得女人的同情心连同属于这颗心的肉体。现在"更深刻的更严格的道德"对他厉声申斥道:决不能这样。首先要做的是:抛弃在性的结合和选择这个领域中盛行的粗野和愚昧,并且要考虑新出生者要求尽可能好的组合的权利。在这个庄严的时刻,我们的年轻公民要用血和肉完成人的创造,成为一个所谓有血有肉的菲迪亚斯。从何下手呢?杜林先生的上面那些神秘的陈述,并没有在这方面给他任何指导,虽然杜林先生本人也说,这是一种"艺术"。莫非杜林先生已经"在心目中大致"拥有这种艺术的指南,就像目前在德国书店中销行的种种秘本之类的东西?事实上,我们在这里已经不再处于共同社会中,倒不如说是处于《魔笛》[135]中,只是脑满肠肥的共济会[136]牧师查拉斯特罗同我们的更深刻的更严格的道德家相比,简直算不上"二等教士"。这位牧师对他的弟子中的一对情人所做的试验,同杜林先生在允许他的那两个有主权的个人进入"道德的自由的婚姻"状态之前强加给他们的可怕考验相比,简直是儿戏。这样一来就可能会出现这样的情形:虽然我们的"依靠自身"的未来的塔米诺两只脚都立在所谓的绝对物之上,可是他的一只脚离开正常的位置还有两三个梯级,于是嘴巴刻薄的人就说他是跛子。同时也会有这种可能:他最心爱的未来的帕米纳,由于右肩略略偏斜而不是完全直立在上述绝对物之上,于是好忌妒的人就把这种偏斜称为小驼背。那怎么办呢?我们的更深刻的更严格的查拉斯特罗是禁止他们从事于用血和肉创造人的艺术呢,还是对他们采用怀孕时的"预防的办法"或"生育"时的"选择的办法"呢?事情十之八九是另一种结局,即这对情人将撇开查拉斯特罗—杜林而去找婚姻登记员。

住口!——杜林先生喊道。这不是我的意思。让我来说说。

在"有益的性结合具有更高的、真正人的动机时……性冲动——其高涨表现为热恋——的人间完美形式,就其双向性而言,正是结果也有益的结合的最好保证……从本来就是和谐的关系中得出一种具有和谐特性的产物,这只是第二级的效果。从这里又得出结论:任何强迫都必定发生有害的影响"等等。

这样一来,在这个最美好的共同社会里,一切都安排得尽善尽美。跛脚男人同驼背女人彼此热烈相爱,从而就其双向性而言,也为和谐的"第二级的效果"提供了最好的保证;这就像小说中说的那样,他们恋爱,结为夫妇,而所有"更深刻的更严格的道德",像往常一样,到头来化为一堆和谐的胡说。

杜林先生对女性究竟抱有什么样的高尚观念,可以从他对目前社会的如下控诉中看出:

"在以人口买卖为基础的压迫社会里,卖淫被认为是对强制婚姻的有利于男人的当然补充;类似的情况对女人来说是不可能有的,这是极容易理解的,但也是意味极深长的事实之一。"

女人们对杜林先生的这套恭维话所应表示的那种感谢,我

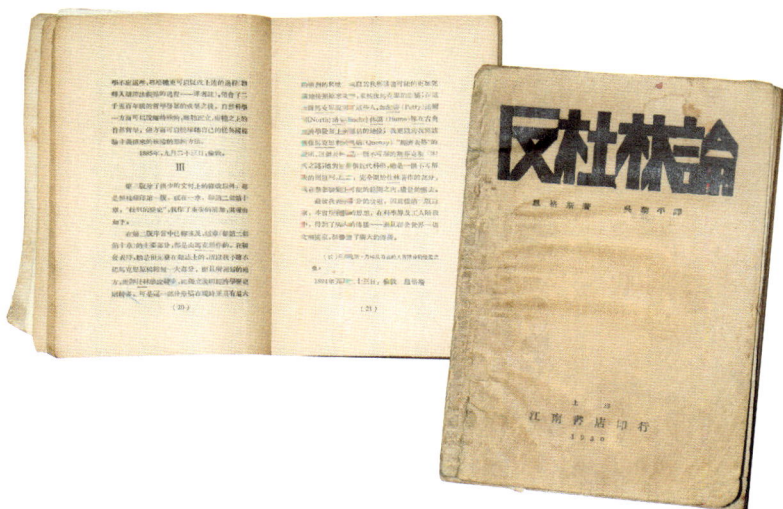

1930 年上海江南书店出版的《反杜林论》中译本

是无论如何也不想领受的。此外,难道杜林先生完全不知道那种在目前并不算很特别的收入——女人的倒贴? 杜林先生自己曾经是见习官[137],而且住在柏林,在那里,还是我在的那个时候,即 36 年前,别说尉官,就是见习官[Referendarius]同受倒贴者[Schürzenstipendarius]也往往是押韵的!

————

让我们同我们这个确实常常是枯燥无味的和令人不快的题目和和气气地、高高兴兴地告别吧。在我们不得不讨论各个争论之点的时候,判断总是受到客观的无可置疑的事实的制约;根据这些事实得出的结论,常常不免是尖锐的,甚至是无情的。现在,当我们谈完哲学、经济学和共同社会的时候,当我们不得不逐点加以评论的这位著作家的全貌已经呈现在我们眼前的时候,就可以直截了当地摆出对他这个人的看法了;现在我们可以把他的许多本来无法理解的科学上的谬误和武断归结为个人的原因,并把我们对杜林先生的全部判断概括为一句话:**无责任能力来自自大狂**。

弗·恩格斯写于 1876 年 9 月—
1878 年 6 月

载于 1877 年 1 月 3 日—1878 年
7 月 7 日《前进报》

原文是德文

选自《马克思恩格斯全集》中文第 2
版第 26 卷

附　　录

弗·恩格斯

[《反杜林论》的准备材料]¹³⁸

第 一 部 分

第 一 编①

第 三 章

[观念是现实的反映]

一切观念都来自经验，都是现实的反映——正确的或歪曲的反映。

第三章 第 34—38 页

[物质世界和思维规律]

两类经验：外在的、物质的经验，以及内在的经验——思维规律和思维形式。思维形式一部分也是通过发展继承下来的（例

---

① 每一段前面的《反杜林论》编次、章次、页码以及方括号里的标题，都是编者加的；页码为本书的页码。——编者注

如,数学公理对欧洲人来说,是不证自明的,而对布须曼人和澳大利亚黑人来说,肯定不是这样)。

如果我们有正确的前提,并且把思维规律正确地运用于这些前提,那么结果必定与现实相符,正如解析几何的演算必定与几何作图相符一样,尽管二者是完全不同的方法。但遗憾的是,这种情形几乎从来没有,或者只是在非常简单的运算中才有。

再则,外部世界或者是自然界,或者是社会。

第三章,第 34—38 页;第四章,第 41—45 页;第十章,第 100—101 页

[思维和存在的关系]

世界和思维规律是思维的唯一内容。

对世界进行研究的一般结果,是在这种研究终了时得出的,因此它们不是**原则**,不是出发点,而是**结果**、结论。从头脑中构造出这些结果,把它们作为基础并从它们出发,进而在头脑中用它们来重新构造出世界——这就是**意识形态**,迄今为止所有的唯物主义也都陷入过这种意识形态,因为它们对于**自然界**方面的思维和存在的关系无疑在一定程度上是清楚的,而对于历史方面的二者关系是不清楚的,它们不理解任何思维对历史的物质条件的依赖性。杜林从"原则"出发,而不是从事实出发,因此他是个意识形态家,而他所以能够掩饰他是意识形态家,只是因为他把那些命题表达得如此一般而空洞,以致它们看起来是**公理式的**、**平凡的**,但从它们中不能推导出任何东西,而只能**加进**解释。关于**唯一的存在**的原则也是如此。世界的统一性和彼岸世界的荒谬性是对世界的全

恩格斯为《反杜林论》作的笔记手稿的一页

部研究的结果,但是在这里却要**先验地**、根据某个**思维公理**来加以证明。由此产生了荒谬。可是没有这样的颠倒,**就不可能有独特的哲学**。

第三章,第 36—38 页

［世界是一个有联系的整体。对世界的认识］

体系学①在黑格尔以后就不可能有了。世界表现为一个统一的体系,即一个有联系的整体,这是显而易见的,但是要认识这个体系,必须先认识**整个**自然界和历史,这种认识人们**永远不会**达到。因此,谁要建立体系,他就只好用**自己的臆造**来填补那**无数的**空白,也就是说,只好**不合理地**幻想,陷入意识形态。

合理的幻想——换句话说,就是综合!

第三章,第 38—41 页

［数学演算和纯逻辑演算］

从事计算的知性——**计算机!**——数学演算同**纯逻辑演算**的滑稽的混淆。数学演算适合于物质的证明,适合于检验,因为这种演算是建立在物质直观的基础上的,尽管这种直观是抽象的;而纯逻辑演算只适合于推理证明,因此没有数学演算所具有的实证的可靠性——何况在纯逻辑演算中有许多还是错误的!关于**求积分**的机器,参看安德鲁斯的演说,《自然》,1876 年 9 月

---

① “体系学”在这里是指绝对完备的认识体系。——编者注

7 日[139]。

模式=死板公式。

第三章,第 38—41 页;第四章,第 41—45 页

[现实和抽象]

关于包罗万象的存在的唯一性这个命题,罗马教皇和伊斯兰教总教长[140]也可以承认,这样做丝毫无损于他们的永无谬误说[141]和宗教;杜林用这个命题并不能证明整个存在的独一无二的**物质性**,正如他不能从任何数学公理中构造出三角形、球形,或者推导出毕达哥拉斯定理一样。这二者都需要有现实的前提,只有研究这些前提才能得到那些结果。确信在物质世界之外并不单独地存在着一个精神世界,这是对现实世界,包括对人脑的产物和活动方式,进行长期而又艰苦的研究的结果。几何学的结果不外是各种线、面、体或它们的组合的自然特性,这些组合大部分早在有人类以前就已在自然界中出现了(放射虫、昆虫、结晶体等等)。

第六章,第 61 页及以下几页

[运动是物质的存在方式]

运动是物质的存在方式,因而不仅仅是物质的单纯特性。现在没有而且永远不可能有没有运动的物质。宇宙空间中的运动,个别天体上的较小物体的机械运动,表现为热、电压、磁极化的分子振动,化学的分解和化合,有机生命,直至它的最高产物

即思维——每一个物质原子在每一瞬间都处在一种或另一种上述运动形式中。任何平衡或者只是相对的静止，或者甚至是平衡中的运动，如行星的运动。绝对的静止只有在没有物质的地方才是可以想象的。因此，无论运动本身，或者它的任何一种形式，例如机械力，都不能同物质分开，都不能把它们作为某种特殊的东西、某种异物同物质对立起来，否则就会得出荒谬的结论。

第七章 第73—75页

〔自 然 选 择〕

杜林应当对自然选择感到高兴，因为它给他的无意识的目的和手段说提供最好的例证。达尔文研究自然选择，即缓慢变异借以实现的**形式**，而杜林要求达尔文也应当指出变异的**原因**，对这种原因杜林先生同样是一无所知的。无论别人在科学上取得怎样的进展，杜林先生总是会说还有不足之处，因而总有抱怨的足够理由。

第 七 章

〔关于达尔文〕

同自己一事无成而对任何人的成就都不满意的……自吹自擂的杜林相比，极为谦逊的达尔文显得多么伟大，他不仅把整个生物学中的成千上万个事实搜集在一起，进行分类和加工，而且还不惜贬损他自己的荣誉，愉快地引证每一位前辈，即使这样的前辈是微不足道的。

第七章,第73—75 页;第八章,第82—84 页

杜林主义。达尔文主义,第 115 页①。

杜林认为,植物的**适应**是物理力或者化学动因的结合,因此不是适应。如果说"植物在它的生长中采取它能够得到最大量阳光的途径",那么它是通过不同的途径和不同的方式做到这一点的,这些途径和方式因植物的种类和属性的不同而不同。正是在每种植物那里,物理力和化学动因起着特殊的作用,它们帮助植物——植物与这些"化学的和物理的东西"毕竟是不同的——通过在过去长期发展中已成为它所特有的途径来获得它所必需的阳光。这种阳光像一种刺激作用于植物的细胞,从而使这些力和动因在细胞中起反应,即发生运动。因为这个过程是发生在有机体的细胞结构中,而且采取刺激和反应的形式,而这种形式同样见于人脑的神经媒介中,所以在这两种情况下,采用适应这同一个术语都是恰当的。如果适应一定要通过意识的媒介,那么意识和适应在哪儿开始,又在哪儿终止呢?是在胶液原生物**47**、食虫植物、海绵、珊瑚、初级神经那里吗?如果杜林能把界限划出来,他一定会使旧式的自然科学家喜出望外。凡是有活的原生质的地方,都有原生质的刺激和原生质的反应。因为原生质在缓慢变化的刺激的影响下,同样在发生变化,否则它就会毁灭,所以适应这个术语,对于一

———————————

① 这里和后面提到的欧·杜林著作的页码均为《哲学教程》1875 年莱比锡版的页码。——编者注

切有机体来说，**必然**是同样适用的。①

第七章，第 73 页及以下几页

［适应和遗传］

海克尔认为，就物种的发展来说，适应是否定的或引起变异的，遗传是肯定的或起保存作用的。相反，杜林在第 122 页上却说，遗传也造成否定的结果，引起**变异**（同时还有关于预成[142]的妙论）。最容易不过的做法是，碰到所有这类对立，都把它们颠倒过来，并且证明：适应正是通过改变**形式**来保存本质的东西即**器官本身**，而遗传则通过两个始终不同的个体的结合不断引起变异，变异的积累并不排斥物种的变换。遗传甚至也把适应的结果传下去！可是在这里我们没有前进一步。我们必须把握**事实真相**，并加以研究，于是当然可以发现，海克尔是完全正确的，在他看来，遗传在本质上是过程中保守的、肯定的方面，适应是过程中革命的、否定的方面。驯化和培植以及无意识的适应，在这里比杜林的一切"精辟的见解"更令人信服。

第八章，第 84—87 页

杜林，第 141 页。

生命。最近 20 年来，生理化学家和化学生理学家无数次地说

---

① 恩格斯在此处页边上写着："无意识的适应在动物中也是很重要的。"——编者注

过,新陈代谢是生命的最重要的现象;而在这里,这句话又一再地被推崇为生命的定义。但是这既不准确,又不详尽。我们发现,即**使没有**生命存在,也有新陈代谢,例如:在那些简单的化学过程中,这些过程只要有充分的原料供应,就不断地重新产生它们自身的条件,而且其中有某一确定的物体体现这一过程(例子见罗斯科的著作第 102 页:硫酸的制造①);在内渗和外渗现象中(透过已死的有机的膜,甚至无机的膜?);在特劳白的人造细胞[51]及其媒介物中。因此,据称构成生命的新陈代谢,本身首先需要加以进一步规定。尽管有种种深刻的论证、精辟的见解、细致的研究,但是我们仍然没有了解到事物的本质,而且还经常在问:什么是生命?

定义对于科学来说是没有价值的,因为它们总是不充分的。唯一真实的定义是事物本身的发展,而这已不再是定义了。为了知道和指出什么是生命,我们必须研究生命的一切形式,并从它们的联系中加以阐述。可是对**日常的运用**来说,在所谓的定义中对最一般的同时也是最有特色的性质所作的简短解释,常常是有用的,甚至是必需的;只要不要求它表达比它所能表达的更多的东西,它也不会造成什么损害。因此,让我们试给生命下一个这样的定义,在这上面曾经有许多人费尽心血但没有成功(见尼科尔森[143])。

生命是蛋白体的存在方式,这种存在方式本质上就在于这些蛋白体的化学组成部分通过摄食和排泄而不断更新。

……

---

① 见亨·恩·罗斯科《简明化学教程,根据最新科学观点编写》1867 年不伦瑞克版第 102 页。——编者注

从蛋白质的主要机能——有机体的新陈代谢中，从蛋白质所特有的可塑性中，导出所有其他的最简单的生命机能：刺激感应性——它已经包含在蛋白质和它的养料的相互作用中；收缩性——它表现在养料的吸取中；成长的能力——它在最低级的阶段上（胶液原生物[47]）包含通过分裂的繁殖；内在的运动——没有这种运动，养料的吸取和同化都是不可能的。但是，简单的可塑的蛋白质是怎样发展为细胞，从而发展为组织的，这一点必须先通过观察才能认识，而这种研究已经不属于给生命下个简单通俗的定义了。（杜林在第141页上还谈到一个完整的中间世界，那里没有管道循环系统，没有"胚胎形态"，因而也就没有真正的生命。这一段很妙。）

第十章，第101—108页

杜林——经济学——两个男人

只要是谈到道德，杜林就能够认为他们是平等的，但是一涉及到经济学，那就不是这样了。例如这两个男人，一个是美国人，一个是柏林大学生，前者熟悉各种行业，后者除了一张中学毕业文凭和现实哲学，再加上根本没有在击剑馆受过锻炼的双臂，别无所有，在这种情况下，怎么可能谈到平等呢？这个美国人生产一切，那个大学生只是这里帮帮，那里帮帮，而分配是依照每个人的贡献来进行的；不久，这个美国人就具有对殖民地日益增长的居民（由于人口增殖或移民）进行资本主义剥削的手段。因此，整个现代制度、资本主义的生产以及其他一切，都可以很容易地从这两个男人中产生出来，而且没有一个人需要动武。

第十章,第 108——113 页

杜林主义

平等——正义。——平等是正义的表现,是完善的政治制度或社会制度的原则,这一观念完全是历史地产生的。在自然形成的公社中,平等是不存在的,或者只是非常有限地、对个别公社中掌握全权的成员来说才是存在的,而且是与奴隶制交织在一起的。在古希腊罗马的民主政体中也是如此。一切人——希腊人、罗马人和野蛮人,自由民和奴隶,本国人和外国人,公民和被保护民等等——的平等,在古希腊罗马人看来,不仅是发疯的,而且是犯罪的,它的萌芽在基督教中始终一贯地受到迫害。——在基督教中,最初是**一切人作为罪人在上帝面前的消极的平等**,以及更狭隘意义上的平等,即那些被基督的仁慈和血拯救过来的上帝的孩子们的平等。这两种看法是从基督教作为奴隶、被放逐者、遭排挤者、受迫害者、被压迫者的宗教所起的作用中产生的。随着基督教的胜利,这种因素便退居次要地位;教徒和非教徒、正教徒和异教徒的对立则成为紧接着出现的主要问题。——随着城市的兴起,以及或多或少有所发展的资产阶级和无产阶级的因素的相应出现,作为资产阶级存在条件的平等要求,也必然逐渐地再度提出,而与此相连的必然是无产阶级从政治平等中引申出社会平等的结论。这一点最先明确地表现在农民战争中,当然,采取了宗教形式。平等要求的资产阶级方面是由卢梭首先明确地阐述的,但还是作为全人类要求来阐述的。在这里,正如在资产阶级提出任何要求时一样,无产阶级也是作为命中注定的影子跟着资产阶级,并且得出自己的结论(巴贝夫)。资产阶级的平等同无产阶级的结论之间的这种联系应当详加发挥。

因此,为了得出平等＝正义的命题,几乎用了以往的全部历史,而这只有在有了资产阶级和无产阶级的时候才能做到。但是,平等的命题是说不应该存在任何特权,因而它在本质上是**否定的**,它宣布以往的全部历史都是糟糕的。由于它缺少肯定的内容,由于它一概否定过去的一切,所以它既适合于由1789—1796年的大革命来提倡,也适合于后来的那些制造体系的平庸之徒。但是,如果想把平等＝正义当成是最高的原则和最终的真理,那是荒唐的。平等仅仅存在于同不平等的对立中,正义仅仅存在于同非正义的对立中,因此,它们还摆脱不了同以往旧历史的对立,就是说摆脱不了旧社会本身。①

这就已经使得它们不能成为**永恒的**正义和真理。在共产主义制度下和资源日益增多的情况下,经过不多几代的社会发展,人们就一定会达到这样的境地:侈谈平等和权利就像今天侈谈贵族等等的世袭特权一样显得可笑;同旧的不平等和旧的实在法的对立,甚至同新的暂行法的对立,都要从实际生活中消失;谁如果坚持要求丝毫不差地给他平等的、公正的一份产品,别人就会给他两份以示嘲笑。甚至杜林也会认为这是“可以预见的”,那时,平等和正义,除了在历史回忆的废物堆里可以找到以外,哪儿还有呢?由于诸如此类的东西在今天对于鼓动是很有用的,所以它们决不是什么永恒真理。

---

① 恩格斯在这里加了一个注:“平等观念产生于商品生产中一般人类劳动的等同性。《资本论》第36页。**144**”——编者注

（平等的**内容**须待阐明。——限于权利等等。）

此外，抽象的平等理论，即使在今天以及在今后较长的时期里，也都是荒谬的。没有一个社会主义的无产者或理论家想到要承认自己同布须曼人或火地岛人之间，哪怕同**农民**或半封建农业短工之间的抽象平等；这一点只要是在欧洲的土地上一被消除，抽象平等的观点也会立时被消除。随着合理的平等的建立，抽象平等本身也就失去任何意义了。现在之所以要求平等，那是由于预见到**在当前的历史条件**下随着平等要求自然而然来到的智力上和道德上的**平等化**。但是，**永恒的**道德应当在任何时候和**任何地方**都是可行的。关于平等的这种主张，甚至杜林也没有想提出；相反，他还容许暂时性的压制，这样也就承认平等不是永恒真理，而是历史的产物和一定的历史状况的特征。

资产者的平等（消灭阶级**特权**）完全不同于无产者的平等（消灭阶级本身）。如果超出后者的范围，即抽象地理解平等，那么平等就会变成荒谬。正因为这样，杜林先生最后又不得不把武装的和行政的、法庭的和警察的暴力从后门引进来。

可见，平等观念本身是一种历史的产物，这个观念的形成，需要全部以往的历史，因此它不是自古以来就作为真理而存在的。现在，在大多数人看来，它在原则上是不言而喻的，这不是由于它具有公理的性质，而是由于**18 世纪的思想的传播**。因此，如果说这两个著名的男人今天置身于平等的基础上，那么，这正是因为他们被想象为 19 世纪的"有教养的"人，而且这对于他们说来是很"**自然的**"。**现实**的人过去和现在如何行动，都始终取决于他们所处的历史条件。

第九章,第 97—100 页;第十章,第 108—113 页

[观念对社会关系的依存]

有一种看法,似乎人们的观念和看法创造他们的生活条件,而不是相反,这种看法正被以往的全部历史所推翻,在历史上,结果总是与愿望不同的,而在进一步的发展进程中,甚至大多数是相反的。这种看法只有在比较遥远的将来才能在下述条件下实现,就是说:人们将会预先认识到由于关系的改变而引起社会制度(如果允许我这样说的话)改变的必然性,并且希望出现这种必然性,而不是无意识地、很不情愿地被迫面对这样的必然性。——这也同样适用于法的观念,因而也适用于政治(如果合适的话,这一点应当在《哲学》编中加以论述,《暴力论》仍放在《政治经济学》编中)。

第十一章,第 120—121 页
(并参看第三编第五章,第 340—342 页)

单是正确地反映自然界就已经极端困难,这是长期的经验历史的产物。在原始人看来,自然力是某种异己的、神秘的、压倒一切的东西。在所有文明民族所经历的一定阶段上,他们用人格化的方法来同化自然力。正是这种人格化的欲望,到处创造了许多神;而被用来证明上帝存在的万民一致意见恰恰只证明了这种作为必然过渡阶段的人格化欲望的普遍性,因而也证明了宗教的普遍性。只有对自然力的真正认识,才把各种神或上帝相继地从各

个地方撵走（赛奇及其太阳系）**145**。现在，这个过程已进展到这样的程度，以致可以认为它在理论方面已经结束了。

在社会事件上，反映就更加困难了。社会是由经济关系、生产和交换，以及那些历史前提所决定的。

第十二章，第125——129页
（并参看《引论》，第19——23页）

对立——如果一个事物包含着对立，那么它就同自身处在**矛盾**中，而且它在思想中的表现也是如此。例如，一个事物是它自身，同时又在不断变化，它本身含有"不变"和"变"的对立，这就是**矛盾**。

第 十 三 章
［否定的否定］

所有印度日耳曼语系民族都是从**公有**制开始的。几乎在所有这些民族那里，公有制在社会发展进程中都被废除，被**否定**，被私有制、封建所有制等等其他形式排挤掉。对这种否定进行否定，重新建立处于更高发展阶段上的公有制，这是社会革命的任务。又如：古希腊罗马哲学最初是自发的唯物主义。从这种唯物主义中产生了唯心主义、唯灵论，即唯物主义的否定，它先是采取灵魂和肉体对立的形式，后来又采取灵魂不死说和一神教的形式。这种唯灵论借助基督教普遍地传播开来。对这种否定的否定就是古代唯物主义在更高阶段上的再现，即现代的唯物主义，它和过去相比,是以科学社会主义为其理论成果的。甚至卢梭关于历史的看法也是否定的否定:原始的平等——被不平等所破坏——实现更高阶段上的平等。因此,在杜林从辩证法和思维中排除否定的否定之前,他必须先把否定的否定从自然界和历史中排除出去,并且发明一种数学,在那里,$-a \times -a$ 不等于 $+a^2$,而 $+a^2$ 的平方根也不是 $-a$……

不言而喻,这些自然的和历史的过程,正如上述关于 $-a \times -a$ 等等的例子所已经表明的那样,在思维着的头脑中有自己的反映,并且在那里得到再现;而且最高级的辩证的问题正是借助这种方法才能得到解决。

但是,这里也存在着一种恶劣的、没有结果的否定。——确实,真正的、自然的、历史的和辩证的否定正是一切发展的推动力(从形式方面看)——对立面的划分,对立面的斗争和解决,在这里(历史上是部分地,思维中是完全地),在既得经验的基础上,重新达到了原来的出发点,但这是在更高阶段上达到的。——而那种没有结果的否定则是纯粹主观的、个人的否定,它不是事物本身的一个发展阶段,而是由外部硬加进去的**意见**。由于从这种否定中不能得出任何结果,所以作这种否定的人就必然与世界不和,必然要愤愤不平地非难现存的和以往的一切,非难整个历史发展。古希腊人虽然做出了一些成就,但是他们不知道光谱分析、化学、微分、蒸汽机、公路、电报和铁路。对这些落后人的成果还有什么可多谈的。一切都是坏的——只要这类否定论者是悲观主义者的话——,但至高无上的、完美无缺的人除外,这样,我们的悲观主义又转变成为我们的乐观主义。而这样一来,我们自己就进行了否定的否定!

理想主义——**理想的**观点等等,是杜林经常宣扬的。当我们从现存的关系中得出关于未来的结论时,当我们理解和研究在历史过程中起作用的**消极**因素中的**积极**方面时——就连最庸俗的进步党人**146**也以自己的方式在这样做,甚至理想主义者拉斯克尔也是如此——,杜林就把这称为"理想主义",并且由此就认为自己有权设计未来的规划,甚至把学校计划也包括在内,这是个幻想的规划,因为它是以无知为基础的。他忽略了:他这样做也是在**进行否定的否定**。

第十三章,第 145—147 页

否定的否定和矛盾。

黑格尔说,正数的"无"是某个特定的无①。

"微分可以当做真正的零来看待和对待,但是这些零相互处于由当前的问题的情况所决定的关系之中。"波绪说,这在数学上**不是荒谬**。②

$\frac{0}{0}$ 可以有一个非常确定的值,如果它是由分子和分母同时消失而得出来的话。$0:0 = A:B$ 也是如此,因此,在这里 $\frac{0}{0} = \frac{A}{B}$ 是随着 A 和 B 的值的变化而变化的(第 95 页的例子)。那么,零可以和零相比,就是说,它们不仅可以具有值,而且甚至可以具有不同的、能够用数字表示出来的值,这不是"矛盾"吗? $1:2 = 1:2$;$1-1:2-2 = 1:2$;$0:0 = 1:2$**147**。

---

① 参看黑格尔《逻辑学》第 1 编《存在论》第 1 部分第 1 章,关于存在和无在观念中的对立的注释。——编者注
② 见沙·波绪《微积分》1797—1798 年巴黎版第 1 卷第 94 页。——编者注

　　杜林本人说,那种求无限小总和的运算——通称为积分——是数学中最高的运算等等。这种计算是如何进行的呢? 我有两个、三个或者更多的变数,即一些在变化时彼此间保持一定的关系的数。例如,就算是两个,即 x 和 y,并且要去解一个用普通的数学无法解决的问题,在这个问题中 x 和 y 有函数关系。我把 x 和 y 加以微分,就是说,我把 x 和 y 当做无限小,使得它们同任何一个无论多么小的实数比起来都趋于消失——使得 x 和 y 除了**它们**那种没有任何物质基础的**相互关系**以外,什么都没有剩下,所以 $\frac{dx}{dy} = \frac{0}{0}$,但是 $\frac{0}{0}$ 是 $\frac{x}{y}$ 的关系的表现。两个已经消失的数的这种关系,它们的消失被确定下来的一瞬间,就是一种矛盾,但是这种矛盾并不能妨碍我们。因此,我所做的事情,只不过是**否定了** x 和 y,但是,我不是不再顾及它们,而是根据同条件相符合的方式否定它们。我在我面前的公式或方程式中得到的不是 x 和 y,而是 x 和 y 的否定,即 dx 和 dy。我像通常那样用这些公式运算,把 dx 和 dy 就当做它们好像是实数一样,而在某一点上我否定了否定,就是说,把微分式加以积分,以实数 x 和 y 代替 dx 和 dy,这样一来,我并不是又回到了出发点,而是由此解决了普通的几何学和代数学费尽心思也无法解决的课题。

第　二　编

第　二　章

　　奴隶制,在它是生产的主要形式的地方,使劳动成为奴隶的活动,即成为对自由民来说是有失体面的事情。这样就封锁了这种生产方式的出路,而另一方面,更加发展的生产受到了奴隶制的限制,迫切要求消灭奴隶制。一切以奴隶制为基础的生产和以这种生产为基础的公社,都是由于这种矛盾而毁灭的。在大多数情况下,这种矛盾是通过另外的比较强盛的公社对衰落的公社进行暴力的奴役(例如马其顿以及后来的罗马对希腊的奴役)而解决的;只要这些比较强盛的公社本身也是以奴隶制为基础的,那这里发生的就仅仅是中心的转移和这一过程在更高阶段上的重复,直到(罗马)最后被一个用另外一种生产形式代替了奴隶制的民族征服为止。但是,不管奴隶制是通过强制还是自愿地废除的,**以前的生产方式还是死亡了**;例如在美洲,移民的小地块耕作代替了大规模耕作。就这个意义上来说,希腊也是毁于奴隶制的,关于这方面亚里士多德早就谈到:同奴隶的交往使得市民道德败坏——更不用说奴隶制使市民失去劳动能力了。(家奴制是另外一回事,例如在东方:在这里它不是直接地,而是间接地构成生产的基础,作为家庭的组成部分,不知不觉地转入家庭(例如内宅的女奴)。)

第 三 章

杜林所说的应该加以斥责的历史,是由**暴力**支配的。现实的、向前发展的[历史运动,是]由**保存着的物质成就**[支配的]。

第 三 章

暴力,即军队,是用什么来维持的呢?用**金钱**。可见,立即又取决于生产。比较一下雅典的海军和政治([公元前]380—340

年）。对同盟国采取的暴力，由于缺乏物质手段去进行长期的和有效的战争而失败。英国的通过新型大工业创造出来的补助金打败了拿破仑。

<h1 style="text-align:center">第 三 章</h1>

［党和军事训练］

在谈到生存斗争以及杜林反对斗争和武器的声明时，应该强调指出，一个革命的政党也必须懂得斗争：革命有朝一日或许就降临到它的面前；但不是去反对目前的军事官僚国家，如果那样做，在政治上就会同巴贝夫企图从督政府**112**立即跳到共产主义一样荒谬，甚至还更加荒谬，因为督政府毕竟还是资产阶级的和农民的政府。但是，为了反对接替目前国家的资产阶级国家，党可能不得不采取革命的措施，不得不去维护资产阶级本身所制定的法律。因此，普遍义务兵役制是符合我们的利益的，大家都应该利用这种兵役制来学会斗争，特别是那些受过教育，足以使自己在当一年制志愿兵期间具备一名军官所必需的军事素养的人，更应当利用这种兵役制。

<h1 style="text-align:center">第 四 章</h1>

关于"暴力"

暴力也起着革命的作用，并且是在一切决定性的"关键"时期，如在向共同社会过渡时，而且这时它也只是作为抵御外来反动敌人的正当自卫——这一点已被承认。而马克思所论述的 16 世

纪在英国发生的变革,也有其革命的方面:它是封建的土地占有制
转变为资产阶级的土地占有制以及资产阶级发展的一个基本条
件。① 1789 年的法国革命也在很大程度上使用了暴力,**8 月 4 日仅
仅认可了农民的暴力行动**,并且以没收贵族和教会的财产作为补
充[148]。日耳曼人进行暴力征服,在被征服的土地上建立农村占支
配地位而不是(像在古代那样)城市占支配地位的国家,总是伴随
着——正由于这后一种原因——奴隶制向痛苦少些的农奴制或依
附农制的转变(在古代,伴随大庄园制的是耕地向牧场的转变)。

第 四 章

[暴力,公有制,经济和政治]

当印度日耳曼语系的人迁徙到欧洲时,他们用**暴力**赶走了土
著居民,并且在公社占有制下耕种土地。在凯尔特人、日耳曼人和
斯拉夫人那里,这后一种情形还可以历史地加以证明,而且在斯拉
夫人、日耳曼人甚至凯尔特人那里(朗得尔制度[rundale]②),这
种情形现在还存在着,甚至是以直接的(俄国)或者间接的(爱尔
兰)依附农制的形式出现。当拉普人和巴斯克人被驱逐出去以
后,暴力遂即停止了。在公社内部占支配地位的是平等原则或自
愿承认的特权。在从公有制中产生出富裕农民的土地私有制的地
方,公社成员之间的这种分化,直到 16 世纪,纯粹是自发地产生

---

① 参看马克思《资本论》第 1 卷,《马克思恩格斯文集》第 5 卷第 820—875
  页。——编者注
② 关于朗得尔制度,参看恩格斯《家庭、私有制和国家的起源》(《马克思
  恩格斯选集》第 3 版第 4 卷)。——编者注

的,在大多数情况下完全是逐渐地实现的,而公有制的残余也非常普遍地存在着。当时还谈不上**暴力**,它只是在反对这些残余时(英国是在 18 和 19 世纪,而德国主要是在 19 世纪)才使用起来。爱尔兰是特殊情况。在印度和俄国,这种公有制在极为不同的暴力征服和专制制度下安然地继续存在下来,并且成为专制制度的基础。俄国是生产关系决定政治暴力关系的一个证明。直到 17 世纪末,俄国农民还没有受到什么压迫,享有迁徙自由,几乎不受依附关系的束缚。罗曼诺夫一世把农民束缚在土地上。随着彼得大帝的即位,俄国的对外贸易开始发展,它当时只能输出农产品。**于是**就引起了对农民的压榨,**这种为输出而进行的压榨**随着**输出**的增长而日益加重,直到叶卡捷琳娜二世把这种压榨推进到极点,并且制定了法律。而这种法律允许地主加紧榨取农民,结果压迫也就越来越厉害。

第 四 章

如果说暴力是社会状况和政治状况的原因,那么,什么是暴力的原因呢? 占有别人的劳动**产品**和别人的**劳动力**。暴力可以改变产品的消费,但是不能改变生产方式本身,它不能使徭役劳动转变成为雇佣劳动,除非转变的条件已经具备,而且徭役形式已成为生产的桎梏。

第 四 章

迄今为止是暴力——人现在起是共同社会。纯粹善良的愿望,"正义"的要求。但是,托·莫尔早在三百五十年以前就已经提出了这个要求**149**,始终没有实现。为什么现在就应该实现呢?杜林没有回答。事实上,大工业把这个要求,不是作为正义的要求,而是作为生产的必要性提出来了,而这改变了一切。

第 三 编

第 一 章

傅立叶(《经济的和协作的新世界》)。①

不平等的因素:"因为人本能地就是平等的敌人"(第59页)。

"这种人们称之为文明的欺诈机构"(第81页)。

"人们应该避免像在我们这里看到的那样让她们〈妇女〉屈从于哲学所指定给她们的那些费力不讨好的任务,屈从于仆从的角色,这种哲学宣称,妇女之所以被创造出来,仅仅是为了刷锅洗碗和缝衣补裤。"(第141页)

"上帝只赋予工场手工业劳动一定量的吸引力,这个量仅仅相当于社会的人能够花费在劳动上的时间的**四分之一**。"因此,其余的时间应该归农业、畜牧业、烹调、产业大军。(第152页)

"温情的道德——贸易的善良而纯洁的朋友"(第161页),"道德的批判"(第162页及以下几页)。

在今天的社会里,"在文明化的机构中",充满了"行动的两面性,个人利益和集体利益之间的对立";这是"个人对群众所进行的一场普遍的斗争。而我们的政治科学还敢于谈论行动的一致性!"(第172页)

"因为现代人不知道关于例外或者过渡的理论,即关于**杂种**的理论,所以他们在研究自然的时候到处碰壁。"("杂种"的例子:"榅桲,油桃,鳗鱼,蝙蝠等等"。)(第191页)

---

① 以下沙·傅立叶的言论摘自《傅立叶全集》1845年巴黎版第6卷。
 ——编者注

第　二　部　分

[杜林断言，"人们的联合借以建立的意志活动，本身是服从于自然规律的"，对此恩格斯指出：]

总之，关于**历史的**发展，只字未提。只有永恒的自然规律。一切都是心理学，而且，遗憾得很，心理学还远远"落后"于政治。

[针对杜林关于奴隶制、雇佣依附制和基于暴力的所有制是"真正政治性质的社会经济制度的形式"的论述，恩格斯写道：]

总是以为：经济学只具有永恒的自然规律，所有的改变和歪曲都是由可恶的政治造成的。

总之，在全部暴力论中，正确的仅仅是：到目前为止，一切社会形式为了保存自己都需要**暴力**，甚至有一部分是通过暴力建立的。这种具有组织形式的暴力叫做**国家**。因此，我们在这里碰到的是这样一种平庸之见：从人们摆脱了最野蛮的状态时起，国家就到处存在，而这一点早在杜林以前就众所周知了。——但是，国家和暴力恰好是到目前为止的一切社会形式所**共有的**；比如，我这样来说明东方专制制度、古希腊罗马的共和国、马其顿君主国、罗马帝国、中世纪的封建制度，说它们都是建立在**暴力**上的，那我就什么也没有说明。因此，各种不同的社会形式和政治形式不应该用始终一样的暴力来说明，而必须用**被施加暴力的东西**，被掠夺的**东西**来说明——用各个时代的产品和生产力以及从它们自身中产生的它们的分配来说明。这样就会发现，东方的专制制度是基于公有制，古希腊罗马的共和国基于也从事农业的城市,罗马帝国基于大庄园,封建制度基于乡村对城市的统治(这种统治是有自己的物质基础的),如此等等。

[恩格斯引用了杜林的下述言论:

"经济的自然规律,极其严格地说来,只有通过下列办法才能获得:我们要在思想上铲除掉国家设施和社会设施〈!〉的作用,特别是与雇佣依附制相联系的基于暴力的所有制的作用,并且谨防把后者看成人的不变本性〈!〉的需要……"

针对杜林的这些议论,恩格斯作了如下评述:]

总之,经济的自然规律,只有**把迄今为止的所有的经济抽象掉**,才会被发现,这些规律至今从来没有不被歪曲地表现出来! ——好一个人(从猿到歌德)的**不变本性**!

杜林打算用这种"暴力"论来说明,为什么发生这样的情况:自古以来,到处都是遭受暴力的人占多数,而拥有暴力的人占少数。这本身就已经证明:暴力关系根源于经济条件,这些条件不是那样简单地通过政治途径所能排除掉的。

杜林对地租、利润、利息、工资未作解释,而只是说,是**暴力**如此造成的。可是暴力是从哪里来的呢? 没有说。

暴力造成占有,而占有造成经济权力。因此暴力=权力。

马克思在《资本论》(积累)中证明:商品生产的规律在一定的发展阶段上必然引起形态完备的资本主义生产,而且**为此根本不需要暴力**。[150]

当杜林把政治行动看成历史的最后的决定力量并且把这一点冒充为新东西时,他只不过是重复了以往所有历史编纂学家所说的话,在他们看来,社会形式也仅仅是由政治形式决定的,而不是由生产决定的。

这太好了！从斯密起的整个自由贸易派**151**，甚至马克思以前的全部经济学，都认为他们所理解的经济规律是"自然规律"，并且断言，这些规律的作用被国家、被"国家设施和社会设施的作用"歪曲了！

此外，这一整套理论只不过是企图根据凯里的学说来论证社会主义：经济学本身是和谐的，国家用它的干涉败坏了一切。

永恒的正义是对暴力的补充，见于第 282 页。

　　［对杜林在批判斯密、李嘉图和凯里时所阐发的观点，恩格斯作了如下评述："似乎在一个鲁滨逊的身上可以很好地研究最抽象的生产，在岛上的两个孤独的人身上可以很好地研究分配，甚至可以想象出从主奴之间的完全平等直到完全对立的所有中间阶段……" 恩格斯引证了杜林的下面这句话："但是，最终真正对分配学说起决定作用的观点，只有通过严肃的社会的〈！〉考察才能得到……"

　　对此恩格斯指出：］

　　总之，先是从现实的历史中抽象出各种不同的法的关系，把这些关系同它们所由产生的并且只有以其为依据才有意义的历史基础分开，再把它们转移到两个人——鲁滨逊和星期五——身上，当然，在那里它们完全是任意地出现的。在它们被这样归结为纯粹的暴力之后，又被转移到现实的历史中去，并以此证明：这里的一切也都基于纯粹的暴力。至于暴力必须应用于某种物质基质，而且正是需要阐明这种基质是如何产生的，这些杜林则不管不问。

　　［恩格斯从杜林的《国民经济学和社会经济学教程》一书①中引用了下面

---

①　欧·杜林《国民经济学和社会经济学教程，兼论财政政策的基本问题》1876 年莱比锡修订第 2 版。——编者注

这一段:"所有国民经济体系所共有的传统观点认为:分配只不过是一种所谓的日常的过程,这个过程与被设想为成品总和的产量有关…… 而更加深刻的论证应当注重这样一种分配,这种分配同经济的或有经济效力的权利本身有关,而不是仅仅同这些权利的日常的和积累着的结果有关。"针对这一点恩格斯指出:]

总之,研究日常生产的分配是不够的。

地租以地产为前提,利润以资本为前提,工资以没有财产的工人,即只有劳动力的人为前提。因此应该研究一下,这一切从何而来。马克思——由于这个问题属于他的任务——在论述资本和没有财产的劳动力的第一卷中解决了这个问题,对现代土地所有制的起源的研究同对地租的研究有关,因而属于第二卷的研究范围**68**。杜林的研究和历史论证只限于一个词:**暴力**!这里已经表现出毫不掩饰的险恶用心。杜林如何**说明**大土地所有制,见**财富和价值**,这一点移至此处较好。

总之,暴力创造一个时代、一个民族等等的经济的、政治的以及其他等等的生存条件。但是谁创造暴力? 有组织的暴力首先是**军队**。没有任何东西比军队的编成、编制、装备、战略和战术更加依赖于经济条件了。装备是基础,而它又直接地取决于生产的阶段。石制武器、青铜制武器、铁制武器、盔甲、骑兵、火药以及大工业通过后装的线膛枪和火炮在战争中所造成的巨大变革——这些枪炮都是只有大工业用其等速工作的并且生产几乎绝对同样的产品的机器才能制造出的产品。编成和编制,战略和战术,又取决于装备。战术还取决于道路的状况——耶拿会战的计划和成就在当前公路的状况下是不可能的——更何况还有铁路! 因而,正是暴力比其他一切都更加依赖于现有的生产条件,这一点甚至耶恩斯上尉都清楚地看到了（《科隆日报》，《马基雅弗利……》）**85**。

同时，应当特别强调的是，从使用装刺刀的枪到后装枪的现代作战方法，其中决定事态的不是执马刀的人，而是武器；横队，由训练很差的士兵排成的但有散兵掩护的纵队（耶拿反对威灵顿），最后，普遍分列成散兵线以及跑步代替慢步。

［根据杜林的说法，'灵巧的手或脑应被看成属于社会的一种生产资料，看成一部机器，而机器的生产是属于社会的"。针对这一点恩格斯指出：］

但是机器并**不增加价值**，而灵巧的手却增加价值！因此，与此相关的经济学的价值规律在这里遭到了禁止，虽然这种规律依然存在。

［针对杜林关于"整个共同社会的政治法律基础"的设想，恩格斯指出：］

这样一来，马上使用了唯心主义的尺度。不是生产本身，而是**法**。

［关于杜林的"经济公社"和其中通行的分工、分配、交换的制度和货币制度，恩格斯作了如下的评述：］

因此，还要由社会给一个个工人**发解雇金**。

因此，还会出现货币贮藏、高利贷、信贷以及包括货币危机和货币荒在内的一切后果。货币炸毁经济公社，正像它目前就要炸毁俄国公社，而且一旦成为各个社员间进行交换的中介时也要炸毁家庭公社一样，是必然的。

［恩格斯引证了杜林的下述说法："因而任何形式的真正劳动，都是健全组织的社会自然规律"，同时用括号附加了一句："（照此说法，迄今为止的所有组织都是不健全的）……"

恩格斯就杜林的这种说法指出：］

这里，劳动或者被理解为经济的、物质生产的劳动，这样，这句话就是无稽之谈，并且同以往的全部历史不相适合；或者劳动是在更一般的形式上来理解的，即被理解为某个时期所需要的或适用的各种活动、施政、诉讼、军事训练，这样，这句话又是一种狂妄之极的平庸之谈，并且和经济学毫不相干。但是把这一堆陈词滥调美其名曰"自然规律"，企图以此让社会主义者敬服它，这可真有点恬不知耻。

［就杜林关于掠夺和财富的联系的议论，恩格斯指出：］

全部方法都在这里。首先从**生产**的观点去理解每一种经济关系，而不管所有的历史规定。因此，只能讲出最空泛的话，如果杜林想超出这种状况，那么他就不得不考察某个时代的一定历史关系，就是说，他不得不走出抽象生产的范围而陷入混乱。其次，从**分配**的观点去理解同一经济关系，也就是把到目前为止的历史过程归结为**暴力**这个空洞的词语，接着便对暴力的恶果大发其火。这会导致什么，我们在考察自然规律时将会看到。

［杜林断言，对于经营大规模的农场，"奴隶制"或"农奴制"是必不可少的，对此恩格斯指出：］

总之：1. 世界历史从大土地所有制开始！大片土地的耕作与大土地占有者的耕作是一回事！被大庄园主改变为牧场的意大利土地，以前是一片荒芜！北美合众国如此巨大地扩展，不是靠自由农，而是靠奴隶、依附农等等！

又是拙劣的文字游戏："大片土地的耕作"**应该**＝大片土地的

开垦,但马上又被解释为=大规模的耕作=大土地所有制! 而在这种意义上,这是多么巨大的新发现:如果某个人所拥有的土地多于他及其家庭所能耕种的,那么,他不用别人的劳动就不能耕种全部土地! 要知道,**使用依附农的耕作**,不是大片土地的耕作,而是**小块土地**的耕作,而且这种耕作终归要比依附农制悠久(俄国,斯拉夫人马尔克里的佛来米人、荷兰人和弗里西亚人的移民区,见朗格塔尔①);原初的自由农**被变成**依附农,而在有些地方,他们甚至是**在形式上**自愿地成为依附农的。

[杜林断言,价值的大小取决于自然障碍的大小,这种障碍阻挠着需求的满足,并且"迫使人们付出或大或小的经济力量〈!〉",对此恩格斯指出:]

克服阻力——这个从数学力学中搬过来的范畴,在经济学中就成了荒谬的东西。我用棉花纺线,然后织布,接着漂白和印染,现在意味着:我克服棉花对被纺的阻力,纱线对被织的阻力,织物对被漂白和被印染的阻力。我制造蒸汽机,意味着:我克服铁对它被变为蒸汽机的阻力。我用夸大其词的迂回说法来表达一件事,结果只不过是歪曲而已。但是,我却可以因此导入**分配价值**,在分配价值中似乎也有一种阻力需要克服。而问题也就在这里!

[杜林说:"分配价值纯粹地而且唯一地仅仅存在于这样的地方,在这里对非生产出来的物品的支配权,或者〈!〉用通常的话来说,这些〈非生产出来的!〉物品本身是用具有真正的生产价值的劳作或物品换来的。"针对这段话恩格斯指出:]

什么是非生产出来的物品呢? 是**用现代方法耕作**的土地吗?

---

① 引自克·爱·朗格塔尔《德国农业史》第 2 册《从查理大帝到王位虚悬时期》1850 年耶拿版。——编者注

或者它应该指那些不是由所有者本人生产出来的物品？但是，"真正的生产价值"是同非生产出来的物品对立的。下一句话表明：这又是拙劣的文字游戏。非生产出来的自然对象，同"无偿占有的价值组成部分"混同起来了。

［杜林断言：人类的所有设施和事实是被严格地决定的，但是它们"在所有基本特征上"，决不"像外表的天生畸形那样是实际不变的"。对此恩格斯指出：］

总之，这是自然规律，并且始终是自然规律。

在以往的全部无计划和无联系的生产中，经济规律都是作为人们无力驾驭的客观规律，就是说，**以自然规律的形式**，同人们相对立的，关于这点，只字未提。

［杜林的"全部经济的基本规律"是："经济资料即自然资源和人力的生产率，是由于发明和发现而提高的，而且这一点是完全不管分配如何而实现的，尽管如此，分配本身仍能经历或引起重大的改变，但是它不决定主要结果的特征〈！〉"。针对这点恩格斯说：］

结尾这句话："而且……"对规律没有补充任何新东西，因为，如果规律是真实的，那么，分配就不可能对它作任何改变，这样，也就没有必要说：这一规律对于任何分配形式都是正确的——否则它就不成其为自然规律了。所以要补充上结尾这句话，只不过是因为杜林总还不好意思把这完全光秃秃的规律如此光秃秃地、平淡地提出来。此外，这个补充也是荒谬的，因为分配既然仍**能**引起重大的改变，那么就不可能"完全不管"它。因此，我们勾掉这个补充，就得到一个纯粹而又简单的规律——**全部经济的基本规律**。

但是这还不够平淡。我们又被教导说：

［恩格斯从杜林的《国民经济学和社会经济学教程》一书中继续作了一些

摘录。］

［杜林断言：经济的进步并不取决于生产资料的总和，"而仅仅取决于知识和一般的技术操作方法"，而且根据杜林的意见，如果"把自然意义上的资本理解为生产的工具"，这一点"就立即显露出来"。对此，恩格斯写道：］

停放在尼罗河上的赫迪夫[152]的蒸汽犁，废置在库棚里的俄国贵族的脱粒机等等，证明了这一点。即使蒸汽等等也是有其历史前提的，诚然，这些前提比较容易创造，但总得要创造出来。这样一来杜林把那种意义完全不同的原理歪曲得面目全非，使这一"观念同我们的被置于最重要地位的规律一致了"（第 71 页），而他却以此感到无比骄傲。经济学家们在这一规律上毕竟还考虑出某种真实的意义，而杜林则把它归结为最肤浅的平庸之见。

［针对杜林关于分工的自然规律的表述："职业的区分和活动的划分提高了劳动生产率"，恩格斯指出：］

这种表述是错误的，因为它只对于资产阶级的生产来说是正确的，而且即使在这里，专业分工也已经由于使个人畸形发展和僵化而成为生产的障碍，但是，将来这种分工会完全消失。我们在这里已经看到，**今天**这种专业分工在杜林看来是某种永恒不变的东西，对**共同社会**来说也是有效的。

弗·恩格斯写于 1876 年

第一次用原文发表于《马克思恩格斯全集》历史考证版《〈欧根·杜林先生在科学中实行的变革〉和〈自然辩证法〉》专卷（1935 年莫斯科—列宁格勒版）

原文是德文

选自《马克思恩格斯全集》中文第 2 版第 26 卷

马克思和恩格斯关于杜林和
《反杜林论》的书信摘选

恩格斯致马克思

（1868 年 1 月 7 日）

亲爱的摩尔：

现将**杜林的东西**[69]和《观察家报》[153]寄还。前者可笑极了。整篇文章显得尴尬和惶恐不安。可以看出，这位神气的庸俗经济学家被刺痛了。他没法说别的，只好说什么要对第一卷作出评论只能到第三卷出版以后[68]，说什么劳动时间决定价值并非无可争议，说什么有人对劳动价值由劳动生产费用决定有点怀疑。你看，对这类人来说你的学问还远远不够，竟没有在要害处把伟大的麦克劳德①驳倒！不过，他在字里行间又怕陷入罗雪尔的处境[154]。这家伙文章写完时兴高采烈，付邮时无疑提心吊胆。……

---

① 亨·邓·麦克劳德《银行业的理论与实践》1855—1856 年伦敦版第1—2 卷。——编者注

马克思致恩格斯

（1868 年 1 月 8 日）

亲爱的弗雷德：

……杜林（他是柏林大学的非公聘讲师）的文章相当有礼貌，尽管我那样猛烈地抨击了他的老师凯里**155**。杜林显然对许多东西理解有误。而最可笑的是，他把我跟施泰因相提并论，因为我是搞辩证法的，而施泰因则靠死板琐细的分析法，用某些黑格尔范畴作包装，把各种最无聊的东西毫无意义地拼凑在一起。① ……

马克思致恩格斯

（1868 年 1 月 8 日）

亲爱的弗雷德：

关于杜林69。他几乎完全接受了《原始积累》这一节②，这对他来说已经很不容易了。他还年轻。作为凯里的信徒，他是直接反对自由贸易派**151**的。此外，他还是非公聘**讲师**，所以妨碍他们

---

① 洛·冯·施泰因《行政学》1865—1868 年斯图加特版第 1—7 部；《政治学体系》1852—1856 年斯图加特—蒂宾根版第 1—2 卷。——编者注
② 指马克思《资本论》第一卷德文第一版第六章中《所谓原始积累》这一节。——编者注

这些人的前程的罗雪尔**教授**挨了脚踢[154]，他并不伤心。他的评论中有一处特别引起我的注意。这就是：当劳动时间决定价值这一点像在李嘉图本人的书里那样还"不明确"的时候，它并没有引起这些人不安。但是，一旦把它同工作日和工作日的变化准确地联系起来时，他们就感觉到这是一种令人十分难堪的新见解。我相信，杜林完全是由于憎恨罗雪尔才来评论这部书的。他害怕自己也陷入罗雪尔的处境，这的确是十分明显的。奇怪的是，这个家伙并没有觉察到这部书中的三个崭新的因素：

（1）过去的**一切**经济学**一开始**就把表现为地租、利润、利息等固定形式的剩余价值特殊部分当做已知的东西来加以研究，与此相反，我首先研究剩余价值的一般形式，在这种形式中所有这一切都还没有区分开来，可以说还处于融合状态中。

（2）经济学家们毫无例外地都忽略了这样一个简单的事实：既然商品是二重物——使用价值和交换价值，那么，体现在商品中的劳动也必然具有二重性，而像斯密、李嘉图等人那样只是单纯地分析劳动本身，就必然处处都碰到不能解释的现象。实际上，对问题的批判性理解的全部秘密就在于此。

（3）工资第一次被描写为隐藏在它后面的一种关系的不合理的表现形式，这一点通过工资的两种形式即计时工资和计件工资得到了确切的说明。（在高等数学中常常可以找到这样的公式，这对我很有帮助。）

至于杜林先生对价值规定所提出的温和的反对意见，他在第二卷[68]中将会惊奇地看到：价值规定在资产阶级社会中不是"直接"实现的。实际上，**没有一种**社会形式能够阻止社会所支配的劳动时间以这种或那种方式调节生产。但是，只要这种调节不是通过社会对自己的劳动时间所进行的直接的自觉的控制——这只有在公有制之下才有可能——来实现,而是通过商品价格的变动来实现,那么,结局就始终像你在《德法年鉴》中已经十分正确地说过的那样[130]……

马克思致恩格斯

(1868 年 1 月 11 日)

亲爱的弗雷德:

……在博物馆里①,我只翻了翻目录,还发现**杜林**是个大哲学家。比如,他写了一本《**自然辩证法**》来反对黑格尔的"非自然"辩证法。"原来这就是痛哭流涕的原因"②。德国的先生们(反动的神学家们除外)认为,黑格尔的辩证法是条"死狗"[156]。就这方面说,费尔巴哈是颇为问心有愧的。……

马克思致恩格斯

(1868 年 2 月 4 日)

亲爱的弗雷德:

……库格曼给我寄来了**杜林**的《**贬低凯里的人**》③一书。我说

---

① 英国博物馆图书馆。——编者注
② 引自忒伦底乌斯《安德罗斯岛的姑娘》第 1 幕第 1 场。——编者注
③ 指欧·杜林《贬低凯里的人和国民经济学的危机》1867 年布雷斯劳版。——编者注

对了:他之所以注意我仅仅是为了气别人。① 特别显眼的是,这个摆出一副柏林人臭架子的家伙对穆勒、罗雪尔等人采用粗野的口吻,而他对待我还是小心谨慎的! 按照他的见解,除了凯里,19 世纪最伟大的天才是李斯特。今天我在博物馆看到了他的另一本小册子《资本与劳动》,他在里面"**大骂**"拉萨尔。过两天我把他的大作寄给你看看。……

马克思致路德维希·库格曼

(1868 年 3 月 6 日)

亲爱的朋友:

……我现在能够理解杜林先生的评论**69**中的那种异常尴尬的语调了。就是说,这是一个往常极为傲慢无礼的家伙,他俨然以政治经济学中的革命者自居。他做过两件事。第一,他出版过一本(以凯里的观点为出发点)《国民经济学批判基础》(约 500 页),其次,出版过一本新的《自然的辩证法》(反对黑格尔辩证法的)。我的书②在这两方面都把他埋葬了。他是由于憎恨罗雪尔等人才来评论我的书的。此外,他在进行欺骗,这一半是出自本意,一半是由于无知。他十分清楚地知道,我的阐述方法**不是**黑格尔的阐述方法,因为我是唯物主义者,而黑格尔是唯心主义者。黑格尔的辩证法是一切辩证法的基本形式,但是,只有**在**剥去它的神秘的形式

---

① 见本书第 388 页。——编者注
② 马克思《资本论》第一卷德文第一版。——编者注

之后才是这样,而这恰好就是**我的**方法的特点。至于说到李嘉图,使杜林先生感到不自在的,正是在我的论述中**没有**凯里以及他以前的成百人曾用来反对李嘉图的那些弱点。因此,他恶意地企图把李嘉图的局限性强加到**我**身上。但是,我不在乎这些。我应当感谢这个人,因为他毕竟是谈论我的书的第一个专家……

马克思致恩格斯

(1868 年 3 月 14 日)

亲爱的弗雷德:

……顺便提一下,你应该**把**杜林的书①,还有我的书②的校样寄还给我。从杜林的书中你可以看到什么是凯里的伟大发现,那就是:在农业中人类是从较坏的土地向越来越好的土地转移的。这部分是因为作物是从无水的丘陵等处向下移到潮湿的谷地。而特别是因为凯里先生认为,最肥沃的土地,正是那些先要经过**改造**才能变成耕地的**沼泽**等等。最后是因为英国在美洲的殖民是从荒芜的新英格兰开始的,也就是从凯里视为典型的马萨诸塞州开始的。

……你是否读过杜林与"**枢密顾问**"瓦盖纳之间的丑闻(这是波克罕告诉我的):前者指责后者偷了他关于工人合作社的手稿**157**或诸如此类东西。……

---

① 欧·杜林《贬低凯里的人和国民经济学的危机》1867 年布雷斯劳版。——编者注
② 马克思《资本论》第一卷。——编者注

马克思致路德维希·库格曼

（1870 年 6 月 27 日）

亲爱的皇帝温采尔①：

……同一个朗格在谈到黑格尔的方法和我对这种方法的应用时所说的话实在是幼稚。第一，他完全不懂黑格尔的方法；因而，第二，也就更加不懂我应用这个方法时所采取的批判方式。在某一方面他使我想起了莫泽斯·门德尔松。这个典型的草包曾经写信问莱辛，他怎么会想到要严肃地对待"死狗斯宾诺莎"！**156** 朗格先生同样感到很惊奇，在毕希纳、朗格、杜林博士、费希纳等人早就一致认为，他们早已把可怜虫黑格尔埋葬了以后，恩格斯和我以及其他一些人竟还严肃地对待死狗黑格尔。朗格极其天真地说，我在经验的材料中"以罕见的自由运动着"。他根本没有想到，这种"材料中的自由运动"只不过是对一种处理材料的**方法**即**辩证方法**的诠释而已。……

恩格斯致马克思

（1876 年 5 月 24 日）

亲爱的摩尔：

刚刚收到两封信**158**，附上。在德国，一批受雇佣的煽动家和

---

① 库格曼的绰号。——编者注

浅薄之徒大肆咒骂我们党。如果这样继续下去，那么，拉萨尔分子很快就会成为头脑最清晰的人，因为他们接受无稽之谈最少，而拉萨尔的著作又是为害最小的鼓动材料。我倒想知道，这个莫斯特到底向我们要求什么，我们怎么做才合他的意。有一点是清楚的：这些人以为，杜林对你进行了卑鄙的攻击，就使我们对他无可奈何，因为倘若我们讥笑他在理论上的无稽之谈，那就会显得是对他的人身攻击进行报复！结果是，杜林越蛮横无理，我们就应该越温顺谦让；莫斯特先生真是大发慈悲，他还没有要求我们不仅要善意地私下向杜林先生指出他的失误（似乎问题仅仅是一些失误），以便他在下一版**159**里纠正，而且还要拍拍他的马屁才好。这个人（我指莫斯特）竟能够既给整卷《资本论》写出概述**160**，而又对此书一窍不通。这一点从他的信中可以看得很清楚，这也是他的自我写照。如果报纸不是由威廉①，而是由一个多少有点理论水平的人主持，那么，一切诸如此类的无稽之谈就不会出现，此人不会欣然发表各种胡言乱语（越荒谬越好），也不会以《人民国家报》的全部权威向工人加以推荐。总之，这件事把我气坏了，试问，难道不是认真考虑我们对待这些先生的态度的时候了吗。……

马克思致恩格斯

（1876 年 5 月 25 日）

亲爱的弗雷德：

　　……我的意见是："我们对待这些先生的态度"只能通过对杜

---

① 威·李卜克内西。——编者注

林的毫不留情的批判来表示。他显然在崇拜他的那些舞弄文墨的不学无术的**钻营之徒**中间进行了煽动,以便阻挠这种批判;他们那一方面把希望寄托在他们所熟知的李卜克内西的软弱性上。顺便指出,李卜克内西有义务(这一点必须告诉他)向这些家伙说清楚:他一再要求进行这种批判;几年来(因为事情是从我第一次自卡尔斯巴德回来时[161]开始的),我们把这看做是次要的工作,没有接受下来。正如他所知道的和他给我们的信件所证明的那样,只是在他多次寄来各种不学无术之徒的信件,使我们注意到那些平庸思想在党内传播的危险性的时候,我们才感到这件事情值得花力气去做。

特别是莫斯特先生,不用说,他必定认为杜林是一个卓越的思想家,因为后者不仅在向柏林工人的演讲中,而且后来还在出版物[162]中白纸黑字地写道,他发现惟有莫斯特使《资本论》成为某种合理的东西。[160]杜林经常阿谀奉承这些不学无术之徒,他们这类人在我们这里是吃不开的。莫斯特之流对于你用以**迫使**士瓦本的蒲鲁东主义者**缄默**的那种方法[163]感到恼怒,这是很能说明问题的。这个具有警告意义的先例使他们畏惧,于是他们就想利用流言蜚语、气味相投的情分、同仇敌忾的义气来使这种批判永不能进行。……

恩格斯致马克思

(1876 年 5 月 28 日)

亲爱的摩尔:

你说得倒好。你可以躺在暖和的床上,研究具体的俄国土地关系和一般的地租，没有什么事情打搅你。我却不得不坐硬板凳，喝冷酒，突然又把一切都搁下去收拾无聊的杜林。**164**但是，既然我已卷入一场没完没了的论战，那也只好这样了；否则我是得不到安宁的。此外，友人莫斯特对杜林的《哲学教程》的吹捧**158**已明确地给我指出，应当从哪里进攻和怎样进攻。这本书一定要仔细读一读，因为它在许多关键问题上更明显地暴露了《经济学》**165**中所提出的论断的弱点和基础。我将立即订购这本书。实际上，该书根本没有谈到真正的哲学——形式逻辑、辩证法、形而上学等等，它倒论述了一般的科学理论，在这里，自然、历史、社会、国家、法等等都是从某种所谓的内部联系方面加以探讨的。该书还有一整章描写未来社会或所谓"自由'社会，其中从经济方面说得极少，却为未来的初等学校和中等学校拟订好了教学计划。所以，这本书暴露出的平庸性比他的经济著作更直截了当，把这两本书放在一起看，就能同时从这一方面来揭露这个家伙。对于评论这位贵人的历史观（即认为杜林之前的东西全都没有价值），这本书还有一个好处，这就是可以从中引证他自己说的尖刻话。无论如何，他现在已经落到我的手里。① 我的计划已经订好——j'ai mon plan。开始时我将纯粹就事论事地、看起来很认真地对待这些胡说，随着对他的荒谬性和平庸性这两个方面的揭露越来越深入，批判就变得越来越尖锐，最后给他一顿密如冰雹的打击。这样一来，莫斯特及其同伙就没有借口说什么"冷酷无情'等等了，而杜林则受到了应得的惩罚。要让这些先生们看到，我们用来对付这种人的不只是**一种**办法。

---

① 套用莎士比亚的喜剧《威尼斯商人》第 4 幕第 1 场中的一句话。——编者注

我希望威廉①在《新世界》**166**上登载莫斯特的文章,这篇文章显然就是为《新世界》写的。莫斯特总是不会抄书,竟把自然科学中最可笑的谬论,如**环体**和**恒星**分离说(根据康德的理论),安在杜林头上!

对于威廉来说,问题不仅仅在于缺乏稿件,如果缺乏稿件,那可以采取赫普纳和布洛斯那时的做法,用刊登其他时事文章等等来补救。问题在于,威廉一心想要弥补我们理论的不足,对庸人的一切异议给以回答,并且描绘出未来社会的图景,因为庸人毕竟也会在这方面向他们提出问题;同时,威廉还一心想在理论方面尽量离开我们而独立,由于他在理论上一窍不通,所以他在这方面总是走得比他自己意料的远得多。他因此也就使我不得不认为,同《人民国家报》的那些理论上的蠢材相比,杜林总还是一个有学问的人,他的著作总还比那些在主观上和客观上都糊涂的先生们的著作要好一些。

……我重温古代史和研究自然科学,对我批判杜林大有益处,并在许多方面有助于我的工作。特别是在自然科学方面,我觉得自己对于这个领域熟悉得多了,尽管在这方面还要十分谨慎,但行动起来毕竟已经有点自由和把握了。连这部著作②的最终面貌也已经开始呈现在我的面前。这部著作在我的头脑中已初具轮廓,在海滨闲逛对此有不小的帮助,在这里我可以反复思考各个细节。在这个广阔的领域中,不时中断按计划进行的研究工作,并深入思

---

① 威·李卜克内西。——编者注
② 恩格斯《自然辩证法》,见《马克思恩格斯全集》中文第 2 版第 26 卷。——编者注

考已经研究出来的东西,是绝对必要的。……

恩格斯致马克思

（1876 年 8 月 25 日）

亲爱的摩尔：

　　……在海滨浴场的鄙俗气氛变得越来越浓的情况下,最适宜的读物自然是杜林先生的自然现实哲学①。我还从来没有看到过如此自然的东西。一切都被看做是自然之物,凡是杜林先生认为是自然地发生的一切,都应被看做是自然的;因此,他也就永远从"公理式的命题"出发,因为自然的东西不需要任何论证。这本东西的平庸程度超过以往的一切。但是,不管它怎样不好,谈论自然界的那一部分还是最好的。在这里总算还有一些辩证说法的可怜残余,但是只要他一转到社会和历史方面,以**道德**形式出现的旧形而上学就占支配地位,于是他就像骑在一匹真正的瞎马上,由这匹瞎马驮着无望地兜圈子。他的视野几乎没有越出通用邦法**59**的适用范围,而普鲁士的官僚统治在他看来就体现了"国家"。从今天算起,过一个星期,我们将返回伦敦,那时我立即着手批判这个家伙。他宣扬的永恒真理是些什么,你可以从他把烟草、猫和犹太人看做三样令人厌恶的东西并痛加叱骂这一点看出来。……

————————————————

① 　欧·杜林《哲学教程》1875 年莱比锡版。——编者注

马克思致威廉·李卜克内西

（1876 年 10 月 7 日）

亲爱的图书馆①：

　　根据你给恩格斯的信，你已向代表大会宣布，恩格斯将对杜林进行评论。可是恩格斯发现《人民国家报》上发表了一篇使我们极为惊讶的报道，我从卡尔斯巴德回来以后**167**他立即把这篇报道给我看了。据这篇报道说，你曾宣布我（我连做梦也想不到）将参加同杜林先生的辩论。**168**

　　　　啊！埃林杜尔，告诉我，

　　　　这种两重性格是怎么回事！②

　　现在恩格斯正忙于写批判杜林的著作。这对他来说是一个巨大的牺牲，因为他不得不为此而停写一部重要得多的著作③。……

恩格斯致路德维希·库格曼

（1876 年 10 月 20 日）

亲爱的库格曼：

　　……我目前正在为莱比锡《前进报》写批判杜林先生的著作。

---

① 李卜克内西的绰号。——编者注
② 引自缪尔纳的悲剧《罪》第 2 幕第 5 场。——编者注
③ 恩格斯《自然辩证法》，见《马克思恩格斯全集》中文第 2 版第 26
　　卷。——编者注

为此,我需要你在 1868 年 3 月寄给马克思的那篇《资本论》书评。如果我没有弄错,杜林把那篇书评发表在希尔德堡豪森出版的一种杂志上。**169**马克思怎么也找不到它。因为你做什么事都特别认真,我估计你可以在你当时的记事本中找到一点有关的记载:例如杂志**名称**和发表这篇文章的**其号**。如果你能把这告诉我,我可以订购这一期,过几天在这里就可以收到。如果你不可能做到这一点,那么**无论如何**不要为此写信给杜林,因为同此人有小小的、哪怕是间接的接触,更不要说由他提供一点极小的帮助,都会在我需要最充分的批评自由的问题上,使我失去批评自由。……

恩格斯致威廉·李卜克内西

（1877 年 1 月 9 日）

亲爱的李卜克内西:

　　……附上《哲学》编的结尾部分。我将立即转入《政治经济学》编和《社会主义》编,但是在完成《哲学》编以后可能会有一段间歇。我想你们会等到选举**170**结束,因为在这期间你们要利用报纸的篇幅进行鼓动。如果每星期有两号刊登我的著作,而第三号留给你们刊登别的东西,我也就十分满意了。如果你们有时在第三号中也留篇幅给我,我自然不会反对。

　　……如果他们抱怨我的**语调**,那么,我希望你不要忘记给予反驳,向他们指出杜林先生对待马克思和他的其他先驱者的**语调**,而且特别要指出,我是在**论证**,而且是详细地论证,而杜林简直是在歪曲和辱骂自己的先驱者。他们要这样做,那我断言,他们必定会得到应有的惩罚。……

马克思致恩格斯

（1877 年 3 月 5 日）

亲爱的弗雷德：

附上杜林评论。**171**读这个家伙的东西而不当即狠狠敲打他的脑袋，我是办不到的。

现在，在我这样仔细阅读——要有耐心，手里还得拿着鞭子——之后（而从李嘉图起的那一部分，我还没有读，其中必定还有许多奇谈怪论），我将能平心静气地欣赏它了。当你潜心研读这家伙的东西，对他的手法了如指掌的时候，你会觉得他是一个多少令人好笑的下流作家。

不过，在炎症使我心情烦躁的情况下，这项附带的"工作"帮了我大忙。

恩格斯致马克思

（1877 年 3 月 6 日）

亲爱的摩尔：

衷心感谢你在《批判史》方面所做的大量工作。**171**这超过了我在这个领域里也把这个家伙驳得体无完肤的需要。拉甫罗夫说迄今为止对这个家伙太客气了①，实际上，这话有一定的道理。现

---

① 参看《马克思恩格斯全集》中文第 1 版第 34 卷第 37 页。——编者注

在,当我重读《国民经济学教程》①,识破这个家伙及其手法,而且再不用担心在这堆破烂里设下什么圈套的时候,当这一整套矫揉造作的无稽之谈原形毕露的时候,我当然认为应当对它更加蔑视。好心肠的拉甫罗夫自然有他自己的看法,他在自己的说教中可以不必采用逐渐加强法,而我们在进行持续不断的抨击的时候,就不能不这样做。然而,在《哲学》编的结尾,他就不会再埋怨我温和了,在《经济学》编更不会埋怨了。……

马克思致恩格斯

（1877 年 3 月 7 日）

亲爱的弗雷德:

怕以后忘记,现寄去对前一封信的如下补充:

（1）休谟关于"**劳动价格**"只是在所有其他商品的价格提高之后最后才提高的论点,是他关于货币量的增加对工业起刺激作用的看法的最重要一点,这一点还最清楚地表明（如果一般对此会有怀疑的话）,他认为这种增加仅仅是因贵金属的贬值而引起的。从我寄上的摘录中可以看出,休谟反复谈到这一点。[172]对此**杜林先生**②只字未提;而且一般说来,他对于他所赞颂的这个休谟的论述,同对所有其他人的论述一样草率,一样肤浅。此外,即使他觉

---

① 欧·杜林《国民经济学和社会经济学教程,兼论财政政策的基本问题》1876 年莱比锡修订第 2 版。——编者注
② 欧·杜林《国民经济学和社会主义批判史》1875 年柏林修订第 2 版。——编者注

察到了这一点(这是非常值得怀疑的),那也不宜在工人面前颂扬这种理论,因此,最好略而不提整个问题。

(2)我是把重农学派作为**资本和资本主义生产方式**的最早有系统的(不像配第等只是偶然的)**解释者**来看待的,当然,我不想把自己的这种态度直接告诉这个人。如果一下子公开表明这种态度,那么,在我有机会阐述自己的观点之前,那些拙劣之徒就会把它接过去,同时加以歪曲。正因为如此,我在寄给你的评述中没有谈及这一点。

但是,在批驳杜林时也许可以引用《资本论》的下述两段话。我引用的是**法文**版,因为这里不像在德文原本中那样纯粹采用暗示方式。

关于《经济表》[20]:

"如果我们只考察年生产基金,那么,年再生产就是一个很容易理解的过程;但年生产的各个组成部分都必须投入市场。在市场上,各个资本的运动和个人收入的运动交错混合在一起,消失在普遍的换位运动中,即消失在社会财富的流通中,这就迷惑了观察者的视线,给研究提出了极其复杂的问题。重农学派最大的功劳,就在于他们在自己的《经济表》中,首次试图画出一幅通过流通表现出来的年再生产的图画。他们的论述在许多方面比他们的继承者的论述更接近于真理。"(第258—259页)①

关于"生产劳动"的定义:

"因此,古典政治经济学时而本能地、时而有意识地始终主张生产劳动的特征是生产**剩余价值**。随着古典政治经济学把它对剩

---

① 引自《资本论》第 1 卷法文版,参看《马克思恩格斯文集》第 5 卷第 681—682 页。——编者注

余价值的分析推向前进,它对生产劳动所下的定义也就有所变化。例如,重农学派认为,只有农业劳动才是生产劳动。为什么? 因为只有农业劳动才提供剩余价值。在重农学派看来,剩余价值只存在于地租形式中。"(第219页)①

"虽然重农学派没有看出剩余价值的秘密,但他们还是非常清楚,剩余价值是'一种独立的和可供支配的财富,是他〈财富的占有者〉没有出钱买却可以拿去卖的财富'(杜尔哥)"(《资本论》德文第2版第554页),而且剩余价值不能从**流通**中产生(同上,第141—145页)。② ……

马克思致威廉·白拉克

(1877年4月11日)

亲爱的白拉克:

……恩格斯对于《前进报》用那样的方式刊登他反对杜林的著作很不满意。先是强迫他接受一定的条件,然后又根本不遵守商定的条件。在选举期间,根本没有人看什么文章,他的论文不过是作填补空白之用;后来又把文章分成零碎的小段发表,这个星期发表一段,隔两三个星期再发表一段,这就使读者(尤其是工人)根本看不出它们的联系。恩格斯已给李卜克内西去信提出警

---

① 引自《资本论》第1卷法文版,参看《马克思恩格斯文集》第5卷第582—583页。——编者注

② 引自《资本论》第1卷德文第2版,参看《马克思恩格斯文集》第5卷第611页脚注(20),第184—188页。——编者注

告①。他认为,他们是故意这样做的,他们被杜林先生的一小撮信徒吓坏了。如果说那些傻瓜起先叫嚷对这个愚蠢的小丑"保持沉默",而现在他们想对这种批判保持沉默,那是十分自然的。莫斯特先生不配说论文过于冗长。他那幸而没有问世的替杜林的辩护才是长而又长的。如果莫斯特先生没有注意到,不仅普通工人和甚至像莫斯特本人那样自以为在很短时期内就能知道一切和评论一切的曾经是工人的人,而且真正有科学素养的人,都能够从恩格斯的正面阐述中学到许多东西,那么,我只能对他的智力表示惋惜。……

恩格斯致威廉·李卜克内西

(1877 年 4 月 11 日)

亲爱的李卜克内西:

今天接到你 9 日的来信。还是老一套。起先你许下种种诺言,然后做起来却全然相反。当我为此抱怨时,你就沉默两个星期,然后说,你太忙,并要我留点情面,对你不要过多责备。"这是既加伤害,又加侮辱"②。但这样的事经常发生,以致我不能容许再一次对我玩这类把戏。

我昨天发出的信将在明天早晨到莱比锡,星期五(13 日)你就会收到。我等着你立即答复我的问题。我对你的问题的答复

---

① 参看下一封信。——编者注
② 引自费德鲁斯的寓言《秃头和苍蝇》。——编者注

也将取决于你的这个答复,倘若那时一般说来需要我作出答复的话。

如果到星期二(17 日)晚上我还没收到你的任何答复,或者你的答复不能令人满意,那么我就将撇开你,而自己想办法,使我剩下的论文不致像迄今为止那样被糟蹋。在这种情况下,我下一步很可能或迟或早地被迫把这全部过程公诸于众。……

恩格斯致威廉·白拉克

(1877 年 4 月 24 日)

亲爱的白拉克:

……如果李卜克内西三言两语向我说明真相并答应改正的话,那么我就根本不会怀疑是杜林的影响了。我们之间有过关于每星期发表一篇论文的明确协议。当我抱怨违约时,李卜克内西让我等了十多天。在这期间,尽管他在莱比锡,但是看不出任何改正的迹象;最后,他给我写了一封信,要我留点情面,对他不要过多责备,——如此而已;至于今后如何改正,只字未提。由于我完全不知道,现在别人对编辑部施加了什么影响,因此,我没有任何别的办法,只好作以上的推测并以最后通牒的方式要求李卜克内西履行自己的诺言。我对他说,他如果愿意的话,可以把我有关此事的信件给**任何人**看,因此,只要涉及到我,这些信您可以随便使用。这里人们确实向我纷纷提出指责,说**我**竟允许把自己的论文作为补白发表,弄得谁也无法掌握它们的联系。您只要回想一下,这样的事至少已发生过六次,起先对我许下最美好、最明确的诺言,而后一切又做得截然相反,那么您就会明白,这种事情终究会使人厌烦。……

恩格斯致威廉·白拉克

(1877 年 6 月 25 日)

亲爱的白拉克:

　　……今天我把《杜林》的经济学①开头部分寄往莱比锡。李卜克内西声称,代表大会的决定根本不涉及**我的**论文。**173** 我也只好接受这种说法,因为代表大会无权对我的论文单方面作出决定,或者未经我同意就解除李卜克内西根据去年代表大会的决定**174** 而对我承担的义务。

　　……这个亥姆霍兹该是一个狭隘得可怜的人,他居然仅仅因为一个叫杜林的人发表的言论而发怒,甚至要柏林大学的一个系作出抉择:不是杜林走,就是我走!**9** 好像杜林的全部作品连同他的全部疯狂的妒忌心在科学上还有屁的价值似的! 亥姆霍兹尽管是一个非常杰出的实验家,但是,作为一个思想家,当然丝毫不比杜林高明。此外,德国的市侩习气和短浅目光在德国教授身上表现得最突出,特别是在柏林。否则,举例来说,怎么会发生这样的事:一个名叫微耳和的学者竟认为,当上一名市参议员,就是自己所追求的最高名位了! ……

---

① 恩格斯《反杜林论》第二编。——编者注

恩格斯致威廉·李卜克内西

（1877 年 7 月 2 日）

亲爱的李卜克内西：

如果你立即告诉我一个简单的事实：附刊**很快**就要出版并想把我的论文登在上面，那会使我们两人免去许多无谓的不快。根据你过去的来信判断，我不能不认为，出版附刊不可能早于 10 月，况且附刊已经归并到预告在那时出版的评论[175]中去了；因而我也不能不认为，你打算**不顾已通过的决议**，在《前进报》的正刊上登载我的论文的续篇。[173]一切疑虑都是由此而来的，在这种情况下这些疑虑是有根据的。

我已给朗姆寄去了三篇论文，为了慎重起见，我今天又写信告诉他，论文可以登在附刊上。第四篇论文已经写好，第五篇正在写。令人遗憾的是，我遇到各种各样的打扰和耽搁；后天我要去曼彻斯特几天，然后，要到海滨去，因为妻子生病；不过，在那里我每天仍然可以工作几小时。……

恩格斯致威廉·李卜克内西

（1877 年 7 月 31 日）

亲爱的李卜克内西：

你 21 日和 28 日的两封来信都收到了。我只希望杜林的那套货色已彻底破产，而且再也不能拼凑起来了。但党的机关报刊毕竟是丢了脸,它们任人诱入歧途,硬说杜林的东西具有科学意义,理由是他受到普鲁士人的迫害![9]我遇到的人都持有这种看法。

瓦尔泰希**确实**使用了马克思派和杜林派的说法;这个说法在代表大会之后立即就在各家报刊上出现了,这些报刊发表了他在公开会议上的发言(他就是在这个会上提出这个说法的)。[176]我也不信,他会否认这些话。尽管他现在坐牢,我也不能以此为理由把他描绘得比实际上更好些。

……我从来没有说过你们的人中**大多数**不希望有真正的科学。我说的是**党**,而党本身正是像它在报刊和代表大会上让公众所看到的那样。现在,党内占统治地位的是一些浅薄之徒和自诩为著作家的曾经是工人的人。即使像你说的那样,这些人只不过是微不足道的少数,那你们显然也不应当小看他们,因为他们每个人都有自己的信徒。党在精神上和智力上的衰退是从合并时开始的;如果当时表现得稍微慎重和理智一些,这种衰退本来是可以避免的。一个健康的党随着时间的推移会把废物排泄掉,但这是一个长期而艰巨的过程,而群众是健康的,但这决不能成为无端把疾病接种到他们身上的理由。……

恩格斯致爱德华·伯恩施坦

(1884 年 4 月 11 日)

亲爱的爱德:

……第三版①我收到了三本。对于随书寄来的《杜林》,我费

---

① 马克思《资本论》第一卷。——编者注

了一点脑筋,后来认为是误寄给我的,也就放心地搁在一边了。我根本没有想到,这是暗示要出第二版。使我很高兴的是,事情果然如此,尤其是现在各方面都告诉我,这本东西产生了完全出乎我意料的影响,特别是在俄国。可见,尽管同不足道的对手进行的论战不可避免具有枯燥的性质,但是我们百科全书式地概述我们在哲学、自然科学和历史问题上的观点这一尝试还是起了作用。我几乎只限于作一些文字上的修改,可能在自然科学部分再作些补充。以前的版本分为两部分,是因为当时该书就是这样(作为单行本)出版的,除此以外,没有任何意义。……

注　　释

1　恩格斯的这一说法出自席勒的剧本《唐·卡洛斯》第 1 幕第 9 场的一段话：

　　"我再也无所畏惧了,因为和你手挽着手

　　我就可以向当代挑战。"——3、164。

2　《人民国家报》(Der Volksstaat)是德国社会民主工党的中央机关报,其前身是《民主周报》;1869 年 10 月 2 日—1876 年 9 月 29 日在莱比锡出版,起初每周出两次,1873 年 7 月起每周出三次;创刊时的副标题是《社会民主工党和工会联合会机关报》(Organ der sozial-demokratischen Arbeiterpartei und der Gewerksgenossenschaften),1870 年 7 月 2 日起改名为《社会民主工党和国际工会联合会机关报》(Organ der sozial-demokratischen Arbeiterpartei und der internationalen Gewerks-genossenschaften),1875 年 6 月 11 日起又改名为《德国社会主义工人党机关报》(Organ der Sozialistischen Arbeiterpartei Deutschlands);该报反映了德国工人运动中的革命派的观点,因而经常受到政府和警察的迫害;由于编辑常被逮捕,致使该报编辑部成员不断更换,但报纸的领导权始终掌握在威·李卜克内西手里;主持《人民国家报》出版社的奥·倍倍尔在该报中起了很大作用;马克思和恩格斯从报纸创刊起就为它撰稿;经常给编辑部提供帮助和指导,使这家报纸成了 19 世纪 70 年代优秀的工人报刊之一。——3、4。

3　《前进报。德国社会民主党中央机关报》(Vorwärts.Central-Organ der Social-demokratie Deutschlands)是德国的一家报纸,1876 年 10 月 1 日—1878 年 10 月 26 日在莱比锡出版,每周出三次,同时出版学术附刊和附刊;编辑是威·哈森克莱维尔和威·李卜克内西;马克思和恩格斯经常帮助报纸编辑部;1877—1878 年报纸以及它的学术附刊和附刊刊登了恩格斯的著作《反杜林论》;反社会党人法颁布以后报纸被迫停刊;它的续刊为反社会党人法期间在国外出版的《社会民主党人报》(Der Sozial-demokrat)。——4、6。

4 1876 年 5 月 10 日第六届世界工业博览会在费城开幕,有 40 个国家参展。为了在国际市场上获得一席之地,德国也参加了展览。可是,德国政府任命的德国展品评判委员会主席、柏林工业学院院长弗·勒洛教授不得不承认,德国产品的性能大大落后于其他国家,德国工业遵循的原则是"价廉质劣"。此事由 1876 年 6 月 27 日柏林《国民报》第 293 号首先披露,致使舆论哗然。《人民国家报》在 7—9 月就此事专门发表了一系列文章。——5。

5 "确实什么也没有学到"这句流传很广的话,有人认为出自法国海军上将德·帕纳 1796 年的一封信,另有人认为此话出自法国外交大臣沙·达来朗之口,是针对保皇党人讲的,认为他们没有能够从 18 世纪末法国资产阶级革命中吸取任何教训。——5。

6 "半通"的说法出自鲁·微耳和 1877 年 9 月 22 日在慕尼黑德国自然科学家和医生第五十次代表大会第三次全体会议上所作的报告。见鲁·微耳和《现代国家中的科学自由》1877 年柏林版第 13 页。——5。

7 反社会党人法或非常法,即反社会党人非常法,是俾斯麦政府在德意志帝国国会多数的支持下于 1878 年 10 月 19 日通过并于 10 月 21 日生效的一项法律,其目的在于反对社会主义运动和工人运动。这项法律将德国社会民主党置于非法地位,党的一切组织、群众性的工人组织被取缔,社会主义的和工人的刊物被查禁,社会主义文献被没收,社会民主党人遭到镇压。但是,社会民主党在马克思和恩格斯的积极帮助下战胜了自己队伍中右的和"左"的机会主义倾向,得以在非常法生效期间正确地把地下工作同利用合法机会结合起来,大大加强和扩大了自己在群众中的影响。在日益壮大的工人运动的压力下,反社会党人非常法于 1890 年 10 月 1 日被废除。——6。

8　神圣同盟是欧洲各专制君主镇压欧洲各国进步运动和维护封建君主制度的反动联盟。该同盟是在拿破仑第一战败以后，由俄国沙皇亚历山大一世倡议，俄国、奥地利和普鲁士于 1815 年 9 月 26 日在巴黎建立的。后来几乎所有欧洲君主国家都参加了同盟。这些国家的君主负有相互提供经济、军事和其他方面援助的义务，以维持维也纳会议上重新划定的边界和镇压各国革命。神圣同盟为了镇压欧洲各国资产阶级革命和民族解放运动，先后召开过几次会议。由于欧洲诸国间的矛盾以及民族革命运动的发展，1830 年法国七月革命后神圣同盟实际上已经瓦解。——7。

9　杜林从 1872 年开始就在自己的著作中猛烈抨击大学的教授们。例如，在《力学一般原则批判史》第一版（1872 年）中，他就指责海·亥姆霍兹故意对罗·迈尔的著作保持缄默。杜林还尖锐地批评了大学的各种制度，因此遭到了反动教授们的迫害。1876 年，根据大学教授们的倡议，他被剥夺了在私立女子中学任教的资格。在《力学一般原则批判史》第二版（1877 年）和论妇女教育的小册子（1877 年）中，杜林再次提出了自己的指责，言辞更加激烈。1877 年 7 月，根据哲学系的要求，他被剥夺了在大学执教的权利。而奥·俾斯麦的私人医生恩·施韦宁格于 1884 年被任命为柏林大学教授。——8、280、406、408。

10　恩格斯 1869 年 7 月 1 日停止了在曼彻斯特的欧门—恩格斯公司的工作，于 1870 年 9 月 29 日迁居伦敦。——9。

11　尤·李比希在谈到自己的科学观点的发展时指出："化学正在取得异常迅速的进展，而希望赶上它的化学家们则处于不断脱毛的状态。不适于飞翔的旧羽毛从翅膀上脱落下来，而代之以新生的羽毛，这样飞起来就更有力更轻快。"见尤·李比希《化学在农业和生理学中的应用》1862 年不伦瑞克第 7 版第 1 卷第 26 页。——9。

12　指德国社会民主党人亨·威·法比安 1880 年 11 月 6 日给马克思的信（参看恩格斯 1884 年 4 月 11 日给卡·考茨基的信和 1885 年 6 月 3 日给弗·阿·左尔格的信）。恩格斯在《反杜林论》第一编第十二章中谈到了 $\sqrt{-1}$（见本书第 128 页）。——10。

13 指恩·海克尔在他的《自然创造史。关于一般进化学说,特别是达尔文、歌德、拉马克的进化学说的通俗学术讲演》1873 年柏林修订第 4 版第 83—88 页,即第四讲《歌德和奥肯的进化论》结尾部分提出的见解。——10。

14 恩格斯在《自然辩证法》中的《运动的基本形式》(见《马克思恩格斯全集》中文第 2 版第 26 卷第 589—606 页)一文中探讨了黑格尔和海·亥姆霍兹关于力的概念的见解。——10。

15 关于伊·康德的星云假说,见注 27。
关于康德的潮汐摩擦理论,见《自然辩证法》中的《潮汐摩擦》(《马克思恩格斯全集》中文第 2 版第 26 卷第 662—667 页)。——11。

16 指恩格斯的《自然辩证法》和马克思的数学手稿。马克思的数学手稿共有 1 000 多页,写于 19 世纪 50 年代末至 80 年代初。——12。

17 指英国物理学家托·安德鲁斯、法国物理学家路·保·凯叶泰和瑞士物理学家拉·皮克泰的研究成果。安德鲁斯于 1869 年研究了气体的临界状态,凯叶泰于 1877 年证明氧可以液化,与他同时皮克泰也研究了气体的液化。——12。

18 卵生的哺乳动物指鸭嘴兽,用四肢行走的鸟显然指始祖鸟。——13。

19 关于有机体是"细胞国家"的形形色色的观点,出现在 19 世纪下半叶。按照这种观点,可以把由细胞组成的有机体比做国家,把各个细胞比做单个人。自由资产阶级的国家观念被搬进了生物学理论。根据鲁·微耳和在《细胞病理学》中阐述的观点,动物个体可以分解为组织,组织分解为细胞层,细胞层分解为单个细胞,所以归根到底,动物个体是单个细胞的机械总和。见鲁·微耳和《细胞病理学》1871 年柏林增订第 4 版第 17 页。
恩格斯谈到这一观点具有"进步党的"性质,是暗指微耳和是德国资产阶级进步党党员,并且是该党的创始人和著名活动家之一。
关于进步党见注 146。——13。

20 《经济表》是重农学派创始人弗·魁奈关于社会总产品的再生产和流通

的说明,1758年在凡尔赛以小册子形式首次发表,后来多次修改。马克思在1861—1863年经济学手稿中(见《马克思恩格斯全集》中文第2版第33卷第374—415页),在为《反杜林论》第二编第十章《〈批判史〉论述》写的初稿中(见《马克思恩格斯全集》中文第2版第26卷第415—427、431—436页),对〈经济表〉作了详细评述。马克思的评述主要依据魁奈的著作《经济表分析》(载于欧·德尔编《重农学派》1846年巴黎版第1部),并参考了尼·勃多的《经济表说明》。——14、262、270、402。

21　在《社会主义从空想到科学的发展》中,恩格斯在此处加了一个注,见《马克思恩格斯选集》第3版第3卷第775页。——16。

22　社会契约是让·雅·卢梭提出的政治理论。按照这一理论,人们最初生活在自然状态下,人人都享有平等的权利;私有财产的形成和不平等的占有关系的发展决定了人们从自然状态向市民状态的过渡,并导致以社会契约为合法基础的国家的形成。社会契约的目的是达到每个结合者的平等和自由。政治上的不平等的进一步发展破坏了这种社会契约,导致某种新的自然状态的形成;为了消除这一自然状态,必须建立以某种新的社会契约为基础的理性国家。

　　卢梭在1755年阿姆斯特丹版的《论人间不平等的起源和原因》以及1762年阿姆斯特丹版的《社会契约论,或政治权利的原则》这两部著作中详细阐述了这一理论。——16、149、277。

23　指"真正平等派",又称"掘地派"。他们是17世纪英国资产阶级革命时期的激进派,代表城乡贫民阶层的利益,要求消灭土地私有制,宣传原始的平均共产主义思想,并企图通过集体开垦公有土地来实现这种思想。——17。

24　这里首先是指空想共产主义的代表人物托·莫尔的著作《乌托邦》(1516年出版)和托·康帕内拉的著作《太阳城》(1623年出版)。——17。

25　德·狄德罗的对话《拉摩的侄子》写成于1762年前后,后又经作者修改了两次,但作者生前没有出版。最初由歌德译成德文于1805年在莱比锡出版。根据德译本翻译过来的法文版,被收入 1821 年巴黎版《狄德罗轶文集》,该文集实际上 1823 年才出版。——19。

26 亚历山大里亚时期是指公元前 3 世纪到公元 7 世纪时期。这个时期因埃及的一个港口城市亚历山大里亚(位于地中海沿岸)成了当时国际经济关系最大中心之一而得名。在这一时期,许多科学,如数学和力学(欧几里得和阿基米德)、地理学、天文学、解剖学、生理学等等,都获得了很大的发展。——20。

27 根据伊·康德的星云假说,太阳系是从原始星云(拉丁文:nebula——雾)发展而来的。康德在 1755 年柯尼斯堡和莱比锡出版的划时代的著作《自然通史和天体论,或根据牛顿原理试论宇宙的结构和机械起源》中阐述了这一假说。这本书是匿名出版的。

皮·拉普拉斯关于太阳系的构成的假说最初是在法兰西共和四年(1795—1796 年)在巴黎出版的《宇宙体系论》(两卷集)最后一部分中阐述的。在他生前编好,死后即 1835 年出版的此书的最后一版(第 6 版)中,这个假说是在第七个注中阐述的。

宇宙空间存在着类似康德—拉普拉斯星云假说所设想的原始星云的炽热的气团,是由英国天文学家威·哈金斯于 1864 年用光谱学方法证实的,他在天文学中广泛地运用了古·基尔霍夫和罗·本生在 1859年发明的光谱分析法。恩格斯在这里参考了安·赛奇《太阳》1872 年不伦瑞克版第 787、789—790 页。——22。

28 1831 年初,法国丝织业中心里昂的工人掀起了一场以要求提高工价为主要目标的运动,工人多次举行集会、请愿、游行。10 月间,与包买商谈判达成最低工价协议。但随后在七月王朝商业大臣的支持下,包买商撕毁协议。1831 年 11 月 21 日,工人举行抗议示威,与军警发生冲突,随后转为自发的武装起义。工人一度占领里昂城。起义很快遭七月王朝政府镇压。——25。

29 宪章运动是 19 世纪 30—50 年代中期英国工人的政治运动,其口号是争取实施人民宪章。人民宪章要求实行普选权并为保障工人享有此项权利而创造种种条件。宪章派的领导机构是宪章派全国协会,机关报是《北极星报》,左翼代表人物是乔·朱·哈尼、厄·琼斯等。宪章运动在 1839、1842 和 1848 年出现三次高潮,宪章运动领导人试图通过向下院提交全国请愿书的方式迫使政府接受人民宪章,但均遭到下院否决。19 世纪 50 年代末,宪章派全国协会停止活动,宪章运动即告结束。恩格斯称宪章派是“近代第一个工人政党”(见恩格斯为《社会主义从空想到科学的发展》1892 年英文版写的导言)。列宁指出,宪章运动是“世界上第一次广泛的、真正群众性的、政治上已经成型的无产阶级革命运动”(见《列宁选集》第 3 版第 3 卷第 792 页)。——25。

30　在《社会主义从空想到科学的发展》德文第一版(1883 年)中,恩格斯对这个原理作了如下更加确切的表述:“以往的全部历史,除原始状态外,都是阶级斗争的历史”(见《马克思恩格斯选集》第 3 版第 3 卷第 796 页)。——25。

31　法伦斯泰尔是法国空想社会主义者沙·傅立叶的理想社会主义社会中生产消费协作社的成员们居住和工作的场所。——31。

32　《全书》指黑格尔的《哲学全书纲要》,该书第 1 部为《逻辑学》,第 2 部为《自然哲学》,第 3 部为《精神哲学》。黑格尔哲学的研究者将《全书》中的《逻辑学》称做《小逻辑》,以区别于黑格尔的另一部《逻辑学》(见注 37),后者被称为《大逻辑》。——35。

33　恩格斯称卡·米希勒为“黑格尔学派的永世流浪的犹太人”,显然是由于米希勒始终不渝地笃信被肤浅理解的黑格尔主义。例如,1876 年,米希勒开始出版五卷集的《哲学体系》,其总的结构完全是模仿黑格尔的《哲学全书纲要》。见卡·米希勒《作为精确科学的哲学体系(包括逻辑、自然哲学和精神哲学)》1876—1881 年版第 1—5 卷。——35。

34　恩格斯曾经打算在这个地方加一条注释,即《加在第 17—18 页上:思维和存在的一致。——数学上的无限》。后来,他把这条注释的草稿收入《自然辩证法》并加上《关于现实世界中数学上的无限之原型》的标题(见《马克思恩格斯全集》中文第 2 版第 26 卷第 638—644 页)。——36。

35 暗指普鲁士人奴仆般的顺从态度,他们通过了 1848 年 12 月 5 日在解散普鲁士制宪议会的同时由国王钦定("恩赐")的宪法。这部由内务大臣奥·曼托伊费尔参与制定的宪法于 1850 年 1 月 31 日经弗里德里希-威廉四世最后批准。——39。

36 此处列举的是 19 世纪欧洲历次战争中的几次最大的会战。

奥斯特利茨会战是 1805 年 12 月 2 日俄奥联军和法军之间进行的一次决定性会战。这次会战以拿破仑第一取得胜利而告结束。

耶拿会战是 1806 年 10 月 14 日法军和普军之间的会战。这次会战以普鲁士军队的失败而告终,普鲁士作为第四次反法同盟的成员国向拿破仑法国投降,并于 1807 年 7 月 9 日在蒂尔西特签订了普法和约。和约的签订使普鲁士丧失了将近一半领土,实际上使普鲁士陷入了拿破仑法国的附属国的境地。

克尼格雷茨会战又称萨多瓦会战,是 1866 年 7 月 3 日以奥地利和萨克森的军队为一方,普鲁士军队为另一方,在捷克萨多瓦村附近的克尼格雷茨(赫拉德茨—克拉洛韦城郊)进行的会战。这是 1866 年普奥战争中的一次决定性会战,以奥军败北而告终。

色当会战是 1870 年 9 月 1—2 日在法国东北部城市色当附近进行的一次会战。这是 1870—1871 年普法战争中的一次决定性会战。在这次会战中,法军全部被击溃。法军司令部 1870 年 9 月 2 日签了投降书,以拿破仑第三为首的 10 万余名官兵全部成为俘虏。法军在色当会战中的惨败加速了第二帝国的灭亡,法兰西共和国遂于 1870 年 9 月 4 日宣告成立。——42。

37 黑格尔的《逻辑学》这部著作共分三编:(1)客观逻辑,存在论;(2)客观逻辑,本质论;(3)主观逻辑或概念论。——46、132。

38 指杜林对德国大数学家卡·弗·高斯关于非欧几里得几何学体系,特别是关于多维空间几何学体系的思想所进行的攻击。——51。

39 关于黑格尔的"非时间上过去的存在",见黑格尔《逻辑学》第 2 编《本质论》的开头部分。

关于晚期谢林的"不可追溯的存在",可看恩格斯的著作《谢林和启示》(《马克思恩格斯全集》中文第 2 版第 2 卷)。——54。

40　关于运动的量守恒的思想,勒·笛卡儿曾在《论光》(《论世界》一书的第一部分,该书写于 1630—1633 年,笛卡儿死后于 1664 年出版)和他 1639 年 4 月 30 日给德·博恩的信中表述过。这个论点在笛卡儿的《哲学原理》(1644 年阿姆斯特丹版)第 2 部第 36 节中得到了充分论证。——55。

41　关于尼·哥白尼的宇宙体系,1886 年恩格斯在《路德维希·费尔巴哈和德国古典哲学的终结》中曾作过论述。——59。

42　根据后来的准确材料,水在 100 度蒸发时发生的潜热为 538.9 卡/克。——65。

43　恩格斯曾经打算在这里加一条注释,即《注释二,附在第 46 页:运动的各种形式和研究这些形式的各门科学》。后来,他把这条注释的草稿收入《自然辩证法》并加上《关于"机械的"自然观》的标题(见《马克思恩格斯全集》中文第 2 版第 26 卷第 582—587 页)。——69。

44　自然神论是一种推崇理性原则,把上帝解释为非人格的始因的宗教哲学理论,曾是资产阶级反对封建制度和正统宗教的一种理论武器,也是无神论在当时的一种隐蔽形式。这种理论反对蒙昧主义和神秘主义,认为上帝不过是"世界理性"或"有智慧的意志",上帝在创世之后就不再干预世界事务,而让世界按它本身的规律存在和发展下去。在封建教会世界观统治的条件下,自然神论者往往站在理性主义的立场上批判中世纪的神学世界观,揭露僧侣们的寄生生活和招摇撞骗的行为。——70。

45　英国资产阶级经济学家托·马尔萨斯的《人口原理。人口对社会未来进步的影响》1798 年在伦敦出版。在这本书中,他提出了自己的人口论,即人口以几何级数率(1、2、4、8、16……)增长,生活资料以算术级数率(1、2、3、4、5……)增长,人口的增长超过生活资料的增长是一条"永恒的自然规律"。他用这一观点来解释资本主义制度下劳动人民遭受失业、贫困的原因,认为只有通过战争、瘟疫、贫困和罪恶等来抑制人口的增长,人口与生活资料的数量才能相适应。马尔萨斯的人口论又称马尔萨斯主义。——70、79。

46 见查·达尔文《根据自然选择即在生存斗争中适者保存的物种起源》1872年伦敦修订第6版第428页。这是经过达尔文作了补充和修订的最后一版。该书的第1版1859年在伦敦出版。

恩格斯在后面,即在本书第77页,引用的也是达尔文这本书的第6版。——75。

47 见恩·海克尔《自然创造史。关于一般进化学说,特别是达尔文、歌德、拉马克的进化学说的通俗学术讲演》1873年柏林修订第4版。该书第1版1868年在柏林出版。

原生生物(来自希腊文 πρώτιστος——最初的)——按照海克尔的分类,是最简单的有机体的一大组,它包括单细胞的和无细胞的有机体,在有机界中构成除多细胞有机体的两界(植物和动物)以外的一个特殊的第三界。

胶液原生物(来自希腊文 μούηρης——简单的)——按照海克尔的见解,是无核的完全没有结构的蛋白质小块,它执行生命的所有重要职能:摄食、运动、对刺激的反应、繁殖。海克尔把原始的、通过自生的途径产生而目前已绝灭的胶液原生物(最古的胶液原生物)同现代的还存在的胶液原生物区分开来。前者是有机界的三个界发展的起点,细胞就是从最古的胶液原生物历史地发展出来的。后者属于原生生物界,并构成该界的第一个最简单的纲;在海克尔看来,现代的胶液原生物具有不同的种:Protamoeba primitiva(原变形虫)、Protomyxa aurantiaca(橙色胶原虫)、Bathybius Haeckelii(海克尔深水虫)。

"原生生物"和"胶液原生物"这两个术语是海克尔1866年在《有机体普通形态学》一书中使用的,但是未被科学界确认。目前,曾被海克尔看做原生生物的有机体或者被划为植物,或者被划为动物。胶液原生物的存在后来也没有得到证实。但是,关于细胞有机体由前细胞组织发展而来这一总的思想和把原始生物划分为植物和动物的思想已为科学界所公认。——76、360、363。

48 《尼贝龙根的指环》是理·瓦格纳的一部大型组歌剧,它包括以下四部歌剧:《莱茵的黄金》、《瓦尔库蕾》、《齐格弗里特》和《神的灭亡》。1876
年8月13日,首届拜罗伊特戏剧节上演了这部组歌剧。

瓦格纳曾于1850年出版了他的著作《未来的艺术作品》,因而瓦格
纳的音乐作品被他的批评者和推崇者称为"未来的音乐"。这一概念在
当时非常流行。"未来的作曲家"显然是从"未来的音乐"这一概念而
来的,在这里,恩格斯是以此来讥讽杜林,因为德语中"作曲"和杜林讲
的"组合"是同一个词"Komposition"。——79。

49 植虫(Pflanzentiere——植物动物)是16世纪以来对无脊椎动物组(主要
是海绵动物和腔肠动物)的称呼,它们的某些特征与植物的特征相同
(例如固定的生活方式),因此人们认为植虫是介于植物和动物之间的
中间形态。从19世纪中叶起,"植虫"这个术语是作为腔肠动物的同义
词来使用的,现在这一术语已不再使用。——81。

50 这里提到的分类法是托·赫胥黎在他的《比较解剖学原理讲义》1864
年伦敦版第五讲中提出的。这种分类法为亨·阿·尼科尔森的《动物
学手册》(该书第1版在1870年出版)奠定了基础。恩格斯在写《反杜
林论》和《自然辩证法》时参考了尼科尔森的这一著作。——82。

51 特劳白的人造细胞是德国化学家和生理学家莫·特劳白制作的活细胞
的模型,用来模拟细胞生长。其方法是在胶质溶液中加入五水硫酸铜
晶体,晶体在溶解过程中吸收溶液中的水逐渐膨胀,从而形成带膜的球
体——"生长细胞"。1874年9月23日在布雷斯劳德国自然科学家和
医生第四十七次代表大会上,特劳白宣读了自己的试验成果。马克思
和恩格斯对特劳白的这一发现评价极高(见马克思1875年6月18日给
彼·拉·拉甫罗夫的信和1877年1月21日给威·亚·弗罗恩德的
信)。——85、362。

52 恩格斯在这里叙述了发表在1876年11月16日《自然》杂志上的一篇
简讯的内容。这篇简讯报道了德·伊·门捷列夫1876年9月3日在华
沙俄国自然科学家和医生第五次代表大会上的发言,他在发言中阐述
了1875—1876年同约·耶·博古斯基一起验证波义耳—马里奥特定
律的结果。

这条脚注显然是恩格斯在校对《反杜林论》的这一章(1877年2月28日发表于《前进报》)时写的。脚注末尾,即括号里的话,是恩格斯在1885年准备《反杜林论》第二版时加的。——96。

53 耶稣会是天主教的修会之一,以对抗宗教改革运动为宗旨。耶稣会会士以各种形式渗入社会各阶层进行活动,为达到目的而不择手段,在欧洲声誉不佳。——98、105、221。

54 三十年战争(1618—1648年)是一次全欧洲范围的战争,由新教徒和天主教徒之间的斗争引起,是欧洲国家集团之间矛盾尖锐化的结果。德国是战争的主要场所,是战争参加者进行军事掠夺和侵略的对象。

三十年战争分为四个时期:捷克时期(1618—1624年)、丹麦时期(1625—1629年)、瑞典时期(1630—1635年)以及法国瑞典时期(1635—1648年)。

三十年战争以1648年缔结威斯特伐利亚和约而告结束,和约的签订加深了德国政治上的分裂。——104、195。

55 指麦·施蒂纳在《唯一者及其所有物》(1845年莱比锡版)一书中所鼓吹的"唯一者"。马克思和恩格斯在《德意志意识形态》中对这部著作进行了尖锐的批判。——105。

56 指沙皇俄国占领中亚细亚时期发生的事件。在1873年远征希瓦时期,俄国的一支部队遵照康·考夫曼将军的命令,在尼·戈洛瓦乔夫将军的指挥下,于7—8月对土库曼的约穆德人进行了残暴的讨伐。恩格斯引用的有关材料,显然主要来源于美国驻俄外交官尤·斯凯勒的著作《突厥斯坦。俄属突厥斯坦、浩罕、布哈拉和伊宁旅行札记》(两卷集)。见该书1876年伦敦版第2卷第356—359页。——107。

57 引自马克思《资本论》第1卷,见《马克思恩格斯文集》第5卷第75页。恩格斯在《反杜林论》中引用的是《资本论》第一卷德文第二版,后来在为出版《反杜林论》第三版而修改第二编第十章时,引用了《资本论》第一卷德文第三版。因此,《反杜林论》中《资本论》的有些引文与现在通行的《资本论》德文第四版的文字略有差异(见注71)。——113。

58 斐·拉萨尔于1848年2月因被控教唆盗窃一只存放哈茨费尔特伯爵夫人离婚案(1846—1854年拉萨尔是该案的律师)有关文件的首饰匣而被捕。拉萨尔案件于1848年8月5—11日审理,拉萨尔本人被陪审法庭宣判无罪。——114。

59 普鲁士邦法指《普鲁士国家通用邦法》,包括私法、国家法、教会法和刑法,自1794年6月1日起开始生效。由于法国资产阶级革命及其对德国的影响,普鲁士邦法明显地反映出资产阶级改良的萌芽,然而就其实质来说,它仍然是一部封建性的法律。——114、153、242、313、321、397。

60 刑法典是法国的法典,1810年通过,从1811年起在法国以及法国人占领的德国西部和西南部地区实施;1815年莱茵地区归并普鲁士以后,刑法典仍和民法典并行于莱茵地区。普鲁士政府曾力图采取一系列措施在莱茵地区推行普鲁士的法律,但遭到坚决反对。三月革命后,根据1848年4月15日的命令,这些措施被取消。——115。

61 拿破仑法典(法兰西民法典)指在拿破仑统治时期于1804年通过并以《拿破仑法典》著称的民法典,这里还广义地指1804—1810年拿破仑统治时期通过的五部法典:民法典、民事诉讼法典、商业法典、刑法典和刑事诉讼法典。这些法典曾沿用于拿破仑法国所占领的德国西部和西南部,在莱茵地区于1815年归并于普鲁士以后仍然有效。恩格斯称法兰西民法典为"典型的资产阶级社会的法典"(见《马克思恩格斯选集》第3版第4卷第259页)。——115。

62 无知并不是论据是巴·斯宾诺莎在《伦理学》(1677年阿姆斯特丹版)第一部中讲的一句话,针对的是持僧侣主义目的论的自然观的代表人物。这些人提出"上帝的意志"是一切现象的原因的原因,他们进行论证的唯一手段就是求助于对其他原因的无知。——116。

63 民法大全指罗马的民法大全,是调整罗马奴隶占有制社会的财产关系的一部民法汇编,于6世纪查士丁尼皇帝在位时编纂。恩格斯称它是"商品生产者社会的第一个世界性法律"(见《马克思恩格斯选集》第3版第4卷第259页)。——116。

64 关于在普鲁士强制实行出生、结婚和死亡等民事登记的法律于 1874 年 3 月 9 日批准并于同年 10 月 1 日开始生效。1875 年 2 月 6 日在全德意志帝国范围内也颁布了同样的法律。这一法律主要是针对天主教会的,它剥夺了教会登记户籍的权利,从而大大地限制了教会的影响和收入。这是奥·俾斯麦的所谓"文化斗争"政策中的一个重要环节。——118。

65 指勃兰登堡、东普鲁士、西普鲁士、波兹南、波美拉尼亚和西里西亚六省,在 1815 年维也纳会议以前这些省份归属普鲁士王国。经济、政治、文化最为发达的莱茵地区不在此列,莱茵地区是 1815 年归并普鲁士的。——119。

66 人差指确定天体通过已知平面瞬间的系统误差,这种误差是以观察员的心理生理特点和记录天体通过时刻的方式为转移的。——120。

67 逻各斯(Logos)是欧洲古代和中世纪常用的哲学术语,意为言语、思想、思维、理性、比例、尺度;一般指尺度、规律。古希腊哲学家赫拉克利特最早将它引入哲学,主要用来说明万物生灭变化的规律。在黑格尔哲学中,逻各斯是指概念、理性、绝对精神。——126、131、142、149。

68 马克思在写完 1861—1863 年经济学手稿以后,于 1863 年 8 月开始分册撰写《资本论》。马克思原定《资本论》分为三卷四册:第一册是资本的生产过程;第二册是资本的流通过程;第三册是总过程的各种形式;第四册是理论史。第一卷包括第一、二册,第二卷为第三册,第三卷为第四册。

　　马克思在写完《资本论》第一、二、三册以后,又回到第一册上来。按照恩格斯的建议,他决定先出版第一册。1866 年至 1867 年 3 月,马克思用了一年多的时间对《资本论》第一册手稿进行润色,这实质上是对这一册作了新的、仔细的加工。1867 年 9 月出版的《资本论》第一卷德文第一版只包括第一册的内容。根据同出版商奥·迈斯纳商定的出版计划,第二册和第三册以《资本论》第二卷的形式出版,而第四册理论史则以《资本论》的最后一卷即第三卷的形式出版(见《资本论》第一卷第一版序言,《马克思恩格斯选集》第 3 版第 2 卷第 84 页)。

马克思在世时没有完成付印《资本论》后几册的准备工作。马克思逝世以后,恩格斯整理并以《资本论》第二卷和第三卷的形式出版了马克思的第二册和第三册的手稿。恩格斯还打算整理并以《资本论》第四卷的形式出版上述第四册的手稿,但是他未能实现这一愿望。——130、227、380、386、388。

69 杜林对马克思《资本论》第一卷的评论,载于 1867 年《现代知识补充材料》杂志第 3 卷第 3 期第 182—186 页。

《现代知识补充材料》(Ergänzungsblätter zur Kenntniss der Gegenwart)是德国的一家通俗科学月刊,1865—1871 年在希尔德堡豪森出版。——130、386、387、390。

70 见拿破仑回忆录《对 1816 年巴黎出版的〈论军事学术〉一书的十七条意见。第三条意见:骑兵》,载于沙·蒙托隆伯爵将军编《拿破仑执政时期法国历史回忆录。与拿破仑一同被俘的将军们编于圣赫勒拿岛,根据完全由拿破仑亲自校订的原稿刊印》1823 年巴黎版第 1 卷第 262 页。

恩格斯在他的《骑兵》一文中也引用了拿破仑回忆录中的这段话(见《马克思恩格斯全集》中文第 1 版第 14 卷第 320 页)。——136。

71 此处《资本论》第一卷的引文,参看《马克思恩格斯文集》第 5 卷第 874 页。恩格斯在这里和后面几处引用的是《资本论》第一卷德文第二版(1872 年),这些引文在德文第三版和第四版中有一些改动。——138。

72 见恩·海克尔《自然创造史》1873 年柏林修订第 4 版第 590—591 页。按照海克尔的分类,Alali 是在本来意义上的人出现以前的那一阶段。Alali 就是"没有语言的原始人",确切些说,是猿人(直立猿人)。海克尔关于类人猿和现代人之间存在一个过渡形态的假说在 1891 年得到证实。当时荷兰的人类学家欧·杜布瓦在爪哇岛找到了远古人化石的残片,这种人也被称为"直立猿人"。——148。

73 "determinatio est negatio"意思为"规定就是否定",是巴·斯宾诺莎的一个命题,见斯宾诺莎 1674 年 6 月 2 日给雅·耶勒斯的信(斯宾诺莎《通信集》第 50 封信)。"omnis determinatio est negatio"——"任何规定都是否定",在黑格尔的著作中使用较多,因此为人们所熟知(见《哲学全书纲要》第1部即《小逻辑》第91节附释,《逻辑学》第1编《存在论》第1部分第2章关于质这一节的注释,以及《哲学史讲演录》第1卷第1部第1篇第1章关于巴门尼德的一节)。——150。

74　这一典故出自莫里哀的喜剧《醉心贵族的小市民》第2幕第4场。剧中人茹尔丹对他的哲学教师说:"您瞧! 40多年来我一直用散文讲话,却不知道散文为何物! 我衷心地感谢您,是您让我明白了这一点。"——151、236。

75　重农学派是18世纪法国古典政治经济学的一个学派,主要代表人物有弗·魁奈和雅·杜尔哥。当时在农业占优势的法国,因实行牺牲农业而发展工商业的政策,使农业遭到破坏而陷于极度衰落。重农学派反对重商主义(见注99),主张经济自由,重视农业,认为只有农业才能创造"纯产品",即总产量超过生产费用的剩余,即剩余价值,因而认为只有农业生产者才是生产阶级。这一学派从生产领域寻求剩余价值的源泉,研究社会总资本的再生产和流通,是对资本主义生产进行系统理解的第一个学派。但是,它没有认识到价值的实体是人类的一般劳动,混同了价值和使用价值,因而看不到一切资本主义生产中都有剩余劳动和剩余价值,以致把地租看成是剩余价值的唯一形式,把资本主义的生产形态看成是生产的永久的自然形态。——160、255、262。

76　爬虫报刊是指得到政府资助的反动报刊。1869年1月30日奥·俾斯麦在普鲁士下院发表演说时把政府的反对者称为爬虫。但是后来这一用语却恰好被人们用来指那些卖身投靠政府并为其效劳的记者。俾斯麦本人1876年2月9日在德意志帝国国会发表演说时不得不承认"爬虫"一词的新含义已在德国广为流传的事实。——164。

77　千年王国是基督教用语,指世界末日到来之前,基督将再次降临,在人间为王统治一千年,届时魔鬼将暂时被捆锁,福音将传遍世界。此语常被用来象征理想中的公正平等、富裕繁荣的太平盛世。——166。

78　恩格斯在这里引用了莎士比亚的历史剧《亨利四世》(奥·威·施勒格尔的德译本)前篇第2幕第4场中福斯泰夫的话:"即使论据像乌莓子

一样便宜,我也不会在人家的强迫之下给他一个论据。"——168。

79　重大政治历史事件的德文原文是 Haupt - und Staatsaktion,其原意是"大型政治历史剧",指 17 世纪和 18 世纪上半叶德国巡回剧团演出的戏剧。这些戏剧用夸张的、粗俗的和笑剧的方式展现悲剧性的历史事件。——169。

80　恩格斯的这些材料引自恩·库尔齐乌斯的《希腊史》1869 年柏林第 3 版第 2 卷第 48、731 页。大约在 1876 年 3 月底至 5 月底,恩格斯对该书全三卷曾作过大量摘录。——171。

81　法国在 1870—1871 年普法战争失败后,以阿·梯也尔和茹·法夫尔为一方,奥·俾斯麦为另一方于 1871 年 2 月 26 日在凡尔赛签订了法德初步和约。按照初步和约,法国把阿尔萨斯和洛林东部割让给德国,并于 1871—1873 年向德国缴付 50 亿法郎的赔款;在赔款付清以前,德国军队继续占领法国的部分领土。正式和约于 1871 年 5 月 10 日在美因河畔法兰克福签订。——177。

82　美国独立战争即 1775—1783 年北美独立战争,是 13 个英属北美殖民地推翻英国殖民统治,争取民族独立的战争。1781 年 10 月,英军主力被击溃,被迫在弗吉尼亚的约克镇投降。交战双方最终于 1783 年 9 月签订了巴黎和约。——178。

83　普鲁士的后备军制度是把已在正规军中服满现役和尚在规定的预备期限内年龄较大的人员编成一支武装部队的制度。普鲁士后备军在 1813—1814 年反拿破仑战争期间是以民团的形式组建的。后来德国其他各邦和奥地利也实行了这种制度。1870—1871 年普法战争时期,后备军受命和正规部队共同作战。——180。

84　在 1870 年 8 月 18 日圣普里瓦会战中德国军队以巨大的伤亡为代价,取得了对法国莱茵军团的胜利。在历史文献中,这一会战又称格拉沃洛特会战。

　　这里所引用的关于普鲁士近卫军伤亡的材料,很可能是恩格斯在研究普军总参谋部战史处编纂的 1870—1871 年普法战争正史的材料

时得到的,见《1870—1871 年普法战争》1875 年柏林版第 1 部分第 2
卷。——180。

85　麦·耶恩斯的报告《马基雅弗利和普遍义务兵役制的思想》,载于 1876
年 4 月 18、20、22、25 日《科隆日报》第 108、110、112、115 号。

　　《科隆日报》(Kölnische Zeitung)是德国的一家日报,17 世纪创刊,
1802—1945 年用这个名称出版;19 世纪 40 年代初该报代表温和自由
派的观点,对资产阶级民主主义反对派持批判态度,维护莱茵地区资产
阶级的利益;在科隆教会争论中代表天主教会的利益;《莱茵报》被查封
后,《科隆日报》成为莱茵地区资产阶级自由派的主要机关报;1831 年
起出版者是杜蒙,1842 年报纸的政治编辑是海尔梅斯。——182、381。

86　克里木战争是 1853—1856 年俄国对英国、法国、土耳其和撒丁的联盟
进行的战争。这场战争是由于这些国家在近东的经济和政治利益发生
冲突而引起的,故又称东方战争。克里木战争中俄国的惨败重挫了沙
皇俄国独占黑海海峡和巴尔干半岛的野心,同时加剧了俄国国内封建
制度的危机。这场战争以签订巴黎和约而告结束。——182。

87　杜林把自己的"辩证法"称做"自然的辩证法",以便区别于黑格尔的
"非自然的"辩证法。见杜林《自然的辩证法。科学的和哲学的新的逻
辑基础》1865 年柏林版。——186。

88　格·路·毛勒研究中世纪德国的土地制度、城市制度和国家制度以及
马尔克的经济社会作用的著作共 12 卷。这些著作是:《马尔克制度、农
户制度、乡村制度、城市制度和公共政权的历史概论》1854 年慕尼黑版;
《德国马尔克制度史》1856 年埃朗根版;《德国领主庄园、农户和农户制
度史》1862—1863 年埃朗根版第 1—4 卷;《德国乡村制度史》1865—
1866 年埃朗根版第 1—2 卷;《德国城市制度史》1869—1871 年埃朗根
版第 1—4 卷。在第一、二、四部著作中,毛勒对德国马尔克制度作了专
门研究。——186。

89　恩格斯讽刺性地改变了亨利希七十二世的称号。德国一小邦罗伊斯幼
系的两个领主之一亨利希七十二世的称号是罗伊斯-洛本施泰因-埃伯
斯多夫。格赖茨是罗伊斯长系(罗伊斯-格赖茨)公国的首都。施莱茨

是罗伊斯幼系另一领主(罗伊斯-施莱茨)的领地,它不属于亨利希七十二世。——187。

90 引自弗里德里希-威廉四世给普鲁士军队的新年文告(1849年1月1日)。1849年以来,这一用语就在革命的工人运动中被用来表示普鲁士德意志的军国主义行为。对这一文告的批判,见马克思1849年1月8日写的文章《新年贺词》(《马克思恩格斯全集》中文第1版第6卷第186—192页)。——195。

91 指欧几里得的著作《几何原本》(共13册),这一著作阐述了古希腊罗马时期的数学原理。——197。

92 马克思在《哥达纲领批判》第一节中,对斐·拉萨尔的口号"全部的"或"不折不扣的劳动所得"作了详尽的批判(见《马克思恩格斯选集》第3版第3卷第357—369页)。——214。

93 这里套用了罗马剧作家忒伦底乌斯的喜剧《兄弟》第5幕第3场中的一句话。——221。

94 什一税是中世纪的一种宗教捐税,由天主教会向居民征收其收成或收入的十分之一。这种税的税额和性质在德国不同的地区也有所区别,多半是大大超过了农民生产的产品的十分之一。通常情况下,是对非粮食作物征收小什一税,而对粮食作物则征收大什一税。18世纪末至19世纪什一税逐渐被废除。——225、266。

95 根据圣经传说,公元前2000年下半年,以色列统帅约书亚的军队围攻耶利哥城时,约书亚令自己的士兵吹响用羊角制成的号角,并随号角声一齐大声呼喊,从而使久攻不克的城墙应声倒塌(见《旧约全书·约书亚记》第6章)。——229。

96 约·卡·洛贝尔图斯《给冯·基尔希曼的社会问题书简。第二封:基尔希曼的社会理论和我的社会理论》1850年柏林版第59页。——234。

97 《人民报》(Volks-Zeitung)是德国的民主派日报,1853年4月9日—1904年6月30日在柏林出版,是抱有反对派情绪的自由资产阶级的机关报。恩格斯在 1860 年 9 月 15 日给马克思的信中曾批评这家报纸散发着"令人厌烦的胡言乱语和自作聪明的鄙俗言论的恶臭"(见《马克思恩格斯全集》中文第 1 版第 30 卷第 92 页)。——237。

98　这里套用了麦·施蒂纳的主要著作《唯一者及其所有物》的书名。参看注 55。——243。

99　重商主义是 15—16 世纪流行于欧洲各国的一个经济学派,反映了那个时期商业资本的利益和要求。重商主义者认为货币是财富的基本形式,主张国家干预经济生活,采取措施在对外贸易上实现出超,使货币流入本国,并严禁货币输出国外,对进口实行保护关税政策。

　　早期重商主义的形式是货币主义,主张货币差额论,即禁止货币输出,增加金银收入。晚期重商主义盛行于 17 世纪,主张贸易差额论,即发展工业,扩大对外贸易出超,保证大量货币的输入。——246、274。

100　托马斯·曼《论英国与东印度的贸易》1621 年伦敦版。目前尚未找到 1609 年的版本,1621 年版可能就是第一版。马克思的这种说法显然是接受了约·拉·麦克库洛赫在《政治经济学文献》中的观点,马克思曾多次摘录这本书。——247。

101　威·配第的著作《货币略论》于 1682 年写成,1695 年在伦敦出版。马克思用的是 1760 年的版本。

　　威·配第的著作《爱尔兰的政治解剖》写于 1672 年,1691 年在伦敦出版。——250。

102　参看法国化学家安·洛·拉瓦锡的经济学著作《论法兰西王国的土地财富》(1791 年巴黎版)和《试论巴黎的人口、财富和消费》,以及拉瓦锡和法国数学家约·路·拉格朗日合著的《政治算术试论》(1791 年巴黎版)。马克思使用的上述著作,载于《政治经济学文集》(附欧·德尔和古·德·莫利纳里编写的作者传略、评注和注解)1847 年巴黎版第 1 卷第 575—620 页。——250。

103　英国经济学家和金融家约翰·罗曾经提出国家可以依靠把不可兑银行券投入流通的办法来增加国内的财富。1716 年他把这一主张付诸实施,在法国创办了一家私人银行。1718 年这家银行改组成国家银行。罗氏银行在无限发行信贷券的同时从流通中收回硬币,致使交易所的买空卖空和投机倒把活动空前风行,到了 1720 年国家银行倒闭,"罗氏体系"彻底破产。——252。

104 理·康替龙《试论一般商业的性质》出版于 1755 年,而不是 1752 年。亚·斯密在《国民财富的性质和原因的研究》第 1 卷中提到了康替龙的这部著作。——259。

105 恩格斯在这里讽喻的是发生在杜林和海·瓦盖纳之间的一场著作权诉讼。1866 年,俾斯麦通过自己的顾问瓦盖纳委托杜林起草致普鲁士政府关于工人问题的条陈。宣扬资本和劳动的和谐的杜林,接受了委托并写出条陈。但是,1867 年,这一文件未经他本人同意就发表了。起初是匿名发表,后来是瓦盖纳冒充作者署名发表。于是杜林对瓦盖纳提起诉讼,控告他侵犯著作权。1868 年,杜林胜诉。在这一事件引起轰动的时候,杜林出版了小册子《我致普鲁士内阁的社会条陈的命运》。——261。

106 辉格党是英国的政党,于 17 世纪 70 年代末 80 年代初形成。1679 年,就詹姆斯公爵(后来的詹姆斯二世)是否有权继承王位的问题,议会展开了激烈的争论。反对詹姆斯拥有王位继承权的一批议员被敌对的托利党人讥称为辉格。辉格(Whig)为苏格兰语,原意为盗马贼。辉格党代表工商业资产阶级以及新兴的资本主义农场主的利益,曾与托利党轮流执政;19 世纪中叶,辉格党内土地贵族的代表和保守党的皮尔派以及自由贸易派(见注 151)一起组成自由党,从此自由党在英国两党制中取代了辉格党的位置。——261。

107 图尔利弗尔是因图尔城而得名的法国货币单位;从 1740 年起,1 图尔利弗尔相当于 1 法郎,1795 年,这种货币为法郎所代替。——267。

108 这里讽刺杜林完全不懂得雅·杜尔哥在历史上的革命作用。杜尔哥是重农学派的主要代表人物之一,他完善了重农学派的理论体系并超越了它的认识界限。杜尔哥在担任法国财政总监时期,力图改革封建专制主义的财政制度和税收制度,于 1776 年初颁布了取消徭役制度、废除行会等六个法令,并试图对地租实行单一税。杜尔哥的措施遭到特权阶层的强烈反对,他最终被免职。马克思认为杜尔哥"试图施行后来法国革命也采取的一些措施",称他是"法国革命的直接先导之一"(见《马克思恩格斯全集》中文第 2 版第 33 卷第 42、415 页)。——273。

109 制宪议会是 18 世纪末法国资产阶级革命第一阶段(1789 年 7 月 14 日—1792 年 8 月 10 日)的革命领导机关和国家立法机关,从 1789 年 7 月存在到 1791 年 9 月,立宪君主派在议会中起主要作用。制宪议会曾于 1789 年 8 月 4—11 日通过法令,宣布废除封建制度,取消教会和贵族的特权。1789 年 8 月 26 日通过了《人权和公民权宣言》,确立了资产阶级的人权、法制、公民自由和私有财产权等原则。——273。

110 指《引论》第一章的开头部分(见本书第 15 — 16 页)。最初,《反杜林论》前十四章以《欧根·杜林先生在哲学中实行的变革》为总标题发表在《前进报》上。从单行本第一版开始,头两章改为全书的总的《引论》,后面十二章构成了第一编《哲学》,各章的序号没有改变。脚注"参看《哲学》第一章",是恩格斯在报上发表《反杜林论》时加上的。这一脚注在恩格斯生前出版的所有版本中都保留下来,未作过更动。——277。

111 恐怖时代指雅各宾派的革命民主专政时期(1793 年 6 月— 1794 年 7 月),当时雅各宾派为了对付吉伦特派和保皇派的反革命恐怖实行了革命恐怖。——277。

112 督政府是法国资产阶级共和制政府,由五名督政官组成,每年改选一人。它是根据雅各宾派革命专政于 1794 年失败后通过的 1795 年宪法建立的。督政府支持反对民主力量的恐怖制度,并维护大资产阶级的利益。它执行的政策摇摆不定,导致政局动荡,内忧外患迭起,最后在 1799 年拿破仑·波拿巴雾月十八日政变中被推翻。——277、373。

113 新拉纳克是苏格兰拉纳克城附近的一个棉纺厂,创办于 1784 年,在工厂周围形成了一个小镇。——278。

114 指《昂·圣西门给一个美国人的信》第八封信中的一段话。这些信载于昂·圣西门论文集《实业,或为贡献出有用和独立的劳动的一切人的利益所作的政治、道德和哲学的文论》1817 年巴黎版第 2 卷。——280。

115　参看昂·圣西门和他的学生奥·梯叶里合著的两本书:《论欧洲社会的改组,或论欧洲各民族在保持各自的民族独立性的条件下联合为一个政治统一体的必要性和手段》1814 年 10 月巴黎版和《关于应当用来对付 1815 年同盟的措施的意见》1815 年巴黎版。

　　1814 年 3 月 31 日第六次反法同盟参加国(俄国、奥地利、英国、普鲁士等国)的军队进入巴黎。拿破仑帝国垮台,拿破仑本人宣布退位后被流放到厄尔巴岛。

　　百日指拿破仑恢复帝制的短暂时期,自 1815 年 3 月 20 日他率军从流放地厄尔巴岛重返巴黎执政时起,到同年 6 月 18 日在滑铁卢会战失败后 6 月 22 日再次退位时止。——280。

116　1815 年 6 月 18 日,拿破仑的军队在滑铁卢(比利时)会战中被威灵顿指挥的英荷联军及格·布吕歇尔指挥的普鲁士军队击败。这次会战在 1815 年的战局中起了决定性的作用,它预示了第七次反法同盟(英国、俄国、奥地利、普鲁士、瑞典、西班牙等国)的彻底胜利和拿破仑帝国的崩溃。——280。

117　这一思想在沙·傅立叶《关于四种运动和普遍命运的理论》中已作过阐述,该书包含这样一个总的论点:"某一时代的社会进步和变迁是同妇女走向自由的程度相适应的,而社会秩序的衰落是同妇女自由减少的程度相适应的。"傅立叶把这个论点概括为:"妇女权利的扩大是一切社会进步的基本原则。"(见《傅立叶全集》1841 年巴黎版第 1 卷第 195—196 页)——281。

118　1815 年 1 月,罗·欧文在英国格拉斯哥的一次会议上提出了一系列改善棉纺厂童工和成年工人状况的措施,遭到工厂主们的反对。根据 1815 年 6 月欧文的倡议提出的法案直到 1819 年 7 月才被议会通过形成法律,而且还大大地打了折扣。调整棉纺厂劳动的法律禁止 9 岁以下的儿童做工,限定 16 岁以下的工人的工作日为 12 小时,规定所有工人有两次工间休息作为早饭和午饭的时间,共一个半小时。——285。

119　1833 年 10 月,由罗·欧文主持在伦敦举行了合作社和职工会的代表大
会,会上正式成立了大不列颠和爱尔兰全国工会大联盟;联盟的章程于
1834 年 2 月通过。按照欧文的想法,这个联盟应当把生产管理的权力
掌握在自己手中,并且通过和平的途径实现对社会的彻底改造。但是
这个空想的计划遭到失败。由于资产阶级社会和国家的强烈反对,该
联盟于 1834 年 8 月宣告解散。——285。

120　指劳动交换市场,即劳动产品公平交换市场,是由英国各城市的工人合
作社创办的。第一个这样的交换市场由罗·欧文于 1832 年 9 月在伦敦
创办,一直存在到 1834 年。在劳动产品公平交换市场上,劳动产品用
以一小时劳动时间为单位的劳动券进行交换。这种企图在资本主义商
品经济条件下不用货币进行交换,并和平过渡到社会主义的乌托邦做
法,很快就遭到失败。——286、330。

121　指皮·约·蒲鲁东于 1849 年 1 月 31 日尝试成立的人民银行。他打算
借助这个银行通过和平的途径实现他的"社会主义",即消灭信贷利息,
在生产者获得自己劳动收入的全部等价物的基础上进行没有货币的交
换。这个银行在开始正常业务活动之前就于 4 月初宣告关闭。
——286。

122　和谐大厦是以罗·欧文为首的英国空想社会主义者 1839 年底在英国汉
普郡建立的共产主义移民区的名称。移民区一直存在到 1845 年。
——287。

123　指欧洲各大国之间为争夺同印度和美洲通商的霸权以及殖民地市场而
在 17 世纪和 18 世纪进行的一系列战争。最初主要的竞争国家是英国
和荷兰,1652—1654、1664—1667 和 1672—1674 年的英荷战争是典型
的商业战争,后来决定性的战争在英国和法国之间展开。所有这些战
争的胜利者都是英国,到 18 世纪末,它手中已经集中了几乎全部的世
界贸易。——296。

124　海外贸易公司是 1772 年在普鲁士成立的贸易信用公司。该公司享有许
多重要的国家特权。它给予政府巨额贷款,实际上起到了政府的银行
老板和财政经纪人的作用。1820 年 1 月起,海外贸易公司正式成为普

鲁士国家银行。——301。

125　"自由的人民国家"是19世纪70年代德国社会民主党人提出的纲领性要求和流行口号。恩格斯在1875年3月18—28日给奥·倍倍尔的信中，马克思在《哥达纲领批判》中(《马克思恩格斯选集》第3版第3卷第348—349、372—375页)对这个口号作了批判。——304。

126　这里关于大不列颠和爱尔兰全部财富的材料引自罗·吉芬的报告《联合王国近来的资本积累》。这个报告是1878年1月15日在统计学会上宣读的，发表在《伦敦统计学会会刊》1878年3月号。——306。

127　这里很有可能是指奥·俾斯麦于1852年3月20日在普鲁士议会第二议院的发言(从1849年起俾斯麦是第二议院议员)。俾斯麦的发言反映了普鲁士容克对作为革命运动中心的大城市的仇恨，他发出号召，一旦新的革命高潮到来，就把大城市夷为平地。——320。

128　关于"交易簿"，参看威·魏特林《和谐与自由的保证》第2部分第10章。按照魏特林的空想计划，在未来社会中，每一个有劳动能力的人每天都必须工作一定的小时，并因此而得到生活必需品。他们的工作小时和得到的生活必需品记在"交易簿"上。此外，每个工作的人有权再工作几个附加的"交易小时"并因此而得到奢侈品。这些附加的工作小时和由此而得到的物品也记在"交易簿"上。——326。

129　"没有臭味"这句话是罗马皇帝韦斯帕西安(9—79年)对他的儿子说的，因为他的儿子不同意他征收专门的厕所税。——328。

130　恩格斯在这里是指发表在《德法年鉴》上的《国民经济学批判大纲》(见《马克思恩格斯选集》第3版第1卷)。

　　《德法年鉴》(Deutsch-Französische Jahrbücher)是马克思和阿·卢格在巴黎编辑出版的德文刊物，仅在1844年2月出版过第1—2期合刊；其中刊载有马克思的著作《论犹太人问题》(见《马克思恩格斯文集》第1卷)和《〈黑格尔法哲学批判〉导言》(见《马克思恩格斯选集》第3版第1卷)，以及恩格斯的著作《国民经济学批判大纲》和《英国状况。评托马斯·卡莱尔的〈过去和现在〉》(见《马克思恩格斯全集》中文第2

版第 3 卷）。这些著作标志着马克思和恩格斯完成了从唯心主义向唯物主义、从革命民主主义向共产主义的转变。该杂志由于马克思和资产阶级激进分子卢格之间存在原则分歧而停刊。——334、389。

131　关于夺取曼布里诺的神奇头盔（一个理发用的普通铜盆）的冒险，是塞万提斯的小说《唐·吉诃德》第 1 部第 21 章中描述的场景。

阿·恩斯曾因 1877 年 1—2 月《前进报》发表《反杜林论》前几章而撰文诽谤马克思和恩格斯。——337。

132　引自普鲁士国王弗里德里希二世 1740 年 7 月 22 日对大臣布兰德和教会法庭庭长赖辛巴赫关于新教普鲁士国家是否容许天主教学校存在的咨询所作的答复。——340。

133　吠陀是印度最古老的宗教历史文献，梵文原义为"知识"，是对神的颂歌和祷文的文集。吠陀有狭义和广义之分，狭义指最古的四部吠陀本集，亦称四吠陀，广义除四吠陀外，还包括解释四吠陀的梵书、森林书、奥义书以及经书，亦称吠陀文献。吠陀中年代最久的作品可上溯到公元前约 1500 年以前，最晚的作品形成于公元前约 6—4 世纪。吠陀在被规定为神圣的经典以后，就成为神秘的著作，只许祭司和属于高等种姓的人学习，不许低等种姓的人接触。以祭司为职业的婆罗门垄断了这些古代的经典，把它们作为高踞于人民之上的凭借。他们为了保持垄断地位，只在内部口头传授这些典籍，不肯写成文字。直到 19 世纪吠陀才刊行于世。——341。

134　五月法令是普鲁士宗教大臣法尔克根据奥·俾斯麦的创议于 1873 年 5 月 11—14 日通过国会实施的四项法令的名称，这四项法令以此名而载入史册。这些法令确立了国家对天主教会活动的控制，是俾斯麦于 1872—1875 年采取的一系列反对天主教僧侣的立法措施中最重要的环节，也是所谓"文化斗争"的顶点。天主教僧侣是代表德国南部和西南部分立主义者利益的中央党的主要支柱。警察迫害引起了天主教徒的激烈反抗并为他们创造了光荣殉教的机会。1880—1887 年，俾斯麦政府为了联合一切反动势力对付工人运动，不得不在实施这些法令时采取缓和的态度，最后便取消了几乎所有反天主教的法令。——342。

135 《魔笛》是莫扎特的最后一部歌剧（艾·希卡内德作词），于1791年写成并上演，反映了共济会的思想，歌词的作者和莫扎特本人都属于这一派。下文提到的查拉斯特罗、苔米诺和帕米纳均是这部歌剧中的主要人物。——349。

136 共济会是17世纪末18世纪初产生于英国的一个秘密团体，旨在传播并执行其秘密互助纲领。它最早起源于中世纪的石匠和教堂建筑工匠的行会，后来随着英帝国的向外扩张传播到欧美许多国家。共济会谴责封建制度和英国国教，谋求建立一个世界范围内的新宗教。共济会秘密分会的活动是模仿工匠行会的神秘典礼和秘密仪式。该会会员赋予自己净化道德、慈善为怀和革新世界的任务。他们相信永恒不变的、决定社会发展的自然规律。但他们认为这些规律只有最有智慧的领导人物才能认知，这些领导人物是至高无上的权威，负责教育一般会员遵守这些规律，培养博爱、正义和启蒙的精神。——349。

137 见习官是德国的低级官员，尤指作为见习人员在法院或国家机关试用的法官。担任这种职务时通常没有薪俸。——351。

138 恩格斯《反杜林论》的准备材料包括两个部分。第一部分是40页幅面大小不一的手稿，包括杜林著作的摘录和恩格斯的札记，其中有一部分已经勾掉，因为已用在《反杜林论》正文中。第二部分是12页幅面较大的手稿，每页分两栏：左边大多是杜林《国民经济学和社会经济学教程》（第2版）一书摘录，右边是恩格斯的批语；个别地方因为已用在《反杜林论》中，所以用直线勾掉了。

此外，可以列入《反杜林论》准备材料的还有：关于奴隶制的札记、沙·傅立叶《经济的和协作的新世界》一书摘要和作为《反杜林论》中《引论》草稿的关于现代社会主义的札记。在本书中，前两个札记列入《反杜林论》的准备材料第一部分，《引论》的草稿和定稿之间的重要差别列入《引论》第一章的脚注。

这里选收了准备材料中对《反杜林论》正文作了重要补充的部分。准备材料第一部分的札记是按照《反杜林论》正文的相应次序排列的，同时还标明了与札记内容相关的正文部分的页码。第二部分的片断主要是按照恩格斯手稿中的次序排列的；对恩格斯评语所涉及的杜林的言论摘录作了删节,并用方括号标出。

《反杜林论》准备材料的第一部分大概写于 1876 年 5—9 月,第二部分大概写于 1876 年春。这些准备材料第一次部分发表于《马克思恩格斯文库》第 2 卷(1927 年美因河畔法兰克福版),全文发表于《马克思恩格斯全集》历史考证版《〈欧根·杜林先生在科学中实行的变革〉和〈自然辩证法〉》专卷(1935 年莫斯科—列宁格勒版)。——355。

139 指托·安德鲁斯于 1876 年 9 月 6 日在格拉斯哥不列颠科学促进协会第四十六届年会上的开幕词。开幕词载于 1876 年 9 月 7 日《自然》杂志第 358 期。——358。

140 伊斯兰教总教长是苏丹土耳其(奥斯曼帝国)伊斯兰教僧侣首脑的称号。——358。

141 教皇"永无谬误"的教义是 1870 年 7 月 18 日在罗马公布的。德国的天主教神学家约·德林格尔拒绝承认这一教义。美因茨的主教威·凯特勒最初也反对宣布新教义,但是很快就接受了这一教义而且成为它的热烈拥护者。——358。

142 预成是指成熟的机体在胚细胞中预先形成。预成论在 17 世纪和 18 世纪生物学中占主导地位。从预成论拥护者的形而上学观点来看,成熟的机体的一切部分都已经以紧缩的形式存在于胚胎中,这样一来,机体的发育被归结为已有器官的纯粹量的增长,而本来意义上的发育,即作为新生成(渐成)的发育就不发生了。从卡·沃尔弗到查·达尔文等许多杰出的生物学家不断论证并发展了渐成论。——361。

143 指亨·阿·尼科尔森《动物学手册》一书的总论,其中有一节专门论述自然界和生命的条件,在这一节中尼科尔森引用了生命的各种定义。——362。

144 这句话是恩格斯写在页边上的,参看《资本论》第 1 卷,《马克思恩格斯文集》第 5 卷第 75 页。——365。

145 指安·赛奇的《太阳》(1872 年不伦瑞克版)一书。他在书中没有用神学观点进行考察,仅仅认为:太阳系和其他天体不是从来就有的,而是在某个特定时刻通过一次创造行为产生的。——368。

146 进步党人是指 1861 年 6 月成立的普鲁士资产阶级进步党的代表。其著名的代表人物有贝·瓦尔德克、鲁·微耳和、舒尔采-德里奇、马·福尔肯贝克和莱·霍维尔贝克。进步党在纲领中提出如下要求：在普鲁士领导下统一德国，召开全德议会，成立对众议院负责的强有力的自由派内阁。进步党没有提出普选权、结社和集会权以及新闻出版自由等基本的民主要求。进步党政治上的动摇反映了它所依靠的商业资产阶级、小工业家和部分手工业者的不稳定性。1866 年，进步党分裂，其右翼组成了屈从于俾斯麦政府的民族自由党。——370。

147 在沙·波绪《微积分》第 95—96 页上，零与零之间的关系的命题是这样说明的：在两个零处于某种相互关系这个假定中，没有丝毫荒谬的或不可接受的东西。设比例式 $A:B=C:D$，由此得出 $(A-C):(B-D)=A:B$；如 $C=A$，而 $D=B$，则 $O:O=A:B$；这种关系随着 A 和 B 的值而变化。恩格斯以 $A=C=1$ 和 $B=D=2$ 的数值代入波绪的例题，以此说明波绪的这个论断。——370。

148 1789 年 8 月 3 日夜，法国制宪议会在不断高涨的农民运动的压力下，郑重宣布取消一系列当时事实上已被起义农民废除了的封建徭役。但是，在随之颁布的法律中，不付赎金废除的只是个人徭役。直到雅各宾专政时期，1793 年 7 月 17 日的法律才实现了不付任何赎金废除一切封建徭役。

　　没收教会财产的法令是 1789 年 11 月 2 日由制宪议会通过的，而没收贵族流亡者财产的法令是 1792 年 2 月 9 日由立法议会通过的。——374。

149 指托·莫尔的《乌托邦》，该书第一版于 1516 年在比利时的卢汶出版。——376。

150 恩格斯指的是《资本论》第一卷第七篇（《资本的积累过程》）。《资本论》这一部分的相关内容，恩格斯在《反杜林论》第二编第二章中也引用过（见本书第 173 页）。——378。

151 自由贸易派也称曼彻斯特学派,是 19 世纪上半叶英国出现的资产阶级政治经济学的一个派别,其主要代表人物是曼彻斯特的两个纺织厂主理·科布顿和约·布莱特。19 世纪 20—50 年代,曼彻斯特是自由贸易派的宣传中心。该学派提倡自由贸易,要求国家不干涉经济生活,反对贸易保护主义原则,要求减免关税和奖励出口,废除有利于土地贵族的、规定高额谷物进口关税的谷物法。1838 年,曼彻斯特的自由贸易派建立了反谷物法同盟。40—50 年代,该派组成了一个单独的政治集团,后来成为自由党的左翼。——379、387。

152 赫迪夫是土耳其统治时期埃及世袭君主的称号(从 1867 年起)。——385。

153 《观察家报》(The Observer)是英国保守派的周报,英国最老的一家星期日刊;1791 年在伦敦创刊。——386。

154 指马克思在《资本论》第一卷中对威·罗雪尔庸俗经济学观点的彻底批判(见《马克思恩格斯文集》第 5 卷第 112、186、239—240、251、264、304、376、421、709 页)。——386、388。

155 指马克思在《资本论》第一卷中对凯里的学说的批判(见《马克思恩格斯文集》第 5 卷第 648—649 页等)。——387。

156 这个说法见黑格尔《哲学全书纲要》第二版(《黑格尔全集》第 6 卷 1840 年柏林版)序言中的一段话:"莱辛曾经说过,人们对待斯宾诺莎就像对待死狗一样。"黑格尔指的是 1780 年 6 月 7 日哥·莱辛和弗·雅科比的谈话。莱辛在这次谈话中说:"要知道人们谈起斯宾诺莎时总是像谈死狗一样。"(见《雅科比全集》1819 年莱比锡版第 4 卷第 1 编第 68 页)。——389、392。

157 杜林在他的《我致普鲁士内阁的社会条陈的命运》(1868 年柏林版)一书中揭露了瓦盖纳的剽窃行为。参看注 105。——391。

158 恩格斯收到了威·李卜克内西 1876 年 5 月 16 日的信和约·莫斯特的信。关于莫斯特,李卜克内西在信中写道:"附上莫斯特的稿件,它表明杜林流行病还传染了那些在其他方面清醒的人;驳斥是必要的。请将稿件退回。"

　　莫斯特的稿件指的是莫斯特吹捧欧·杜林《哲学教程》一书的《一位哲学家》初稿,发表在 1876 年 9 — 10 月《柏林自由新闻报》上。——392、395。

159　显然指的是欧·杜林《哲学教程——严格科学的世界观和生命形成》1875 年莱比锡版。该书最后一册于 1875 年 2 月出版。恩格斯对这本书进行的批判主要集中在《反杜林论》第一编《哲学》。——393。

160　约·莫斯特的小册子《资本和劳动。卡尔·马克思〈资本论〉浅说》,最初是 1873 年(也许是 1874 年)在开姆尼茨出版的。根据威·李卜克内西的请求,1875 年 8 月初,马克思和恩格斯对莫斯特的小册子作了修改,1876 年 4 月,在开姆尼茨出版了第二版。——393、394。

161　马克思第一次在卡尔斯巴德疗养是 1874 年 8 月 19 日至 9 月 21 日;他在 1874 年 10 月 3 日左右返回伦敦。——394。

162　马克思可能指的是杜林《国民经济学和社会主义批判史》一书的第二版中对莫斯特的小册子《资本和劳动》(见注 161)的评论。——394。

163　马克思指的是恩格斯的著作《论住宅问题》(见《马克思恩格斯选集》第 3 版第 3 卷);这部著作的第一篇和第三篇是针对德国的蒲鲁东主义者阿·米尔柏格的文章的。——394。

164　欧·杜林的《哲学教程——严格科学的世界观和生命形成》(1875 年莱比锡版)以及《国民经济学和社会主义批判史》(1875 年柏林第 2 版)出版后,在德国社会民主党人中间产生了很恶劣的影响。杜林自命为社会主义的信徒,以一种新哲学体系的形式提出了所谓新的社会主义理论,对马克思主义进行了极其猛烈的攻击,给刚刚由德国社会民主工党和全德工人联合会合并成立的德国社会主义工人党造成了思想上的混乱。在德国社会民主党人中也有杜林积极的追随者,如约·莫斯特、弗·弗里茨舍和爱·伯恩施坦等。甚至奥·倍倍尔也一度深受杜林思想的影响,在社会民主工党的中央机关报《人民国家报》上发表了两篇关于杜林的文章。有鉴于此,威·李卜克内西于 1875 年 2 月 1 日和 4 月 21 日给恩格斯写

了两封信,请求恩格斯为《人民国家报》撰文反击杜林。恩格斯最初写了
《德意志帝国国会中的普鲁士烧酒》(见《马克思恩格斯全集》中文第 2 版
第 25 卷)一文,于 1876 年 2 月发表在《人民国家报》上。马克思也认为应
该对杜林的观点进行批判。恩格斯于是中断了从 1873 年 5 月开始的《自
然辩证法》(见《马克思恩格斯全集》中文第 2 版第 26 卷)的写作,从 1876
年 5 月到 1878 年上半年,花了两年的时间写《反杜林论》。《反杜林论》
出版之后,恩格斯于 1878 年中又继续写作《自然辩证法》。但是,马克思
逝世之后,为了整理出版《资本论》第二卷和第三卷手稿,恩格斯不得不
再次中断该书的写作。最终《自然辩证法》这部著作未能写完。
——395。

165　指欧·杜林的著作《国民经济学和社会经济学教程,兼论财政政策的基
本问题》1876 年莱比锡第 2 版。该书第 1 版于 1873 年在柏林出版。恩
格斯在写作《反杜林论》时主要利用了该书的第 2 版。恩格斯作了很多
批注的书,以及包含有摘自该书第 2 版的大量摘录和恩格斯的批语的
手稿都保存了下来(见本书第 377 — 385 页)。恩格斯对杜林这本书所
做的批判,主要集中在《反杜林论》第二编《政治经济学》。——395。

166　《新世界。大众消遣画报》(Die Neue Welt.Illustriertes Unterhaltungsblatt
für das Volk)是德国的社会主义杂志,1876 — 1883 年在莱比锡出版,后
来在斯图加特和汉堡出版到 1919 年;杂志编辑是威·李卜克内西
(1876 — 1880);70 年代,恩格斯曾为杂志撰稿。——396。

167　1876 年 8 月 15 日至 9 月 15 日,马克思在女儿爱琳娜陪同下第三次到
卡尔斯巴德疗养。——398。

168　马克思指的是关于 1876 年 8 月 19 — 23 日在哥达举行的德国社会主义
工人党代表大会的会议报道。报道登在 1876 年 8 月 23 日至 9 月 1 日
《人民国家报》第 98 — 102 号上,总标题是《德国社会党人代表大会》。
这里提到的是发表在 1876 年 9 月 1 日《人民国家报》第 102 号上注明
"8 月 23 日星期三于哥达"的那篇报道中的一段话。李卜克内西在
1876 年 10 月 9 日的回信中告诉马克思,这篇报道把李卜克内西在代表
大会上讲的恩格斯将出来反对杜林说成马克思将出来反对杜林,是报

道作者尤·莫特勒的笔误。——398。

169　关于欧·杜林对马克思《资本论》第一卷的书评,见注69。

　　库格曼在1876年10月22日回信中把这篇书评的确切名称告诉了恩格斯。恩格斯在写《反杜林论》时利用了这篇书评(见本书第127—128、137—138页)。——399。

170　指1877年1月10日德意志帝国国会选举。在这次选举中,德国社会主义工人党有12人当选议员,他们获得近50万张选票。——399。

171　指马克思的手稿《评杜林〈国民经济学批判史〉》(见《马克思恩格斯全集》中文第2版第26卷)。这部分手稿是阐述政治经济学史的重要文献。马克思在文中批判了杜林在《国民经济学和社会主义批判史》中对政治经济学史的歪曲描述,揭露了杜林以经济学史权威自居的狂妄企图,同时通过对弗·魁奈《经济表》(参看注20)的分析阐明了重农学派在政治经济学中的理论地位。

　　恩格斯对马克思的这篇手稿作了修改和删节,编为《反杜林论》第二编第十章《〈批判史〉论述》;后来在出版《反杜林论》第三版时,恩格斯又按马克思原稿对该章作了增补。恩格斯在《反杜林论》第二版和第三版序言中对此作了介绍(参看本书第7—8页和第14页)。本文第一次以原文发表于《马克思恩格斯全集》历史考证版《〈欧根·杜林先生在科学中实行的变革〉和〈自然辩证法〉》专卷(1935年莫斯科—列宁格勒版)。——400。

172　大·休谟《对若干问题的论述》779年都柏林版第1卷第303—304页。见本书第257页。——401。

173　德国社会主义工人党哥达代表大会1877年5月27—29日举行。在5月29日的会议上,杜林的追随者表示反对在党的中央机关报《前进报》上继续刊登恩格斯的《反杜林论》。代表大会经过争论,通过了经李卜克内西修改的倍倍尔的提案:像恩格斯《反杜林论》这样的著作,改在《前进报》学术附刊或学术评论(《未来》杂志)上发表,或者以小册子的形式发表。《反杜林论》的第二编和第三编刊登在《前进报》学术附刊和附刊上。——406、407。

174　指的是在 1876 年哥达代表大会上关于党刊问题,其中包括关于出版党
　　　的中央机关报《前进报》问题的讨论。——406。

175　指《未来。社会主义评论》杂志。
　　　　《未来。社会主义评论》(Die Zukunft. Socialistische Revue)是德国
　　　一家具有改良主义倾向的杂志,1877 年 10 月—1878 年 11 月由卡·赫
　　　希柏格(笔名路德维希·李希特尔博士)在柏林出版,每月出两期;马克
　　　思和恩格斯曾对杂志提出尖锐批评。——407。

176　指 1876 年 10 月 27 日卡·尤·瓦尔泰希在无政府主义者伯尔尼代表大
　　　会上的演说。瓦尔泰希作为来宾出席了代表大会,他在演说中谈到德
　　　国社会民主党的统一时声明:“我们既没有马克思派,也没有杜林派。”
　　　为了替瓦尔泰希辩护,李卜克内西在 1877 年 7 月 21 日给恩格斯的信中
　　　写道:“瓦尔泰希当然没有发表过这样的声明。”——408。

人 名 索 引

A

埃尔或埃奥尔(Er[Eor])——日耳曼部落崇奉的战神,相当于希腊战神亚力司或罗马人的战神玛尔斯。——241。

埃卡尔特(Eckart)——德国中世纪传说中的人物,是忠实的人和可靠工士的典型形象。在关于游吟寺人汤豪塞的传说中,他守在维纳斯的身旁,警告一切想要接近的人说,维纳斯的魔力是很危险的。——235。

埃林杜尔(Oerindur)——阿·缪尔纳的悲剧《罪》中的人物。——398。

安德鲁斯,托马斯(Andrews,Thomas 1813—1885)——英国化学家和物理学家,曾研究物质的临界状态,1869年创立了物质的气态和液态的连续性的理论。——357。

安凡丹,巴泰勒米·普罗斯佩(Enfantin,Barthélemy-Prosper 人称安凡丹老爹 PèreEnfantin 1796—1864)——法国空想社会主义者,圣西门的门徒,同巴扎尔一起领导圣西门学派;自40年代中起在许多资本主义企业中担任领导职务。——32。

奥肯,洛伦茨(Oken,Lorenz 原名奥肯富斯 Ockenfuß 1779—1851)——德国自然科学家和自然哲学家。——10。

B

巴贝夫,格拉古(Babeuf,Gracchus 原名弗朗索瓦·诺埃尔 François-Noël 1760—1797)——法国革命家,空想平均共产主义的代表人物,1796年是平等派密谋的组织者;密谋失败后被处死。——17、31、365、373。

白拉克,威廉(Bracke, Wilhelm 1842—1880)——德国出版商和书商,全德工人联合会不伦瑞克支部创始人(1865),1867 年起领导全德工人联合会中的反对派;社会民主工党(爱森纳赫派)创始人(1869)和领导人之一;曾进行反对拉萨尔派的斗争;不伦瑞克白拉克出版社的创办人(1871),《不伦瑞克人民之友》(1871—1878)和《人民历书》(1875—1880)的出版者;德意志帝国国会议员(1877—1879);马克思和恩格斯的朋友和战友。——403、405、406。

柏拉图(Platon[Plato]约公元前 427—347)——古希腊哲学家,客观唯心主义的主要代表人物,奴隶主贵族的思想家,自然经济的拥护者。——237、244、245、261。

贝克尔,卡尔·斐迪南(Becker, Karl Ferdinand 1775—1849)——德国语言学家、医生和教育家,写有《语言结构》和一些德语语法教科书。——346、347。

贝克尔,伊曼努尔(Bekker, Immanuel 1785—1871)——德国语言学家,整理并出版了古典古代著作家(柏拉图、亚里士多德、阿里斯托芬等)的著作。——244、246。

彼得一世,彼得大帝(ПетрI, Великий 1672—1725)—— 1682 年起为俄国沙皇,1721 年起为全俄皇帝。——375。

俾斯麦公爵,奥托(Bismarck[Bismark], Otto Fürst von 1815—1898)——普鲁士和德国国务活动家和外交家,普鲁士容克的代表;曾任驻彼得堡大使(1859—1862)和驻巴黎大使(1862);普鲁士首相(1862—1872 和 1873—1890),北德意志联邦首相(1867—1871)和德意志帝国首相(1871—1890);1870 年发动普法战争,1871 年支持法国资产阶级镇压巴黎公社;主张在普鲁士领导下"自上而下"统一德国;曾采取一系列内政措施,捍卫容克和大资产阶级的联盟;1878 年颁布反社会党人非常法。—— 118、300、320、342。

毕达哥拉斯(Pythagoras 公元前 571 前后—497)——古希腊数学家和哲学家,

毕达哥拉斯派的创始人；奴隶主贵族的思想家，认为宇宙的根本是数，相信灵魂转生。——358。

毕希纳，路德维希（Büchner, Ludwig 1824—1899）——德国医生和哲学家，庸俗唯物主义和无神论的代表人物；德国 1848—1849 年革命的参加者，属于小资产阶级民主派的极左翼；国际洛桑代表大会代表（1867）。——392。

波克罕，西吉斯蒙德·路德维希（Borkheim, Sigismund Ludwig 1826—1885）——德国新闻工作者和商人，民主主义者，1848 年巴登起义和 1849 年巴登-普法尔茨起义的参加者，起义失败后流亡瑞士；1851 年起在伦敦经商；50 年代初追随伦敦小资产阶级流亡者；1860 年起同马克思和恩格斯保持友好关系。——391。

波绪，沙尔（Bossut, Charles 1730—1814）——法国数学家和物理学家，写有关于数学理论和数学史方面的著作。——370。

波义耳，罗伯特（Boyle, Robert 1627—1691）——英国化学家和物理学家，科学化学的奠基人，最先提出化学元素的科学定义，试图把机械原子论的观点运用于化学，研究过定性化学分析；发现了气体的体积和压力成反比的定律。——95、96、332。

勃多，尼古拉（Baudeau, Nicolas 1730—1792）——法国神父，经济学家，重农学派的代表。——265。

勃朗，路易（Blanc, Louis 1811—1882）——法国小资产阶级社会主义者，新闻工作者和历史学家；1848 年临时政府成员和卢森堡宫委员会主席；采取同资产阶级妥协的立场；1848 年 8 月流亡英国，后为伦敦的法国布朗基派流亡者协会的领导人；1871 年国民议会议员，反对巴黎公社。——31、338。

伯恩施坦，爱德华（Bernstein, Eduard 1850—1932）——德国银行雇员和政论家，1872 年起为德国社会民主工党党员，哥达合并代表大会代表（1875），卡·赫希柏格的秘书（1878），1880 年结识马克思和恩格斯，在他们的影响下成为科学社会主义的拥护者；《社会民主党人报》编辑（1882—1890）。——408。

博古斯基,约瑟夫·耶日(Boguski, Józef Jerzy 1853—1933)——波兰物理学家和化学家,1875—1878年任门捷列夫的助手,从事气体压力的研究。——96。

博普,弗兰茨(Bopp, Franz 1791—1867)——德国语言学家,梵文学家,比较历史语言学的奠基人之一,第一部印欧语比较语法的作者。——346。

布阿吉尔贝尔,皮埃尔·勒珀桑(Boisguillebert, Pierre Le Pesant 1646—1714)——法国经济学家和统计学家,重农学派的先驱,法国资产阶级古典政治经济学的创始人;写有《法国详情》和其他经济学著作。——243、251、255。

布洛斯,威廉(Blos, Wilhelm 1849—1927)——德国新闻工作者和历史学家,社会民主党人;《人民国家报》编辑(1872—1874),帝国国会议员(1877—1878、1881—1887和1890—1907),属于社会民主党国会党团的右翼;90年代为《前进报》编辑;第一次世界大战期间为社会沙文主义者;1918年十一月革命后为符腾堡政府领导人。——396。

C

查拉斯特罗(Sarastro)——莫扎特的歌剧《魔笛》中的人物。——349。

查理一世,查理大帝(Charles I, Charlemagne 742—814)——法兰克国王(768—800)和皇帝(800—814)。——383。

柴尔德,乔赛亚(Child, Josiah 1630—1699)——英国商人、经济学家和银行家,重商主义者;东印度公司董事长。——258。

D

达尔文,查理·罗伯特(Darwin, Charles Robert 1809—1882)——英国自然科学家,科学的生物进化论的奠基人。——30、70—78、84、133、152、296、359、360。

狄茨,克里斯蒂安·弗里德里希(Diez, Christian Friedrich 1794—1876)——德国语言学家,比较历史语言学的奠基人之一,第一部罗曼语语法的作者。

——346。

狄德罗,德尼(Diderot, Denis 1713—1784)——法国哲学家,机械唯物主义的代表人物,无神论者,法国革命资产阶级的代表,启蒙思想家,百科全书派领袖;1749年因自己的著作遭要塞监禁。——19。

迪斯必特——见丘必特。

笛卡儿,勒奈(Descartes, René 1596—1650)——法国二元论哲学家、数学家和自然科学家。——19、55、62、129。

杜尔哥,安娜·罗伯尔·雅克,洛恩男爵(Turgot, Anne-Robert-Jacques, baron de l'Aulne 1727—1781)——法国国务活动家、经济学家和哲学家;重农学派的重要代表人物,魁奈的学生;财政总监(1774—1776)。——273、403。

杜林,欧根·卡尔(Dühring, Eugen Karl 1833—1921)——德国折中主义哲学家和庸俗经济学家,小资产阶级社会主义者,形而上学者;在哲学上把唯心主义、庸俗唯物主义和实证论结合在一起;在自然科学和文学方面也有所著述;1863—1877年为柏林大学非公聘讲师;70年代他的思想曾对德国社会民主党部分党员产生过较大影响。——3—9、14、27—39、41—61、63—65、67—84、87—90、94—97、99—105、107、108、113—121、123—127、129—134、136—140、142—145、147、149—154、160—166、168—171、173、175—177、181—189、193—205、208—213、215、219—252、254—256、258—259、261—266、272—275、279、286—288、307—314、316—317、320—330、335、337—340、342—351、355—356、358—361、363—366、369—373、376—408。

E

恩斯,阿伯拉罕(Enß, Abraham 19世纪)——普鲁士农场主,曾有三年追随爱森纳赫派;杜林分子;曾撰文诽谤马克思和恩格斯。——337。

F

范德林特,杰科布(Vanderlint, Jacob 死于1740年)——英国经济学家,重农学派的先驱,货币数量论的早期代表。——255、256、260。

G

——92。

高斯,卡尔·弗里德里希(Gauß, Karl Friedrich 1777—1855)——德国数学家、天文学家、测量学家和物理学家,非欧几里得几何学的创始人;著有天文学、测量学和物理学方面的著作。——51。

哥白尼,尼古拉(Kopernicus [Copernicus, Copernikus], Nikolaus 1473—1543)——波兰天文学家,太阳中心说的创立者。——59。

歌德,约翰·沃尔弗冈·冯(Goethe, Johann Wolfgang von 1749—1832)——德国诗人、作家、思想家和博物学家。——97、100、153、275、289、345、378。

格里博瓦尔,让·巴蒂斯特·德(Gribeauval, Jean-Baptistede 1715—1789)——法国将军,军事发明家;1764—1789 年期间曾几度任法国炮兵总监,在改编炮兵和改进火炮方面起了巨大作用。——179。

格林,雅科布·路德维希·卡尔(Grimm, Jacob Ludwig Karl 1785—1863)——德国语文学家和文化史学家,柏林大学教授;温和的自由主义者;1848 年是法兰克福国民议会议员,属于中间派;比较历史语言学的奠基人,第一部德语比较语法的作者;写有德国语言史、法学史、神话史和文学史方面的著作;1852 年与其弟威·卡·格林合作开始出版《德语辞典》。——346。

H

哈利法克斯侯爵,乔治·萨维尔(Halifax, Sir George Savile, Marquis of 1633—1695)——英国国务活动家。——253。

哈维,威廉(Harvey, William 1578—1657)——英国医生、生理学家和胚胎学家,科学生理学的创始人和胚胎学研究的倡导者;1628 年发现血液循环系统。——254。

海克尔,恩斯特·亨利希(Haeckel, Ernst Heinrich 1834—1919)——德国生物学家,达尔文主义者,自然科学中的唯物主义的代表,无神论者;提出了确定系统发育和个体发育之间的相互关系的生物发生律;"社会达尔文主义"的创始人。——10、73—75、81、148、361。

海涅,亨利希(Heine,Heinrich 1797—1856)——德国诗人,革命民主主义运动的先驱,马克思一家的亲密朋友。——186。

海泽,约翰·克里斯蒂安·奥古斯特(Heyse,Johann Christian August 1764—1829)——德国语言学家和教育家,编有《外来语辞典》和一些德语教科书。——346。

亥姆霍兹,海尔曼·路德维希·斐迪南(Helmholtz,Hermann Ludwig Ferdinand 1821—1894)——德国物理学家和生理学家,不彻底的唯物主义者,倾向于新康德主义的不可知论;同时从事生理光学、力学、流体动力学、声学、热动力学和电动力学的研究,柏林物理工程学院创始人,并从 1888 年起任院长。——10、406。

汉森,格奥尔格(Hanssen,Georg 1809—1894)——德国资产阶级经济学家,写有关于农业和土地关系史问题的著作。——172。

贺拉斯(昆图斯·贺拉斯·弗拉克)(Quintus Horatius Flaccus 公元前 65—8)——罗马诗人。——265。

赫斐斯塔司(Hephaistos)——古希腊神话中的火神,罗马神话称之为武尔坎,掌管火、火山、冶炼技术和神奇手工艺,被视为工匠的始祖。——297。

赫拉克利特(Herakleitos 约公元前 540—480)——古希腊哲学家,辩证法的奠基人之一,自发的唯物主义者。——19。

赫普纳,阿道夫(Hepner,Adolf 1846—1923)——德国书商和新闻工作者;社会民主工党的创建人之一,国际会员,《人民国家报》编辑(1869—1873),1872 年为莱比锡叛国案的被告之一,后宣告无罪;国际海牙代表大会(1872)代表;后侨居美国(1882—1908),曾为多家社会主义报刊撰稿;1908年回到德国。——396。

赫胥黎,托马斯·亨利(Huxley,Thomas Henry 1825—1895)——英国自然科学家,生物学家;达尔文的朋友和信徒及其学说的普及者,在哲学方面是不彻底的唯物主义者。——82。

黑格尔,乔治·威廉·弗里德里希(Hegel,Georg Wilhelm Friedrich 1770—

1831）——德国古典哲学的主要代表。——10—11、16、18、19、22—24、30、32、35—36、38、40、43、46—48、53—54、61、69、77、83、107、120、126、129—130、132—133、136—139、142、147、149、151—154、199、234、276、282、338、357、370、387、389、390、392。

亨利希七十二世（Heinrich LXXII 1797—1853）——德国一小邦幼系（罗伊斯-洛本施泰因-埃伯斯多夫）的领主王公（1822—1848）。——187。

J

基督——见耶稣基督。

基尔霍夫，古斯塔夫·罗伯特（Kirchhoff，Gustav Robert 1824—1887）——德国物理学家，自然科学中唯物主义的代表，从事电动力学热射线理论、力学和光学问题的研究；1859 年与罗·本生一起奠定光谱分析的基础。——11。

基佐，弗朗索瓦·皮埃尔·吉约姆（Guizot，François-Pierre-Guillaume 1787—1874）——法国政治活动家和历史学家，奥尔良党人；1812 年起任巴黎大学历史系教授，七月王朝时期是立宪君主派领袖，历任内务大臣（1832—1836）、教育大臣（1836—1837）、外交大臣（1840—1848）和首相（1847—1848）；代表大金融资产阶级的利益。——169。

吉本，爱德华（Gibbon，Edward 1737—1794）——英国历史学家，议会议员；著有反专制性质的多卷本《罗马帝国的衰亡史》。——261。

吉芬，罗伯特（Giffen，Robert 1837—1910）——英国资产阶级经济学家和统计学家，财政问题专家；《伦敦统计学会会刊》发行人（1876—1891），商业部统计局局长（1876—1897）。——306。

K

开普勒，约翰奈斯（Kepler，Johannes 1571—1630）——德国天文学家、数学家、物理学家和自然哲学家，在哥白尼学说的基础上，发现行星运动的规律。——11。

凯里，亨利·查理（Carey，Henry Charles 1793—1879）——美国资产阶级庸俗

经济学家,阶级调和论的创始人。——204、238、274、379、387、389——391。

康德,伊曼努尔(Kant,Immanuel 1724—1804)——德国古典哲学的创始人,唯心主义者;也以自然科学方面的著作闻名。——11、22、30、50、51、58——60、65、68、262、282、396。

康普豪森,卢道夫(Camphausen,Ludolf 1803—1890)——德国政治活动家和银行家,莱茵省自由派资产阶级的领袖之一;1834年起任科隆商会会长,莱茵报社股东和《莱茵报》撰稿人;1843年起为莱茵省议会城市等级的代表,普鲁士首相(1848年3—6月),后为第一议院议员;普鲁士驻中央政府的使节(1848年7月—1849年4月),北德意志联邦国会议员。——115。

康替龙,理查(Cantillon,Richard 1680—1734)——英国经济学家,商人,重农学派和亚·斯密的先驱;《试论一般商业的性质》一书的作者。——259。

考夫曼,康斯坦丁·彼得罗维奇(Кауфман,Константин Петрович 1818—1882)——俄国将军、军事和国务活动家,积极推行沙皇侵略高加索和中亚细亚的政策,1867年起指挥突厥斯坦边区的军队;曾任突厥斯坦边区总督。——107。

科贝特,威廉(Cobbett,William 1762—1835)——英国政治活动家和政论家,小资产阶级激进派的代表人物,曾为英国政治制度的民主化进行斗争;1802年起出版《纪事年鉴》和《科贝特氏政治纪事周报》。——261。

克虏伯,阿尔弗勒德(Krupp,Alfred 1812—1887)——德国大工业家,埃森冶金厂和兵工厂厂主;曾向欧洲许多国家供应枪炮和其他军火。——175、183。

库格曼,路德维希(Kugelmann,Ludwig 1828—1902)——德国医生,1848—1849年革命的参加者,国际会员,国际洛桑代表大会(1867)和海牙代表大会(1872)的代表;1862—1874年经常和马克思通信,通报德国的情况;马克思和恩格斯的朋友。——389、390、392、398。

魁奈,弗朗索瓦(Quesnay,François 1694—1774)——法国经济学家,重农学派的创始人;职业是医生。——14、262—267、269、270、272、273、286。

L

拉法格,保尔(Lafargue,Paul 笔名保尔·洛朗 Paul Laurent 1842—1911)——
法国工人运动和国际工人运动的活动家,医生和政论家;1865 年流亡英国,
国际总委员会委员,西班牙通讯书记(1866—1869),曾参加建立国际在法
国的支部(1869—1870)及在西班牙和葡萄牙的支部(1871—1872);巴黎
公社的支持者(1871),公社失败后逃往西班牙,《解放报》编辑部成员,新马
德里联合会的创建人之一(1872),海牙代表大会(1872)代表,法国工人党
创始人之一(1879);1882 年回到法国,《社会主义者报》编辑;1889 年国际
社会主义工人代表大会的组织者之一和代表,1891 年国际社会主义工人代
表大会代表;法国众议院议员(1891—1893);马克思和恩格斯的学生和战
友;马克思女儿劳拉的丈夫。——8。

拉夫,格奥尔格·克里斯蒂安(Raff,Georg Christian 1748—1788)——德国教
育家,曾为青少年写有科普读物。——345。

拉甫罗夫,彼得·拉甫罗维奇(Лавров,Петр Лаврович 1823—1900)——俄
国社会学家和政论家,民粹派的思想家,在哲学上是折中主义者;1870 年起
侨居国外;第一国际会员,巴黎公社参加者;《前进!》杂志编辑(1873—
1876)和《前进!》报编辑(1875—1876);1889 年国际社会主义工人代表大
会副主席;从 70 年代初起同马克思和恩格斯通信。——400。

拉马克,让·巴蒂斯特·皮埃尔·安东(Lamarck,Jean-Baptiste-Pierre-Antoine
1744—1829)——法国自然科学家,从事植物区系学和动物区系学方面的
研究,生物学上第一个完整的进化论的创立者,达尔文的先驱。——30、
70、77、79。

拉摩(Rameau)——德尼·狄德罗的作品《拉摩的侄子》中的人物。——19。

拉普拉斯,皮埃尔·西蒙(Laplace,Pierre-Simon 1749—1827)——法国天文学
家、数学家和物理学家,不依靠康德而独立地阐发了并且从数学上论证了
太阳系起源于星云的假说(1796),并阐发了概率论(1812)。——22。

李卜克内西,威廉(Liebknecht,Wilhelm 1826—1900)——德国工人运动和国
际工人运动的活动家、语文学家和政论家;1848—1849 年革命的参加者,革
命失败后流亡瑞士,1850 年 5 月前往英国,在那里成为共产主义者同盟盟
员;1862 年回到德国;国际会员,1867 年起为国会议员;德国社会民主党创
始人和领袖之一;《人民国家报》编辑(1869—1876)和《前进报》编辑
(1876—1878 和 1890—1900);1889、1891 和 1893 年国际社会主义工人代
表大会代表;马克思和恩格斯的朋友和战友。——393、394、396、398、399、
403—407。

李比希男爵,尤斯图斯(Liebig,Justus Freiherr von 1803—1873)——德国化学
家,农业化学的创始人。——9。

李嘉图,大卫(Ricardo,David 1772—1823)——英国经济学家,资产阶级古典
政治经济学最著名的代表人物。——72、103、203、205、207、208、225、238、
243、274、379、388、391、400。

李斯特,弗里德里希(List,Friedrich 1789—1846)——德国资产阶级庸俗经济
学家,保护关税政策的维护者。——246、247、274、390。

林耐,卡尔·冯(Linné,Carlvon 1707—1778)——瑞典自然科学家和医学家,
植物和动物分类法的创立者;主张物种描述采用双名命名制。——24。

卢梭,让·雅克(Rousseau,Jean-Jacques 1712—1778)——法国启蒙运动的主
要代表人物,民主主义者,小资产阶级思想家,自然神论哲学家。——16、
19、103—104、108、147—149、153、161、277、338、364、369。

鲁滨逊·克鲁索(Robinson Crusoe)——丹·笛福的小说《鲁滨逊漂流记》中
的主人公。——164—165、168—170、176、379。

罗,约翰(劳里斯顿的约翰·罗)(Law,John of Lauriston 1671—1729)——英
国经济学家和金融家,曾任法国财政总监(1719—1720);以发行纸币的投
机活动而闻名。——251、252、255。

罗霍男爵,弗里德里希·埃伯哈德(Rochow,Friedrich Eberhard Freiherr von
1734—1805)——普鲁士地主,教育家,主张特别是在农村实施和改善国民

教育体制。——196、197、339。

罗曼诺夫,米哈伊尔·费多罗维奇(Романов,Михаил Федорович 1596—1645)——俄国沙皇(1613—1645)。——375。

罗斯科,亨利·恩菲尔德(Roscoe, Henry Enfield 1833—1915)——英国化学家,写有化学教科书。——362。

罗雪尔,威廉·格奥尔格·弗里德里希(Roscher, Wilhelm Georg Friedrich 1817—1894)——德国庸俗经济学家,莱比锡大学教授,政治经济学中的历史学派的创始人。——245、386、388、390。

洛贝尔图斯-亚格措夫,约翰·卡尔(Rodbertus-Jagetzow, Johann Karl 1805—1875)——德国庸俗经济学家和政治活动家,资产阶级化的普鲁士容克的思想家,普鲁士容克的"国家社会主义"理论家。——234、310。

洛克,约翰(Locke, John 1632—1704)——英国唯物主义经验论哲学家和经济学家,启蒙思想家,早期资产阶级天赋人权理论的代表。——14、20、251—255、257、259。

洛朗,奥古斯特(Laurent, Auguste 1807—1853)——法国化学家,同热拉尔一起对分子和原子的概念作了更为精确的阐述。——134。

洛西南特(Rosinante[Rozinante])——塞万提斯的小说《唐·吉诃德》中唐·吉诃德的马(西班牙语中的"洛西",有"劣马"的意思)。——65、337。

M

马布利,加布里埃尔(Mably, Gabriel 1709—1785)——法国历史学家和政治活动家,启蒙思想家;空想平均共产主义的代表人物。——15、17。

马尔比基,马尔切洛(Malpighi, Marcello 1628—1694)——意大利生物学家和医生,显微解剖学的奠基人之一,1661年发现了毛细血管的血液循环。——92。

马尔萨斯,托马斯·罗伯特(Malthus, Thomas Robert 1766—1834)——英国经济学家,教士,人口论的主要代表。——70—72、78。

马基雅弗利,尼古洛(Machiavelli, Niccolò 1469—1527)——意大利政治活动
家、历史学家和著作家,资本主义产生时期意大利资产阶级的思想家。
——381。

马太(Matthäus)——据基督教传说,是十二使徒之一,马太福音的作者。——
20、324。

马西,约瑟夫(Massie, Joseph 死于1734年)——英国经济学家,资产阶级古典
政治经济学的代表人物。——255—258。

玛尔斯(亚力司)(Mars[Ares])——古罗马神话中的战神,相当于古希腊神话
中的战神亚力司。——341。

迈尔,尤利乌斯·罗伯特(Mayer, Julius Robert 1814—1878)——德国医生和
物理学家,最先发现能量守恒和转化规律的科学家之一。——63。

麦克劳德,亨利·邓宁(Macleod, Henry Dunning 1821—1902)——英国法学家
和庸俗经济学家;主要从事信贷理论研究,阐发了所谓信贷创造资本的理
论。——275、386。

曼,托马斯(Mun, Thomas 1571—1641)——英国商人和经济学家,重商主义
者,贸易差额论的创立者,1615年起为东印度公司董事。——247。

曼布里诺(Mambrino[Mambrin])——塞万提斯的小说《唐·吉诃德》中的人
物。——337。

曼托伊费尔男爵,奥托·泰奥多尔(Manteuffel, Otto Theodor Freiherr von
1805—1882)——普鲁士国务活动家,贵族官僚的代表,曾参与宪法(1848
年12月)的颁布和三级选举制的实行(1849);曾任内务大臣(1848年11
月—1850年12月),首相和外交大臣(1850—1858);1849年为普鲁士第二
议院议员,1866年入选第一议院。——39。

毛勒,格奥尔格·路德维希(Maurer, Georg Ludwig 1790—1872)——德国历史
学家,古代和中世纪的日耳曼社会制度的研究者;写有中世纪马尔克公社
的农业史和制度史方面的著作。——186。

毛瑟,保尔(Mauser, Paul 1838—1914)——德国兵工厂厂主,步兵武器发明人,同他的哥哥威·毛瑟一起研制步枪,所设计的步枪被德国军队采用,后以他们的名字命名为毛瑟枪。——175。

毛瑟,威廉(Mauser, Wilhelm 1834—1882)——德国兵工厂厂主,步兵武器发明人,保·毛瑟的哥哥。——175。

梅特涅-温内堡公爵,克莱门斯·文策斯劳斯·奈波穆克·洛塔尔(Metternich-Winneburg, Clemens Wenzeslaus Nepomuk Lothar Fürst von 1773—1859)——奥地利国务活动家和外交家,曾任外交大臣(1809—1821)和首相(1821—1848),神圣同盟的组织者之一。——300。

门德尔松,莫泽斯(Mendelssohn, Moses 1729—1786)——德国哲学家,自然神论者和启蒙思想家。——392。

门捷列夫,德米特里·伊万诺维奇(Менделеев, Дмитрий Иванович 1834—1907)——俄国化学家,1869年发现化学元素周期律。——96。

孟德斯鸠,沙尔(Montesquieu, Charles 1689—1755)——法国哲学家、社会学家和经济学家,18世纪资产阶级启蒙运动的主要代表,立宪君主制的理论家;货币数量论的拥护者;早期资产阶级天赋人权理论的创始人之一。——256。

靡菲斯特斐勒司(Mephistopheles[Mephisto])——歌德《浮士德》和卡·谷兹科的剧作《维滕贝格的哈姆雷特》中的主要人物。——100。

米拉波侯爵,维克多·里凯蒂(Mirabeau, Victor Riqueti, marquis de 1715—1789)——法国资产阶级经济学家,重农主义者;奥·加·维·里·米拉波伯爵的父亲。——273。

米涅,弗朗索瓦·奥古斯特·玛丽(Mignet, François-Auguste-Marie 1796—1884)——法国历史学家,早年研究法律,并获得律师资格(1818),后进入巴黎新闻界,为《法兰西信使报》撰稿人,《国民报》创办人之一(1830);写有《法国革命史》等历史著作。——169。

米希勒,卡尔·路德维希(Michelet, Karl Ludwig 1801—1893)——德国唯心主

义哲学家,黑格尔主义者,柏林大学教授。——35。

闵采尔,托马斯(Muntzer[Munzer],Thomas 1490 前后—1525)——德国神学家,宗教改革时期和 1525 年农民战争时期为农民平民阵营的领袖和思想家,宣传空想平均共产主义的思想。——17、167。

缪尔纳,阿曼杜斯·哥特弗里德·阿道夫(Müllner,Amandus Gottfried Adolf 1774—1829)—— 德国作家、剧作家和文学评论家,写有一些宣扬宿命论思想的悲剧。——398。

摩尔根,路易斯·亨利(Morgan,Lewis Henry 1818—1881)——美国法学家、民族学家、考古学家和原始社会史学家,进化论的代表,自发的唯物主义者。——9。

摩莱里(Morelly 1715 前后—1755 以后)——法国作家,空想平均共产主义的代表人物。——15、17。

莫尔,托马斯(More,Thomas 1478—1535)——英国国务活动家和人文主义作家,曾任大法官;空想共产主义的最早代表人物之一,《乌托邦》一书的作者。——375。

莫里哀(Molière 原名让·巴蒂斯特·波克兰 Jean-Baptiste Poquelin 1622—1673)——法国喜剧作家。——236。

莫斯特,约翰·约瑟夫(Most,Johann Joseph 1846—1906)——德国政论家,编辑和书籍装订工,无政府主义者;1868 年起参加奥地利工人运动,1871 年起为德国社会民主工党和社会民主党党员;德意志帝国国会议员(1874—1878);1878 年反社会党人非常法颁布以后流亡英国;《自由》周报的创办人(1879)和编辑;1880 年因宣传无政府主义而被开除出社会民主党;1882 年侨居美国,继续进行无政府主义的宣传。——393—396、404。

穆勒,约翰·斯图亚特(Mill,John Stuart 1806—1873)——英国资产阶级经济学家和实证论哲学家,政治经济学古典学派的模仿者;詹·穆勒的儿子。——390。

资产阶级古典政治经济学的创始人。——14、243、247—250、252—254、
257、259、261、402。

蒲鲁东,皮埃尔·约瑟夫(Proudhon,Pierre-Joseph 1809—1865)——法国政论
家、经济学家和社会学家,小资产阶级思想家,无政府主义理论的创始人,
第二共和国时期是制宪议会议员(1848)。——198、275、286、337、
338、394。

普林尼(老普林尼)(盖尤斯·普林尼·塞孔德)(Gaius Plinius Secundus Major
23—79)——古罗马政治活动家、作家和博物学家,《博物志》(共37卷)的
作者。——187。

普罗米修斯(Prometheus [Prométhée])——古希腊神话中的一个狄坦神,他从
天上盗取火种,带给人类;宙斯把他锁缚在悬崖上,令鹰啄他的肝脏,以示
惩罚。——297。

Q

齐奥——见提尔。

丘必特(迪斯必特)(Iupiter[Diu-piter])——罗马神话中最高的神,雷神,相当
于古希腊神话中的宙斯;他为了拐走美人欧罗巴而变成一头公牛。
——341。

R

热拉尔,沙尔·弗雷德里克(Gerhardt,Charles-Frédéric 1816—1856)——法国
化学家,同洛朗一起对分子和原子的概念作了更为精确的阐述。——134。

S

萨金特,威廉·卢卡斯(Sargant,William Lucas 1809—1889)——英国教育家
和经济学家,欧文传记的作者。——287、330。

萨伊,让·巴蒂斯特(Say,Jean-Baptiste 1767—1832)——法国资产阶级经济
学家,庸俗政治经济学的代表人物,最先系统地阐述"生产三要素"论。
——162。

塞拉,安东尼奥(Serra,Antonio 17世纪)——意大利经济学家,重商主义的早期代表。——247。

赛奇,彼得罗·安吉洛(Secchi,Pietro Angelo 1818—1878)——意大利天文学家,罗马天文台台长,耶稣会会士;主要从事太阳系和恒星光谱的研究。——368。

桑乔·潘萨(Sancho Pansa[Sancho Panza])——塞万提斯的小说《唐·吉诃德》中的人物,唐·吉诃德的侍从。——337。

色诺芬(Xenophon 约公元前430—354)——古希腊历史学家和哲学家,奴隶主阶级的思想家;自然经济的拥护者;写有历史、经济和哲学方面的著作。——245。

圣西门,昂利(Saint-Simon,Henri 1760—1825)——法国空想社会主义者。——17、23、31、158、212、278—280、286。

施蒂纳,麦克斯(Stirner,Max 原名约翰·卡斯帕尔·施米特 Johann Caspar Schmidt 1806—1856)——德国哲学家和著作家,青年黑格尔派,资产阶级个人主义和无政府主义的思想家。——105。

施洛塞尔,弗里德里希·克里斯托夫(Schlosser,Friedrich Christoph 1776—1861)——德国资产阶级历史学家,自由党人,德国历史编纂学中海德堡学派的领袖。——261。

施泰因,洛伦茨·冯(Stein,Lorenz von 1815—1890)——德国法学家、国家法专家、历史学家和庸俗经济学家,普鲁士政府的密探,《现代法国的社会主义和共产主义》一书的作者。——387。

施韦宁格,恩斯特(Schweninger,Ernst 1850—1924)——德国医生,1881年起为俾斯麦的私人医生,1884年起为柏林大学皮肤病学教授。——8。

司徒卢威,古斯塔夫·冯(Struve,Gustav von 1805—1870)——德国律师和政论家,小资产阶级民主主义者,共和主义者;1847—1848年是《德国旁观者》的出版者;预备议会议员;1848年四月和九月巴登起义和1849年巴登—普法尔茨起义的领导人之一;革命失败后流亡瑞士,1851年流亡英国;

在伦敦的德国小资产阶级流亡者的领袖之一;曾站在北部方面参加美国内战;鼓吹素食主义;1862 年返回德国。——125。

斯宾诺莎,巴鲁赫(贝奈狄克特)(Spinoza,Baruch[Benedictus]1632—1677)——荷兰唯物主义哲学家,无神论者。——19、116、150、392。

斯芬克斯(Sphinx)——古希腊神话中半截狮身半截美人的怪物。传说它常向过路人提出难猜的谜语,谁猜不出,谁就被它吃掉。后来谜底被奥狄浦斯道破,遂即自杀。今用以隐喻"迷"一样的人物。——14。

斯密,亚当(Smith,Adam 1723—1790)——英国经济学家,资产阶级古典政治经济学最著名的代表人物。——103、160、205、236—237、239—240、245、249、255、258—259、263、273—274、379、388。

斯密斯,乔治(Smith,George 1840—1876)——英国考古学家,以其在古亚述地区进行的挖掘工作而闻名。——76。

斯图亚特,詹姆斯(Steuart,James 1712—1780)——英国资产阶级经济学家,重商主义的最后代表人物之一,货币数量论的反对者。——273、274。

斯图亚特王朝——苏格兰王朝(1371—1714)和英格兰王朝(1603—1649 和1660—1714)。——274。

T

塔米诺(Tamino)——莫扎特的歌剧《魔笛》中的人物。——349。

唐·吉诃德(Don Quijote)——塞万提斯的同名小说中的主要人物。——337。

特劳白,莫里茨(Traube,Moritz 1826—1894)——德国化学家和生理学家,曾创造出演示细胞生理学过程的人造细胞模型。——85、362。

特雷维腊努斯,哥特弗里德·莱茵霍尔德(Treviranus,Gottfried Reinhold 1776—1837)——德国自然科学家和自然哲学家,生物界进化思想的早期拥护者,从事生命的一般规律的研究;六卷本著作《生物学,或生物界的哲学》的作者。——10。

W

军总司令（1827—1828 和 1842—1852），首相（1828—1830），外交大臣（1834—1835）。——381。

微耳和，鲁道夫（Virchow, Rudolf 1821—1902）——德国病理学家和人类学家，资产阶级政治活动家，细胞病理学的奠基人，达尔文主义的反对者，进步党的创始人和领袖；普鲁士第二议院议员（1862—1902）和德意志帝国国会议员（1880—1893）。——4、5、13、206。

维纳斯（Venus）——罗马神话中的爱神和美神。——235。

魏特林，克里斯蒂安·威廉（Weitling, Christian Wilhelm 1808—1871）——德国工人运动活动家，正义者同盟领导人，职业是裁缝；空想平均共产主义理论家和鼓动家；工人同盟的创始人，《工人共和国报》的出版者；1849 年流亡美国，晚年接近国际工人协会。——18、214、326。

沃尔波尔，罗伯特，奥福德伯爵（Walpole, Sir Robert, Earl of Orford 1676—1745）——英国国务活动家，辉格党领袖，曾任首相（1721—1742），在他执政时期完全形成了摆脱国王控制、依靠议会多数的内阁制。——260。

X

西斯蒙第，让·沙尔·莱奥纳尔·西蒙德·德（Sismondi, Jean-Charles-Léonard Simon de 1773—1842）——瑞士经济学家和历史学家，政治经济学中浪漫学派的代表人物。——243、310。

夏娃（Eva）——圣经中人类的始祖，据《创世记》记载，是上帝创世时从亚当身上取肋骨而造，是人类的第一位女性、第一个妻子和第一位母亲。——163。

谢林，弗里德里希·威廉·约瑟夫·冯（Schelling, Friedrich Wilhelm Joseph von 1775—1854）——德国哲学家，18 世纪末—19 世纪初德国唯心主义的代表人物，1810 年后鼓吹神秘主义的"启示哲学"；宗教的拥护者。——30、48、54、154。

星期五（Freitag）——丹·笛福的小说《鲁滨逊漂流记》中的人物，鲁滨逊的仆人。——165、168—170、176、379。

休谟,大卫(Hume, David 1711 — 1776)——英国哲学家、历史学家和经济学家,主观唯心主义者,近代不可知论的创始人;重商主义的反对者,货币数量论的早期代表人物。——14、131、255 — 262、273、401。

Y

雅赫维(耶和华)(Jahve[Jehova])——犹太教中的主神。——341。

亚当(Adam)——圣经中人类的始祖,据《创世记》记载,是上帝按照自己的形象用泥土创造的第一个男人。——76、163、165。

亚哈随鲁(永世流浪的犹太人)(Ahasverus[der "ewige Jude"])——中世纪时代出现的一个传说中的人物;亚哈随鲁因不敬基督受惩罚,注定永世流浪,亚哈随鲁这一形象在文学中被广泛采用。——35。

亚里士多德(Aristoteles 公元前 384 — 322)——古希腊哲学家,在哲学上摇摆于唯物主义和唯心主义之间,奴隶主阶级的思想家,按其经济观点来说是奴隶占有制自然经济的维护者,他最先分析了价值的形式;柏拉图的学生。——18 — 19、93、244 — 246、372。

亚力司——见玛尔斯。

亚历山大二世(Александр II 1818 — 1881)——俄国皇帝(1855 — 1881)。——195。

耶恩斯,麦克斯(Jähns, Max 1837 — 1900)——普鲁士军官、军事著作家和历史学家,曾在军事科学院讲授军事学术史。——182、380。

耶利米(Jeremia)——圣经中的先知。——118。

耶稣基督(基督)(Jesus Christus[Christus])——传说中的基督教创始人。——364。

叶卡捷琳娜二世(喀德邻二世)(Екатерина II 1729 — 1796)——俄国女皇(1762 — 1796)。——375。

永世流浪的犹太人——见亚哈随鲁(永世流浪的犹太人)。

尤维纳利斯(德齐姆斯·尤尼乌斯·尤维纳利斯)(Decimus Junius Juvenalis 60 前后—127 以后)——古罗马讽刺诗人。——158。

于巴,尼古拉·古斯塔夫(Hubbard, Nicolas-Gustave 1828—1888)——法国经济学家、历史学家和政论家。——280。

约书亚(嫩的儿子约书亚)(Joshua[Josua])——圣经中的英雄,相传他吩咐自己的战士随着吹羊角的声音大声呼喊,从而使耶利哥城墙塌陷。——229。

Z

忠实的埃卡尔特——见埃卡尔特。

宙斯(Zeus)——古希腊神话中最高的神,克伦纳士神的儿子。——341。

责任编辑：毕于慧

装帧设计：汪　莹

版式设计：周方亚

责任校对：周　昕

图书在版编目（CIP）数据

反杜林论/恩格斯著；中共中央马克思恩格斯列宁斯大林著作编译局编译.
　－北京：人民出版社，2015.12（2018.3 重印）
（马列主义经典作家文库）
ISBN 978－7－01－015553－1

Ⅰ.①反…　Ⅱ.①恩…②中…　Ⅲ.①马列著作-马克思主义　Ⅳ.①A124

中国版本图书馆 CIP 数据核字（2015）第 287588 号

书　　名	反杜林论	
	FAN DULIN LUN	
编　译　者	中共中央马克思恩格斯列宁斯大林著作编译局	
出版发行	人 民 出 版 社	
	（北京市东城区隆福寺街 99 号　邮编 100706）	
邮购电话	（010）65250042　65283539	
经　　销	新华书店	
印　　刷	北京新华印刷有限公司	
版　　次	2015 年 12 月第 1 版　2018 年 3 月北京第 2 次印刷	
开　　本	635 毫米×927 毫米 1/16	
印　　张	31	
插　　页	4	
字　　数	373 千字	
印　　数	10,001－20,000 册	
书　　号	ISBN 978－7－01－015553－1	
定　　价	62.00 元	